中國社會科學院歷史研究所專刊

劉琴麗 編著

漢魏六朝隋碑誌索引

第五冊

中國社會科學出版社

北 齊

天 保

天保 001

張海欽妻蘇繆墓銘磚

天保元年（550）三月十日卒於鄴都。2005年河南省安陽市出土，藏於鄭州民間。磚高30、寬20.5、厚10釐米。文正書，8行，行4至8字不等。

著錄：

《中國古代磚刻銘文集》上、下冊編號1009。（圖、文）

《北京大學圖書館藏歷代墓誌拓片目錄》編號00528。（目）

天保 002

羊文興息妻馬姜墓銘

天保一年（550）五月十三日。尺寸不詳。文正書，3行，行5至11字不等。

著錄：

《中國磚銘》圖版上冊708頁右。（圖）

《中國古代磚刻銘文集》上、下冊編號1010。（圖、文）

《雪堂專錄·專誌徵存》8b－9a，《羅雪堂先生全集》五編3冊1280—1281頁。（文）

《石刻名彙》12/206b，《新編》2/2/1131上。（目）

《蒿里遺文目錄》3上/4b，《新編》2/20/14982下。（目）

《北朝隋代墓誌所在綜合目錄》編號705。（目）

備考：《石刻名彙》著錄為"姜興泉妻馬興姜墓塼"，《雪堂專錄》著錄為"姜興泉妻馬姜專"。按圖版，更似"羊文興息妻馬姜銘"磚。

天保 003

元☐（字士亮）墓誌

又名：元悶墓誌。天保元年（550）五月十四日終於鄴都脩仁里第，以其月十八日窆於鄴城之西北一十五里。河北磁縣出土，一說河南安陽市出土，石藏山西大同北朝藝術研究院。誌高、寬均50釐米。文26行，滿行27字，正書。首題：齊故通直散騎常侍銀青光祿大夫大丞相屬鎮南將軍中山太守元君墓誌銘。

著錄：

《文化安豐》211頁（圖）。

《秦晉豫新出墓誌蒐佚續編》1冊115頁。（圖）

《北朝藝術研究院藏品圖錄·墓誌》108—109頁。（圖、文）

《北朝隋代墓誌所在總合目錄》編號706。（目）

《北京大學圖書館藏歷代墓誌拓片目錄》編號00529。（目）

天保 004

□君妻孟蕭姜墓記磚

天保元年（550）八月二十九日。近年河北出土，藏河北省正定縣墨香閣。磚高27、寬16.5、厚5.8釐米。文正書，3行，行6至9字不等。

著錄：

《中國古代磚刻銘文集》上、下冊編號1011。（圖、文）

《墨香閣藏北朝墓誌》265頁。（圖、文）

《北朝隋代墓誌所在總合目錄》編號707。（目）

《北京大學圖書館藏歷代墓誌拓片目錄》編號00530。（目）

論文：

趙生泉、史瑞英：《河北北朝墓誌札記（七則）》，《文物春秋》2006年第2期。

天保 005

陰繼安墓誌

天保元年（550）八月廿六日卒，十一月廿七日葬於鄴城西一十五里。河南省安陽縣出土，石藏河北省正定墨香閣。誌高、寬均47

釐米。文24行，滿行24字，正書。首題：平南將軍前太中大夫陰繼安墓誌銘。

著錄：

《文化安豐》213—214頁。（圖、文）

《墨香閣藏北朝墓誌》84—85頁。（圖、文）

《北朝隋代墓誌所在總合目錄》編號708。（目）

《北京大學圖書館藏歷代墓誌拓片目錄》編號00531。（目）

天保006

元讞妻于氏墓誌

天保元年（550）八月三日遘疾薨於鄴舍，其年十二月九日葬於鄴西濟水之南。誌高、寬均43.5釐米。文22行，滿行22字，隸書。首題：魏故驃騎大將軍儀同三司定州刺史元讞妻于墓誌銘。

著錄：

《北朝藝術研究院藏品圖錄·墓誌》112—113頁。（圖、文）

天保007

李騫墓誌

武定七年（549）四月廿七日卒，天保元年（550）十二月十日葬於黃石山東十里。河北省贊皇縣出土，石藏河北省正定墨香閣。誌高、寬均77釐米，厚11釐米。文36行，滿行36字，隸書。首題：齊故侍中使持節都督殷滄二州諸軍事車騎大將軍儀同三司殷州刺史諡曰文惠李公銘。

著錄：

《墨香閣藏北朝墓誌》86—87頁。（圖、文）

《北朝隋代墓誌所在總合目錄》編號709。（目）

《北京大學圖書館藏歷代墓誌拓片目錄》編號00532。（目）

論文：

趙生泉：《〈李騫墓誌〉跋》，《東方藝術》2008年第4期。

金傳道：《北朝〈李騫墓誌〉考釋》，《河南科技大學學報》2014年第6期。

備考：李騫，《魏書》卷三六、《北史》卷三三有傳。

天保 008

□脩（字顯業）墓誌

天保元年（550）八月廿一日日終於鄴都孝義里，以其年十二月廿一日葬於西門豹神祀之西南。誌高 47、寬 47.5 釐米。文 23 行，滿行 23 字，正書。

圖版著錄：

《文化安豐》212 頁。

碑目著錄：

《北朝隋代墓誌所在総合目錄》編號 710。

天保 009

比丘尼法容墓誌并蓋

天保元年（550）卒。誌高、寬均 42.5 釐米；蓋高、寬均 42.5 釐米。圖版僅見誌蓋。蓋 3 行，行 3 字，正書。文 13 行，行存 2 至 11 字不等。蓋題：征虜寺比丘尼法容銘。

著錄：

《北朝藝術研究院藏品圖錄·墓誌》114—115 頁。（蓋圖、文）

天保 010

鄭縣令□公殘墓誌

天保元年（550）。正書。

碑目著錄：

《古誌新目初編》1/13a，《新編》2/18/13698 上。

天保 011

姜公殘石

天保元年（550）。1912 年洛陽城東南李村鎮出土。

碑目著錄：

《洛陽出土石刻時地記》北齊 001，48 頁。

天保 012

嚴詮墓誌

天保二年（551）正月四日卒於鄴都里，以其年正月十五日葬於漳北之西源。河北磁縣出土，石藏河北省正定縣墨香閣。誌高、寬均45釐米。文22行，滿行22字，隸書。有蓋，失拓。

著錄：

《文化安豐》215—216頁。（圖、文）。

《墨香閣藏北朝墓誌》88—89頁。（圖、文）

《北朝隋代墓誌所在總合目錄》編號711。（目）

《北京大學圖書館藏歷代墓誌拓片目錄》編號00533。（目）

天保013

郭彥道墓誌

天保二年（551）正月廿三日。誌高44、寬49.5釐米。文20行，行5至25字不等，正書。

碑目題跋著錄：

《六朝墓誌檢要》（修訂本）148頁。

《漢魏六朝碑刻校注·總目提要》編號2047。

《北朝隋代墓誌所在總合目錄》編號712。

天保014

趙問墓誌

天保二年（551）閏二月十五日。誌高27、寬26釐米。文4行，行1至6字不等，正書。

圖版著錄：

《漢魏南北朝墓誌集釋》圖版三一七，《新編》3/3/677。

《漢魏六朝碑刻校注》8冊248頁。

錄文著錄：

《漢魏南北朝墓誌彙編》386頁。

《漢魏六朝碑刻校注》8冊249頁。

《全北齊文補遺》54頁。

碑目題跋著錄：

《石刻題跋索引》149頁右，《新編》1/30/22487。

《漢魏南北朝墓誌集釋》7/69b，《新編》3/3/172。

《六朝墓誌檢要》（修訂本）148 頁。

《漢魏六朝碑刻校注·總目提要》編號 2048。

《北朝隋代墓誌所在總合目錄》編號 713。

天保 015

崔芬墓誌

天保元年（550）十月十九日終於家，以二年（551）十月九日葬於冶泉之陰，浮山之陽。1986 年出土於山東省臨朐縣冶源鎮，石現藏臨朐市博物館。誌、蓋邊長 57.5、通高 40 釐米。文正書，26 行，滿行 27 字。首題：魏威烈將軍行臺府長史崔公之墓頌。

著錄：

《漢魏六朝碑刻校注》8 冊 261—262 頁。（圖、文）

《山東石刻分類全集·歷代墓誌》56—57 頁。（圖、文）

《新出魏晉南北朝墓誌疏證》（修訂本）157—159 頁。（文、跋）

《全北齊文補遺》54—55 頁。（文）

《齊魯碑刻墓誌研究》238—239、366 頁。（跋、目）

《漢魏六朝碑刻校注·總目提要》編號 2055。（目）

《北朝隋代墓誌所在總合目錄》編號 714。（目）

論文：

山東省文物考古研究所等：《山東臨朐北齊崔芬壁畫墓》，《文物》2002 年第 4 期。

臨朐博物館：《北齊崔芬壁畫墓》，文物出版社 2002 年版。

崔世平：《崔芬墓誌與南北戰爭下的青州崔氏》，《南京曉莊學院學報》2005 年第 1 期。

天保 016

元賢墓誌

天保二年（551）四月八日卒於家，以其年十一月三日葬於鄴城西漳水之陽十有二里。河北磁縣出土，一說河南安陽縣出土，曾歸吳興張氏，順德鄧氏。誌高 87.4、寬 76 釐米。文 34 行，滿行 34 字，正書。首題：大齊故使持節都督楊懷潁徐兗五州刺史驃騎大將軍太府卿山鹿縣開國伯洛川縣開國子安次縣都鄉男元使君墓誌銘。

圖版著錄：

《漢魏南北朝墓誌集釋》圖版四七，《新編》3/3/332。

《北京圖書館藏中國歷代石刻拓本匯編》7冊14頁。

《漢魏六朝碑刻校注》8冊264頁。

錄文著錄：

《魯迅輯校石刻手稿·墓誌》下冊1—6頁。

《漢魏南北朝墓誌彙編》386—388頁。

《漢魏六朝碑刻校注》8冊265—266頁。

《全北齊文補遺》55—56頁。

碑目題跋著錄：

《石刻題跋索引》149頁右，《新編》1/30/22487。

《石刻名彙》2/18b，《新編》2/2/1033下。

《崇雅堂碑錄補》1/10b，《新編》2/6/4555下。

《河朔金石目》2/2a，《新編》2/12/8960下。

《蒿里遺文目錄補遺》10b，《新編》2/20/15000下。

《夢碧簃石言》5/15b，《新編》3/2/220上。

《漢魏南北朝墓誌集釋》3/11a，《新編》3/3/55。

《國立北平圖書館藏碑目》12a，《新編》3/36/254下。

《古誌彙目》1/9a，《新編》3/37/21。

《循園古冢遺文跋尾》6/1a–b，《新編》3/38/44上。

《元氏誌錄》3b、5b，《新編》3/38/48上、49上。

《墓誌徵存目錄》卷1，《羅振玉學術論著集》第五集，578頁。

《魯迅輯校石刻手稿·墓誌》下冊6頁。附況周頤跋。

《增補校碑隨筆》（修訂本）251頁。

《六朝墓誌檢要》（修訂本）148頁。

《碑帖鑒定》193頁。

《漢魏六朝碑刻校注·總目提要》編號2056。

《北朝隋代墓誌所在總合目錄》編號715。

《北京大學圖書館藏歷代墓誌拓片目錄》編號00534。

論文：

馬忠理：《磁縣北朝墓群——東魏北齊陵墓兆域考》，《文物》1994年第11期。

天保 017

蕭醜女墓記磚

天保二年（551）十一月廿六日。近年河北出土，磚藏河北省正定縣墨香閣。磚高32、寬16、厚4釐米。文正書，3行，行5至11字不等。

著錄：

《中國古代磚刻銘文集》上、下冊編號1013。（圖、文）

《墨香閣藏北朝墓誌》266頁。（圖、文）

《北朝隋代墓誌所在總合目錄》編號716。（目）

《北京大學圖書館藏歷代墓誌拓片目錄》編號00535。（目）

論文：

趙生泉、史瑞英：《河北北朝墓誌札記（七則）》，《文物春秋》2006年第2期。

天保 018

段通墓誌

孝昌二年（526）三月十五日卒於南京洛陽，天保二年（551）（一說三年，552）十一月廿七日葬於鄴城西豹祀之西罡。河南安陽縣出土，石藏河北省正定縣墨香閣。誌高、寬均42釐米。一誌二石，第一石23行，滿行23字；第二石14行，滿行16字；正書。首題：齊故陵江將軍段府君墓誌。

著錄：

《文化安豐》216—217頁。（圖、文）

《墨香閣藏北朝墓誌》90—91頁。（圖、文）

《北朝隋代墓誌所在總合目錄》編號717。（目）

《北京大學圖書館藏歷代墓誌拓片目錄》編號00541。（目）

天保 019

居士□道明墓誌

以武定七年（549）十月二日卒於石城之舍，以北齊天保三年（552）

正月十五日葬於石城西南三里之所。1976年在河南省焦作市郊區安陽城鄉毛寨村徵集，現藏焦作市博物館。誌高53、寬56、厚14釐米。文22行，滿行19字，正書。蓋佚。

著錄：

《秦晉豫新出墓誌蒐佚續編》1冊116頁。（圖）

《新中國出土墓誌·河南（壹）》上冊145頁（圖）、下冊134—135頁（文）。

《漢魏六朝碑刻校注》8冊268—269頁。（圖、文）

《漢魏南北朝墓誌彙編》388—389頁。（文）

《全北齊文補遺》56—57頁。（文）

《漢魏六朝碑刻校注·總目提要》編號2057。（目）

《北朝隋代墓誌所在總合目錄》編號718。（目）

《北京大學圖書館藏歷代墓誌拓片目錄》編號00536。（目）

天保020

高歡妻韓智輝墓誌

天保二年（551）十一月廿八日卒於冀州之府舍，天保三年（552）二月廿二日遷葬於義平陵之東。石藏河北省正定縣墨香閣。誌高、寬均72釐米。文28行，滿行30字，正書。首題：上黨王國太妃韓墓誌銘。蓋篆書，3行，行4字。蓋題：大齊上黨王國太妃韓墓誌銘。

著錄：

《金石拓本題跋集萃》59頁。（圖）

《文化安豐》218—219頁（圖、文）。

《墨香閣藏北朝墓誌》92—93頁。（圖、文）

《新見北朝墓誌集釋》122—125頁。（圖、文、跋）

《北朝隋代墓誌所在總合目錄》編號719。（目）

備考：高歡，《北齊書》卷一·二、《北史》卷六有本紀。

天保021

張攀墓誌

天保三年（552）三月五日葬於石屋山里。山東益都縣出土，原存益都縣民衆教育館，1960 年移入山東省青州市博物館。誌高、寬均 61 釐米、厚 8 釐米。文正書，25 行，滿行 26 字。首題：驃騎將軍左光祿大夫治書侍御史張君墓誌。

著錄：

《青州博物館》203—204 頁。（圖、文、跋）

《山東石刻分類全集·歷代墓誌》58—59 頁。（圖、文）

《齊魯碑刻墓誌研究》308—309、366 頁。（跋、目）

《漢魏六朝碑刻校注·總目提要》編號 2059。（目）

《北朝隋代墓誌所在總合目錄》編號 720。（目）

論文：

李森：《北齊張攀墓誌考鑒》，《中國文物報》2004 年 10 月 13 日。

天保 022

元孝輔墓誌

天保三年（552）三月十六日卒於家，三月廿六日葬於伯陽城西漳水之南。2008 年秋河南省安陽市出土，旋歸洛陽唐氏。誌石高 45、寬 45.5 釐米。文 24 行，滿行 24 字，正書。首題：齊故平西將軍太子庶子元孝輔墓誌銘。

著錄：

《秦晉豫新出墓誌蒐佚》1 冊 53 頁。（圖）

《文化安豐》220—221 頁（圖、文）。

《新見北朝墓誌集釋》126—128 頁。（圖、文、跋）

《北朝隋代墓誌所在總合目錄》編號 721。（目）

《北京大學圖書館藏歷代墓誌拓片目錄》編號 00537。（目）

天保 023

楊氏女磚誌

天保三年（552）七月一日。2005 年至 2008 年在河南省安陽縣安豐鄉固岸村、施家河村東、漳河南岸的高臺地 M119 發掘出土。文 3 行，前 2 行行 7 或 9 字，末行 2 字，隸書雜篆書。

碑目著錄：

《北朝隋代墓誌所在總合目錄》編號722。

論文：

河南省文物考古研究所：《河南安陽固岸墓地考古發掘收穫》，《華夏考古》2009年第3期。（圖17—4、文）

天保024

孫槃龍妻明姬磚誌

又名：張槃龍墓記。天保三年（552）七月四日。出土時間、地點不詳，于右任舊藏，今存西安碑林博物館。磚高38、寬16釐米。文正書，3行，滿行12字。

圖版著錄：

《漢魏南北朝墓誌集釋》圖版五九五，《新編》3/4/353。

《鴛鴦七誌齋藏石》圖154。

《中國磚銘》圖版上冊709頁右。

《漢魏六朝碑刻校注》8冊279頁。

《中國古代磚刻銘文集》上冊編號1014。

錄文著錄：

《漢魏南北朝墓誌彙編》389頁。

《漢魏六朝碑刻校注》8冊280頁。

《中國古代磚刻銘文集》下冊編號1014。

《全北齊文補遺》57頁。

碑目題跋著錄：

《石刻題跋索引》149頁右，《新編》1/30/22487。

《石刻名彙》12/206b，《新編》2/2/1131上。

《古誌新目初編》1/13a，《新編》2/18/13698上。

《漢魏南北朝墓誌集釋》11/116b，《新編》3/3/266。

《六朝墓誌檢要》（修訂本）149頁。

《漢魏六朝碑刻校注·總目提要》編號2061。

《北朝隋代墓誌所在總合目錄》編號723。

《北京大學圖書館藏歷代墓誌拓片目錄》編號00538。

天保 025

元叡（字世哲）墓誌

天保三年（552）三月一日終於脩仁里，以八月廿五日葬於鄴城之西西陵瘠薄之地。河南安陽縣出土，石藏河北省正定縣墨香閣。誌高、寬均54釐米。文33行，滿行33字，正書。

著錄：

《文化安豐》222—223頁。（圖、文）

《墨香閣藏北朝墓誌》94—95頁。（圖、文）

《北朝隋代墓誌所在總合目錄》編號724。（目）

《北京大學圖書館藏歷代墓誌拓片目錄》編號00539。（目）

論文：

馬愛民：《北齊〈杜達墓誌〉等對佐證曹操高陵的史料價值》，《中原文物》2012年第6期。

備考：元叡，《魏書》卷二一上有傳，作"字子哲"，與墓誌有別。

天保 026

李清仁墓誌

天保三年（552）十月卅日葬。2012年春河南省安陽市出土。誌殘高30、寬15釐米。文3行，滿行6字，正書。

圖版著錄：

《秦晉豫新出墓誌蒐佚續編》1冊117頁。

天保 027

劉悅（字衆歡）墓誌

卒於家，天保三年（552）十一月八日葬於豹祠之前馬崗之後。誌高48、寬47釐米。文28行，滿行28字，隸書。首題：魏故使持節督安州諸軍事輔國將軍安州刺史劉君之墓誌銘。

圖版著錄：

《洛陽新獲七朝墓誌》39頁。

碑目著錄：

《北朝隋代墓誌所在總合目錄》編號725。

天保 028

王謨墓誌

天保元年（550）七月七日卒於家，以天保三年（552）十一月八日葬於黎山東北五十里鴨池之陰一里半。2001年12月出土於內黃縣梁莊鄉小柴村M1。誌高、寬均52釐米，厚15釐米。文隸書，21行，滿行22字。蓋篆書，未見拓本。蓋題：大齊天保三年王君之墓誌；首題：大齊故黎陽郡功曹東黎頓丘二縣令王謨墓誌。

著錄：

《安陽墓誌選編》3頁（圖）、159—160頁（文）。

天保 029

夏侯念墓誌

又名：夏侯祖墓誌。天保三年（552）十月廿二日卒於晉陽里，以其年十一月廿日葬於并州城西蒙山之下。2003年在山西省太原市晉源區羅城鎮開化村以北500米至寺底村以西100米處之間M74B出土，石藏太原市文物考古研究所。誌近方形，長32.5—36釐米，厚15釐米。誌分刻於墓誌和誌蓋背面，文13行，滿行15字；蓋背誌文14行，滿行15字；隸書。蓋3行，行3字，篆書。首題：□故優婆塞夏侯念墓誌銘。蓋題：齊故優婆塞夏侯墓誌。

著錄：

《晉陽古刻選·北朝墓誌卷》"序"11—12頁，上冊41—47頁。（圖、目）

《北朝隋代墓誌所在總合目錄》編號726。（目）

論文：

山西省考古研究所等：《太原西北環高速公路建設墓葬發掘簡報》，石金鳴主編：《三晉考古》第3輯，2006年，第328—335頁。（圖、文）

備考：墓誌首題為"夏侯念墓誌"，而誌文云："君諱祖，字念祖"，誤刻？存疑。

天保 030

閻子璨墓誌

天保二年（551）五月十六日卒於左城，以天保三年（552）十一月廿一日葬於野馬崗東北豹祠之南。河南安陽縣出土，石藏河北省正定縣墨香閣。誌高、寬均 53 釐米。文 27 行，滿行 30 字，隸書。首題：齊故征虜將軍西兗州別駕閻君墓誌銘。

著錄：

《文化安豐》226—227 頁。（圖、文）

《墨香閣藏北朝墓誌》96—97 頁。（圖、文）

《北朝隋代墓誌所在總合目錄》編號 727。（目）

《北京大學圖書館藏歷代墓誌拓片目錄》編號 00540。（目）

天保 031

赫連遷墓誌

天保三年（552）四月一日薨於州，其年十二月四日葬於鄴城西南野陌崗之左。據云近年出土於河南省安陽市，石藏山西大同北朝藝術研究院。誌高、寬均 72.5 釐米。文 29 行，滿行 30 字，隸書。首題：齊故持節都督廣州諸軍事鎮南將軍廣州刺史廣川縣開國男赫連公墓誌。

著錄：

《文化安豐》228 頁。（圖）

《秦晉豫新出墓誌蒐佚續編》1 冊 118 頁。（圖）

《北朝藝術研究院藏品圖錄·墓誌》116—117 頁。（圖、文）

《北朝隋代墓誌所在總合目錄》編號 728。（目）

《北京大學圖書館藏歷代墓誌拓片目錄》編號 00542。（目）

論文：

黃楨：《新出北齊〈赫連遷墓誌〉考釋》，《文物世界》2016 年第 4 期。

天保 032

晉壽郡公主高敬容墓誌

天保三年（552）十二月十五日卒於并州太原郡晉陽縣吉遷里宅，其月廿七日葬於懸甕山之陽。2002年前後出土于晉祠赤橋一帶，為晉中碑估所獲，旋即售出，今藏太原市文物考古研究所。拓本長68、寬55釐米。文25行，滿行20字，隸書。蓋3行，行3字，隸書。蓋題：齊晉壽郡公主墓誌。首題：齊散騎常侍武衛大將軍儀同三司濮陽郡開國公妻晉壽郡公主高氏墓誌銘并序。

著錄：

《晉陽古刻選·北朝墓誌》"序"12—13頁，上冊49—62頁。（圖、目）

《北朝隋代墓誌所在總合目錄》編號729。（目）

天保033

李秀之墓誌

天保三年（552）十二月二十八日葬。2010年河北省贊皇縣西高村出土。拓片高、寬均50.5釐米。文正書，28行，滿行28字。首題：魏故都官郎中李君墓誌銘。

碑目著錄：

《北京大學圖書館藏歷代墓誌拓片目錄》編號00543。

備考：李秀之，其事附《魏書》卷四九、《北史》卷三三《李璨傳》。

天保034

上官長孫氏壙記

天保三年（552）。江蘇揚州出土，曾歸上虞羅振玉。文字刻於玉版上，5行，滿行5字，正書。

著錄：

《唐風樓金石文字跋尾》，《新編》1/26/19843下。（文、跋）

《蒿里遺珍考釋》，《羅振玉學術論著集》第三集，423頁。（文、跋）

《石刻名彙》12/206b，《新編》2/2/1131上。（目）

《增補校碑隨筆》（修訂本）252頁。（目）

《六朝墓誌檢要》（修訂本）149頁。（目）

《漢魏六朝碑刻校注·總目提要》編號2066。（目）

《北朝隋代墓誌所在總合目錄》編號730。（目）

天保 035

相里叔悅碑

天保三年（552）。在山西。正書。

碑目著錄：

《崇雅堂碑錄》1/26a，《新編》2/6/4496 下。

天保 036

司馬遵業墓誌

天保三年（552）十二月廿五日卒於鄴都中壇里第，以天保四年（553）二月廿七日葬於鄴城西北十五里山崗之左。河北磁縣出土，天津姚貴昉舊藏。誌高 77、寬 77.8 釐米。文 42 行，滿行 42 字，隸書。首題：齊故使持節都督冀定瀛滄懷五州諸軍事太師太尉公懷州刺史陽平郡開國公司馬文□□墓誌銘。

圖版著錄：

《漢魏南北朝墓誌集釋》圖版三一八，《新編》3/3/678。

《北京圖書館藏中國歷代石刻拓本匯編》7 冊 25 頁。

《漢魏六朝碑刻校注》8 冊 291 頁。

錄文著錄：

《魯迅輯校石刻手稿·墓誌》下冊 7—14 頁。

《漢魏南北朝墓誌彙編》389—392 頁。

《漢魏六朝碑刻校注》8 冊 292—293 頁。

《全北齊文補遺》57—59 頁。

碑目題跋著錄：

《石刻題跋索引》150 頁左，《新編》1/30/22488。

《石刻名彙》2/18b，《新編》2/2/1033 下。

《崇雅堂碑錄補》1/10b，《新編》2/6/4555 下。

《古誌新目初編》1/13a，《新編》2/18/13698 上。

《蒿里遺文目錄》2（1）/4a，《新編》2/20/14945 下。

《漢魏南北朝墓誌集釋》7/69b-70a，《新編》3/3/172-173。

《循園古冢遺文跋尾》6/1b-2a，《新編》3/38/44 上—下。

《墓誌徵存目錄》卷1，《羅振玉學術論著集》第五集，578頁。

《金石論叢》"貞石證史·司馬子如誌"，88頁。

《歷代墓誌銘拓片目錄》32頁。

《六朝墓誌檢要》（修訂本）149頁。

《漢魏六朝碑刻校注·總目提要》編號2068。

《北朝隋代墓誌所在總合目錄》編號732。

《北京大學圖書館藏歷代墓誌拓片目錄》編號00544。

論文：

馬小青：《司馬興龍、司馬遵業墓誌銘考》，《文物春秋》1993年第3期。

馬忠理：《磁縣北朝墓群——東魏北齊陵墓兆域考》，《文物》1994年第11期。

備考：司馬遵業，《北史》卷五四、《北齊書》卷一八有傳，其名、字與墓誌記載相反。

天保037

賀拔昌墓誌

天保四年（553）二月廿七日葬於晉陽城北廿五里。1999年出土於山西太原市西南萬柏林義井村，石現藏太原市文物考古研究所。誌高、寬均58釐米。文正書，22行，滿行22字。蓋題：齊故使持節驃騎大將軍（中殘）君墓誌。

著錄：

《晉陽古刻選·北朝墓誌》"序"13—14頁，上冊63—74頁。（圖、目）

《漢魏六朝碑刻校注》8冊295—296頁。（圖、文）

《新出魏晉南北朝墓誌疏證》（修訂本）160—161頁。（文、跋）

《全北齊文補遺》59—60頁。（文）

《漢魏六朝碑刻校注·總目提要》編號2069。（目）

《北朝隋代墓誌所在總合目錄》編號731。（目）

論文：

王立斌、李非：《北齊磚室墓葬》，《文物世界》2002年第2期。

周錚：《對賀拔昌墓誌的幾點看法》，《文物世界》2002年第6期。

太原市文物考古研究所：《太原北齊賀拔昌墓》，《文物》2003年第3期。

天保038

開府參軍事崔頠墓誌

武定六年（548）七月七日卒於鄴都寢舍，天保四年（553）二月廿九日歸葬於本鄉齊城南五十里之神塋。清乾隆年間（一說咸豐、道光年間）山東益都縣出土，舊藏濰縣陳介祺、浙江沈仲長，後由沈氏子孫售出，運往南京，又運至上海，今存上海市博物館。誌高、寬均39釐米。文16行，滿行17字，正書。首題：魏開府參軍事崔府君墓誌銘。

圖版著錄：

《漢魏南北朝墓誌集釋》圖版三一九，《新編》3/3/679。

《北京圖書館藏中國歷代石刻拓本匯編》7冊26頁。

《中國金石集萃》7函9輯編號84。

《漢魏六朝碑刻校注》8冊298頁。

《山東石刻分類全集·歷代墓誌》60頁。

錄文著錄：

《八瓊室金石補正》20/5b-6a，《新編》1/6/4301上—下。

《山左冢墓遺文補遺》1b-2a，《新編》1/20/14924上—下。

《古誌石華》3/5b-6a，《新編》2/2/1175上—下。

《平津館金石萃編》5/1a-b，《新編》2/4/2475上。

（宣統）《山東通志·藝文志》卷151，《新編》2/12/9292上—下。

（民國）《續修歷城縣志·金石考一》31/25b-26a，《新編》3/25/399上—下。

（光緒）《益都縣圖志·金石志上》26/16b-17a，《新編》3/27/419上—下。

《漢魏南北朝墓誌彙編》392頁。

《漢魏六朝碑刻校注》8冊299頁。

《全北齊文補遺》60 頁。

《山東石刻分類全集·歷代墓誌》60 頁。

碑目題跋著錄：

《八瓊室金石補正》20/6b-7a，《新編》1/6/4301 下—4302 上。

《集古求真》1/19a，《新編》1/11/8487 上。

《鐵橋金石跋》1/15b-16a，《新編》1/25/19312 上—下。

《平津讀碑記》3/1a-b，《新編》1/26/19374 上。

《藝風堂金石文字目》18/2b，《新編》1/26/19814 下。

《補寰宇訪碑錄》2/11a，《新編》1/27/20211 上。

《補寰宇訪碑錄刊誤》3b，《新編》1/27/20272 上。

《金石彙目分編》10（3）/22a，《新編》1/28/21189 下。

《石刻題跋索引》149 頁右—150 頁左，《新編》1/30/22487-22488。

《石刻名彙》2/18b，《新編》2/2/1033 下。

《古誌石華》3/6a-b，《新編》2/2/1175 下。

《平津館金石萃編》5/1b-2a，《新編》2/4/2475 上—下。附《四錄堂類集》。

《崇雅堂碑錄》1/26a，《新編》2/6/4496 下。

（光緒）《畿輔通志·金石十一》148/51b-52a，《新編》2/11/8533 上—下。

（宣統）《山東通志·藝文志》卷 151，《新編》2/12/9292 下。

《語石》4/2b，《新編》2/16/11918 下。

《平安館藏碑目》，《新編》2/18/13411 下。

《寶鐵齋金石文跋尾》卷上/4b-5a，《新編》2/20/14401 下—14402 上。

《寰宇貞石圖目錄》卷上/7a、卷下/5a，《新編》2/20/14674 下、14679 下。

《畿輔碑目》卷上/2b，《新編》2/20/14779 下。

《山左碑目》4/9a，《新編》2/20/14868 上。

《山左南北朝石刻存目》3b，《新編》2/20/14886 上。

《蒿里遺文目錄》2（1）/4a，《新編》2/20/14945 下。

《漢魏南北朝墓誌集釋》7/70a,《新編》3/3/173。附《九鐘精舍金石跋尾乙編》。

（光緒）《重修廣平府志·金石略下》36/6a,《新編》3/25/132下。

（民國）《續修歷城縣志·金石考一》31/26a,《新編》3/25/399下。

《國立北平圖書館藏碑目》12a,《新編》3/36/254下。

《古誌彙目》1/9a,《新編》3/37/21。

《金石萃編補目》1/4b,《新編》3/37/485下。

《碑帖跋》75頁,《新編》3/38/223、4/7/433下。

《漢魏六朝墓銘纂例》4/7a–b,《新編》3/40/462上。

《雪堂所藏金石文字簿錄》82a,《新編》4/7/410下。

《墓誌徵存目錄》卷1,《羅振玉學術論著集》第五集,578頁。

《歷代墓誌銘拓片目錄》32頁。

《善本碑帖錄》2/81。

《碑帖鑒定》194頁。

《碑帖敘錄》156—157頁。

《增補校碑隨筆》（修訂本）252—253頁。

《六朝墓誌檢要》（修訂本）149—150頁。

《齊魯碑刻墓誌研究》"附表"366頁。

《漢魏六朝碑刻校注·總目提要》編號2070。

淑德大學《中國石刻拓本目錄》"墓誌"編號220。

《北京大學圖書館藏歷代墓誌拓片目錄》編號00545。

《北朝隋代墓誌所在總合目錄》編號733。

論文：

李森、王瑞霞等：《北齊崔頠墓誌探考》,《濰坊教育學院學報》2001年第4期。

李不殊：《館藏〈北齊崔頠墓誌〉考述》,《江淮文化論叢》2011年,第255—263頁。

天保039

王熾墓誌并蓋

天保四年（553）四月十日薨於京師,葬於鄴城西十里。誌長、高皆

36釐米；蓋底長、高皆35釐米，頂長29.5、高30釐米。蓋2行，行3字，篆書。誌文17行，滿行17字，隸書。蓋題：齊故王君墓銘。

著錄：

《北朝藝術研究院藏品圖錄·墓誌》118—119頁。（圖、文）

天保040

楊昇遊妻成磨子墓誌

天保四年（553）四月十七日卒，四月廿日葬。河北出土，石藏河北正定墨香閣。誌高32、寬35釐米。文7行，滿行8字，正書。

著錄：

《墨香閣藏北朝墓誌》98—99頁。（圖、文）

《北京大學圖書館藏歷代墓誌拓片目錄》編號00546。（目）

天保041

獨孤忻墓誌

天保三年（552）十二月廿二日卒於鄴京之第，四年（553）八月十九日葬於鄴都西北十里。河北磁縣出土。拓本高63.5、寬63釐米。文正書，27行，滿行27字。首題：齊故使持節都督雲州諸軍事征西將軍雲州刺史獨孤公墓誌銘。

圖版著錄：

《文化安豐》229頁。

《北京大學圖書館新藏金石拓本菁華1996—2012》112頁。

《金石拓本題跋集萃》60頁。

碑目著錄：

《北朝隋代墓誌所在總合目錄》編號734。

《北京大學圖書館藏歷代墓誌拓片目錄》編號00547。

天保042

楊元讓妻宋氏墓誌

武定二年（544）八月十日遘疾終於晉陽，權葬於汾河之東，齊天保四年（553）八月二十四日遷葬於鄴都漳河之北安和里。河北磁縣出土（據葬地推測），石藏河北省正定縣墨香閣。誌高、寬均56釐米。文 21 行，滿行 23 字，隸書。尾題：鎮遠將軍尚書祠部郎中楊元讓妻墓誌銘。

著錄：

《文化安豐》230—231 頁。（圖、文）

《墨香閣藏北朝墓誌》100—101 頁。（圖、文）

《北朝隋代墓誌所在總合目錄》編號 735。（目）

《北京大學圖書館藏歷代墓誌拓片目錄》編號 00548。（目）

天保 043

高淹妃馮娑羅墓誌

天保四年（553）七月十五日卒於國邸，九月一日遷葬於鄴縣之西。2006 年前後河南省安陽縣出土，一說 2006 年夏末河北省磁縣出土。拓本高、寬均 70 釐米。文 26 行，滿行 28 字，隸書。首題：大齊平陽王國故昭妃馮氏墓銘。

著錄：

《秦晉豫新出墓誌蒐佚》1 冊 54 頁。（圖）

《北京大學圖書館新藏金石拓本菁華 1996—2012》113 頁。（圖）

《文化安豐》231—232 頁。（圖、文）

《新見北朝墓誌集釋》129—131 頁。（圖、文、跋）

《北朝隋代墓誌所在總合目錄》編號 736。（目）

《北京大學圖書館藏歷代墓誌拓片目錄》編號 00549。（目）

論文：

解峰：《北齊馮氏墓誌考釋》，《博物館研究》2008 年第 4 期。

天保 044

何劉息清兒墓記磚

天保四年（553）九月廿一日。寒玉堂舊藏。磚高 28、寬 17 釐米。文正書，3 行，滿行 7 字。

著錄：

《中國古代磚刻銘文集》上、下冊編號 1015。（圖、文）

《北朝隋代墓誌所在總合目錄》編號 737。（目）

《北京大學圖書館藏歷代墓誌拓片目錄》編號00550。（目）

天保045

□弘（字法雅）墓誌

天保四年（553）十一月廿六日葬於肇山。民國時期山東省東平縣西北鄉出土，困山趙氏舊藏。誌高38、寬50.5釐米。文20行，滿行13字，正書。

圖版著錄：

《漢魏南北朝墓誌集釋》圖版三二〇，《新編》3/3/680。

《漢魏六朝碑刻校注》8冊308頁。

錄文著錄：

（民國）《東平縣志·金石》14/5a-b，《新編》3/26/635上。

《漢魏南北朝墓誌彙編》393頁。

《漢魏六朝碑刻校注》8冊309頁。

《全北齊文補遺》60—61頁。

碑目題跋著錄：

《石刻題跋索引》150頁左，《新編》1/30/22488。

《漢魏南北朝墓誌集釋》7/70a，《新編》3/3/173。

（民國）《東平縣志·金石》14/6a，《新編》3/26/635下。

《蒿里遺文目錄續編·墓誌徵存》3a，《新編》3/37/538上。

《墓誌徵存目錄》卷1，《羅振玉學術論著集》第五集，579頁。

《歷代墓誌銘拓片目錄》32頁。

《六朝墓誌檢要》（修訂本）150頁。

《齊魯碑刻墓誌研究》"附表"366頁。

《漢魏六朝碑刻校注·總目提要》編號2075。

《北朝隋代墓誌所在総合目錄》編號739。

《北京大學圖書館藏歷代墓誌拓片目錄》編號00551。

天保046

張冀周妻王氏磚誌

天保四年（553）十一月廿六日。2005年至2008年在河南省安陽縣安豐鄉固岸村、施家河村東、漳河南岸的高臺地 M46 發掘出土。凡 19 字，未見拓本。

碑目著錄：

《北朝隋代墓誌所在總合目錄》編號 740。

論文：

河南省文物考古研究所：《河南安陽固岸墓地考古發掘收穫》，《華夏考古》2009 年第 3 期。（文）

天保 047

王道習墓誌

天保四年（553）十一月。山東省萊陽縣田家灌村出土，今存山東省博物館。誌長 57、寬 42 釐米。文 38 行，滿行 29 字，正書。首題：魏故平東將軍護軍司馬滄州儀同開府長史五郡太守王府君墓誌銘。

著錄：

《山東石刻分類全集·歷代墓誌》61—62 頁。（圖、文）

《齊魯碑刻墓誌研究》309—311 頁；"附表" 366 頁。（跋、目）

《漢魏六朝碑刻校注·總目提要》編號 2076。（目）

《北朝隋代墓誌所在總合目錄》編號 738。（目）

天保 048

元賢真墓誌

天保三年（552）七月廿五日卒於京師，四年（553）閏月（十一月）八日葬於豹祠西南。河南安陽縣出土，石藏河北省正定縣墨香閣。誌高、寬均 48 釐米。文 25 行，滿行 25 字，隸書。首題：故中軍將軍徐州開府長史昌寧縣開國男元君墓誌銘。

著錄：

《文化安豐》224—225 頁。（圖、文）

《墨香閣藏北朝墓誌》102—103 頁。（圖、文）

《北朝隋代墓誌所在總合目錄》編號 742。（目）

《北京大學圖書館藏歷代墓誌拓片目錄》編號 00552。（目）

天保 049

元良墓誌

天保四年（553）十一月廿四日卒於京師，以閏月八日遷葬於武城之西七百餘步。1978年6月河北省磁縣講武城鄉孟莊村西南出土，現藏磁縣文物保管所。誌高、寬皆43、厚8.5釐米。文26行，滿行26字，正書。首題：大齊天保四年歲次癸酉閏十一月己丑朔八日丙申魏故浮陽郡□元君墓誌銘。

著錄：

《新中國出土墓誌·河北〔壹〕》上冊15頁（圖）、下冊10—11頁（文）。

《漢魏六朝碑刻校注》8冊310—311頁。（圖、文）

《全北齊文補遺》61—62頁。（文）

《漢魏六朝碑刻校注·總目提要》編號2077。（目）

《北朝隋代墓誌所在総合目錄》編號741。（目）

論文：

磁縣文物保管所：《河北磁縣北齊元良墓》，《考古》1997年第3期。

馬忠理：《磁縣北朝墓群——東魏北齊陵墓兆域考》，《文物》1994年第11期。

天保 050

陸淨墓誌并蓋

天保五年（554）二月二十四日卒於魏郡臨漳縣陽賜里舍，以四月二十九日葬於鄴縣西門君祠之西四里所。誌長71.5、高66釐米；蓋底長69、高64.5釐米，頂長62、高57.5釐米。蓋4行，行4字，篆書；誌文37行，滿行37字，隸書。蓋題：齊征西將軍金紫光祿建安公陸君墓銘。

著錄：

《北朝藝術研究院藏品圖錄·墓誌》120—123頁。（圖、文）

天保 051

高顯國妃敬氏墓誌并蓋

別名：敬妃墓誌。天保五年（554）歲離閹茂月在俠鍾廿五日卒於晉陽，以其年十月七日歸葬於鄴城獻武陵之西。蓋1949年後磁縣徵集，現藏磁縣文物保管所。誌高67、寬66.3釐米。盝頂蓋。蓋高70、寬70、厚13.5釐米。蓋3行，行3字，篆書。誌文25行，滿行26字，隸書。蓋題：齊襄樂王故妃墓誌銘。

圖版著錄：

《漢魏南北朝墓誌集釋》圖版五九六，《新編》3/4/354。（誌）

《漢魏六朝碑刻校注》8冊334頁。（誌）

《新中國出土墓誌·河北〔壹〕》上冊35頁。（蓋）

錄文著錄：

《新中國出土墓誌·河北〔壹〕》下冊28頁。

《漢魏南北朝墓誌彙編》393—394頁。

《漢魏六朝碑刻校注》8冊335頁。

《全北齊文補遺》62—63、152頁。

碑目題跋著錄：

《石刻題跋索引》150頁左，《新編》1/30/22488。

《漢魏南北朝墓誌集釋》11/116b，《新編》3/3/266。

《六朝墓誌檢要》（修訂本）150頁。

《漢魏六朝碑刻校注·總目提要》編號2089。

《北朝隋代墓誌所在總合目錄》編號743。

《北京大學圖書館藏歷代墓誌拓片目錄》編號00553。

備考：《六朝墓誌檢要》將"高顯國"誤著為"高獻國"。

天保 052

張黑奴妻王洛妃磚誌

天保五年（554）十月七日刻。羅振玉舊藏。拓片高25釐米，寬13釐米。文正書，4行，行8至11字不等。

著錄：

《北京圖書館藏中國歷代石刻拓本匯編》7冊41頁。（圖）

《中國古代磚刻銘文集》上、下冊編號1016。（圖、文）

《全北齊文補遺》63頁。（文）

《蒿里遺文目錄》3上/4b，《新編》2/20/14982下。（目）

《北朝隋代墓誌所在綜合目錄》編號744。（目）

天保053

孫氏妻姜長妃墓誌并蓋

天保五年（554）十一月十日卒於邸室，以其月廿日葬於鄴城西南廿里。河南省安陽市出土，石藏河北省正定縣墨香閣。誌高、寬均42釐米，蓋高、寬均35釐米。誌文隸書，20行，滿行20字。蓋正書，2行，行3字。首題：齊孫氏姜夫人墓誌銘；蓋題：姜夫人墓誌銘。

著錄：

《文化安豐》233—234頁。（圖、文）

《墨香閣藏北朝墓誌》104—105頁。（圖、文）

《北朝隋代墓誌所在綜合目錄》編號745。（目）

《北京大學圖書館藏歷代墓誌拓片目錄》編號00554。（目）

天保054

薛脩義墓誌

天保五年（554）七月廿三日卒於并州西湯亭，以其年十二月九日葬於鄴城之西南。據云近年出土於河南省安陽市，現藏安陽市博物館。誌高、寬均94釐米。文34行，滿行34字，隸書。

著錄：

《秦晉豫新出墓誌蒐佚續編》1冊122頁。（圖）

《文化安豐》235—237頁。（圖、文）

《北朝隋代墓誌所在綜合目錄》編號746。（目）

備考：《文化安豐》著錄為"循義墓誌"，據圖版，當為"脩義"。薛脩（修）義，《北齊書》卷二〇、《北史》卷五三有傳，史傳云"字公讓"，墓誌云"字脩義"。

天保 055

韋家墓塼

天保五年（554）。正書。

碑目著錄：

《石刻名彙》12/206b，《新編》2/2/1131 上。

天保 056

尒朱世邕墓誌

卒於鄴，以天保六年（555）正月四日葬於紫陌北。河北磁縣出土。誌高、寬均 37.5 釐米。文 18 行，滿行 18 字，正書。首題：大齊天保六年歲次乙亥正月壬午朔四日乙酉故尒朱使君墓誌銘。

著錄：

《金石拓本題跋集萃》61 頁。（圖）

《文化安豐》238—239 頁。（圖、文）

《新見北朝墓誌集釋》132—144 頁。（圖、文、跋）

《北朝隋代墓誌所在總合目錄》編號 747。（目）

《北京大學圖書館藏歷代墓誌拓片目錄》編號 00555。（目）

論文：

陳瑞青、吳玉梅：《〈北齊尒朱世邕墓誌銘〉考釋》，《文物春秋》2010 年第 1 期。

王連龍：《新見北齊〈尒朱世邕墓誌〉及相關問題研究》，《華夏考古》2014 年第 4 期。

天保 057

元圓墓誌

又名：元孝矩墓誌。天保五年（554）十二月廿六日卒於鄴城之西，六年（555）正月十五日葬於豹祠之西南。據云 21 世紀初出土於河南省安陽市。誌高 55.5、寬 55.7 釐米。文 30 行，滿行 30 字，正書。

著錄：

《秦晉豫新出墓誌蒐佚續編》1 冊 123 頁。（圖）

《文化安豐》239—240 頁。（圖、文）

《北朝隋代墓誌所在總合目錄》編號748。(目)

天保058

竇泰妻婁黑女墓誌

天保五年（554）三月二十四日以疾卒於鄴都允忠里第，以天保六年（555）二月九日合葬於武貞公之穴，鄴城西二十里。河南安陽出土，原藏於安陽古物保存所，今存新鄉市博物館。誌高、寬均83.3釐米。文24行，滿行27字，隸書。首題：故使持節侍中太師大司馬太尉公錄尚書事武貞竇公夫人皇姨頓丘郡長君婁氏墓誌銘。

圖版著錄：

《漢魏南北朝墓誌集釋》圖版三二二，《新編》3/3/682。

《北京圖書館藏中國歷代石刻拓本匯編》7冊45頁。

《漢魏六朝碑刻校注》8冊354頁。

《中國北朝石刻拓片精品集》114—119頁。

錄文著錄：

《魯迅輯校石刻手稿·墓誌》下冊24—27頁。

《漢魏南北朝墓誌彙編》397—398頁。

《漢魏六朝碑刻校注》8冊355頁。

《全北齊文補遺》65—66頁。

碑目題跋著錄：

《石刻題跋索引》150頁左，《新編》1/30/22488。

《石刻名彙》2/18b，《新編》2/2/1033下。

《崇雅堂碑錄》1/26b，《新編》2/6/4496下。

《河朔訪古新錄》2/1b，《新編》2/12/8894上。

《河朔金石目》2/2b，《新編》2/12/8960下。

《古誌新目初編》1/13a，《新編》2/18/13698上。

《蒿里遺文目錄》2（1）/4a，《新編》2/20/14945下。

《漢魏南北朝墓誌集釋》7/70b，《新編》3/3/174。

《河朔新碑目》上卷/3b、中卷/5a，《新編》3/35/557上、573上。

《國立北平圖書館藏碑目》12a，《新編》3/36/254下。

《循園古冢遺文跋尾》6/3a，《新編》3/38/45 上。

《雪堂金石文字跋尾》3/11a，《新編》3/38/309 上。

《墓誌徵存目錄》卷 1，《羅振玉學術論著集》第五集，579 頁。

《歷代墓誌銘拓片目錄》33 頁。

《六朝墓誌檢要》（修訂本）150—151 頁。

《碑帖鑒定》194 頁。

《碑帖敘錄》265—266 頁。

《漢魏六朝碑刻校注‧總目提要》編號 2093。

《北朝隋代墓誌所在總合目錄》編號 750。

《北京大學圖書館藏歷代墓誌拓片目錄》編號 00556。

論文：

新鄉市博物館：《北齊竇、婁、石、劉四墓誌中幾個問題的探討》，《文物》1973 年第 6 期。

備考：竇泰妻婁黑女，事見《北齊書》卷一五、《北史》卷五四《竇泰傳》，《北齊書》卷四七、《北史》卷三九《畢義雲傳》。

天保 059

竇泰墓誌

以魏天平四年（537）正月十七日卒於弘農陣所，以北齊天保六年（555）二月九日改葬於京城之西二十里。河南安陽出土，原藏於安陽古物保存所，今存新鄉市博物館。誌高、寬均 95.5 釐米。文 38 行，滿行 41 字，隸書。首題：故使持節侍中太師大司馬［太尉］公錄尚書事顯蔚相冀定并恒瀛八州刺史廣阿縣開國公武貞竇公墓誌銘。

圖版著錄：

《漢魏南北朝墓誌集釋》圖版三二一，《新編》3/3/681。

《北京圖書館藏中國歷代石刻拓本匯編》7 冊 46 頁。

《漢魏六朝碑刻校注》8 冊 350 頁。

《中國北朝石刻拓片精品集》108—113 頁。

錄文著錄：

《魯迅輯校石刻手稿‧墓誌》下冊 15—23 頁。

《漢魏南北朝墓誌彙編》394—397 頁。

《漢魏六朝碑刻校注》8 冊 351—352 頁。

《全北齊文補遺》63—65 頁。

碑目題跋著錄：

《石刻題跋索引》150 頁左，《新編》1/30/22488。

《石刻名彙》2/18b，《新編》2/2/1033 下。

《崇雅堂碑錄補》1/10b，《新編》2/6/4555 下。

《河朔訪古新錄》2/1b，《新編》2/12/8894 上。

《河朔金石目》2/2b，《新編》2/12/8960 下。

《古誌新目初編》1/13a，《新編》2/18/13698 上。

《蒿里遺文目錄》2（1）/4a，《新編》2/20/14945 下。

《漢魏南北朝墓誌集釋》7/70a-b，《新編》3/3/173-174。

《河朔新碑目》上卷/3b、中卷/4b-5a，《新編》3/35/557 上、572 下—573 上。

《國立北平圖書館藏碑目》12a，《新編》3/36/254 下。

《循園古冢遺文跋尾》6/2a-3a，《新編》3/38/44 下—45 上。

《雪堂金石文字跋尾》3/10a-11a，《新編》3/38/308 下—309 上。

《墓誌徵存目錄》卷 1，《羅振玉學術論著集》第五集，579 頁。

《歷代墓誌銘拓片目錄》32—33 頁。

《六朝墓誌檢要》（修訂本）150 頁。

《碑帖鑒定》193 頁。

《碑帖敘錄》266 頁。

《漢魏六朝碑刻校注·總目提要》編號 2094。

淑德大學《中國石刻拓本目錄》"墓誌"編號 222。

《北朝隋代墓誌所在綜合目錄》編號 749。

《北京大學圖書館藏歷代墓誌拓片目錄》編號 00557。

論文：

新鄉市博物館：《北齊竇、婁、石、劉四墓誌中幾個問題的探討》，《文物》1973 年第 6 期。

備考：竇泰，《北齊書》卷一五、《北史》卷五四有傳。

天保 060

□莫陳阿仁伏暨妻叱列棄聖墓碑

天保六年（555）二月廿七日與妻叱列氏殯葬并州城西山陵。2002年11月山西省太原市汾河西岸晉陽古城遺址出土。誌高76、寬39、厚15釐米。文正書，10行，行字不等。

著錄：

《漢魏六朝碑刻校注》8冊357—358頁。（圖、文）

《全北齊文補遺》66頁。（文）

《漢魏六朝碑刻校注・總目提要》編號2095。（目）

《北朝隋代墓誌所在總合目錄》編號751。（目）

論文：

山西省考古研究所：《太原西南郊北齊洞室墓》，《文物》2004年第6期。

天保 061

王憐妻趙氏墓誌

又名：夫人趙氏殘墓誌。天保六年（555）四月七日卒於光州子城內，以七月六日葬於城西正山之上。山東掖縣出土，曾歸吳縣吳氏。誌高52.2、寬54.2釐米。文16行，行16字，正書。

圖版著錄：

《漢魏南北朝墓誌集釋》圖版三二三，《新編》3/3/683。

《漢魏六朝碑刻校注》8冊366頁。

錄文著錄：

《中州冢墓遺文》5b-6a，《新編》3/30/271上—下。

《魯迅輯校石刻手稿・墓誌》下冊28—29頁。

《漢魏南北朝墓誌彙編》399頁。

《漢魏六朝碑刻校注》8冊367頁。

《全北齊文補遺》66頁。

碑目題跋著錄：

《石刻題跋索引》150頁左，《新編》1/30/22488。

《石刻名彙》2/18b，《新編》2/2/1033下。

《崇雅堂碑錄補》1/10b，《新編》2/6/4555下。

（宣統）《山東通志·藝文志》卷152，《新編》2/12/9376下。

《古誌新目初編》1/13a，《新編》2/18/13698上。

《蒿里遺文目錄》2（1）/4b，《新編》2/20/14945下。

《漢魏南北朝墓誌集釋》7/70b，《新編》3/3/174。

《古誌彙目》1/9a，《新編》3/37/21。

《循園古冢遺文跋尾》6/3a-4a，《新編》3/38/45上—下。

《再續寰宇訪碑錄》卷上，《羅振玉學術論著集》第五集，439頁。

《墓誌徵存目錄》卷1，《羅振玉學術論著集》第五集，579頁。

《歷代墓誌銘拓片目錄》33頁。

《增補校碑隨筆》（修訂本）254—255頁。

《六朝墓誌檢要》（修訂本）151頁。

《碑帖鑒定》194頁。

《齊魯碑刻墓誌研究》"附表"366頁。

《碑帖敘錄》28頁。

《漢魏六朝碑刻校注·總目提要》編號2098。

《北朝隋代墓誌所在總合目錄》編號752。

《北京大學圖書館藏歷代墓誌拓片目錄》編號00558。

天保062

馬公瑾妻元嫲（嬭）耶墓誌

天保六年（555）八月六日卒，以其月十二日葬於豹祠之右。石藏河北正定墨香閣。誌高、寬均30釐米。文13行，滿行13字，正書。首題：齊處士馬公瑾故妻元氏墓銘。

著錄：

《文化安豐》242頁。（圖）

《墨香閣藏北朝墓誌》106—107頁。（圖、文）

《北朝隋代墓誌所在總合目錄》編號753。（目）

天保 063

高建墓誌并蓋

天保六年（555）三月七日卒於晉陽，以其年十月十四日葬於鄴城之西北十里漳水之陽。河北磁縣出土，曾歸武進陶蘭泉、上虞羅振玉唐風樓，今存遼寧省博物館。誌高 74、寬 75.6 釐米。蓋 4 行，行 3 字，篆書。誌文 34 行，滿行 34 字，正書。蓋題：齊故齊滄二州刺史高公墓銘。

圖版、錄文著錄：

《漢魏南北朝墓誌集釋》圖版三〇九，《新編》3/3/663—664。（圖）

《漢魏六朝碑刻校注》8 冊 370—372 頁。（圖、文）

《遼寧省博物館藏碑誌精粹》104 頁（圖）、264 頁（文）。

《滿洲金石志別錄》卷下/1a—3a，《新編》1/23/17427 上—17428 上。（文）

《魯迅輯校石刻手稿·墓誌》下冊 31—36 頁。（文）

《漢魏南北朝墓誌彙編》399—401 頁。（文）

《全北齊文補遺》66—68 頁。（文）

碑目題跋著錄：

《續寰宇訪碑錄》7/7b，《新編》1/27/20341 上。

《石刻題跋索引》150 頁左—右，《新編》1/30/22488。

《石刻名彙》2/18b，《新編》2/2/1033 下。

《崇雅堂碑錄補》1/10b，《新編》2/6/4555 下。

《古誌新目初編》1/13b，《新編》2/18/13698 上。

《循園金石文字跋尾》卷下/1a—3a，《新編》2/20/14474 下—14475 下。

《蒿里遺文目錄》2（1）/4b，《新編》2/20/14945 下。

《漢魏南北朝墓誌集釋》7/68a，《新編》3/3/169。

《雪堂金石文字跋尾》3/9b—10a，《新編》3/38/308 上—下。

《中國金石學講義·正編》23a，《新編》3/39/163。

《墓誌徵存目錄》卷 1，《羅振玉學術論著集》第五集，579 頁。

《歷代墓誌銘拓片目錄》33 頁。

《六朝墓誌檢要》（修訂本）151 頁。

《漢魏六朝碑刻校注·總目提要》編號 2100。

淑德大學《中國石刻拓本目錄》"墓誌"編號 223、225。

《遼寧省博物館藏碑誌精粹》105 頁。

《北朝隋代墓誌所在總合目錄》編號 754。

《北京大學圖書館藏歷代墓誌拓片目錄》編號 00559。

天保 064

元子邃墓誌

天保六年（555）十月十五日卒於鄴城西□里之第，其年十一月七日與夫人李氏遷葬于鄴城之西南，去城廿里。河南安陽出土，曾歸三原于右任，今存西安碑林博物館。誌高 49、寬 48 釐米。文正書，23 行，滿行 30 字。首題：齊故征西將上洛縣開國［男］開封□元子邃墓誌銘。

圖版著錄：

《漢魏南北朝墓誌集釋》圖版五七七，《新編》3/4/334。

《北京圖書館藏中國歷代石刻拓本匯編》7 冊 50 頁。

《鴛鴦七誌齋藏石》圖 155。

《西安碑林全集》66/986－991。

《漢魏六朝碑刻校注》374 頁。

錄文著錄：

《漢魏南北朝墓誌彙編》401—402 頁。

《漢魏六朝碑刻校注》375 頁。

《全北齊文補遺》68—69 頁。

碑目題跋著錄：

《石刻題跋索引》150 頁右，《新編》1/30/22488。

《漢魏南北朝墓誌集釋》11/113a－b，《新編》3/3/259－260。

《國立北平圖書館藏碑目》12a，《新編》3/36/254 下。

《墓誌徵存目錄》卷 1，《羅振玉學術論著集》第五集，579 頁。

《歷代墓誌銘拓片目錄》33 頁。

《六朝墓誌檢要》（修訂本）151—152 頁。

《漢魏六朝碑刻校注·總目提要》編號2101。

淑德大學《中國石刻拓本目錄》"墓誌"編號224。

《北朝隋代墓誌所在總合目錄》編號755。

《北京大學圖書館藏歷代墓誌拓片目錄》編號00560。

天保065

郭哲墓誌并蓋

天保六年（555）十月十日卒，以其年十二月十五日葬於漳河之北七里。誌長、高皆51.5釐米；蓋底長52.5、高52釐米；頂長44.5、高44釐米。蓋2行，行3字，篆書。誌文23行，滿行25字，隸書。蓋題：齊故郭君墓銘。

著錄：

《北朝藝術研究院藏品圖錄·墓誌》124—125頁。（圖、文）

天保066

高瓊墓誌

天保六年（555）九月廿六日卒於京師，以其年十二月廿七日葬於鄴城西十里。誌高、寬均47釐米。文21行，滿行22字。首題：大齊天保六年歲在亥十二月丁未朔廿七日癸酉齊故鎮遠將軍華陰國常侍高君墓誌銘。

著錄：

《珍稀墓誌百品》14—15頁。（圖、文）

天保067

穆瑜妻陸脩容墓誌并蓋

天保六年（555）十一月七日卒於鄴城宅第，以七年（556）正月廿一日祔葬於瀛洲史（使）君之舊塋，在鄴西南野馬崗之東，去城廿五里。誌長、高皆45.5釐米；蓋底長46、高45釐米；頂長36.5、高35.5釐米。蓋3行，行3字，篆書。誌文22行，滿行22字，隸書。蓋題：魏故瀛洲陸夫人墓銘；首題：魏故驃騎大將軍瀛洲刺史都官尚書相國司馬高唐縣開國男穆子琳妻陸氏墓誌銘。

著錄：

《北朝藝術研究院藏品圖錄·墓誌》126—127頁。（圖、文）

天保 068

崔寬墓誌并蓋

天保六年（555）十二月廿三日卒於鄴淮方之里舍，七年（556）二月十三日安厝於常山郡靈壽縣臨山南。誌長、高均58.5釐米；蓋底長、高均58.5釐米，頂長50、高9釐米（當有誤，目測約49釐米，可能脱"4"字）。蓋3行，行3字，篆書。誌文29行，滿行29字，隸書。蓋題：齊故崔府君墓誌之銘。

著録：

《北朝藝術研究院藏品圖録·墓誌》138—140頁。（圖、文）

天保 069

崔仲姿墓誌

天保六年（555）二月六日卒於敬仕行俠仁里，七年（556）四月十六日祔葬鄴城之西一十三里豹祠之南二里。河南安陽出土，石藏河北省正定縣墨香閣。誌高、寬50釐米。文18行，滿行21字，隸書。

著録：

《文化安豐》246—247頁。（圖、文）

《墨香閣藏北朝墓誌》108—109頁。（圖、文）

《全北齊文補遺》69頁。（文）

淑德大學《中國石刻拓本目録》"墓誌"編號221。（目）

《北朝隋代墓誌所在綜合目録》編號756。（目）

《北京大學圖書館藏歷代墓誌拓片目録》編號00561。（目）

天保 070

李識萺墓銘磚

又名：北齊李識墓專。天保七年（556）四月廿日。河南安陽漳瀕出土，紹興范壽銘舊藏。磚高29、寬15釐米。文正書，2行，行3或8字。

著録：

《中國古代磚刻銘文集》上、下册編號1018。（圖、文）

《循園金石文字跋尾》卷上/9a，《新編》2/20/14470上。（跋）

《石刻題跋索引》685頁左，《新編》1/30/23023。（目）

《北朝隋代墓誌所在総合目録》編號 757。（目）

《北京大學圖書館藏歷代墓誌拓片目錄》編號 00562。（目）

天保 071

郁久閭業碑

天保七年（556）五月。

碑目題跋著錄：

《金石錄》3/1a、22/3a–b，《新編》1/12/8812 上、8929 上。

《通志·金石略》卷上/34a，《新編》1/24/18036 上。

《寶刻叢編》20/22a，《新編》1/24/18383 下。

《石刻題跋索引》35 頁右，《新編》1/30/22373。

《佩文齋書畫譜·金石》62/12a 下，《新編》3/2/57 上。

《六藝之一錄》61/2a，《新編》4/5/110 下。

天保 072

張紹祖磚銘

天保七年（556）六月七日葬。2008 年冬河南省安陽市出土，存洛陽民間。磚高 30、寬 14 釐米。文 3 行，滿行 8 字。

圖版著錄：

《秦晉豫新出墓誌蒐佚》1 冊 56 頁。

碑目著錄：

《北朝隋代墓誌所在総合目録》編號 758。

天保 073

翟煞鬼墓誌

天保七年（556）八月八日刻。端方舊藏。拓片高 23、寬 17 釐米。文 5 行，首 2 行行 4 字，後 3 行行 2 字，正書。

圖版著錄：

《北京圖書館藏中國歷代石刻拓本匯編》7 冊 52 頁。

《中國西北地區歷代石刻匯編》1 冊 69 頁。

錄文著錄：

《匋齋藏石記》11/7b，《新編》1/11/8084 上。

《魯迅輯校石刻手稿・墓誌》下冊30頁。

碑目著錄：

《石刻題跋索引》35頁右，《新編》1/30/22373。

《古誌彙目》1/9a，《新編》3/37/21。

《漢魏六朝碑刻校注・總目提要》編號2106。

《北朝隋代墓誌所在總合目錄》編號759。

天保074

韓買奴墓誌

天保七年（556）八月十八日遷葬於晉陽東北七十里。2003年山西省榆次縣出土，藏晉中市榆次區文物保管所。誌邊長70、厚12釐米。文27行，滿行28字，隸書。

著錄：

《晉陽古刻選・北朝墓誌》"序"15頁，上冊75—91頁。（圖、目）

《滄海遺珍》97頁。（跋）

《北朝隋代墓誌所在總合目錄》編號760。（目）

天保075

韓買奴妻莫賀弗好墓誌

天保七年（556）八月十八日遷葬看山之足。2003年山西省榆次縣出土，藏晉中市榆次區文物保管所。誌方形，邊長70釐米。文隸書，20行，滿行20字。未見拓本。

題跋著錄：

《滄海遺珍》97頁。

天保076

魏世儁妻車延暉墓記磚

天保七年（556）八月二十五日刻。羅振玉唐風樓舊藏。拓片高28、寬14釐米。文正書，3行，滿行8字。

圖版著錄：

《北京圖書館藏中國歷代石刻拓本匯編》7冊53頁。

《中國古代磚刻銘文集》上冊編號1019。

錄文著錄：

《雪堂專錄·專誌徵存》9a,《羅雪堂先生全集》五編 3 冊 1281 頁。

《漢魏南北朝墓誌彙編》402 頁。

《中國古代磚刻銘文集》下冊編號 1019。

《全北齊文補遺》70 頁。

碑目著錄：

《石刻名彙》12/206b,《新編》2/2/1131 上。

《蒿里遺文目錄》3 上/4b,《新編》2/20/14982 下。

《漢魏六朝碑刻校注·總目提要》編號 2105。

《北朝隋代墓誌所在總合目錄》編號 761。

天保 077

□□妻江妙養墓記

天保七年（556）閏八月廿三日。羅振玉藏，羅氏認為其為書而未刻的磚誌。墨書，文 3 行，計 21 字。

錄文著錄：

《俑廬日札》"丹墨書誌"，《羅振玉學術論著集》第三集，160 頁。

天保 078

慕容特德妻任華仁墓誌

天保六年（555）五月廿八日終於第，以七年（556）十一月八日葬於鄴城之東北一十五里。石藏河北省正定縣墨香閣。誌高、寬均 35 釐米。文 18 行，滿行 18 字，正書。

著錄：

《文化安豐》247 頁。（圖）

《墨香閣藏北朝墓誌》110—111 頁。（圖、文）

《北朝隋代墓誌所在總合目錄》編號 762。（目）

天保 079

李德元墓誌

天保三年（552）七月三日卒於鄴都延德里，以七年（556）十一月九日葬。1974 年贊皇縣西高鄉寨里村南高地出土，現藏贊皇縣文物保管所。誌高、寬皆33.5、厚9釐米；盝頂蓋，蓋高、寬皆30.5、厚9釐米。蓋無文字。誌文16行，滿行17字，正書。首題：齊故直後冠軍將軍李子叔長子德元墓誌銘。

著錄：

《新中國出土墓誌·河北〔壹〕》上冊16頁（圖）、下冊11頁（文）。

《漢魏六朝碑刻校注》8冊389—390頁。（圖、文）

《全北齊文補遺》70頁。（文）

《漢魏六朝碑刻校注·總目提要》編號2110。（目）

《北朝隋代墓誌所在總合目錄》編號763。（目）

天保080

李子叔墓誌并蓋

天保五年（554）四月廿三日終於鄴都延德里，七年（556）十一月九日遷葬於文貞公之塋。誌長、高均41釐米；蓋底長、高均41釐米，頂長、高均25.5釐米。蓋無字，誌文19行，滿行20字，正書。首題：齊故直後冠軍將軍李子叔墓誌銘。

著錄：

《北朝藝術研究院藏品圖錄·墓誌》128—129頁。（圖、文）

天保081

李希禮墓誌并蓋

天保七年（556）八月二十二日卒於府舍，以其年十一月二十日歸葬於先塋。1975年贊皇縣南邢郭鄉南邢郭村東南500米處出土，現藏正定縣文物保管所。盝頂蓋。誌高78、寬78、厚13.5釐米；蓋高76.5、寬78、厚11釐米。蓋文4行，滿行4字，篆書。誌文33行，滿行35字，正書。蓋題：齊中軍將軍大鴻臚瀛洲刺史李文公銘。

著錄：

《新中國出土墓誌·河北〔壹〕》上冊17頁（圖）、下冊11—12頁（文）。

《漢魏六朝碑刻校注》8冊391—393頁。（圖、文）

《全北齊文補遺》70—71頁。（文）

《河北金石輯錄》431頁。（目）

《漢魏六朝碑刻校注·總目提要》編號2111。（目）

《北朝隋代墓誌所在總合目錄》編號764。（目）

備考：李希禮，《魏書》卷三六附《李騫傳》；《北史》卷三三附《李順傳》。

天保 082

李希仁墓誌

天保七年（556）十一月立。仍存河北贊皇縣南邢郭村該墓內。

碑目著錄：

《河北金石輯錄》431頁。

《北朝隋代墓誌所在總合目錄》編號765。

備考：李希仁，《魏書》卷三六附《李希宗傳》、《北史》卷三三附《李順傳》。

天保 083

若干子雄妻張比妻墓銘磚

天保七年（556）十二月十五日。近年河南省安陽市出土，磚藏河北省正定縣墨香閣。誌文分刻兩磚，一磚高36、寬17、厚7釐米；一磚高35、寬16釐米。文隸書兼正書，一磚3行，滿行10字；一磚3行，滿行8字。

著錄：

《中國古代磚刻銘文集》上、下冊編號1020。（圖、文）

《墨香閣藏北朝墓誌》267頁。（圖、文）

《北朝隋代墓誌所在總合目錄》編號766。（目）

《北京大學圖書館藏歷代墓誌拓片目錄》編號00563。（目）

論文：

趙生泉、史瑞英：《河北北朝墓誌札記（七則）》，《文物春秋》2006年第2期。

天保 084
宇文景尚墓誌

天保七年（556）閏八月廿一日卒城所，以其年十二月廿一日葬鄴城之西、長崗之東。石藏河北省正定縣墨香閣。誌高、寬均32釐米。文18行，滿行18字，隸書。首題：齊故宇文君墓銘。

著錄：

《文化安豐》248—249頁。（圖、文）

《墨香閣藏北朝墓誌》112—113頁。（圖、文）

《北朝隋代墓誌所在總合目錄》編號767。（目）

天保 085
馮昕墓誌

夫人天保六年（555）九月十二日卒於鄴都，以天保七年（556）十二月廿七日葬於豹祠西七里。河南省安陽縣出土，石藏河北省正定縣墨香閣。誌高、寬均54釐米。文31行，滿行31字，隸書。首題：魏故使持節都督齊州諸軍事鎮東將軍齊州刺史馮君墓誌銘。

著錄：

《文化安豐》244—245頁。（圖、文）

《墨香閣藏北朝墓誌》114—115頁。（圖、文）

《北朝隋代墓誌所在總合目錄》編號768。（目）

《北京大學圖書館藏歷代墓誌拓片目錄》編號00564。（目）

天保 086
澂靜寺尼靈辨銘記磚

天保八年（557）正月。天津王氏舊藏。高一尺二寸八分，廣六寸六分。文正書，3行，計21字。

錄文著錄：

《雪堂專錄·專誌徵存》9a－b，《羅雪堂先生全集》五編3冊1281—1282頁。

碑目題跋著錄：

《石刻名彙》12/207a，《新編》2/2/1131下。

《蒿里遺文目錄》3 上/4b，《新編》2/20/14982 下。

《漢魏六朝碑刻校注・總目提要》編號 2112。

淑德大學《中國石刻拓本目錄》"墓誌"編號 226。

《北朝隋代墓誌所在總合目錄》編號 769。

天保 087
高僧保墓記磚

天保八年（557）二月三日。高一尺三寸，廣六寸五分。文隸書，2 行，計 13 字。

錄文著錄：

《雪堂專錄・專誌徵存》9b，《羅雪堂先生全集》五編 3 冊 1282 頁。

碑目著錄：

《石刻名彙》12/207a，《新編》2/2/1131 下。

《蒿里遺文目錄》3 上/4b，《新編》2/20/14982 下。

天保 088
趙郡王高叡碑

又名"高叡修定國寺碑。"天保八年（557）二月十五日立。在河北靈壽縣祁林院（一名幽居寺）出土。拓片通高 165、寬 97 釐米。文 38 行，滿行 64 字，正書。額題：大齊趙郡王□□□之碑。

圖版著錄：

《北京圖書館藏中國歷代石刻拓本匯編》7 冊 61 頁。

《漢魏六朝碑刻校注》8 冊 404 頁。

錄文著錄：

《八瓊室金石補正》20/20b–26a，《新編》1/6/4308 下—4311 下。

《常山貞石志》2/25b–31a，《新編》1/18/13196 上—13199 上。

《續語堂碑錄》，《新編》2/1/455 下—458 上。

《漢魏六朝碑刻校注》8 冊 405—407 頁。

碑目題跋著錄：

《八瓊室金石補正》20/29b–30b，《新編》1/6/4313 上—下。

《集古求真》3/13b，《新編》1/11/8508 上。

《常山貞石志》2/31a–34a，《新編》1/18/13199 上—13200 下。

《授堂金石文字續跋》2/7b–8a，《新編》1/25/19179 上—下。

《寰宇訪碑錄》2/20a，《新編》1/26/19870 下。

《石刻題跋索引》35 頁右，《新編》1/30/22373。

《崇雅堂碑錄》1/26b，《新編》2/6/4496 下。

（光緒）《畿輔通志·金石八》145/39a、40a，《新編》2/11/8433 上、下。

《平安館藏碑目》，《新編》2/18/13411 下。

《懷岷精舍金石跋尾》4a–b，《新編》2/19/14202 下。

《定庵題跋》35b–36b，《新編》2/19/14303 上—下。

《激素飛清閣平碑記》卷 2，《新編》4/1/204 上。

《漢魏六朝碑刻校注·總目提要》編號 2118。

備考：高叡，《北齊書》卷一三、《北史》卷五一有傳。

天保 089
尼惠寂墓誌

天保八年（557）三月十五日。河北省臨漳縣出土。誌高 48、寬 96 釐米。文 8 行，滿行 7 字，正書。

圖版著錄：

《金石拓本題跋集萃》62 頁。

碑目著錄：

《北朝隋代墓誌所在綜合目錄》編號 770。

天保 090
王遵遠妻杜敬妃磚誌

天保八年（557）五月四日。高一尺二寸五分，廣六寸。隸書，2 行，計 15 字。

錄文著錄：

《雪堂專錄·專誌徵存》9b，《羅雪堂先生全集》五編 3 冊 1282 頁。

碑目著錄：

《石刻名彙》12/207a，《新編》2/2/1131 下。

《蒿里遺文目錄》3 上/4b,《新編》2/20/14982 下。

天保 091

李寧墓誌

天保七年（556）十二月廿九日卒於鄴城東軌俗行光義里，天保八年（557）五月十一日葬於鄴城之西，野馬崗東，豹祠西南三里。據云 21 世紀初出土於河南省安陽市。誌高、寬均 55 釐米。文 26 行，滿行 26 字，隸書雜篆書。首題：齊故平西將軍涇州平涼太守當郡都督李君墓誌銘。

著錄：

《文化安豐》250—251 頁。（圖、文）

《秦晉豫新出墓誌蒐佚續編》1 冊 124 頁。（圖）

《北朝隋代墓誌所在總合目錄》編號 771。（目）

《北京大學圖書館藏歷代墓誌拓片目錄》編號 00565。（目）

天保 092

驎息奴子墓磚

天保七年（556）九月十九日生，天保八年（557）五月二十四日卒。羅振玉唐風樓舊藏。磚高 28 釐米，寬 18 釐米。文正書，4 行，行 7 至 9 字不等。

著錄：

《北京圖書館藏中國歷代石刻拓本匯編》7 冊 60 頁。（圖）

《漢魏六朝碑刻校注》8 冊 402—403 頁。（圖、文）

《中國古代磚刻銘文集》上、下冊編號 1021。（圖、文）

《雪堂專錄·專誌徵存》9a,《羅雪堂先生全集》五編 3 冊 1281 頁。（文）

《漢魏南北朝墓誌彙編》402 頁。（文）

《全北齊文補遺》72 頁。（文）

《石刻名彙》12/207a,《新編》2/2/1131 下。（目）

《蒿里遺文目錄》3 上/4b,《新編》2/20/14982 下。（目）

《漢魏六朝碑刻校注·總目提要》編號 2117。（目）

《北朝隋代墓誌所在總合目錄》編號 772。（目）

天保 093

房俉妻畦仲磚誌

天保八年（557）五月廿七日葬。據云 21 世紀初出土於河南省安陽市。磚高 19.5、寬 15 釐米。文 3 行，滿行 7 字，正書。

圖版著錄：

《秦晉豫新出墓誌蒐佚續編》1 冊 125 頁。

天保 094

李桃杖墓誌

天保八年（557）六月二日卒於臨漳縣里舍，以其年月六日葬於豹祠西南十里。據云 21 世紀初出土於河南省安陽市。誌高 35.5、寬 42.5 釐米。文 21 行，滿行 19 字，正書。首題：齊故清淵縣開國侯李君墓誌銘。

著錄：

《文化安豐》252—253 頁。（圖、文）

《秦晉豫新出墓誌蒐佚續編》1 冊 126 頁。（圖）

《北朝隋代墓誌所在總合目錄》編號 773。（目）

《北京大學圖書館藏歷代墓誌拓片目錄》編號 00566。（目）

備考：李桃杖，事見《北史》卷一〇〇《李信則傳》，史傳載其父李彬"襲祖爵清泉縣侯"，後由其子桃杖襲爵。墓誌為"清淵縣開國侯"，《北史》當是避李淵諱，改"淵"為"泉"。

天保 095

楊六墓記磚

天保八年（557）七月十二日葬。羅振玉舊藏。拓片高 29、寬 14 釐米。文正書，3 行，行 6 至 9 字不等。

著錄：

《北京圖書館藏中國歷代石刻拓本匯編》7 冊 63 頁。（圖）

《漢魏六朝碑刻校注》8 冊 411—412 頁。（圖、文）

《中國古代磚刻銘文集》上、下冊編號 1022。（圖、文）

《雪堂專錄·專誌徵存》9b–10a，《羅雪堂先生全集》五編 3 冊 1282—1283 頁。（文）

《漢魏南北朝墓誌彙編》403 頁。（文）
《全北齊文補遺》72 頁。（文）
《石刻名彙》12/207a，《新編》2/2/1131 下。（目）
《蒿里遺文目錄》3 上/4b，《新編》2/20/14982 下。（目）
《漢魏六朝碑刻校注·總目提要》編號 2119。（目）
《北朝隋代墓誌所在總合目錄》編號 774。（目）

天保 096

秘天興墓記磚

天保八年（557）八月二日。尺寸不詳。文正書，2 行，行 5 或 8 字。
著錄：
《中國磚銘》圖版上冊 711 頁。（圖）
《中國古代磚刻銘文集》上、下冊編號 1023。（圖、文）。
《北朝隋代墓誌所在總合目錄》編號 775。（目）

天保 097

元鑒（字長文）墓誌

孝昌三年（527）八月廿三日卒於鄴，天保八年（557）八月十八日遷葬於鄴西漳南廿五里。出土時地不詳。誌高 72.2、寬 72.5 釐米。文 29 行，滿行 29 字，隸書。首題：魏故使持節侍中司空公定州刺史安樂王墓誌銘。
著錄：
《新出土墓誌精粹》（北朝卷）上冊 72—85 頁。（圖）
《稀見古石刻叢刊·北魏元長文墓誌》1—22 頁。（圖、文）
《北朝隋代墓誌所在總合目錄》編號 776。（目）
論文：
楊海波：《北魏元長文墓誌》，《書法》2014 年第 7 期。
備考：元鑒，《魏書》卷二〇、《北史》卷一九有傳。

天保 098

安樂王妃李孛嬪墓誌

天保七年（556）十二月七日卒於京師孝義里，八年（557）八月十八日葬於鄴西漳南負壚廿五里羅山。2004年秋河南省安陽市出土，旋歸洛陽古玩城孟氏。誌高66.5、寬67釐米。文27行，滿行27字，隸書。首題：魏故使持節侍中司空公安樂王妃李氏墓誌銘。

著錄：

《文化安豐》146—147頁。（圖、文）

《秦晉豫新出墓誌蒐佚》1冊57頁。（圖）

《北朝隋代墓誌所在總合目錄》編號777。（目）

天保099

趙文玉妻鄭豐姒墓磚銘

天保八年（557）八月廿九日。2006年武清區泗村店鎮齊村遺址出土，現藏天津市文化遺產保護中心。磚高29、寬14.5、厚6釐米。文3行，行3至12字不等，正書。

著錄：

《新中國出土墓誌·上海天津》上冊207頁（圖）、下冊163頁（文）。

天保100

高買女墓記磚

天保八年（557）九月十日。近年鄴都近郊出土。磚高30、寬16、厚6釐米。文6行，行2至4字不等，正書。

碑目著錄：

《北朝隋代墓誌所在總合目錄》編號778。

論文：

［日］田熊信之：《新出土北朝刻字資料瞥見——東魏·北齊期の墓誌、墓磚》，《學苑》第819號，2009年。（圖、文）

天保101

元乂妻胡玄輝墓誌并蓋

天保八年（557）十月九日薨於京師鄴城縣安明里，以其年十一月廿六日葬於鄴西負郭廿五里。誌長68、高67釐米；蓋底長、高均67釐米；頂長、高均60釐米。蓋3行，行3字，篆書。誌文29行，滿行31字，隸書。蓋題：魏江陽王太妃胡氏銘；首題：魏故使持節侍中驃騎大將軍領軍將軍尚書令冀州刺史景昭王妃之銘。

著錄：

《北朝藝術研究院藏品圖錄·墓誌》130—131 頁。（圖、文）

備考：元叉，《魏書》卷一六、《北史》卷一六有傳，附《京兆王黎傳》。

天保 102

豫州刺史劉□碑

天保八年（557），河南登封，正書。

碑目題跋著錄：

《寰宇訪碑錄》2/20a，《新編》1/26/19870 下。

《寰宇訪碑錄校勘記》2/13b，《新編》1/27/20115 上。

《崇雅堂碑錄》1/26b，《新編》2/6/4496 下。

《中州金石目錄》2/18a，《新編》2/20/14700 下。

《中州金石目》4/8b，《新編》3/36/175 下。

天保 103

李松墓誌

天保九年（558）正月三日葬。河北隆堯縣出土，河北省正定縣墨香閣藏石。拓片長 32、寬 54 釐米。文正書，17 行，滿行 13 字。

碑目著錄：

《北京大學圖書館藏歷代墓誌拓片目錄》編號 00567。

天保 104

柳子輝墓誌

天保七年（556）十一月十八日終於晉陽，以天保七年十二月三日葬於晉陽，去城廿里汾水之左右，天保九年（558）二月十八日記。1960 年山西太原市南郊鄭村出土，藏晉祠文物保管所，一說藏山西省博物院。誌高 121.5、寬 52.5、厚 13.5 釐米。文正書，22 行，滿行 19 字。

著錄：

《晉陽古刻選·北朝墓誌》"序" 38—39 頁，上冊 93—101 頁。（圖、目）

《漢魏六朝碑刻校注》9 冊 16—17 頁。（圖、文）

《漢魏南北朝墓誌彙編》403 頁。（文）

《全北齊文補遺》72—73 頁。（文）

《碑帖鑒定》196 頁。（目）

《漢魏六朝碑刻校注·總目提要》編號 2127。（目）

《北朝隋代墓誌所在總合目錄》編號 779。（目）

論文：

王玉山：《太原市南郊清理北齊墓葬一座》，《文物》1963 年第 6 期。

天保 105

吳穆墓誌

天保九年（558）三月廿六日卒於鄴都，五月廿八日葬鄴城西新河南，去城廿里。2006 年秋河南省安陽市出土，旋歸洛陽古玩城程氏。誌高 47、寬 47.5 釐米。文 22 行，滿行 24 字。首題：齊故前將軍清菀縣令吳君墓誌銘。

圖版著錄：

《秦晉豫新出墓誌蒐佚》1 冊 58 頁。

碑目著錄：

《北朝隋代墓誌所在總合目錄》編號 781。

天保 106

劉洪徽墓誌蓋及妻高阿難墓誌

高阿難天保□年十一月遘疾，薨於晉陽之第；天保九年（558）五月二十八日窆肆州城西南繫□山之□□□五里。出土地不詳，今存山東省拿雲美術博物館。尺寸不詳。文隸書，25 行，滿行 25 字。劉洪徽誌蓋 3 行，行 4 字，篆書。蓋題：大齊太尉公平梁王劉君墓誌。高阿難墓誌首題：齊驃騎［大將軍］開府儀同三［司］□□□□□□□□［敷］城縣開國［公劉］洪徽［妻故］茛樂長［公主］高（下泐）

著錄：

《漢魏六朝碑刻校注》9 冊 26—27 頁。（圖、文）

《拿雲美術博物館藏墓誌選》，《書法叢刊》2006 年第 2 期。（圖）

《漢魏六朝碑刻校注·總目提要》編號2131。（目）

《北朝隋代墓誌所在總合目錄》編號780。（目）

論文：

殷憲：《北齊〈劉洪徽妻高阿難墓誌〉考述》，《北魏平城書跡研究》，第482—505頁；原載於《紀念西安碑林九百二十周年華誕國際學術研討會論文集》，第239—254頁。

備考：劉洪徽，《北史》卷五三附《劉貴傳》；事又見《北齊書》卷一九《劉貴傳》。

天保 107

高榮墓誌

天保九年（558）七月廿一日卒於敬士里，以其年八月□三日葬於豹祠之西。河南省安陽縣出土，石藏河北省正定縣墨香閣。誌高、寬均44釐米。文24行，滿行24字，正書。首題：齊故伏波將軍平原太守高君墓誌銘。

著錄：

《文化安豐》253—254頁。（圖、文）

《墨香閣藏北朝墓誌》116—117頁。（圖、文）

《北朝隋代墓誌所在總合目錄》編號782。（目）

《北京大學圖書館藏歷代墓誌拓片目錄》編號00568。（目）

天保 108

高朗墓誌

天保九年（558）六月廿八日卒於敬士里，以其年八月廿三日葬於豹祠之西。河南安陽縣出土。誌高40、寬39.5釐米。文21行，滿行21字，正書。首題：齊故中堅將軍員外羽林監高君墓誌銘。

著錄：

《文化安豐》255—256頁。（圖、文）

《北朝隋代墓誌所在總合目錄》編號783。（目）

《北京大學圖書館藏歷代墓誌拓片目錄》編號00569。（目）

天保 109

謝歡同葬磚

天保九年（558）十月十六日葬。河南洛陽出土，端方舊藏，又歸南皮張仁蠡，後歸北京大學文科研究所，1952年後藏故宮博物院。磚高26.6、寬12.3、厚5.6釐米。文正書，4行，前3行行9至11字不等，末行1字。

圖版著錄：

《北京圖書館藏中國歷代石刻拓本匯編》7冊76頁。

《中國磚銘》圖版上冊712頁右。

《中國古代磚刻銘文集》上冊編號1024。

錄文著錄：

《匋齋藏石記》11/10a–b，《新編》1/11/8085下。

《漢魏南北朝墓誌彙編》404頁。

《中國古代磚刻銘文集》下冊編號1024。

《全北齊文補遺》73頁。

碑目題跋著錄：

《匋齋藏石記》11/10b，《新編》1/11/8085下。

《石刻題跋索引》685頁左，《新編》1/30/23023。

《石刻名彙》12/207a、第一編"誌銘類補遺"1b，《新編》2/2/1131下、1136上。

《崇雅堂碑錄補》1/10b，《新編》2/6/4555下。

《古誌彙目》1/9a，《新編》3/37/21。

《北京大學圖書館藏歷代墓誌拓片目錄》編號00570。

《漢魏六朝碑刻校注·總目提要》編號2133。

《北朝隋代墓誌所在綜合目錄》編號784。

備考：《石刻名彙》還著錄有一方"謝歡同墓誌，北齊天保元年十二月"，恐著錄有誤，將"九"誤為"元"字？

天保 110

皇甫琳墓誌并蓋

天保九年（558）□月廿三日卒於京戶，其年十一月廿日遷於鄴城西北廿餘里。河南安陽出土，長白端方、奉天博物館舊藏，今存天津市博物館。誌高41、寬40釐米；蓋高35、寬37釐米。蓋3行，行3字，篆書。文22行，滿行22字，正書。首題：齊故直閣將軍員外散騎侍郎鎮東將軍金紫光祿大夫順陽太守廣州大中正皇甫公墓誌銘；蓋題：齊順陽太守皇甫公銘。

圖版著錄：

《漢魏南北朝墓誌集釋》圖版三二四，《新編》3/3/684－685。

《北京圖書館藏中國歷代石刻拓本匯編》7冊77—78頁。

《漢魏六朝碑刻校注》9冊31頁。

錄文著錄：

《匋齋藏石記》11/10b－11b，《新編》1/11/8085下—8086上。

《滿洲金石志別錄》卷下/3b－4b，《新編》1/23/17428上—下。

《魯迅輯校石刻手稿·墓誌》下冊37—39頁。

《漢魏南北朝墓誌彙編》404—405頁。

《漢魏六朝碑刻校注》9冊32頁。

《全北齊文補遺》73—74頁。

碑目題跋著錄：

《匋齋藏石記》11/12a－13a，《新編》1/11/8086下—8087上。

《再續寰宇訪碑錄校勘記》6a，《新編》1/27/20462下。

《石刻題跋索引》150頁右，《新編》1/30/22488。

《石刻名彙》2/18b，《新編》2/2/1033下。

《崇雅堂碑錄補》1/10b，《新編》2/6/4555下。

《語石》4/12a，《新編》2/16/11923下。

《蒿里遺文目錄》2（1）/4b，《新編》2/20/14945下。

《漢魏南北朝墓誌集釋》7/70b－71a，《新編》3/3/174－175。

《國立北平圖書館藏碑目》12a，《新編》3/36/254下。

《古誌彙目》1/9a，《新編》3/37/21。

《石交錄》3/15b，《新編》4/6/470上。

《再續寰宇訪碑錄》卷上，《羅振玉學術論著集》第五集，440頁。

《墓誌徵存目錄》卷1，《羅振玉學術論著集》第五集，579頁。

《歷代墓誌銘拓片目錄》33頁。

《增補校碑隨筆》（修訂本）256頁。

《六朝墓誌檢要》（修訂本）152頁。

《碑帖鑒定》196頁。

《漢魏六朝碑刻校注·總目提要》編號2134。

淑德大學《中國石刻拓本目錄》"墓誌"編號227—228。

《北朝隋代墓誌所在総合目錄》編號785。

《北京大學圖書館藏歷代墓誌拓片目錄》編號00571。

天保111

李威碑

天保九年（558）立。唐山縣。額題：大齊府君李公之碑。

碑目題跋著錄：

《集古錄目》4/2b，《新編》1/24/17961下。

《寶刻叢編》20/22a，《新編》1/24/18383下。

《石刻題跋索引》35頁右，《新編》1/30/22373。

（光緒）《畿輔通志·金石十》147/47b–48a，《新編》2/11/8502上—下。

《六藝之一錄》61/5b，《新編》4/5/112上。

天保112

都達禪師塔銘

天保九年（558）。在河南安陽。

碑目題跋著錄：

《寶刻叢編》6/30b，《新編》1/24/18178下。

《石刻題跋索引》35頁右，《新編》1/30/22373。

《石刻名彙》2/18b，《新編》2/2/1033下。

《河朔金石待訪目》3a，《新編》2/12/9014上。

《中州金石目錄》2/18b，《新編》2/20/14700下。

《古誌彙目》1/9a，《新編》3/37/21。

備考：《古誌彙目》重複著錄兩次。

天保 113

涂澈墓誌

天保九年（558）七月廿日卒於州府，以天保十年（559）正月廿一日葬於鄴西南野馬崗之東，去城廿里。1933年河南安陽出土，安陽金石保存舊藏。拓片高、寬均79釐米。文36行，滿行36字，隸書。尾題：齊使持節大都督廣徐陽懷洛五州諸軍事驃騎大將軍五州刺史司農鴻臚二大卿昌陽縣開國男徐公之墓誌銘。

圖版著錄：

《漢魏南北朝墓誌集釋》圖版三二五，《新編》3/3/686。

《北京圖書館藏中國歷代石刻拓本匯編》7冊80頁。

《漢魏六朝碑刻校注》9冊36頁。

錄文著錄：

《漢魏南北朝墓誌彙編》405—407頁。

《漢魏六朝碑刻校注》9冊37—38頁。

《全北齊文補遺》74—75頁。

碑目題跋著錄：

《石刻題跋索引》150頁右，《新編》1/30/22488。

《漢魏南北朝墓誌集釋》7/71a，《新編》3/3/175。

《國立北平圖書館藏碑目》12a，《新編》3/36/254下。

《歷代墓誌銘拓片目錄》33頁。

《六朝墓誌檢要》（修訂本）152頁。

《漢魏六朝碑刻校注·總目提要》編號2136。

《北朝隋代墓誌所在總合目錄》編號786。

《北京大學圖書館藏歷代墓誌拓片目錄》編號00572。

天保 114

田伯墓銘磚

天保十年（559）二月廿□日。高一尺三寸，廣八寸五分。文正書，3行，計16字。

錄文著錄：

《雪堂專錄·專誌徵存》10a,《羅雪堂先生全集》五編 3 册 1283 頁。

碑目著錄：

《石刻名彙》12/207a,《新編》2/2/1131 下。

《蒿里遺文目錄》3 上/4b,《新編》2/20/14982 下。

天保 115

杜達墓誌

天保十年（559）三月廿二日卒於鄴城之西，其年四月三日葬於豹寺西四五里。河南安陽縣出土。誌高、寬均 39 釐米。文 21 行，滿行 21 字，正書。

著錄：

《文化安豐》257—258 頁。（圖、文）

《北朝隋代墓誌所在総合目錄》編號 787。（目）

《北京大學圖書館藏歷代墓誌拓片目錄》編號 00573。（目）

論文：

馬愛民：《北齊〈杜達墓誌〉等對佐證曹操高陵的史料價值》,《中原文物》2012 年第 6 期。

天保 116

張承磚誌

天保十年（559）閏四月八日。1955 年河北省石家莊市趙陵鋪鎮北運河北岸出土，現藏河北省博物院。磚高 29.5、寬 14.5 釐米。文 3 行，行 7 至 9 字不等，正書。

圖版著錄：

《中國磚銘》圖版上册 712 頁左。

《中國古代磚刻銘文集》上册編號 1025。

錄文著錄：

《漢魏南北朝墓誌彙編》407 頁。

《中國古代磚刻銘文集》下册編號 1025。

《全北齊文補遺》75 頁。

碑目題跋著錄：

《河北金石輯錄》432 頁。

《六朝墓誌檢要》（修訂本）152 頁。

《漢魏六朝碑刻校注・總目提要》編號 2140。

《北朝隋代墓誌所在綜合目錄》編號 788。

論文：

河北省文物管理委員會：《河北石家莊市趙陵鋪鎮古墓清理簡報》，《考古》1959 年第 7 期。

天保 117

庫狄迴洛妻尉孃孃墓誌并蓋

卒於晉陽之里，天保十年（559）五月十七日葬於并州三角城北五里。1973 年山西壽陽賈家莊出土，石現藏山西省考古研究所。誌及蓋高、寬均 54.4 釐米，厚皆 7.5 釐米。文正書，21 行，滿行 21 字。蓋隸書，3 行，行 3 字。首題：特進驃騎大將軍開府儀同三師前朔州刺史御史中丞庫狄氏尉郡君墓誌銘；蓋題：齊故郡君尉氏墓誌銘。

著錄：

《晉陽古刻選・北朝墓誌》"序" 21—22 頁，上冊 167—175 頁。（圖、目）

《漢魏六朝碑刻校注》9 冊 41—43 頁。（圖、文）

《漢魏南北朝墓誌彙編》407—408 頁。（文）

《全北齊文補遺》76 頁。（文）

《滄海遺珍》94 頁。（目）

《漢魏六朝碑刻校注・總目提要》編號 2141。（目）

《北朝隋代墓誌所在綜合目錄》編號 789。（目）

論文：

王克林：《北齊庫狄迴洛墓》，《考古學報》1979 年第 3 期。

王天庥：《北齊庫狄迴洛夫婦墓誌點注》，《文物季刊》1993 年第 1 期。

劉丹：《徐顯秀墓誌、庫狄迴洛夫婦墓誌校釋》，碩士論文，南京大學，2011 年。

石愷：《北齊厙狄廻洛夫婦墓誌研究》，碩士論文，山西大學，2015年。

備考：厙狄廻洛，《北齊書》卷一九、《北史》卷五三有傳，史傳作"厙狄廻洛"。

天保118
元坦妻孫氏墓誌

天保十年（559）六月十二日卒於家。河南安陽縣出土，石藏河北正定墨香閣。誌高、寬均34釐米。文17行，滿行17字，正書。首題：故平東將軍西荊州刺史元坦夫人墓誌銘。

著錄：

《文化安豐》258頁。（圖）

《墨香閣藏北朝墓誌》246—247頁。（圖、文）

《北朝隋代墓誌所在總合目錄》編號790。（目）

《北京大學圖書館藏歷代墓誌拓片目錄》編號00574。（目）

天保119
李倩之墓誌

天保十年（559）七月廿二日葬。近年河南安陽出土，具體時地不詳。未見拓本，墓誌尺寸不詳。誌正、側刻字，正面8行，滿行8字；右側2行，計17字；左側3行，計18字。首題：輕車將軍考功郎中李君墓記。

論文：

張同利：《新見北齊李禮之、李倩之墓誌及相關問題考論》，《蘭臺世界》2016年第10期。（文）

天保120
崔孝直墓誌并蓋

魏武定三年（545）正月八日薨於宜昌里之舍，以齊天保十年（559）十月十三日安厝於常山零壽縣臨山之陽。誌長73、高71釐米；蓋底長72.5、高71.5釐米，頂長63、高64釐米。蓋3行，行3字，篆書。文31行，滿行32字，隸書。蓋題：魏故崔衛軍墓誌之銘。

著錄：

《北朝藝術研究院藏品圖錄·墓誌》132—134頁。（圖、文）

備考：崔孝直，《魏書》卷五七、《北史》卷三二有傳。墓誌云"字叔廉"，與《魏書》同，而《北史》云"字叔廣"，當有誤。

天保121
崔孝直妻李幼芷墓誌并蓋

魏永安元年（528）七月七日遘疾而卒，以齊天保十年（559）十月十三日永厝於常山之靈壽縣臨山之陽。誌長58、高57釐米；蓋底長、高均58釐米，頂長、高均50.5釐米。蓋3行，行3字，篆書。誌文21行，滿行26字，正書。蓋題：魏故崔夫人墓誌之銘。

著錄：

《北朝藝術研究院藏品圖錄·墓誌》135—137頁。（圖、文）

天保122
竇興洛墓誌

天保十年（559）十月十三日葬。2003年太原市晉源區羅城鎮開化村出土，石現藏太原市文物考古研究所。誌長50、寬53、厚18釐米。蓋隸書兼篆書，3行，行3字。文21行，行18至20字，正書。蓋題：齊故都督竇公墓誌銘。

著錄：

《晉陽古刻選·北朝墓誌》"序"16頁，上冊103—111頁。（圖、目）

《北朝隋代墓誌所在總合目錄》編號791。（目）

論文：

山西省考古所等：《太原開化村北齊洞室墓發掘簡報》，《考古與文物》2006年第2期。（圖、文）

崔世平：《北齊竇興洛墓誌與代北竇氏》，《中原文物》2008年第4期。

天保123
尉樹及妻王金姬墓誌

閏四月廿日卒於脩義里之第，以天保十年（559）十一月十九日葬於鄴城西南十八里野馬剛東十里之所。河南安陽出土，河北省正定縣墨香閣藏。誌高、寬均 85 釐米。文正書，38 行，滿行 38 字。首題：齊故衛大將軍儀同三師武鄉縣開國子尉公墓誌銘；後半夫人墓誌首題：齊故衛大將軍儀同三師武鄉縣開國子尉公夫人王氏墓誌銘。

著錄：

《北京大學圖書館新藏金石拓本菁華 1996—2012》114 頁。（圖）

《墨香閣藏北朝墓誌》118—119 頁。（圖、文）

《北朝隋代墓誌所在總合目錄》編號 793。（目）

《北京大學圖書館藏歷代墓誌拓片目錄》編號 00575。（目）

天保 124

張肅俗墓誌

天保十年（559）七月廿七日卒於鄴下，即以其年十一月十九日權殯晉陽三角城外。1955 年出土於山西太原市西南蒙山山麓的壙坡，今存山西省博物館。誌及蓋長、寬皆 45.6 釐米。文正書，14 行，滿行 14 字。蓋篆書，2 行，行 3 字。蓋題：張處士墓誌銘。

著錄：

《晉陽古刻選·北朝墓誌》"序" 17—18 頁，上冊 113—120 頁。（圖、目）

《太原壙坡北齊張肅墓文物圖錄》3—4 頁。（圖、文）

《全北齊文補遺》76 頁。（文）

《新出魏晉南北朝墓誌疏證》（修訂本）162—163 頁。（文、跋）

《漢魏六朝碑刻校注·總目提要》編號 2145。（目）

《北朝隋代墓誌所在總合目錄》編號 792。（目）

備考：《太原壙坡北齊張肅墓文物圖錄》將誌主"張肅俗"誤為"張肅"，漏"俗"字。

乾　明

乾明 001

劉景墓銘磚

乾明元年（560）二月廿五日。尺寸不詳。文正書，3 行，前 2 行行

7或9字，末行1字。

　　著錄：

《中國磚銘》圖版上冊713頁。（圖）

《中國古代磚刻銘文集》上、下冊編號1026。（圖、文）

《北朝隋代墓誌所在總合目錄》編號794。（目）

乾明002

黃小休磚誌

乾明元年（560）三月四日葬。據云21世紀初出土於河南省安陽市。磚殘高17、寬13.5釐米。文2行，滿行8字，正書。

　　圖版著錄：

《秦晉豫新出墓誌蒐佚續編》1冊129頁。

乾明003

董顯□磚誌

乾明元年（560）三月二十一日葬。陝西西安出土，涇陽端方舊藏，又歸南皮張仁蠡，後歸北京大學文科研究所，1952年後藏故宮博物院。磚高33.5、寬16、厚4.5釐米。文正書，4行，前3行行9至11字，末行2字。

　　圖版著錄：

《北京圖書館藏中國歷代石刻拓本匯編》7冊89頁。

《中國磚銘》圖版上冊714頁。

《中國古代磚刻銘文集》上冊編號1027。

　　錄文著錄：

《匋齋藏石記》12/1a，《新編》1/11/8091上。

《雪堂專錄・專誌徵存》10a，《羅雪堂先生全集》五編3冊1283頁。

《漢魏南北朝墓誌彙編》408頁。

《中國古代磚刻銘文集》下冊編號1027。

《全北齊文補遺》77頁。

　　碑目題跋著錄：

《匋齋藏石記》12/1a–b，《新編》1/11/8091上。

《石刻題跋索引》150 頁右，《新編》1/30/22488。

《石刻名彙》12/207a、第一編"誌銘類補遺"1b，《新編》2/2/1131 下、1136 上。

《崇雅堂碑錄補》1/11a，《新編》2/6/4556 上。

《蒿里遺文目錄》3 上/5a，《新編》2/20/14983 上。

《古誌彙目》1/9a，《新編》3/37/21。

《六朝墓誌檢要》（修訂本）152—153 頁。

《漢魏六朝碑刻校注·總目提要》編號 2147。

《北朝隋代墓誌所在總合目錄》編號 795。

《北京大學圖書館藏歷代墓誌拓片目錄》編號 00576。

乾明 004

程主簿妻趙樂子墓誌并蓋

乾明元年（560）三月廿八日終於鄴，四月三日葬於豹祠西原。誌長 43、高 41 釐米；蓋底長 43、高 41 釐米，頂長 34、高 35 釐米。蓋 3 行，行 3 字，正書。誌文 17 行，滿行 19 字，正書。蓋題：齊故程主簿妻趙氏銘。首題：大齊故程主簿妻趙夫人墓銘。

著錄：

《北朝藝術研究院藏品圖錄·墓誌》141—143 頁。（圖、文）

乾明 005

高渙墓誌

天保十年（559）六月廿七日卒於鄴第，以乾明元年（560）四月十六日葬於釜水之陽，去鄴四十二里。河北磁縣出土。誌高 72.5、寬 73 釐米。文隸書，31 行，滿行 31 字。

著錄：

《秦晉豫新出墓誌蒐佚續編》1 冊 130 頁。（圖）

《北京大學圖書館新藏金石拓本菁華 1996—2012》115 頁。（圖）

《新見北朝墓誌集釋》148—154 頁。（圖、文、跋）

淑德大學《中國石刻拓本目錄》"墓誌"編號 229。（目）

《北朝隋代墓誌所在總合目錄》編號 798。（目）

《北京大學圖書館藏歷代墓誌拓片目錄》編號00578。（目）

論文：

王連龍：《新見北齊〈高渙墓誌〉考略》，《中國歷史文物》2010年第5期。

備考：高渙，《北齊書》卷一〇、《北史》卷五一有傳。淑德大學《中國石刻拓本目錄》誤作"王渙"

乾明006

高澄墓誌

又名"北齊高陽王碑"。乾明元年（560）二月六日卒於鄴都之第，以其年四月十六日葬於鄴城西北二十七里。原石舊在河南安陽，曾歸瞿中溶，久佚。尺寸不詳。文隸書，約27行，滿行28字。

圖版著錄：

《北京圖書館藏中國歷代石刻拓本匯編》7冊91—95頁。

《漢魏六朝碑刻校注》9冊51—55頁。

錄文著錄：

《金石文鈔》2/52a–53b，《新編》2/7/5129下—5130上。

《漢魏南北朝墓誌彙編》409—411頁。

《漢魏六朝碑刻校注》9冊56頁。

《全北齊文補遺》78—79頁。

碑目題跋著錄：

《補寰宇訪碑錄》2/12b，《新編》1/27/20211下。

《石刻題跋索引》35頁右—36頁左，《新編》1/30/22373–22374。

《石刻名彙》2/19a，《新編》2/2/1034上。

《金石文鈔》2/53b–54a，《新編》2/7/5130上–下。

《河朔金石待訪目》20a，《新編》2/12/9022下。

《古墨齋金石跋》2/20a，《新編》2/19/14091下。

《寒山金石林部目》8a，《新編》3/36/502下。

《古誌彙目》1/9a，《新編》3/37/21。

《增補校碑隨筆》（修訂本）268—269頁。

《北京圖書館藏中國歷代石刻拓本匯編》7冊96頁。

《六朝墓誌檢要》（修訂本）153頁。

《漢魏六朝碑刻校注·總目提要》編號2149。

《北朝隋代墓誌所在總合目錄》編號797。

備考：高陽王高湜，《北齊書》卷一〇、《北史》卷五一有傳，作"高湜"。

乾明007

襄城郡王高淯墓誌

天保二年（551）三月二日卒於晉陽，乾明元年（560）四月十六日葬於鄴城西北廿八里。1912年（一說）1926年出土於河北磁縣南鄉八里塚，石存遼寧省博物館。誌高68釐米，寬69釐米。文28行，滿行29字，正書。

圖版著錄：

《漢魏南北朝墓誌集釋》圖版三一一，《新編》3/3/667。

《北京圖書館藏中國歷代石刻拓本匯編》7冊90頁。

《中國金石集萃》8函10輯編號93。

《遼寧省博物館藏碑誌精粹》106頁。

《漢魏六朝碑刻校注》9冊48頁。

錄文著錄：

《漢魏南北朝墓誌彙編》408—409頁。

《漢魏六朝碑刻校注》9冊49頁。

《遼寧省博物館藏碑誌精粹》265頁。

《全北齊文補遺》77—78頁。

碑目題跋著錄：

《石刻題跋索引》150頁右，《新編》1/30/22488。

《漢魏南北朝墓誌集釋》7/68a–b，《新編》3/3/169。

《國立北平圖書館藏碑目》12a，《新編》3/36/254下。

《蒿里遺文目錄續編·墓誌徵存》3a，《新編》3/37/538上。

《墓誌徵存目錄》卷1，《羅振玉學術論著集》第五集，579頁。

《丙寅稿》,《羅振玉學術論著集》第十集（上）146—147頁。

《歷代墓誌銘拓片目錄》33頁。

《六朝墓誌檢要》（修訂本）153頁。

《遼寧省博物館藏碑誌精粹》107頁。

《漢魏六朝碑刻校注·總目提要》編號2148。

《北朝隋代墓誌所在總合目錄》編號796。

《北京大學圖書館藏歷代墓誌拓片目錄》編號00577。

備考：高湛,《北齊書》卷一〇,《北史》卷五一有傳。

皇 建

皇建001

元伏山墓記磚

皇建元年（560）十月七日。河北出土。兩面刻，拓片一高31.5、寬14.5釐米；一高31、寬14.5釐米。文正書，一面14字，一面6字。

碑目著錄：

《北京大學圖書館藏歷代墓誌拓片目錄》編號00579。

皇建002

呂祥墓誌并蓋

乾明元年（560）二月七日終於河陰郡，以皇建元年（560）十一月十四日葬于鄴城西南廿里。誌長42、高41.5釐米；蓋底長42.5、高42釐米，頂長32.5、高31.5釐米。誌文19行，滿行21字，正書。蓋3行，行3字，篆書。首題：秦州呂府君墓誌銘；蓋題：齊故呂府君墓誌銘。

著錄：

《北朝藝術研究院藏品圖錄·墓誌》144—146頁。（圖、文）

皇建003

賀婁悅墓誌

卒於鄴之崇義里，以皇建元年（560）十一月二十六日葬於并州三角城南。1986年出土於山西省太原市北郊區義井鄉神堂溝磚廠，石藏太原市文物考古研究所。誌高48、寬48、厚4釐米。文19行，行19至29字不等，正書。首題：齊故衛大將軍安州刺史太僕少卿禮豐縣開國子賀婁公墓誌銘。

著錄：

《晉陽古刻選·北朝墓誌》"序" 18—19 頁，上冊 121—128 頁。（圖、目）

《全北齊文補遺》79 頁。（文）

《新出魏晉南北朝墓誌疏證》（修訂本）164—165 頁。（文、跋）

《北朝隋代墓誌所在總合目錄》編號 799。（目）

論文：

常一民：《太原市神堂溝北齊賀婁悅墓整理簡報》，《文物季刊》1992 年第 3 期。

渠川福：《北齊〈賀婁悅墓誌銘〉釋考》，《北朝研究》1990 年上半年刊；又載於《山西省考古學會論文集》（一），第 194—198 頁。

皇建 004

鄉老舉孝義雋敬碑并陰

又名：大齊鄉老舉孝義脩羅之碑。皇建元年（560）十二月二十日刻。雋美生正書額。碑在山東泗水縣東五十里天明寺，清嘉慶七年（1802）十月移縣學宮。碑陽拓片碑身高 120、寬 57 釐米；額高 13、寬 26 釐米。碑陰拓片高 114、寬 55 釐米；刻維摩經，12 行，行 23 字，正書。文正書，17 行，滿行 21 字；下截刻題名，17 行，滿行 12 字。額正書，額題：大齊鄉老舉孝義雋脩羅之碑。

圖版著錄：

《北京圖書館藏中國歷代石刻拓本匯編》7 冊 103—104 頁。

《漢魏六朝碑刻校注》9 冊 74 頁。（碑陽）

錄文著錄：

《金石續編》2/36a-37b，《新編》1/4/3045 下—3046 上。（碑陽）

《八瓊室金石補正》21/18b-20b，《新編》1/6/4326 下—4327 下。（碑陽）

《山左金石志》10/3a-4a，《新編》1/19/14474 上—下。（碑陽）

《全北齊文》10/1a-b,《全文》4冊3880上。(節文)

《平津館金石萃編》5/4b-6b,《新編》2/4/2476下—2477下。(碑陽)

《魯迅輯校石刻手稿·碑銘》下冊49—52頁。(碑陽)

《宜祿堂收藏金石記》卷14,《新編》2/5/3462上—3463上。(碑陽)

《續古文苑》16/18b-19b,《新編》4/2/246下—247上。(節文)

《漢魏六朝碑刻校注》9冊75頁。(碑陽)

碑目題跋著錄:

《金石續編》2/37b-38a,《新編》1/4/3046上—下。

《八瓊室金石補正》21/21b-22b,《新編》1/6/4328上—下。

《集古求真》3/14a,《新編》1/11/8508下。

《山左金石志》10/4a-b,《新編》1/19/14474下。

《授堂金石文字續跋》2/8a-b,《新編》1/25/19179下。

《平津讀碑記》3/4a-b,《新編》1/26/19375下。

《藝風堂金石文字目》2/31b,《新編》1/26/19549上。

《寰宇訪碑錄》2/20b,《新編》1/26/19870下。

《寰宇訪碑錄校勘記》2/13b-14a,《新編》1/27/20115上—下。

《金石彙目分編》10(2)/41a,《新編》1/28/21161上。

《石刻題跋索引》36頁左,《新編》1/30/22374。

《宜祿堂金石記》2/10a-b,《新編》2/6/4222下。

《崇雅堂碑錄》1/27a,《新編》2/6/4497上。

《山左訪碑錄》6/17a,《新編》2/12/9090下。

(宣統)《山東通志·藝文志》卷152,《新編》2/12/9354上。

《語石》6/31b,《新編》2/16/11978上。

《平安館藏碑目》,《新編》2/18/13416上。

《寰宇貞石圖目錄》卷上/7b、卷下/5a,《新編》2/20/14674下、14679下。

《山左南北朝石刻存目》4a,《新編》2/20/14886下。

《石目》,《新編》3/36/46下。

《漢石經室金石跋尾》,《新編》3/38/266下。

《金石萃編補目》1/5b，《新編》3/37/486 上。

《激素飛清閣平碑記》卷 2，《新編》4/1/204 下。

《面城精舍雜文乙編》，《羅振玉學術論著集》第九集，84 頁。

《魯迅輯校石刻手稿・碑銘》下冊 53—55 頁。附《札樸》、《藝舟雙楫》、《非見齋碑錄》、（光緒）《泗水縣志》十三。

《北山集古錄》卷一，《北山金石錄》上冊 389 頁。

《增補校碑隨筆》（修訂本）257 頁。

《碑帖鑒定》196 頁。

《碑帖敘錄》135 頁。

《善本碑帖錄》2/82。

《漢魏六朝碑刻校注・總目提要》編號 2157。

淑德大學《中國石刻拓本目錄》"碑碣等刻石"編號 470。

皇建 005

劉整墓誌

又作"劉懃墓誌"。皇建二年（561）正月十三日亡，十九日葬於鄴城西廿里所。羅公才撰。石藏河北省正定縣墨香閣。誌高、寬均 40 釐米。文 16 行，滿行 16 字，正書。首題：齊劉儀同息墓誌銘。

著錄：

《文化安豐》259 頁。（圖）

《墨香閣藏北朝墓誌》120—121 頁。（圖、文）

《北朝隋代墓誌所在總合目錄》編號 800。（目）

皇建 006

侯文敬妃墓磚

皇建二年（561）二月六日。2005 年至 2008 年在河南省安陽縣安豐鄉固岸村、施家河村東、漳河南岸的高臺地 M76 發掘出土。文 3 行，前 2 行行 6 或 8 字，末行 3 字，隸書雜篆書。

碑目著錄：

《北朝隋代墓誌所在總合目錄》編號 801。

論文：

河南省文物考古研究所：《河南安陽固岸墓地考古發掘收穫》，《華夏考古》2009年第3期。（圖17—2、文）

皇建007
索泰墓誌

乾明元年（560）正月十九日卒，皇建二年（561）二月八日遷葬鄴京祭陌河西北五里。據云21世紀初出土於河南省安陽市。誌高、寬均52釐米。文24行，滿行24字，隸書。首題：齊故征虜將軍中散大夫索君墓誌銘。

圖版著錄：

《新出土墓誌精粹》（北朝卷）下冊72—73頁。

《秦晉豫新出墓誌蒐佚續編》1冊131頁。

皇建008
索勇妻李華墓誌

天保二年（551）五月卒，皇建二年（561）二月八日祔葬。出土不詳，尺寸不詳。文13行，滿行13字，正書。首題：齊郎中令索勇妻故李夫人墓銘。

著錄：

《文化安豐》261頁。（圖）

《新見北朝墓誌集釋》120—121頁。（圖、文、跋）

《北朝隋代墓誌所在總合目錄》編號802。（目）

皇建009
輔道念墓銘磚

皇建二年（561）四月十日。近年河北省出土，磚藏河北省正定縣墨香閣。磚高35、寬18、厚7釐米。文正書，3行，前2行行8或9字，末行2字。

著錄：

《中國古代磚刻銘文集》上、下冊編號1028。（圖、文）

《墨香閣藏北朝墓誌》268頁。（圖、文）

《北朝隋代墓誌所在總合目錄》編號803。（目）

《北京大學圖書館藏歷代墓誌拓片目錄》編號00580。（目）

皇建 010

張齊之母褚寶慧墓誌

皇建二年（561）四月四日卒於鄴縣宣范里，以五月四日葬於鄴城之西，去城十里。據云近年出土於河南省安陽市。誌高27.6、寬47.5釐米。文25行，滿行15字，正書。首題：梁直閤將軍義寧縣□□男張齊母褚夫人墓誌之銘并序。

圖版著錄：

《文化安豐》260頁。

《秦晉豫新出墓誌蒐佚續編》1冊132頁。

碑目著錄：

《北朝隋代墓誌所在總合目錄》編號804。

備考：張齊，《梁書》卷一七有傳。

皇建 011

華孝墓誌

又名：華考墓誌。皇建二年（561）八月十三日卒於鄴縣里，以其年十一月七日葬於鄴城西十里。河南安陽縣出土。誌高46、寬45.5釐米。文26行，滿行26字，正書。首題：魏故殿中將軍沁水縣男華君誌銘。

著錄：

《文化安豐》262—263頁。（圖、文）

《北朝隋代墓誌所在總合目錄》編號805。（目）

《北京大學圖書館藏歷代墓誌拓片目錄》編號00581。（目）

皇建 012

是連公妻邢阿光墓誌并蓋

皇建元年（560）十月十六日卒於鄴城西宣平行土臺坊中之宅，以二年（561）十一月十九日葬於漳河北四里之山。1912年河北磁縣南鄉雙廟村出土，今藏瀋陽市博物館。石高66釐米，寬67釐米。蓋3行，行3字，篆書。文21行，滿行22字，隸書。首題：齊故大都督是連公妻邢夫人墓誌銘；蓋題：齊故是連公妻邢夫銘。

圖版著錄：

《漢魏南北朝墓誌集釋》圖版三二六,《新編》3/3/687-688。
《北京圖書館藏中國歷代石刻拓本匯編》7冊110頁。(誌)
《中國金石集萃》7函9輯編號85。(誌)
《漢魏六朝碑刻校注》9冊83頁。
錄文著錄:
《滿洲金石志別錄》卷下/6a-b,《新編》1/23/17429下。
《魯迅輯校石刻手稿·墓誌》下冊42—44頁。
《漢魏南北朝墓誌彙編》411—412頁。
《漢魏六朝碑刻校注》9冊84頁。
《全北齊文補遺》80頁。
碑目題跋著錄:
《續補寰宇訪碑錄》7/9b,《新編》1/27/20342上。
《石刻題跋索引》150頁右,《新編》1/30/22488。
《石刻名彙》2/19a,《新編》2/2/1034上。
《崇雅堂碑錄》1/27a,《新編》2/6/4497上。
《蒿里遺文目錄》2(1)/4b,《新編》2/20/14945下。
《漢魏南北朝墓誌集釋》7/71a-b,《新編》3/3/175-176。
《國立北平圖書館藏碑目》12a,《新編》3/36/254下。
《古誌彙目》1/9a,《新編》3/37/21。
《循園古冢遺文跋尾》6/4a-b,《新編》3/38/45下。
《中國金石學講義·正編》23a,《新編》3/39/163。
《墓誌徵存目錄》卷1,《羅振玉學術論著集》第五集,579頁。
《魯迅輯校石刻手稿·墓誌》下冊44頁。附況周頤跋。
《歷代墓誌銘拓片目錄》33頁。
《增補校碑隨筆》(修訂本)257頁。
《六朝墓誌檢要》(修訂本)153頁。
《碑帖鑒定》197頁。
《漢魏六朝碑刻校注·總目提要》編號2161。
淑德大學《中國石刻拓本目錄》"墓誌"編號232。
《北朝隋代墓誌所在總合目錄》編號806。

《北京大學圖書館藏歷代墓誌拓片目錄》編號00582。

太　寧

太寧 001

裴融墓誌

乾明元年（560）五月五日卒於燕州，太寧元年（561）十一月十八日權葬鄴都武城西二里。河北磁縣出土，石藏河北省正定縣墨香閣。誌高37、寬37釐米。文11行，滿行13字，隸書。

著錄：

《文化安豐》264頁。（圖）

《墨香閣藏北朝墓誌》122—123頁。（圖、文）

《全北齊文補遺》80頁。（文）

《北朝隋代墓誌所在總合目錄》編號807。（目）

《北京大學圖書館藏歷代墓誌拓片目錄》編號00583。（目）

太寧 002

路衆暨夫人潘氏墓誌

路衆與夫人潘氏太寧元年（561）十一月十九日合葬底河南三里，象城西北七里。1984年柏鄉縣北孫村出土，現藏柏鄉縣文物保管所。誌高41、寬47、厚11釐米。文16行，行14至18字不等，正書。

著錄：

《新中國出土墓誌·河北〔壹〕》上冊18頁（圖）、下冊13頁（文）。

《漢魏六朝碑刻校注》9冊86—87頁。（圖、文）

《全北齊文補遺》82頁。（文）

《漢魏六朝碑刻校注·總目提要》編號2162。（目）

《北朝隋代墓誌所在總合目錄》編號808。（目）

太寧 003

石信墓誌

皇建二年（561）六月廿一日卒於鄭州府內，以大（太）寧元年（561）十一月十九日葬於鄴城西十里漳河之陽。河南省安陽縣出土，一說河北磁縣出土，安陽金石保存所舊藏，今存河南省新鄉市博物館。石高、寬均 66 釐米。文 27 行，滿行 27 字，隸書。首題：齊故使持節都督幽夏寧秦濟鄭恒靈趙九州諸軍事驃騎大將軍開府儀同三司右衛將軍中書監趙州刺史南鄉縣開國子陳留郡開國公石公墓誌銘。

圖版著錄：

《漢魏南北朝墓誌集釋》圖版三二七，《新編》3/3/689。

《北京圖書館藏中國歷代石刻拓本匯編》7 冊 111 頁。

《漢魏六朝碑刻校注》9 冊 88 頁。

《中國北朝石刻拓片精品集》120—125 頁。

錄文著錄：

《魯迅輯校石刻手稿·墓誌》下冊 45—48 頁。

《漢魏南北朝墓誌彙編》412—413 頁。

《漢魏六朝碑刻校注》9 冊 89 頁。

《全北齊文補遺》81 頁。

碑目題跋著錄：

《石刻題跋索引》150 頁右，《新編》1/30/22488。

《石刻名彙》2/19a，《新編》2/2/1034 上。

《崇雅堂碑錄補》1/11a，《新編》2/6/4556 上。

《河朔訪古新錄》2/1b，《新編》2/12/8894 上。

《河朔金石目》2/3a－b，《新編》2/12/8961 上。

《古誌新目初編》1/13b，《新編》2/18/13698 上。

《蒿里遺文目錄》2（1）/4b，《新編》2/20/14945 下。

《漢魏南北朝墓誌集釋》7/71b，《新編》3/3/176。

《河朔新碑目》上卷/4a、中卷/5a，《新編》3/35/557 下、573 上。

《國立北平圖書館藏碑目》12b，《新編》3/36/254 下。

《循園古冢遺文跋尾》6/4b－5b，《新編》3/38/45 下—46 上。

《墓誌徵存目錄》卷 1，《羅振玉學術論著集》第五集，579 頁。

《歷代墓誌銘拓片目錄》34 頁。

《碑帖鑒定》197 頁。

《碑帖敘錄》42 頁。

《六朝墓誌檢要》（修訂本）153—154 頁。

《漢魏六朝碑刻校注・總目提要》編號 2163。

淑德大學《中國石刻拓本目錄》"墓誌"編號 230。

《北朝隋代墓誌所在總合目錄》編號 809。

《北京大學圖書館藏歷代墓誌拓片目錄》編號 00584。

論文：

新鄉市博物館：《北齊竇、婁、石、劉四墓誌中幾個問題的探討》，《文物》1973 年第 6 期。

太寧 004

段榮墓誌

東魏元象元年（538）六月卒於中山，北齊大（太）寧元年（561）十一月十九日改葬於鄴城東北一百五十里，斥章城西南三里。1994 年出土於河北省曲周縣北油村。誌方形邊長 83.5 釐米。蓋方形，邊長 83.5 釐米，頂邊長 68 釐米，厚 147（可能有誤，14.7?）釐米。文 32 行，滿行 34 字，正書。蓋 4 行，行 4 字，篆書。蓋題：齊故大司馬武威昭景王段君之墓誌銘。未見拓本。

碑目著錄：

《漢魏六朝碑刻校注・總目提要》編號 1849。

《北朝隋代墓誌所在總合目錄》編號 810。

論文：

李偉科：《北齊武威王墓誌》，《文物春秋》1997 年第 2 期。（節文）

張淮智：《北齊段榮墓誌的史料價值》，《河北民族師範學院學報》2014 年第 4 期。（文）

備考：段榮，《北史》卷五四、《北齊書》卷一六有傳。

太寧 005

中常侍問度墓誌

大（太）寧元年（561）十二月廿七日卒於晉陽。河南出土。誌高、寬均 46 釐米。文正書，23 行，滿行 23 字。

著錄：

《墨香閣藏北朝墓誌》248—249頁。（圖、文）

《北京大學圖書館藏歷代墓誌拓片目錄》編號00585。（目）

太寧006

法勤禪師塔銘

大（太）寧二年（562）正月五日卒於雲門寺，葬於龍巖。清代河南安陽天喜鎮永慶寺出土，曾歸長白端方、諸城王緒祖、三原于右任，今存西安碑林博物館。誌高35、寬48釐米。文隸書，19行，滿行14字。

圖版著錄：

《漢魏南北朝墓誌集釋》圖版三二八，《新編》3/3/690。

《北京圖書館藏中國歷代石刻拓本匯編》7冊112頁。

《鴛鴦七誌齋藏石》圖156。

《中國金石集萃》8函10輯編號94。

《西安碑林全集》66/992—995。

《漢魏六朝碑刻校注》9冊91頁。

錄文著錄：

《八瓊室金石補正》21/24b－25a，《新編》1/6/4329下—4330上。

《匋齋藏石記》12/2b－3a，《新編》1/11/8091下—8092上。

《安陽縣金石錄》2/13b－14a，《新編》1/18/13835上—下。

《宜祿堂收藏金石記》卷14，《新編》2/5/3475下。

（嘉慶）《安陽縣志·金石錄》2/7b－8a，《新編》3/28/475上—下。

《魯迅輯校石刻手稿·碑銘》下冊57—58頁。

《漢魏南北朝墓誌彙編》413—414頁。

《漢魏六朝碑刻校注》9冊92頁。

《全北齊文補遺》82頁。

碑目題跋著錄：

《八瓊室金石補正》21/25a－b，《新編》1/6/4330上。

《匋齋藏石記》12/3b－4a，《新編》1/11/8092上—下。

《安陽縣金石錄》2/14a－b，《新編》1/18/13835下。

《藝風堂金石文字目》18/2b，《新編》1/26/19814下。

《補寰宇訪碑錄》2/13a，《新編》1/27/20212 上。

《補寰宇訪碑錄刊誤》3b，《新編》1/27/20272 上。

《續補寰宇訪碑錄》7/9b，《新編》1/27/20342 上。

《金石彙目分編》9（2）/1b、10（補遺）/21b，《新編》1/28/20954 上、21224 上。

《石刻題跋索引》150 頁右，《新編》1/30/22488。

《石刻名彙》2/19a，《新編》2/2/1034 上。

《宜祿堂收藏金石記》卷 14，《新編》2/5/3476 上。

《宜祿堂金石記》2/12a–b，《新編》2/6/4223 下。

《崇雅堂碑錄》1/27a，《新編》2/6/4497 上。

《河朔訪古新錄》2/5b，《新編》2/12/8896 上。

《河朔金石目》2/3b，《新編》2/12/8961 上。

（宣統）《山東通志·藝文志》卷 152，《新編》2/12/9382 下。

《中州金石目錄》2/18b，《新編》2/20/14700 下。

《山左南北朝石刻存目》4a，《新編》2/20/14886 下。

《蒿里遺文目錄》5/1a，《新編》2/20/14991 上。

《夢碧簃石言》5/10a 引《周句鑃齋藏石目》，《新編》3/2/217 下。

《漢魏南北朝墓誌集釋》7/71b，《新編》3/3/176。

（嘉慶）《安陽縣志·金石錄》2/8a–b，《新編》3/28/475 下。

《古誌彙目》1/9b，《新編》3/37/22。

《金石萃編補目》1/5b，《新編》3/37/486 上。

《碑帖跋》76 頁，《新編》3/38/224、4/7/433 下。

《越縵堂讀書記》下冊 1086 頁。

《墓誌徵存目錄》卷 1，《羅振玉學術論著集》第五集，579 頁。

《面城精舍雜文乙編》，《羅振玉學術論著集》第九集，83 頁。

《六朝墓誌檢要》（修訂本）154 頁。

《碑帖鑒定》197 頁。

《漢魏六朝碑刻校注·總目提要》編號 2164。

淑德大學《中國石刻拓本目錄》"墓誌" 編號 231。

《北朝隋代墓誌所在総合目錄》編號 811。

太寧 007

郭阿雙墓誌

太寧二年（562）二月二十日葬。拓片高35、寬35釐米。文正書，6行，行9字，

碑目著錄：

《北京大學圖書館藏歷代墓誌拓片目錄》編號00586。

太寧 008

王震墓誌并蓋

太寧二年（562）二月廿一日葬于史渠南曲天井西垂。河北磁縣至河南安陽一帶出土。誌長、高均49釐米；蓋底長49、高48.5釐米，頂長、高均41.5釐米。誌文26行、滿行26字，隸書。蓋3行，行3字，篆書。首題：齊故假節督涇州諸軍事安北將軍涇州刺史中常侍王君墓銘。蓋題：齊故涇州刺史王君銘。

著錄：

《文化安豐》266—267頁。（誌圖、文）

《北朝藝術研究院藏品圖錄·墓誌》147—149頁。（圖、文）

《北朝隋代墓誌所在總合目錄》編號813。（目）

《北京大學圖書館藏歷代墓誌拓片目錄》編號00587。（目）

太寧 009

封胤墓記磚

太寧二年（562）四月廿四日。近年河北出土，磚藏河北省正定縣墨香閣。磚高30、寬15、厚3.7釐米。文正書，3行，行6至7字。

著錄：

《墨香閣藏北朝墓誌》269頁。（圖、文）

《中國古代磚刻銘文集》上、下冊編號1029。（圖、文）

《北朝隋代墓誌所在總合目錄》編號814。（目）

《北京大學圖書館藏歷代墓誌拓片目錄》編號00588。（目）

論文：

趙生泉、史瑞英：《河北北朝墓誌札記（七則）》，《文物春秋》2006

年第 2 期。

太寧 010

費康遠墓誌

太寧二年（562）四月廿八日卒於鄴城中，以其年五月三日葬於豹祠之右、漳水之陰。河南安陽縣出土。誌高、寬均 40 釐米。文 17 行，滿行 17 字，隸書。首題：齊故鎮遠將軍司空椽費君墓誌銘。

著錄：

《文化安豐》265—266 頁。（圖、文）

《北朝隋代墓誌所在總合目錄》編號 815。（目）

《北京大學圖書館藏歷代墓誌拓片目錄》編號 00589。（目）

太寧 011

鞠基墓誌

皇建二年（561）正月三十日卒於陽平鎮，太寧二年（562）五月三日葬於鄴城西豹祠之南。2007 年冬河南省安陽市出土，存洛陽民間。誌高 53、寬 52.5 釐米。文 25 行，滿行 25 字，隸書。首題：齊故衛大將軍廣陵江陽二郡太守陽平鎮城鞠君墓誌銘。

著錄：

《文化安豐》268—269 頁。（圖、文）

《秦晉豫新出墓誌蒐佚》1 冊 63 頁。（圖）

《北朝隋代墓誌所在總合目錄》編號 816。（目）

太寧 012

司馬氏太夫人比丘尼垣南姿墓誌

太寧二年（562）。魏收撰。1957 年河北省磁縣講武城北垣外出土，河北省文物研究所藏石。誌高 68.5、寬 66、厚 15 釐米。蓋高 68、寬 67.5、厚 13 釐米。文 33 行，滿行 33 字，正書。蓋 4 行，行 4 字，隸書。蓋題：齊故司馬氏太夫人比丘尼垣墓誌之銘。首題：齊故比丘尼太夫人垣氏墓誌并銘。

著錄：

《河北金石輯錄》233—235 頁。（蓋圖、文、跋）

《六朝墓誌檢要》（修訂本）154 頁。（目）

《北朝隋代所在墓誌總合目錄》編號 812。（目）

論文：

河北省文物管理委員會：《河北磁縣講武城古墓清理簡報》，《考古》1959 年第 1 期。（誌圖）

河　清

河清 001

庫狄迴洛妻斛津昭男墓誌并蓋

武定三年（545）卒於夏州，河清元年（562）八月十二日與定州使君太尉順陽王合葬於朔州城南。1973 年山西省壽陽縣賈家莊出土，石現藏山西省考古研究所。誌、蓋高、寬均 60 釐米，誌厚 8 釐米，蓋厚 7.7 釐米。蓋 4 行，行 4 字，篆書。文正書，15 行，滿行 15 字。蓋題：齊故庫狄氏武始郡君斛律夫人墓誌銘。

著錄：

《晉陽古刻選・北朝墓誌》"序" 20—21 頁，上冊 153—165 頁。（圖、目）

《漢魏六朝碑刻校注》9 冊 114—115 頁。（圖、文）

《漢魏南北朝墓誌彙編》414 頁。（文）

《全北齊文補遺》84 頁。（文）

《漢魏六朝碑刻校注・總目提要》編號 2169。（目）

《北朝隋代墓誌所在總合目錄》編號 817。（目）

《滄海遺珍》94 頁。（目）

論文：

王克林：《北齊庫狄迴洛墓》，《考古學報》1979 年第 3 期。

王天庥：《北齊庫狄廻洛夫婦墓誌點注》，《文物季刊》1993 年第 1 期。

劉丹：《徐顯秀墓誌、庫狄廻洛夫婦墓誌校釋》，碩士論文，南京大學，2011 年。

石愷：《北齊庫狄廻洛夫婦墓誌研究》，碩士論文，山西大學，2015年。

備考：庫狄廻洛，史傳作庫狄廻洛，《北齊書》卷一九、《北史》卷五三有傳。

河清 002

定州刺史庫狄廻洛墓銘并蓋

大寧二年（562）三月卒於鄴，窆於晉陽大法寺，北齊河清元年（562）八月十二日葬於朔州城南。1973年山西省壽陽縣賈家莊出土，石現藏山西省考古研究所。誌、蓋高·寬皆81釐米，誌厚11釐米，蓋厚18釐米。蓋篆書，4行，行4字。文正書，31行，滿行31字。蓋題：齊故定州刺史太尉公庫狄順陽王墓銘。

著錄：

《晉陽古刻選·北朝墓誌》"序"19—20頁，上冊129—151頁。（圖、目）

《漢魏六朝碑刻校注》9冊110—112頁。（圖、文）

《漢魏南北朝墓誌彙編》414—416頁。（文）

《全北齊文補遺》83—84頁。（文）

《滄海遺珍》93—95頁。（節文、跋）

《漢魏六朝碑刻校注·總目提要》編號2170。（目）

《北朝隋代墓誌所在總合目錄》編號818。（目）

論文：

王克林：《北齊庫狄廻洛墓》，《考古學報》1979年第3期。

王天麻：《北齊庫狄廻洛夫婦墓誌點注》，《文物季刊》1993年第1期。

劉丹：《徐顯秀墓誌、庫狄廻洛夫婦墓誌校釋》，碩士論文，南京大學，2011年。

石愷：《北齊庫狄廻洛夫婦墓誌研究》，碩士論文，山西大學，2015年。

備考：庫狄廻洛，史傳作庫狄廻洛，《北齊書》卷一九、《北史》卷五三有傳。

河清 003

張胡仁磚誌

河清元年（562）八月十八日葬。拓片高 32、寬 16 釐米。文正書，2 行，行 7 至 8 字。

著錄：

《北京圖書館藏中國歷代石刻拓本匯編》7 冊 122 頁。（圖）

《中國古代磚刻銘文集》上、下冊編號 1030。（圖、文）

《漢魏南北朝墓誌彙編》416 頁。（文）

《全北齊文補遺》84 頁。（文）

《蒿里遺文目錄》3 上/5a，《新編》2/20/14983 上。（目）

《漢魏六朝碑刻校注·總目提要》編號 2171。（目）

《北朝隋代墓誌所在總合目錄》編號 819。（目）

河清 004

李君妻崔宣華墓誌

魏永安元年（528）六月廿四日卒於滎陽鄭里，北齊河清元年（562）十一月十八日葬。河南洛陽出土，于右任舊藏，今存西安碑林博物館。誌高、寬均 55 釐米。文隸書，24 行，滿行 25 字。首題：齊故中堅將軍趙州長史李妻崔氏墓誌銘。

圖版著錄：

《漢魏南北朝墓誌集釋》圖版三二九，《新編》3/3/691。

《北京圖書館藏中國歷代石刻拓本匯編》7 冊 123 頁。

《鴛鴦七誌齋藏石》圖 157。

《中國金石集萃》7 函 9 輯編號 86。

《西安碑林全集》66/996－1001。

《漢魏六朝碑刻校注》9 冊 118 頁。

錄文著錄：

《魯迅輯校石刻手稿·墓誌》下冊 49—51 頁。

《漢魏南北朝墓誌彙編》416—417 頁。

《漢魏六朝碑刻校注》9 冊 119 頁。

《全北齊文補遺》84—85 頁。

碑目題跋著錄：

《石刻題跋索引》150 頁右，《新編》1/30/22488。

《石刻名彙》2/19a，《新編》2/2/1034 上。

《崇雅堂碑錄》1/27b，《新編》2/6/4497 上。

《古誌新目初編》1/13b，《新編》2/18/13698 上。

《蒿里遺文目錄》2（1）/4b，《新編》2/20/14945 下。

《漢魏南北朝墓誌集釋》7/72a，《新編》3/3/177。

《國立北平圖書館藏碑目》12b，《新編》3/36/254 下。

《墓誌徵存目錄》卷 1，《羅振玉學術論著集》第五集，579 頁。

《歷代墓誌銘拓片目錄》34 頁。

《六朝墓誌檢要》（修訂本）154—155 頁。

《漢魏六朝碑刻校注·總目提要》編號 2173。

淑德大學《中國石刻拓本目錄》"墓誌"編號 233。

《北朝隋代墓誌所在總合目錄》編號 820。

《北京大學圖書館藏歷代墓誌拓片目錄》編號 00590。

河清 005

公孫氏妻王敬妃墓誌

魏延昌四年（515）卒，河清元年（562）十一月十八日葬，與其夫合葬鄴城西北，葬於漳水之陽。河北磁縣出土（據葬地推測），石藏河北省正定縣墨香閣。誌高、寬均 48 釐米。文 23 行，滿行 23 字，正書。首題：大齊河清元年歲次壬午十一月丁卯朔十八日甲申□□騎大將軍營燕二州刺史大司農卿營州大中正公孫□□王夫人墓誌。

著錄：

《文化安豐》270—271 頁。（圖、文）

《墨香閣藏北朝墓誌》124—125 頁。（圖、文）

《北京大學圖書館藏歷代墓誌拓片目錄》編號 00591。（目）

《北朝隋代墓誌所在總合目錄》編號 821。（目）

河清 006

憑法師塔記

河清二年（563）三月十七日。在河南安陽縣城西南 30 公里的寶山東麓。塔基臺下層方石長及寬皆 115、高 40 釐米；上層方石長及寬各 91、高 53 釐米。基臺以上塔身寬 53、高 45 釐米。西塔門楣鐫刻"寶山寺大論師道憑法師燒身塔"，文 1 行 13 字，正書。西塔塔門東側前壁楷書題記"大齊河清二年三月十七日"，1 行 11 字。

碑目題跋著錄：

《安陽縣金石錄》2/14b，《新編》1/18/13835 下。（節文）

《金石彙目分編》9（2）/1b，《新編》1/28/20954 上。

《石刻題跋索引》36 頁左，《新編》1/30/22374。

《石刻名彙》2/19a，《新編》2/2/1034 上。

《崇雅堂碑錄補》1/11a，《新編》2/6/4556 上。

《河朔金石目》2/3b，《新編》2/12/8961 上。

《中州金石目錄》2/18b，《新編》2/20/14700 下。

《蒿里遺文目錄》5/1a，《新編》2/20/14991 上。

（嘉慶）《安陽縣志·金石錄》2/8b，《新編》3/28/475 下。（節文）

《河朔新碑目》中卷/7b，《新編》3/35/574 上。

《古誌彙目》1/9b，《新編》3/37/22。

《墓誌徵存目錄》卷 1，《羅振玉學術論著集》第五集，580 頁。

《六朝墓誌檢要》（修訂本）156 頁。

《漢魏六朝碑刻校注·總目提要》編號 2187。

論文：

楊寶順、孫德萱等：《河南安陽寶山寺北齊雙石塔》，《文物》1984 年第 9 期。（圖、文）

鐘曉青：《安陽靈泉寺北齊雙石塔再探討》，《文物》2008 年第 1 期。（圖、文）

河清 007

穆君妻元如聞墓誌

河清二年（563）四月二日卒，四月九日葬於鄴城西。誌高 27、寬

28 釐米。文 7 行，滿行 10 字，正書。首題：齊故河清二年歲次癸未朔四月二日穆□□妻元夫人墓誌銘。

圖版著錄：

《洛陽新獲七朝墓誌》40 頁。

碑目著錄：

《北朝隋代墓誌所在総合目錄》編號 822。

河清 008

何思榮銘記

河清二年（563）四月十九日葬。據云 21 世紀初出土於河南省安陽市。誌高、寬均 27 釐米。文 5 行，滿行 11 字，正書。

著錄：

《秦晉豫新出墓誌蒐佚續編》1 冊 134 頁。（圖）

《新見北朝墓誌集釋》155—156 頁。（圖、文、跋）

河清 009

劉貴（字至遷）墓誌

河清二年（563）五月九日葬於黃陵城西北。2003 年四月出土于山西省太原市東山崗頭村，石藏太原市文物考古研究所。誌長、寬均 58 釐米。文 22 行，滿行 24 字，隸書。

著錄：

《晉陽古刻選・北朝墓誌》"序" 22—24 頁，上冊 177—186 頁。（圖、目）

《北朝隋代墓誌所在総合目錄》編號 824。（目）

河清 010

李叔儉墓誌

又名：李思約墓誌。河清二年（563）四月十二日卒於晉陽所，以五月二十七日葬於鄴城西十五里。河南省安陽縣出土，石藏河北省正定縣墨香閣。誌高 58、寬 57 釐米。文 22 行，滿行 23 字，隸書。首題：齊故奉朝請李思約墓誌并銘。

著錄：

《文化安豐》272—273 頁。（圖、文）

《墨香閣藏北朝墓誌》126—127 頁。（圖、文）

《北朝隋代墓誌所在總合目錄》編號 823。（目）

《北京大學圖書館藏歷代墓誌拓片目錄》編號 00592。（目）

論文：

叢文俊：《跋北朝李思約墓誌》，載於《藝術與學術：叢文俊書法題跋研究文集》，第 248 頁。

河清 011

袁清墓誌并蓋

河清二年（563）七月十四日終于鄴縣里舍，以其月廿日葬于漳水之陽武城東北三里。誌長、高均 47 釐米；蓋底長、高均 46.5 釐米，頂長、高均 38.5 釐米。文 19 行，滿行 20 字，隸書兼正書。蓋 3 行，行 3 字，篆書。蓋題：齊故開府屬袁君誌銘。

著錄：

《北朝藝術研究院藏品圖錄·墓誌》154—155 頁。（圖、文）

河清 012

長孫彥墓誌并蓋

河清二年（563）六月十一日卒於鄴都南城中義井里宅，以其年八月十八日葬於豹祠西南五里，東岠鄴城十五里。據云 21 世紀初出土於河南省安陽市。誌高、寬均 61 釐米；蓋高、寬均 62 釐米。文 30 行，滿行 31 字，隸書；蓋 3 行共 8 字，篆書。蓋題：齊故史君長孫公銘。

圖版著錄：

《新出土墓誌精粹》（北朝卷）下冊 74—89 頁。

《秦晉豫新出墓誌蒐佚續編》1 冊 135—136 頁。

備考：《秦晉豫新出墓誌蒐佚續編》作"史彥墓誌"據蓋題當為"長孫彥"，"史君"之"史"通"使"。

河清 013

北齊華陽公主元季艷碑

又名：公主墓石。元季艷又作"元秀艷"。河清二年（563）八月。

碑目題跋著錄：

《金石錄》3/2a、22/4b－5a，《新編》1/12/8812 下、8929 下—8930 上。

《通志·金石略》卷上/35a，《新編》1/24/18036 下。

《寶刻叢編》20/23a，《新編》1/24/18384 上。

《石刻題跋索引》36 頁左，《新編》1/30/22374。

《石刻名彙》2/15b，《新編》2/2/1032 上。

《崇雅堂碑錄補》1/9a，《新編》2/6/4555 上。

（光緒）《畿輔通志·金石十一》148/59a－b，《新編》2/11/8537 上。

《石墨考異》卷上，《新編》2/16/11638 下。

《佩文齋書畫譜·金石》62/12b 上，《新編》3/2/57 上。

（光緒）《重修廣平府志·金石略下》36/4b－5a，《新編》3/25/131 下—132 上。

《六藝之一錄》61/3a，《新編》4/5/111 上。

備考：華陽公主，事見《北齊書》卷一三、《北史》卷五一《高叡傳》。因（光緒）《畿輔通志》誤作"公圭墓石"，《石刻名彙》、《崇雅堂碑錄補》亦誤作《公圭墓石》，且年代誤置北魏。

河清 014
高孝瑜墓誌

河清二年（563）六月廿八日薨于位，其年十月五日葬于鄴城西北廿五里。誌長、高均71.5 釐米。蓋底長、高均72 釐米，頂長、高均61 釐米。文37 行，滿行38 字，隸書。蓋3 行，行3 字，篆書。首題：大齊故太尉河南康懿王墓誌銘；蓋題：大齊故河南王墓誌銘。

著錄：

《北朝藝術研究院藏品圖錄·墓誌》150－153。（圖、文）

備考：高孝瑜，《北齊書》卷一一、《北史》卷五二有傳。

河清 015
郭愍墓誌

又作：郭愸墓誌。皇建元年（560）十一月廿九日薨於京師所居宅里，夫人王氏以河清二年（563）八月廿九日喪於京鄴，以十月十八日夫妻大葬於鄴城西南十里，西臨野馬高崗之峻，北帶天平深□之長術。河南安陽縣出土。誌長55.5釐米，高55釐米。文25行，滿行27字，正書。首題：大齊故蕩寇將軍前中尚令郭君墓誌銘。

著錄：

《文化安豐》273—274頁。（圖、文）

《北朝藝術研究院藏品圖錄·墓誌》156—157頁。（圖、文）

《北朝隋代墓誌所在總合目錄》編號825。（目）

《北京大學圖書館藏歷代墓誌拓片目錄》編號00593。（目）

河清016

權法師碑

河清二年（563）十月。

碑目題跋著錄：

《金石錄》3/2a，《新編》1/12/8812下。

《通志·金石略》卷上/35a，《新編》1/24/18036下。

《寶刻叢編》20/23a，《新編》1/24/18384上。

《石刻題跋索引》36頁左，《新編》1/30/22374。

《佩文齋書畫譜·金石》62/12b上，《新編》3/2/57上。

《六藝之一錄》61/7b，《新編》4/5/113上。

河清017

叱列延慶妻爾（尒）朱元靜墓誌

河清三年（564）正月二日葬於鄴城西南柏山之陽。1918年河南安陽縣水冶鎮西北出土，于右任舊藏，今存西安碑林博物館。誌高、寬均50釐米。兩面刻，文正書，陽面23行，滿行24字；陰面18行，滿行13字。下端篆書"墓誌之銘"。

圖版著錄：

《漢魏南北朝墓誌集釋》·圖版三三〇，《新編》3/3/692-693。

《北京圖書館藏中國歷代石刻拓本匯編》7冊128—129頁。

《鴛鴦七誌齋藏石》圖159。

《西安碑林全集》66/1008－1011。

《漢魏六朝碑刻校注》9冊130—131頁。

錄文著錄：

《魯迅輯校石刻手稿·墓誌》下冊52—55頁。

《漢魏南北朝墓誌彙編》417—419頁。

《漢魏六朝碑刻校注》9冊132—133頁。

《全北齊文補遺》85—86頁。

碑目題跋著錄：

《石刻題跋索引》150頁右—151頁左，《新編》1/30/22488－22489。

《石刻名彙》2/19a，《新編》2/2/1034上。

《崇雅堂碑錄補》1/11a，《新編》2/6/4556上。

《古誌新目初編》1/13b，《新編》2/18/13698上。

《循園金石文字跋尾》卷下/4b－5b，《新編》2/20/14476上—下。

《蒿里遺文目錄》2（1）/4b，《新編》2/20/14945下。

《漢魏南北朝墓誌集釋》7/72a，《新編》3/3/177。

《國立北平圖書館藏碑目》12b，《新編》3/36/254下。

《墓誌徵存目錄》卷1，《羅振玉學術論著集》第五集，579頁。

《歷代墓誌銘拓片目錄》34頁。

《六朝墓誌檢要》（修訂本）155頁。

《碑帖鑒定》197—198頁。

《漢魏六朝碑刻校注·總目提要》編號2181。

《北朝隋代墓誌所在総合目錄》編號826。

《北京大學圖書館藏歷代墓誌拓片目錄》編號00594。

河清018

廣陵王元羽妻鄭始容磚誌

河清三年（564）正月薨於寺，以廿日窆於鄴城西南柏柱地。2004年河北省臨漳縣漢魏鄴城故地出土，河北省正定縣墨香閣舊藏。誌高、寬均37釐米。文正書，21行，行20至29字不等。首題：魏故司空廣陵惠王元羽妻鄭太妃之銘。

著錄：

《漢魏六朝碑刻校注》9 冊 135—136 頁。（圖、文）

《金石拓本題跋集萃》64 頁。（圖）

《漢魏六朝碑刻校注·總目提要》編號 2182。（目）

《北朝隋代墓誌所在総合目錄》編號 827。（目）

論文：

叢文俊：《〈魏廣陵王元羽妻鄭太妃墓誌〉攷》，載《藝術與學術：叢文俊書法研究題跋文集》，第 62—66 頁。

河清 019

趙信墓誌并蓋

河清三年（564）二月廿日葬於唐坂石灰谷東北二里。2012 至 2013 年在山西省太原市開化墓群 M20 發掘出土。盝頂蓋，高 67、寬 63.5 釐米。誌高 65、寬 64 釐米。蓋 3 行，行 3 字，篆書。誌隸書，23 行，滿行 23 字。蓋題：齊故楚州刺史趙公銘。

論文：

山西省考古研究所等《山西太原開化墓群 2012—2013 年發掘簡報》，《文物》2015 年第 12 期。（圖、文）

劉輝、馬昇等：《北齊趙信墓誌考略》，《文物》2015 年第 12 期。

河清 020

高百年墓誌并蓋

又名"樂陵王墓誌"。河清三年（564）卒於邸第，以歲次甲申（河清三年）三月二日葬於鄴城之西十有一里，武城西北三里。1912 年河北磁縣南鄉八里塚出土，一說 1917 年河北磁縣講武城鄉出土，曾歸武進陶蘭泉、羅振玉唐風樓，今存遼寧省博物館。石高 72、寬 71 釐米。蓋 3 行，行 3 字，篆書。文 22 行，滿行 22 字，隸書。蓋題：齊故樂陵王墓誌之銘。首題：齊故樂陵王墓誌銘。

圖版著錄：

《漢魏南北朝墓誌集釋》圖版三一二，《新編》3/3/668 – 669。

《北京圖書館藏中國歷代石刻拓本匯編》7 冊 132 頁。（誌）

《中國金石集萃》7函9輯編號87。（誌）
《漢魏六朝碑刻校注》9冊140頁。
《遼寧省博物館藏碑誌精粹》112頁。
錄文著錄：
《滿洲金石志別錄》卷下/7a－8a，《新編》1/23/17430上—下。
《魯迅輯校石刻手稿·墓誌》下冊59—61頁。
《漢魏南北朝墓誌彙編》420—421頁。
《漢魏六朝碑刻校注》9冊141頁。
《遼寧省博物館藏碑誌精粹》112頁。
《全北齊文補遺》86—87頁。
碑目題跋著錄：
《續補寰宇訪碑錄》7/9b，《新編》1/27/20342上。
《石刻題跋索引》151頁左，《新編》1/30/22489。
《石刻名彙》2/19a，《新編》2/2/1034上。
《循園金石文字跋尾》卷下/4a－b，《新編》2/4/14476上。
《崇雅堂碑錄補》1/11a，《新編》2/6/4556上。
《古誌新目初編》1/13b，《新編》2/18/13698上。
《蒿里遺文目錄》2（1）/4b，《新編》2/20/14945下。
《漢魏南北朝墓誌集釋》7/68b，《新編》3/3/170。
《國立北平圖書館藏碑目》12b，《新編》3/36/254下。
《雪堂金石文字跋尾》3/12a－13a，《新編》3/38/309下—310上。
《中國金石學講義·正編》23a，《新編》3/39/163。
《墓誌徵存目錄》卷1，《羅振玉學術論著集》第五集，579頁。
《歷代墓誌銘拓片目錄》34頁。
《六朝墓誌檢要》（修訂本）155頁。
《漢魏六朝碑刻校注·總目提要》編號2185。
淑德大學《中國石刻拓本目錄》"墓誌"編號237—238。
《北朝隋代墓誌所在綜合目錄》編號829。
《遼寧省博物館藏碑誌精粹》113頁。
《北京大學圖書館藏歷代墓誌拓片目錄》編號00595。

論文：

馬忠理：《磁縣北朝墓群——東魏北齊陵墓兆域考》，《文物》1994年第11期。

黃壽成：《〈北齊樂陵王高百年墓誌〉發微》，載於《交流與互動：民族考古與文物研究》，第218—227頁。

備考：高百年，《北齊書》卷一二、《北史》卷五二有傳。

河清 021

高百年妃斛律氏墓誌并蓋

河清二年（563）八月十九日卒於鄴縣永康里第，河清三年（564）三月二日祔葬於武城西北三里。1912年河北磁縣南鄉八里塚出土，一說1917年河北磁縣講武城鄉出土，曾歸上虞羅振玉、武進陶蘭泉，今存遼寧省博物館。石高、寬均67釐米。蓋3行，行4字，篆書。誌文22行，滿行23字，隸書。首題：齊故樂陵王妃斛律氏墓誌銘；蓋題：齊故樂陵王妃斛律氏墓誌銘。

圖版著錄：

《漢魏南北朝墓誌集釋》圖版三一三，《新編》3/3/670–671。

《北京圖書館藏中國歷代石刻拓本匯編》7冊131。（誌）

《中國金石集萃》7函9輯編號88。（誌）

《漢魏六朝碑刻校注》9冊143頁。

《遼寧省博物館藏碑誌精粹》110頁。

錄文著錄：

《滿洲金石志別錄》卷下/8b–9b，《新編》1/23/17430下—17431上。

《魯迅輯校石刻手稿·墓誌》下冊56—58頁。

《漢魏南北朝墓誌彙編》419—420頁。

《漢魏六朝碑刻校注》9冊144頁。

《遼寧省博物館藏碑誌精粹》110頁。

《全北齊文補遺》88頁。

碑目題跋著錄：

《續補寰宇訪碑錄》7/9b，《新編》1/27/20342 上。

《石刻題跋索引》151 頁左，《新編》1/30/22489。

《石刻名彙》2/19a，《新編》2/2/1034 上。

《崇雅堂碑錄補》1/11a，《新編》2/6/4556 上。

《古誌新目初編》1/13b，《新編》2/18/13698 上。

《循園金石文字跋尾》卷下/4a－b，《新編》2/20/14476 上。

《蒿里遺文目錄》2（1）/4b，《新編》2/20/14945 下。

《漢魏南北朝墓誌集釋》7/68b，《新編》3/3/170。附《藝風堂文漫存乙丁稿》五。

《國立北平圖書館藏碑目》12b，《新編》3/36/254 下。

《雪堂金石文字跋尾》3/11b－12a，《新編》3/38/309 上一下。

《中國金石學講義·正編》23a，《新編》3/39/163。

《墓誌徵存目錄》卷 1，《羅振玉學術論著集》第五集，579 頁。

《歷代墓誌銘拓片目錄》34 頁。

《漢魏六朝碑刻校注·總目提要》編號 2186。

《六朝墓誌檢要》（修訂本）155—156 頁。

淑德大學《中國石刻拓本目錄》"墓誌"編號 234—235。

《北朝隋代墓誌所在總合目錄》編號 828。

《遼寧省博物館藏碑誌精粹》111 頁。

《北京大學圖書館藏歷代墓誌拓片目錄》編號 00596。

論文：

馬忠理：《磁縣北朝墓群——東魏北齊陵墓兆域考》，《文物》1994 年第 11 期。

備考：斛律氏，事見《北齊書》卷一二、《北史》卷五二《高百年傳》，《北齊書》卷二三、《北史》卷二四《崔瞻傳》。

河清 022

康僧慶墓誌

河清三年（564）三月十五日葬在上黨東峪村東南五里覆尹南卅步，南北行道西十二步。山西長治出土，石藏河北省正定縣墨香閣。誌高、寬均29釐米。文8行，行8至11字，正書。

著錄：

《墨香閣藏北朝墓誌》128—129頁。（圖、文）

《北京大學圖書館藏歷代墓誌拓片目錄》編號00597。（目）

河清023

赫連子悅妻閭炫墓誌并蓋

魏武定元年（543）九月二日卒於林慮郡，北齊河清三年（564）三月二十四日遷措於豹祠西南五里。河南安陽出土，一說河南彰德出土，于右任舊藏，今存西安碑林博物館。誌高、寬均50釐米。文隸書，23行，滿行23字。蓋篆書，4行，行4字。首題：齊御史中丞赫連公故夫人閭氏墓誌銘；蓋題：齊御史中丞赫連公故夫人閭氏之墓銘。

圖版著錄：

《漢魏南北朝墓誌集釋》圖版三四五，《新編》3/4/13-14。

《北京圖書館藏中國歷代石刻拓本匯編》7冊134—135頁。

《鴛鴦七誌齋藏石》圖158。

《中國金石集萃》8函10輯編號95。（誌）

《西安碑林全集》66/1002-1007。（誌）

《漢魏六朝碑刻校注》9冊148頁。

錄文著錄：

《漢魏南北朝墓誌彙編》421—422頁。

《漢魏六朝碑刻校注》9冊149頁。

《全北齊文補遺》87—88頁。

碑目題跋著錄：

《石刻題跋索引》151頁左，《新編》1/30/22489。

《石刻名彙》2/19b，《新編》2/2/1034上。

《崇雅堂碑錄補》1/11a，《新編》2/6/4556上。

《古誌新目初編》1/13b，《新編》2/18/13698上。

《蒿里遺文目錄補遺》1b，《新編》2/20/14996上。

《漢魏南北朝墓誌集釋》7/75b，《新編》3/3/184。

《國立北平圖書館藏碑目》12b，《新編》3/36/254下。

《墓誌徵存目錄》卷1，《羅振玉學術論著集》第五集，580頁。

《歷代墓誌銘拓片目錄》34頁。

《六朝墓誌檢要》（修訂本）156頁。

《碑帖鑒定》198頁。

《金石論叢》"貞石證史・閻大肥"，89—90頁。

《漢魏六朝碑刻校注・總目提要》編號2189。

淑德大學《中國石刻拓本目錄》"墓誌"編號236。

《北朝隋代墓誌所在總合目錄》編號830。

《北京大學圖書館藏歷代墓誌拓片目錄》編號00598。

備考：《崇雅堂碑錄補》、《墓誌徵存目錄》將"閆氏"誤著錄為"閻氏"。

河清024

彭城王高浟墓誌并蓋

河清三年（564）三月卒於鄴都邸舍。石藏河北省正定縣墨香閣。誌高、寬均68釐米。文隸書，36行，滿行36字。蓋篆書，4行，行4字。蓋題：齊故假黃鉞太師太尉彭城王墓誌之銘；首題：齊故假黃鉞太師彭城王墓銘。

著錄：

《墨香閣藏北朝墓誌》250—253頁。（圖、文）

備考：高浟，《北齊書》卷一〇、《北史》卷五一有傳。

河清025

孫龍貴妻墓記磚

河清三年（564）九月廿七日。尺寸不詳。文正書，4行，行2至8字不等。

著錄：

《中國磚銘》圖版上冊715頁右。（圖）

《中國古代磚刻銘文集》上、下冊編號1031。（圖、文）

《北朝隋代墓誌所在總合目錄》編號831。（目）

河清 026

□洛墓誌

別名：豐洛墓誌。河清三年（564）閏九月十五日卒於晉陽，葬於鄴城西南廿里。河南安陽縣出土，石藏河北正定墨香閣。誌石高、寬均 65 釐米。文 25 行，滿行 25 字，正書。

著錄：

《文化安豐》277—278 頁。（圖、文）

《墨香閣藏北朝墓誌》254—255 頁。（圖、文）

《全北齊文補遺》89 頁。（文）

《漢魏六朝碑刻校注·總目提要》編號 2194。（目）

《北朝隋代墓誌所在總合目錄》編號 832。（目）

《北京大學圖書館藏歷代墓誌拓片目錄》編號 00599。（目）

論文：

羅新：《新見北齊〈豐洛墓誌〉考釋》，殷憲主編《北朝史研究——中國魏晉南北朝史國際學術研討會論文集》，第 165—183 頁。

河清 027

陸盛榮墓誌

河清元年（562）十一月八日卒於家，以河清三年（564）十一月十二日葬於豹祠之南。河南省安陽縣出土，石藏河北省正定縣墨香閣。誌高、寬均 39 釐米。文 23 行，滿行 24 字，隸書。首題：齊故陸君之銘。

著錄：

《文化安豐》276—277 頁。（圖、文）

《墨香閣藏北朝墓誌》130—131 頁。（圖、文）

《北朝隋代墓誌所在總合目錄》編號 833。（目）

《北京大學圖書館藏歷代墓誌拓片目錄》編號 00600。（目）

論文：

叢文俊：《跋北齊陸盛榮墓誌》，載於《藝術與學術：叢文俊書法題跋研究文集》，第 250 頁。

河清 028

狄湛墓誌并蓋

卒於晉，河清三年（564）十二月十九日葬於晉陽城東北三十里。2000 年 7 月出土於山西省太原市迎澤區王家峰村，石藏太原市文物考古研究所。誌高、寬均 65 釐米。文隸書，29 行，滿行 28 字。蓋篆書，3 行，行 3 字。首題：大齊車騎將軍涇州刺史朱陽縣開國子狄公墓誌；蓋題：齊涇州刺史狄公墓誌。

著錄：

《漢魏六朝碑刻校注》9 冊 163—164 頁。（圖、文）

《晉陽古刻選・北朝墓誌》""24—25 頁，下冊 187—201 頁。（圖、目）

《新出魏晉南北朝墓誌疏證》（修訂本）166—168 頁。（文、跋）

《全北齊文補遺》90 頁。（文）

《漢魏六朝碑刻校注・總目提要》編號 2196。（目）

《北朝隋代墓誌所在總合目錄》編號 834。（目）

論文：

太原市文物考古研究所：《太原北齊狄湛墓》，《文物》2003 年第 3 期。

河清 029

李靜墓誌

皇建二年（561）七月十四日卒，河清三年（564）十二月十九日葬於鄴城西南九里柏林崗側。河南省安陽縣出土，石藏河北省正定縣墨香閣。誌高 32、寬 31 釐米。文 11 行，滿行 12 字，正書。首題：惟大齊河清三年歲次甲申十二月乙卯朔十九日癸酉李君墓銘。

著錄：

《文化安豐》275 頁。（圖、文）

《墨香閣藏北朝墓誌》132—133 頁。（圖、文）

《北朝隋代墓誌所在總合目錄》編號 835。（目）

《北京大學圖書館藏歷代墓誌拓片目錄》編號 00601。（目）

河清 030
法洪銘贊

河清三年（564）。石在山東省東平縣洪頂山南崖，摩崖刻。高 217、寬 144 釐米。文隸書，9 行，滿行 16 字。

著錄：

《漢魏六朝碑刻校注》9 冊 168—169 頁。（圖、文）

《漢魏六朝碑刻校注·總目提要》編號 2197。（目）

淑德大學《中國石刻拓本目錄》"碑碣等刻石"編號 490。（目）

論文：

山東省石刻藝術博物館等：《山東東平洪頂山摩崖刻經考察》，《文物》2006 年第 12 期。

河清 031
兗州刺史鄭述祖碑

河清三年（564）。山東掖縣。八分書。

碑目著錄：

《崇雅堂碑錄》1/27b，《新編》2/6/4497 上。

備考：鄭述祖，《北齊書》卷二九、《北史》卷三五有傳；《魏書》卷五六附《鄭嚴祖傳》。

河清 032
封子繪墓誌并蓋

大寧三年（563）閏九月二十日終於京師，河清四年（565）二月七日歸葬於先公之舊塋。1948 年河北景縣出土，今存中國國家博物館。誌高 92、寬 88.8 釐米。蓋高 74、寬 73 釐米。文隸書，38 行，滿行 38 字。蓋篆書，4 行，行 4 字。蓋題：齊故尚書右僕射冀州使君封公墓誌銘。

著錄：

《北京圖書館藏中國歷代石刻拓本匯編》7 冊 145—146 頁。（圖）

《漢魏六朝碑刻校注》9 冊 173—175 頁。（圖、文）

《中國國家博物館館藏文物研究叢書·墓誌卷》26—29 頁。（圖、文）

《衡水出土墓誌》14—16頁。（圖、文）

《河北金石輯錄》235—237頁。（圖、文、跋）

《漢魏南北朝墓誌彙編》423—425頁。（文）

《全北齊文補遺》24—26頁。（文）

《六朝墓誌檢要》（修訂本）156—157頁。（目）

《漢魏六朝碑刻校注・總目提要》編號2199。（目）

《北朝隋代墓誌所在總合目錄》編號838。（目）

論文：

張季：《河北景縣封氏墓群調查記》，《考古通訊》1957年第3期。

周錚：《北齊封子繪及夫人王楚英墓誌釋文與箋證》，《中國歷史博物館館刊》1994年第2期。

趙超：《中國國家博物館藏北朝封氏諸墓誌匯考》，《中國歷史文物》2007年第2期。

備考：封子繪，《魏書》卷三二、《北齊書》卷二一有傳，附《封隆之傳》，《北史》卷二四附《封懿傳》。

河清033

薛廣墓誌并蓋

河清二年（563）卒於成安縣脩仁里舍，河清四年（565）二月七日遷厝於野馬崗東壹十里所。出土地不詳，今藏首都歷史博物館。拓片誌高、寬均67釐米，蓋高、寬均70釐米。文隸書，27行，滿行28字。蓋篆書，3行，行3字。蓋題：齊故滎陽太守薛君銘。

著錄：

《北京圖書館藏中國歷代石刻拓本匯編》7冊148—149頁。（圖）

《漢魏六朝碑刻校注》9冊177—178頁。（圖、文）

《漢魏南北朝墓誌彙編》425—427頁。（文）

《全北齊文補遺》91頁。（文）

《北京大學圖書館藏歷代墓誌拓片目錄》編號00603。（目）

《漢魏六朝碑刻校注・總目提要》編號2200。（目）

《北朝隋代墓誌所在總合目錄》編號839。（目）

河清 034

梁伽耶墓誌并蓋

河清元年（562）十月八日卒於宣平行里，河清四年（565）二月七日。1912 年河北磁縣南鄉八里塚出土，曾歸瀋陽博物館，今存遼寧省博物館。誌高、寬均 56 釐米。蓋 2 行，行 3 字。文 24 行，滿行 24 字。均正書。首題：齊故太尉府墨曹參軍梁君墓誌銘；蓋題：齊故梁君銘記。

圖版著錄：

《漢魏南北朝墓誌集釋》圖版三三一，《新編》3/3/694-695。

《北京圖書館藏中國歷代石刻拓本匯編》7 冊 147 頁。（誌）

《漢魏六朝碑刻校注》9 冊 170 頁。

《遼寧省博物館藏碑誌精粹》108 頁。

錄文著錄：

《滿洲金石志別錄》卷下/10b-11b，《新編》1/23/17431 下—17432 上。

《魯迅輯校石刻手稿·墓誌》下冊 62—64 頁。

《漢魏南北朝墓誌彙編》422—423 頁。

《漢魏六朝碑刻校注》9 冊 171 頁。

《遼寧省博物館藏碑誌精粹》108 頁。

《全北齊文補遺》92—93 頁。

碑目題跋著錄：

《續補寰宇訪碑錄》7/9b、10a，《新編》1/27/20342 上、下。

《石刻題跋索引》151 頁左，《新編》1/30/22489。

《石刻名彙》2/19b，《新編》2/2/1034 上。

《崇雅堂碑錄》1/27b、30b，《新編》2/6/4497 上、4498 下。

《蒿里遺文目錄》2（1）/4b，《新編》2/20/14945 下。

《漢魏南北朝墓誌集釋》7/72a，《新編》3/3/177。

《國立北平圖書館藏碑目》12b，《新編》3/36/254 下。

《古誌彙目》1/9b，《新編》3/37/22。

《中國金石學講義·正編》23a，《新編》3/39/163。

《墓誌徵存目錄》卷1，《羅振玉學術論著集》第五集，580頁。

《魯迅輯校石刻手稿·墓誌》下冊64—65頁。附況周頤跋。

《歷代墓誌銘拓片目錄》34頁。

《增補校碑隨筆》（修訂本）259頁。

《六朝墓誌檢要》（修訂本）156頁。

《碑帖鑒定》198頁。

《漢魏六朝碑刻校注·總目提要》編號2201。

淑德大學《中國石刻拓本目錄》"墓誌"編號239。

《北朝隋代墓誌所在總合目錄》編號837。

《遼寧省博物館藏碑誌精粹》109頁。

《北京大學圖書館藏歷代墓誌拓片目錄》編號00602。

備考：《續補寰宇訪碑錄》三次著錄，分別為卒年、葬年各一次；最後著錄之"河清九年十月八日"當是誤"元年"之"元"為"九"字。

河清035
張僧顯墓誌

河清二年（563）四月一日終於遠室，河清四年（565）二月七日葬於城西北十里饒安縣內。1982年鹽山縣聖伕鄉劉窯場村出土，現藏鹽山縣文物保管所。誌高25、寬45、厚14.5釐米。文21行，滿行13字，正書。蓋佚。首題：平昌縣人張僧顯銘聞。

著錄：

《新中國出土墓誌·河北〔壹〕》上冊19頁（圖）、下冊13頁（文）。

《漢魏六朝碑刻校注》9冊180—181頁。（圖、文）

《滄州出土墓誌》16—17頁。（圖、文）

《全北齊文補遺》92頁。（文）

《漢魏六朝碑刻校注·總目提要》編號2202。（目）

《北朝隋代墓誌所在總合目錄》編號836。（目）

河清036
宋迎男墓記磚

河清四年（565）四月廿七日。2005年河南安陽出土，藏鄭州民間。

磚高31、寬14.5、厚4.5釐米。文4行，行3至11字不等，正書。

著錄：

《中國古代磚刻銘文集》上、下冊編號1032。（圖、文）

《北朝隋代墓誌所在總合目錄》編號840。（目）

《北京大學圖書館藏歷代墓誌拓片目錄》編號00604。（目）

河清037

元洪敬墓誌并蓋

河清四年（565）四月一日卒，其年八月廿二日葬於鄴郊野馬崗之朝陽。桓柚制序，元奭撰銘。1999年在河南省安陽縣安豐鄉後稻村西北，緊靠郭峰公路西側機磚廠內西北角出土，石藏河北省正定縣墨香閣。誌高、寬均51釐米，厚10釐米。蓋上邊高、寬均43釐米，下邊高、寬均50釐米，厚5釐米。文隸書，25行，滿行25字。蓋3行，行3字，篆書。蓋題：齊太尉中郎元君墓銘。首題：齊太尉中郎元府君墓誌。

著錄：

《金石拓本題跋集萃》63頁。（圖）

《漢魏六朝碑刻校注》9冊200—203頁。（誌圖、文）

《文化安豐》279—281頁。（圖、文）

《墨香閣藏北朝墓誌》134—135頁。（誌圖、文）

《新出魏晉南北朝墓誌疏證》（修訂本）169—171頁。（文、跋）

《全北齊文補遺》29—30頁。（文）

《漢魏六朝碑刻校注·總目提要》編號2212。（目）

《北朝隋代墓誌所在總合目錄》編號841。（目）

《北京大學圖書館藏歷代墓誌拓片目錄》編號00605。（目）

論文：

武山房：《齊太尉中郎元府君墓誌》，《書法》2003年第1期。

河清038

竇奉高墓誌

河清四年（565）卒。河北磁縣博物館從民間徵集，出土於磁縣南營村北，出土時間不詳。誌方形，邊長79釐米，無蓋。首題：齊故使持節都督征西將軍幽州諸軍事儀同三司幽州刺史太府卿竇公之墓誌銘。未見拓本和完整錄文。

碑目著錄：

《北朝隋代墓誌所在總合目錄》編號842。

論文：

馮小紅、關會芳：《東魏北齊時期邯鄲縣設治考——以〈竇奉高墓誌〉為中心》，《中國歷史地理論叢》2012年第2期。（節文）

天 統

天統001

尭衆敬墓記磚

又名：衆敬墓磚。天統元年（565）五月三日。尺寸不詳。文隸書，2行，行4或7字。

著錄：

《中國磚銘》圖版上冊715頁左。（圖）

《中國古代磚刻銘文集》上、下冊編號1033。（圖、文）

《雪堂專錄‧專誌徵存》10b，《羅雪堂先生全集》五編3冊1284頁。（文）

《石刻名彙》12/207a，《新編》2/2/1131下。（目）

《蒿里遺文目錄》3上/5a，《新編》2/20/14983上。（目）

《北朝隋代墓誌所在總合目錄》編號843。（目）

天統002

王君妻崔曜華墓誌

武定六年（548）十一月十三日遘疾卒於鄴城北之里舍，天統元年（565）八月廿二日遷葬於鄴西武城東北三里。誌高、寬均53.5釐米。文26行，滿行25字，正書。首題：齊故并州刺史吏部尚書王公妻崔夫人墓誌銘。

著錄：

《文化安豐》281—282頁。（圖、文）

《北朝隋代墓誌所在總合目錄》編號844。（目）

天統003
崔德墓誌

河清四年（565）二月一日卒於五仿里，天統元年（565）十月四日葬於黃山之北，黑水之南。1973年山東省淄博市臨淄區窩托村南出土。誌高54.5、寬54.3釐米。文隸書，22行，滿行22字。

著錄：

《漢魏六朝碑刻校注》9冊219—220頁。（圖、文）

《山東石刻分類全集·歷代墓誌》63—64頁。（圖、文）

《漢魏南北朝墓誌彙編》427—428頁。（文）

《全北齊文補遺》94頁。（文）

《齊魯碑刻墓誌研究》234—235、366頁。（跋、目）

《漢魏六朝碑刻校注·總目提要》編號2217。（目）

《北朝隋代墓誌所在總合目錄》編號845。（目）

論文：

山東省文物考古研究所：《臨淄北朝崔氏墓》，《考古學報》1984年第2期。

[日]佐伯真也：《崔鴻一族墓誌銘訳注五種（二）》，《大東文化大學中國學論集》16，1999年。

天統004
沈興墓誌

天統元年（565）十月七日卒於廣陽里，葬城西豹祠之山。河南安陽縣出土。誌高46、寬45.5釐米。文20行，滿行20字，正書。首題：魏故中散大夫沈君之墓誌。

著錄：

《义化安豐》283—284頁。（圖、文）

《北朝隋代墓誌所在總合目錄》編號846。（目）

《北京大學圖書館藏歷代墓誌拓片目錄》編號00606。（目）

天統 005

張海翼墓誌并蓋

天統元年（565）六月二日卒於汾晉，其年十月十一日葬於并城西北。1991 年出土於太原市晉源區寺底村，石藏晉源文廟碑廊。誌高 63、寬 60、厚 8.4 釐米；蓋高 63、寬 59、厚 8.5 釐米。文隸書，24 行，滿行 23 字。蓋 4 行，行 3 字，篆書。蓋題：齊故司馬莨安侯張君墓誌銘。

著錄：

《漢魏六朝碑刻校注》9 冊 222—223 頁。（圖、文）

《晉陽古刻選·北朝墓誌》"序" 25—26 頁，下冊 203—215 頁。（圖、目）

《新出魏晉南北朝墓誌疏證》（修訂本）175—176 頁。（文、跋）

《全北齊文補遺》94—95 頁。（文）

《漢魏六朝碑刻校注·總目提要》編號 2218。（目）

《北朝隋代墓誌所在総合目錄》編號 847。（目）

論文：

李愛國：《太原北齊張海翼墓》，《文物》2003 年第 10 期。

天統 006

獨孤輝墓誌

河清四年（565）四月廿五日卒於州館，天統元年（565）十月十一日葬於唐城西北五里。2004 年徵集於山西省太原市晉源區董茹莊，石藏晉源文廟碑廊。誌長 61.5、寬 60 釐米。文 25 行，滿行 25 字，隸書兼楷意。首題：□□□□大將軍儀同三司義州刺史太府卿獨孤使君墓誌。

著錄：

《晉陽古刻選·北朝墓誌》"序" 26—27 頁，下冊 217—230 頁。（圖、目）

《北朝隋代墓誌所在総合目錄》編號 848。（目）

天統 007

刁翔磚誌

孝昌三年（527）三月下旬卒於戰陣，北齊天統元年（565）十月十二日葬。1985年山東省樂陵縣楊家鄉史家村出土，樂陵縣文化館藏。誌高、寬均44.3釐米，厚7釐米。文正書，17行，行17至27字不等。首題：齊故刁主簿墓誌銘。

著錄：

《中國磚銘》圖版上冊716頁。（圖）

《漢魏六朝碑刻校注》9冊225—226頁。（圖、文）

《中國古代磚刻銘文集》上、下冊編號1034。（圖、文）

《山東石刻分類全集·歷代墓誌》66—67頁。（圖、文）

《漢魏南北朝墓誌彙編》430頁。（文）

《全北齊文補遺》93頁。（文）

《齊魯碑刻墓誌研究》311—312、366頁。（跋、目）

《漢魏六朝碑刻校注·總目提要》編號2219。（目）

《北朝隋代墓誌所在総合目録》編號850。（目）

論文：

李開嶺、劉金亭：《山東樂陵縣出土北齊墓誌》，《考古》1987年第10期；又載於《德州考古文集》，第231—233頁。

梁洪生：《對山東樂陵出土北齊墓誌釋文的兩點意見》，《考古》1993年第9期。

天統008

趙道德墓誌

天統元年（565）五月十日卒於晉陽，其年十月十二日葬於鄴城西北十里。河南安陽出土，一說河北磁縣出土，曾歸張鈞衡、順德鄧氏。誌高66釐米，寬61釐米。文29行，滿行33字，正書。首題：齊故使持節都督趙安二州諸軍事驃騎大將軍趙州刺史開府儀同三司中書令河陰縣開國伯戎安縣開國子趙公墓誌銘。

圖版著錄：

《漢魏南北朝墓誌集釋》圖版三三二，《新編》3/3/696。

《北京圖書館藏中國歷代石刻拓本匯編》7冊165頁。

《漢魏六朝碑刻校注》9冊227頁。

錄文著錄：

《魯迅輯校石刻手稿·墓誌》下冊 73—77 頁。

《漢魏南北朝墓誌彙編》428—429 頁。

《漢魏六朝碑刻校注》9 冊 228 頁。

《全北齊文補遺》95—96 頁。

碑目題跋著錄：

《石刻題跋索引》151 頁左，《新編》1/30/22489。

《石刻名彙》2/19b，《新編》2/2/1034 上。

《崇雅堂碑錄補》1/11a，《新編》2/6/4556 上。

《河朔金石目》2/3b，《新編》2/12/8961 上。

《古誌新目初編》1/13b，《新編》2/18/13698 上。

《漢魏南北朝墓誌集釋》7/72a–b，《新編》3/3/177–178。

《國立北平圖書館藏碑目》12b，《新編》3/36/254 下。

《古誌彙目》1/9b，《新編》3/37/22。

《魯迅輯校石刻手稿·墓誌》下冊 77 頁。附況周頤跋。

《增補校碑隨筆》（修訂本）260—261 頁。

《六朝墓誌檢要》（修訂本）157 頁。

《碑帖鑒定》198 頁。

《漢魏六朝碑刻校注·總目提要》編號 2220。

《北朝隋代墓誌所在総合目錄》編號 849。

《北京大學圖書館藏歷代墓誌拓片目錄》編號 00607。

備考：趙道德，其事見《北齊書》卷一一、《北史》卷五二《安德王延宗傳》，《北齊書》卷三〇《高德政傳》等。

天統 009

宋洪敬妻游玉墓誌

河清二年（563）七月十一日卒於家，天統元年（565）十月二十三日遷葬於鄴縣西鄉漳河南里之地。尺寸不詳。文 20 行，滿行 20 字，隸書。首題：齊故冠軍將軍中散大夫敦煌宋洪敬故妻游氏墓誌銘。

著錄：

《文化安豐》284—285 頁。（圖、文）

《北朝隋代墓誌所在總合目錄》編號 851。（目）

天統 010

趙征興墓誌

天統元年（565）六月十六日卒於鄴都里舍，以天統元年十月廿四日葬於徐州彭城南十五里□山前里。1995 年江蘇省徐州市郊三堡鄉出土。誌高 66、寬 74 釐米。文正書，25 行，滿行 32 字。首題：齊故平南將軍太中大夫金鄉縣開國侯趙君墓誌銘序。

著錄：

《漢魏六朝碑刻校注》9 冊 230—235 頁。（圖、文）

《新出魏晉南北朝墓誌疏證》（修訂本）172—174 頁。（文、跋）

《全北齊文補遺》96—97 頁。（文）

《漢魏六朝碑刻校注·總目提要》編號 2221。（目）

《北朝隋代墓誌所在總合目錄》編號 852。（目）

論文：

賀雲翱：《〈齊故平南將軍太中大夫金鄉縣開國侯趙君墓誌銘序〉及其考釋》，《南方文物》1999 年第 2 期。（圖、文）

陳宇：《〈北齊趙征興墓誌〉考及其他》，《書法》2001 年第 2 期。

陳麥青：《記北齊〈趙征興墓誌〉原石》，載於《隨興居談藝》，第 141—142 頁。

叢文俊：《跋北齊趙征興墓誌》，載於《藝術與學術：叢文俊書法題跋研究文集》，第 250 頁。

天統 011

房周陁墓誌

河清三年（564）九月十三日卒於營丘里，天統元年（565）十月廿四日葬於鼎足山之陽。清光緒初年山東省青州益都縣出土，濰縣郭氏、黃縣丁樹楨、周季木遞藏，今存北京故宮博物院。誌高 43.5、寬 54.5 釐米。文 18 行，滿行 20 字，隸書。篆書尾題：房仁墓誌記銘之。

圖版著錄：

《漢魏南北朝墓誌集釋》圖版三三三，《新編》3/3/697。

《北京圖書館藏中國歷代石刻拓本匯編》7 冊 166 頁。

《漢魏六朝碑刻校注》9 冊 237 頁。

《故宮博物院藏歷代墓誌彙編》1 冊 77 頁。

《山東石刻分類全集·歷代墓誌》65 頁。

錄文著錄：

《八瓊室金石袪偽》10a–11a，《新編》1/8/6195 下—6196 上。

《山左冢墓遺文》8b–9a，《新編》1/20/14901 下—14902 上。

（光緒）《益都縣圖志·金石志上》26/25a–26a，《新編》3/27/423 下—424 上。

《魯迅輯校石刻手稿·墓誌》下冊 66—67 頁。

《漢魏南北朝墓誌彙編》430—431 頁。

《漢魏六朝碑刻校注》9 冊 238 頁。

《故宮博物院藏歷代墓誌彙編》1 冊 76 頁。

《全北齊文補遺》97—98 頁。

《山東石刻分類全集·歷代墓誌》65 頁。

碑目題跋著錄：

《八瓊室金石袪偽》11a–b，《新編》1/8/6196 上。

《藝風堂金石文字目》18/2b，《新編》1/26/19814 下。

《金石彙目分編》10（3）/22b，《新編》1/28/21189 下。

《石刻題跋索引》151 頁左，《新編》1/30/22489。

《崇雅堂碑錄》1/28a，《新編》2/6/4497 下。

（宣統）《山東通志·藝文志》卷 152，《新編》2/12/9382 下。

《語石》4/2b、4/11b，《新編》2/16/11918 下、11923 上。

《山左碑目》4/9a，《新編》2/20/14868 上。

《山左南北朝石刻存目》4b，《新編》2/20/14886 下。

《蒿里遺文目錄》2（1）/4b，《新編》2/20/14945 下。

《求恕齋碑錄》，《新編》3/2/526 下。

《漢魏南北朝墓誌集釋》7/72b，《新編》3/3/178。

《國立北平圖書館藏碑目》12b，《新編》3/36/254下。

《古誌彙目》1/9b，《新編》3/37/22。

《雪堂所藏金石文字簿錄》85b，《新編》4/7/412上。

《再續寰宇訪碑錄》卷上，《羅振玉學術論著集》第五集，441頁。

《墓誌徵存目錄》卷1，《羅振玉學術論著集》第五集，580頁。

《歷代墓誌銘拓片目錄》34頁。

《增補校碑隨筆》（修訂本）258—259頁。

《六朝墓誌檢要》（修訂本）157頁。

《碑帖鑒定》198頁。

《齊魯碑刻墓誌研究》266—267、366頁。

《漢魏六朝碑刻校注·總目提要》編號2222。

《北朝隋代墓誌所在総合目錄》編號853。

《北京大學圖書館藏歷代墓誌拓片目錄》編號00608。

備考：《八瓊室金石袪偽》列為偽刻，以碑尾題"碑版中未有此例"為主要緣由，但尾題并非此一特例，如北魏太和八年（484）《楊衆度磚銘》為尾題，該墓磚考古發掘出土，真偽不存在爭議；北魏正始四年（507）《元鑒（字紹達）墓誌》也是尾題，且該誌一致認為真品。故《房周陁墓誌》暫附此。

天統012

張起墓誌

天統元年（565）十一月六日。張景邕造。河北省定縣出土。拓片高53釐米，寬35釐米。文存14行，滿行22字，正書。首題：大齊天統元年歲次乙酉十一月己卯朔六日甲申張府君墓誌銘。

圖版著錄：

《漢魏南北朝墓誌集釋》圖版三三四，《新編》3/3/698。

《北京圖書館藏中國歷代石刻拓本匯編》7冊168頁。

《中國金石集萃》7函9輯編號89。

《漢魏六朝碑刻校注》9冊239頁。

錄文著錄：

《誌石文錄續編》7a-b,《新編》2/19/13780 上。

《漢魏南北朝墓誌彙編》431 頁。

《漢魏六朝碑刻校注》9 冊 240 頁。

《全北齊文補遺》30 頁。

碑目題跋著錄：

《集古求真》3/15a,《新編》1/11/8509 上。

《續補寰宇訪碑錄》7/10b,《新編》1/27/20342 下。

《石刻題跋索引》151 頁左,《新編》1/30/22489。

《石刻名彙》2/19b,《新編》2/2/1034 上。

《崇雅堂碑錄補》1/11a,《新編》2/6/4556 上。

《語石》4/9a,《新編》2/16/11922 上。

《蒿里遺文目錄》2（1）/4b,《新編》2/20/14945 下。

《漢魏南北朝墓誌集釋》7/72b,《新編》3/3/178。

《國立北平圖書館藏碑目》12b,《新編》3/36/254 下。

《古誌彙目》1/9b,《新編》3/37/22。

《墓誌徵存目錄》卷 1,《羅振玉學術論著集》第五集, 580 頁。

《歷代墓誌銘拓片目錄》34 頁。

《增補校碑隨筆》（修訂本）261 頁。

《六朝墓誌檢要》（修訂本）157 頁。

《碑帖鑒定》198—199 頁。

《碑帖敘錄》169 頁。

《漢魏六朝碑刻校注·總目提要》編號 2223。

《北朝隋代墓誌所在總合目錄》編號 854。

《北京大學圖書館藏歷代墓誌拓片目錄》編號 00609。

天統 013

張君妻董儀墓誌

天統元年（565）八月廿日卒於鄴城北信義里，以其年十一月六日葬於武城北二里。河北磁縣出土，石藏河北省正定縣墨香閣。誌高、寬均 52 釐米。文 23 行，滿行 23 字，隸書。首題：齊故鎮遠將軍員外步兵校尉秦州司馬張君妻董墓誌銘。

著錄：

《文化安豐》291—292 頁。（圖、文）

《墨香閣藏北朝墓誌》140—141 頁。（圖、文）

《北京大學圖書館藏歷代墓誌拓片目錄》編號 00611。（目）

《北朝隋代墓誌所在總合目錄》編號 855。（目）

天統 014

張彥墓誌

大寧元年（561）二月十二日卒於治所，以天統元年（565）十一月六日葬於武城北二里。河北磁縣出土，石藏河北省正定縣墨香閣。誌高、寬均 49 釐米。文隸書，24 行，滿行 24 字。首題：齊故威烈將軍員外奉朝請張君墓誌銘。

著錄：

《墨香閣藏北朝墓誌》136—137 頁。（圖、文）

《北京大學圖書館藏歷代墓誌拓片目錄》編號 00610。（目）

天統 015

張洁墓誌

武定二年（544）八月卒於鄴都，以天統元年（565）十一月八日葬於北平□山之右。2001 年河北省滿城縣永樂園小區出土，今存河北省滿城縣文物管理所。誌高·寬均 38.5、厚 8.8 釐米。文 21 行，滿行 21 字，正書。首題：魏故征虜將軍中散大夫張君墓誌。

著錄：

《保定出土墓誌選註》23—26 頁。（圖、文、跋）。

《漢魏六朝碑刻校注·總目提要》編號 2225。（目）

《北朝隋代墓誌所在總合目錄》編號 856。（目）

天統 016

屈護墓誌

河清四年（565）三月十九日終於臨漳軹俗里舍，夫人王氏以天統元年（565）十月六日在第而終，以其年十一月十八日合葬於鄴城西十里，豹祠西南三里。據云出土於河南省安陽市，今藏安陽市博物館。《秦晉豫新出墓誌蒐佚續編》載誌高、寬均51釐米，然《文化安豐》載誌高、寬均94釐米、厚7.5釐米。二者數據相差太大，必有一誤。文25行，滿行26字，隸書。首題：齊故冠軍將軍中散大夫冀州刺史屈公墓誌銘。

著錄：

《秦晉豫新出墓誌蒐佚續編》1冊137頁。（圖）

《文化安豐》286—287頁。（圖、文）

《北朝隋代墓誌所在總合目錄》編號857。（目）

天統017

盧譽墓誌

興和元年（539）正月十日卒，天統元年（565）十一月十九日葬於城東南七里之塋。1992年在涿州市電力局住宅樓施工地出土。誌高54、寬55、厚10釐米。文正書，26行，滿行28字。首題：大齊征虜將軍中散大夫盧府君墓誌。

碑目著錄：

《北朝隋代墓誌所在總合目錄》編號858。

論文：

楊衛東：《北齊盧譽墓誌考》，《文物春秋》2007年第3期。（圖）

宋燕鵬、馮紅：《〈北齊盧譽墓誌考〉獻疑》，《文物春秋》2008年第4期。

天統018

開府從事中郎王君墓誌

天統元年（565）七月五日卒，十一月廿三日葬。端方舊藏。石高、寬均為48釐米。文25行，滿行25字，正書。首題：□□開府從事中郎王□□□銘□□。

圖版著錄：

《漢魏南北朝墓誌集釋》圖版三三五，《新編》3/3/699。

《北京圖書館藏中國歷代石刻拓本匯編》7冊169。

錄文著錄：

《匋齋藏石記》12/9b–10b,《新編》1/11/8095 上—下。

《魯迅輯校石刻手稿·墓誌》下冊 68—70 頁。

《全北齊文補遺》98—99 頁。

碑目題跋著錄:

《匋齋藏石記》12/10b–11b,《新編》1/11/8095 下—8096 上。

《續補寰宇訪碑錄》7/10b,《新編》1/27/20342 下。

《石刻題跋索引》151 頁左,《新編》1/30/22489。

《石刻名彙》2/19b,《新編》2/2/1034 上。

《蒿里遺文目錄》2（1）/5a,《新編》2/20/14946 上。

《漢魏南北朝墓誌集釋》7/72b,《新編》3/3/178。

《國立北平圖書館藏碑目》12b,《新編》3/36/254 下。

《古誌彙目》1/9b,《新編》3/37/22。

《墓誌徵存目錄》卷 1,《羅振玉學術論著集》第五集,580 頁。

《歷代墓誌銘拓片目錄》34 頁。

《增補校碑隨筆》（修訂本）261 頁。

《六朝墓誌檢要》（修訂本）158 頁。

《漢魏六朝碑刻校注·總目提要》編號 2224。

淑德大學《中國石刻拓本目錄》"墓誌"編號 240。

《北朝隋代墓誌所在總合目錄》編號 859。

《北京大學圖書館藏歷代墓誌拓片目錄》編號 00612。

天統 019

孫顯墓誌

天統元年（565）大梁月（十一月）六日卒於鄴城之左,以其月廿四日葬於鄴城之右豹祠西南四里。河南省安陽縣出土,石藏河北省正定縣墨香閣。誌高、寬均 38 釐米。文 18 行,滿行 19 字,隸書。首題：齊故孫君墓誌銘。

著錄:

《文化安豐》293—294 頁。（圖、文）

《墨香閣藏北朝墓誌》138—139 頁。（圖、文）

《北朝隋代墓誌所在総合目錄》編號860。（目）

《北京大學圖書館藏歷代墓誌拓片目錄》編號00613。（目）

天統 020
房元陁墓誌

天統元年（565）十一月。山東益都出土，山東黃縣丁氏舊藏。有複刻本，體兼篆隸。

碑目題跋著錄：

《石刻名彙》2/19b，《新編》2/2/1034上。

《崇雅堂碑錄》1/28a，《新編》2/6/4497下。

天統 021
天統□□殘墓誌

天統元年（565）十一月。正書。

碑目著錄：

《古誌新目初編》1/13b，《新編》2/18/13698上。

天統 022
負德墓誌

又名：□哀世子墓誌。天統元年（565）十二月十六日卒於歸義里，其月廿四日葬於野馬堼。2008年10月出土於安陽縣固岸東南地南水北調橋梁施工過程中。誌高、寬均45釐米，厚約10釐米。文14行，滿行14字，正書。首題：負哀世子之墓誌。

著錄：

《安陽墓誌選編》4頁（圖）、160頁（文）。

天統 023
房子明墓誌

天統元年（565）。20世紀80年代山東省濟南市出土，今存山東省文物考古研究所。誌高、寬均53釐米。文22行，滿行22字，隸書。

碑目題跋著錄：

《齊魯碑刻墓誌研究》"附表"366頁。

《漢魏六朝碑刻校注·總目提要》編號2226。

《北朝隋代墓誌所在總合目錄》編號 861。

天統 024

崔昂妻盧脩娥墓誌并蓋

天保二年（551）二月廿九日卒於鄴縣之修人里舍，以天統二年（566）二月十四日祔於常山舊塋。1968 年春河北省平山縣三汲鄉上三汲村南 300 米處出土，現藏正定縣文物保管所。盝頂蓋，誌及蓋均高 58、寬 58、厚 10.3 釐米。蓋 4 行，行 4 字，篆書。誌文 21 行，滿行 22 字，隸書。蓋題：齊祠部尚書趙州刺史崔公妻盧夫誌銘。

著錄：

《新中國出土墓誌·河北〔壹〕》上冊 21 頁（圖）、下冊 15 頁（文）。

《漢魏六朝碑刻校注》9 冊 245—246 頁。（圖、文）

《漢魏南北朝墓誌彙編》432 頁。（文）

《全北齊文補遺》99 頁。（文）

《六朝墓誌檢要》（修訂本）148 頁。（目）

《碑帖鑒定》199 頁。（目）

《碑帖敘錄》155—156 頁。（目）

《河北金石輯錄》432 頁。（目）

《漢魏六朝碑刻校注·總目提要》編號 2228。（目）

《北朝隋代墓誌所在總合目錄》編號 862。（目）

論文：

河北省博物館等：《河北平山北齊崔昂墓調查報告》，《文物》1973 年第 11 期。

備考：崔昂，《北齊書》卷三〇有傳，《北史》卷三二附《崔挺傳》。

天統 025

崔昂墓誌并蓋

天統元年（565）六月廿九日終於鄴都之遵明里舍，以二年（566）二月十四日葬。1968 年春平山縣三汲鄉上三汲村南 300 米處出土，現藏河北省博物館。盝頂蓋。誌及蓋均高 73、寬 73、厚 10 釐米。蓋 4 行，行

4字，篆書。誌文33行，滿行33字，隸書。蓋題：齊故祠部尚書趙州刺史崔公墓誌之銘。

著錄：

《新中國出土墓誌・河北〔壹〕》上册20頁（圖）、下册14—15頁（文）。

《漢魏六朝碑刻校注》9册242—244頁。（圖、文）

《河北金石輯錄》237—239頁。（圖、文、跋）

《漢魏南北朝墓誌彙編》433—434頁。（文）

《全北齊文補遺》99—101頁。（文）

《六朝墓誌檢要》（修訂本）158頁。（目）

《碑帖鑒定》199頁。（目）

《碑帖敘錄》156頁。（目）

《漢魏六朝碑刻校注・總目提要》編號2227。（目）

《北朝隋代墓誌所在總合目錄》編號863。（目）

論文：

河北省博物館等：《河北平山北齊崔昂墓調查報告》，《文物》1973年第11期。

備考：崔昂，《北齊書》卷三〇有傳，《北史》卷三二附《崔挺傳》。

天統026

高肪墓誌并蓋

又作：高肪墓誌；別名：公孫肪墓誌。皇建二年（561）十一月廿六日卒於晉陽之第，天統二年（566）二月廿五日葬於鄴北紫陌之陽。清光緒年間河北磁縣出土，一說河南安陽出土。誌曾歸福山王懿榮、長白端方；蓋先歸上虞羅振玉，後歸武進陶蘭泉。今誌石存北京故宮博物院。誌高、寬均41釐米；今殘失其下，現存高34.5、廣41釐米。蓋高、寬均31釐米。蓋3行，行3字，篆書。文18行，滿行18字，隸書。蓋題：齊故儀同公孫墓誌。

圖版著錄：

《漢魏南北朝墓誌集釋》圖版三一四，《新編》3/3/672－673。

《北京圖書館藏中國歷代石刻拓本匯編》7 冊 171—172 頁。

《中國金石集萃》8 函 10 輯編號 96。

《漢魏六朝碑刻校注》9 冊 248 頁。

《故宮博物院藏歷代墓誌彙編》1 冊 79 頁。（誌）

錄文著錄：

《匋齋藏石記》12/11b – 12b，《新編》1/11/8096 上—下。

《滿洲金石志別錄》卷下/11b – 12a，《新編》1/23/17432 上—下。（蓋）

《魯迅輯校石刻手稿・墓誌》下冊 78—79 頁。

《漢魏南北朝墓誌彙編》435 頁。

《漢魏六朝碑刻校注》9 冊 249 頁。

《故宮博物院藏歷代墓誌彙編》1 冊 78 頁。

《全北齊文補遺》101 頁。

碑目題跋著錄：

《匋齋藏石記》12/13a – b，《新編》1/11/8097 上。

《滿洲金石志別錄》卷下/12b – 13a，《新編》1/23/17432 下—17433 上。

《藝風堂金石文字目》18/2b，《新編》1/26/19814 下。

《再續寰宇訪碑錄校勘記》6b，《新編》1/27/20462 下。

《石刻題跋索引》151 頁左—右，《新編》1/30/22489。

《石刻名彙》2/19b，《新編》2/2/1034 上。

《崇雅堂碑錄》1/28a，《新編》2/6/4497 下。

《河朔金石目》2/3b – 4a，《新編》2/12/8961 上—下。

《語石》4/8b，《新編》2/16/11921 下。

《寶鴨齋題跋》卷中/16a – b，《新編》2/19/14354 下。

《循園金石文字跋尾》卷上/17a – b，《新編》2/20/14474 上。

《蒿里遺文目錄》2（1）/5a，《新編》2/20/14946 上。

《漢魏南北朝墓誌集釋》7/68b – 69a，《新編》3/3/170 – 171。

《國立北平圖書館藏碑目》12b，《新編》3/36/254 下。

《古誌彙目》1/9b，《新編》3/37/22。

《壬癸金石跋》36a–b,《新編》4/7/276 上。

《再續寰宇訪碑錄》卷上,《羅振玉學術論著集》第五集,441 頁。

《墓誌徵存目錄》卷 1,《羅振玉學術論著集》第五集,580 頁。

《魯迅全集》第八卷 "《囗肱墓誌》考",71—72 頁。

《歷代墓誌銘拓片目錄》35 頁。

《增補校碑隨筆》(修訂本)261 頁。

《六朝墓誌檢要》(修訂本)158 頁。

《碑帖鑒定》199 頁。

《漢魏六朝碑刻校注·總目提要》編號 2229。

淑德大學《中國石刻拓本目錄》"墓誌" 編號 241—242。

《北朝隋代墓誌所在總合目錄》編號 864。

《北京大學圖書館藏歷代墓誌拓片目錄》編號 00614。

論文:

馬忠理:《磁縣北朝墓群——東魏北齊陵墓兆域考》,《文物》1994 年第 11 期。

天統 027

囗李和墓誌

天統二年(566)正月廿五日卒於臨漳縣脩民里第,以其年二月廿七日遷厝於鄴城北一十里所。石藏河北省正定縣墨香閣。誌高、寬均 49 釐米。文 26 行,滿行 26 字。

著錄:

《墨香閣藏北朝墓誌》142—143 頁。(圖、文)

天統 028

柴朗墓誌

又名:柴開雲墓誌。天統二年(566)二月廿六日卒於鄴城,以其年三月三日葬於十五里。河南省安陽縣出土,石藏河北省正定縣墨香閣。誌高、寬均 45 釐米。文 21 行,滿行 21 字,隸書。首題:大齊故中常侍柴開雲之墓銘。

著錄:

《文化安豐》294—295 頁。（圖、文）

《墨香閣藏北朝墓誌》144—145 頁。（圖、文）

《北朝隋代墓誌所在總合目錄》編號 865。（目）

《北京大學圖書館藏歷代墓誌拓片目錄》編號 00615。（目）

天統 029

宇文妻呂氏墓記磚

天統二年（566）六月。磚高 28、寬 13.7 釐米。文正書，2 行，行 4 至 5 字。

著錄：

《中國磚銘》圖版上冊 718 頁右。（圖）

《中國古代磚刻銘文集》上、下冊編號 1035。（圖、文）

《北朝隋代墓誌所在總合目錄》編號 866。（目）

天統 030

王秀墓誌

又名：王文達墓誌。天統二年（566）七月八日卒於鄴縣之里，以其年八月十六日與夫人李氏合葬於鄴城之西南一十餘里豹祠之所。河南省安陽縣出土，石藏河北省正定縣墨香閣。誌高、寬均 50 釐米。文 24 行，滿行 23 字，正書。首題：大齊天統二年歲次丙戌八月乙巳朔十六日庚申隼擊將軍中尚食典御王文達墓誌銘。

著錄：

《文化安豐》296—297 頁。（圖、文）

《墨香閣藏北朝墓誌》146—147 頁。（圖、文）

《北朝隋代墓誌所在總合目錄》編號 867。（目）

《北京大學圖書館藏歷代墓誌拓片目錄》00616。（目）

天統 031

韓裔墓誌并蓋

天統三年（567）正月十三日卒於青州治所。1973 年山西祁縣白圭村出土，石現藏於山西省考古研究所。誌高、寬均 82 釐米，厚 12 釐米。蓋 3 行，行 3 字，篆書。文 28 行，行 34 字，隸書。蓋題：齊故特進韓公之墓誌。

著錄：

《漢魏六朝碑刻校注》9冊255—257頁。（圖、文）

《晉陽古刻選·北朝墓誌》"序"29—30頁，下冊243—262頁。（圖、目）

《漢魏南北朝墓誌彙編》435—437頁。（文）

《全北齊文補遺》101—103頁。（文）

《碑帖敍錄》252頁。（跋）

《六朝墓誌檢要》（修訂本）158—159頁。（目）

《碑帖鑒定》199頁。（目）

《漢魏六朝碑刻校注·總目提要》編號2232。（目）

《北朝隋代墓誌所在總合目錄》編號868。（目）

《滄海遺珍》84頁。（目）

論文：

陶正剛：《山西祁縣白圭北齊韓裔墓》，《文物》1975年第4期。

備考：韓裔，事見《北齊書》卷一九、《北史》卷五三《韓賢傳》。

天統032

堯峻墓誌并蓋

天統二年（566）六月七日薨於臨漳縣永福里第，三年（567）二月廿日遷葬於鄴城西北七里。1975年河北省磁縣申莊鄉東陳莊村出土，現藏磁縣文物保管所。盝頂蓋，誌及蓋均高、寬86釐米。蓋3行，行3字，篆書。誌文31行，滿行33字，正書。蓋題：齊故儀同堯公墓誌銘。

著錄：

《新中國出土墓誌·河北〔壹〕》上冊22頁（圖）、下冊16—17頁（文）。

《漢魏六朝碑刻校注》9冊258—260頁。（圖、文）

《河北金石輯錄》239—241頁。（圖、文、跋）

《漢魏南北朝墓誌彙編》437—439頁。（文）

《全北齊文補遺》103—104 頁。（文）

《漢魏六朝碑刻校注·總目提要》編號 2233。（目）

《北朝隋代墓誌所在綜合目錄》編號 869。（目）

論文：

磁縣文化館：《河北磁縣東陳村北齊堯峻墓》，《文物》1984 年第 4 期。

周偉洲：《河北磁縣出土的有關柔然、吐谷渾等族文物考釋》，《文物》1985 年第 5 期。

馬忠理：《磁縣北朝墓群——東魏北齊陵墓兆域考》，《文物》1994 年第 11 期。

備考：堯峻，字難宗，《魏書》卷四二附《堯暄傳》。

天統 033

堯峻妻吐谷渾靜媚墓誌并蓋

天統元年（565）六月三日卒於京師永福里第，以三年（567）二月廿日合葬於鄴西漳北負郭七里。1975 年六月磁縣申莊鄉東陳村西北 500 米處四美塚之北塚出土，現藏磁縣文物保管所。盝頂蓋，誌及蓋均高 63.5、寬 64 釐米。蓋 3 行，行 4 字，篆書。誌文 27 行，滿行 28 字，隸書。首題：故驃騎大將軍開府儀同三司征羌縣開國侯堯公妻吐谷渾墓誌銘；蓋題：齊故堯公妻吐谷渾墓誌之銘。

著錄：

《新中國出土墓誌·河北〔壹〕》上冊 23 頁（圖）、下冊 17—18 頁（文）。

《漢魏六朝碑刻校注》9 冊 261—262 頁。（圖、文）

《河北金石輯錄》242—243 頁。（圖、文、跋）

《漢魏南北朝墓誌彙編》439—440 頁。（文）

《全北齊文補遺》104—105 頁。（文）

《漢魏六朝碑刻校注·總目提要》編號 2234。（目）

《北朝隋代墓誌所在綜合目錄》編號 870。（目）

論文：

磁縣文化館：《河北磁縣東陳村北齊堯峻墓》，《文物》1984年第4期。

周偉洲：《河北磁縣出土的有關柔然、吐谷渾等族文物考釋》，《文物》1985年第5期。

李鵬為：《北齊堯峻墓出土〈吐谷渾靜媚墓誌〉考》，《北方民族考古》2017年第四輯，第375—382頁。

天統034

折胡伏山等字墓記磚

天統三年（567）五月十七日。河南出土。文分刻二磚，拓片均高17、寬36釐米。文正書，一磚5行，行2字；一磚4行，行2字。

碑目著錄：

《北京大學圖書館藏歷代墓誌拓片目錄》編號00617。

天統035

司馬孝沖妻元容女墓誌并蓋

天統三年（567）六月八日終於鄴之安衆里舍，以其年七月廿二日安厝紫陌西武城北三里。大同北朝藝術研究院藏石。誌長、高均50.5釐米；蓋底長、高均50釐米，頂長40.5、高40釐米。誌文19行，滿行19字，隸書；蓋3行，行3字，篆書。蓋題：故中山郡君王之墓誌；首題：河間太守司馬君夫人中山郡君元氏墓誌銘。

著錄：

《北朝藝術研究院藏品圖錄·墓誌》158—159頁。（圖、文）

天統036

郭子休妻墓記磚

天統三年（567）八月十八日。河南安陽出土。拓片高35、寬34釐米。文正書，3行，行4至6字。

碑目著錄：

《北京大學圖書館藏歷代墓誌拓片目錄》編號00618。

天統 037

獨孤華墓誌

天統三年（567）二月廿日卒於晉陽熙平里第，以其年十月十六日遷祔於鄴西漳北堯司空之神塋。墓誌新近面世，張海書法藝術館收藏。拓本尺寸不詳。文 31 行，滿行 30 字，隸書。首題：齊故使持節驃騎大將軍左光祿大夫汾潁豫兗梁五州刺史司空武忠公堯奮妻獨孤夫人墓誌銘。

論文：

王書欽：《新出〈獨孤華墓誌〉之衍義》，《碑林集刊》第 22 輯，2016 年。（圖、文）

朱梁梓：《新出〈堯奮墓誌〉〈獨孤華墓誌〉鴛鴦墓誌及其書風探究》，《中國書法》2016 年第 12 期。

天統 038

李夫人馬頭墓誌

別名：馬頭夫人墓誌。天統三年（567）五月九日卒於宣范行譚延實里舍，十月十七日葬於鄴西南十里。據云近年河南省安陽市出土，今石藏山西省大同市北朝藝術研究院。誌長 55.5、高 55 釐米。文 21 行，滿行 22 字，隸書兼正書。

著錄：

《文化安豐》299 頁。（圖）

《秦晉豫新出墓誌蒐佚續編》1 冊 139 頁。（圖）

《北朝藝術研究院藏品圖錄·墓誌》160—161 頁。（圖、文）

《北朝隋代墓誌所在總合目錄》編號 872。（目）

《北京大學圖書館藏歷代墓誌拓片目錄》編號 00619。（目）

論文：

王亮、王銀田：《北齊馬頭墓誌考釋》，《北朝藝術研究院藏品圖錄·墓誌》，第 222—225 頁。

天統 039

趙熾墓誌

天統三年（567）七月九日薨於治所，以其年十月十七日葬於鄴城西北七里。1998年8月河北省磁縣城南申莊鄉西陳村出土。誌高、寬均64.8釐米。文隸書，27行，滿行27字。首題：齊故使持節驃騎大將軍假儀同三司安平鄴三州刺史趙公誌銘。

著錄：

《漢魏六朝碑刻校注》9冊277—278頁。（圖、文）

《北朝隋代墓誌所在総合目錄》編號873。（目）

《漢魏六朝碑刻校注·總目提要》編號2241。（目）

論文：

張子英：《磁縣出土北齊趙熾墓誌》，《文物》2007年第11期。

宋燕鵬：《〈北齊趙熾墓誌〉試釋》，《文物春秋》2009年第5期。

天統040

高允墓誌

天統三年（567）七月十五日卒，十月十八日葬於祭陌河西北五里，長崗東三百步。2008年秋河南省安陽市出土，旋歸洛陽張氏。誌高84.5、寬84釐米。文26行，滿行29字，隸書。

圖版著錄：

《秦晉豫新出墓誌蒐佚》1冊66頁。

碑目著錄：

《北朝隋代墓誌所在総合目錄》編號873。

備考：高允，《北史》卷三一、《魏書》卷四八有傳。

天統041

張永儁妻周令華墓誌

卒於鄴都里舍，以天統三年（567）十一月十二日葬於武城北二里。河北磁縣出土，石藏河北省正定縣墨香閣。誌高、寬均36釐米。文20行，滿行21字，隸書。首題：齊鎮西將軍南陽縣開國伯張永儁妻周氏誌銘。

著錄：

《文化安豐》300—301頁。（圖、文）

《墨香閣藏北朝墓誌》148—149頁。（圖、文）

《北朝隋代墓誌所在總合目錄》編號875。（目）

《北京大學圖書館藏歷代墓誌拓片目錄》編號00620。（目）

天統042

庫狄業墓誌并蓋

又名：庫狄業墓誌。天統三年（567）七月乙日卒於庫洛拔，至其年十乙月十二日葬在看山之陽。1984年出土於山西省太原市小店區南坪頭村煤校，石現藏於太原市文物考古研究所。誌高55、寬56.5、厚21釐米。文正書，21行，滿行21字。蓋題：齊故儀同庫狄公墓銘。

著錄：

《漢魏六朝碑刻校注》9冊280—281頁。（圖、文）

《晉陽古刻選·北朝墓誌》"序"27—29頁，下冊231—241頁。（圖、目）

《新出魏晉南北朝墓誌疏證》（修訂本）180—181頁。（文、跋）

《全北齊文補遺》105—106頁。（文）

《漢魏六朝碑刻校注·總目提要》編號2242。（目）

《北朝隋代墓誌所在總合目錄》編號874。（目）

論文：

太原市文物考古研究所：《太原北齊庫狄業墓》，《文物》2003年第3期。

天統043

李淑容墓誌

天統三年（567）十一月五日卒，以其月十六日權葬鄴城西南野馬崗東七里。據云21世紀出土於河南省安陽市。誌高、寬均37.5釐米。文15行，滿行15字，隸書。首題：尉中兵婦李氏墓誌。

著錄：

《文化安豐》298—299頁。（圖、文）

《秦晉豫新出墓誌蒐佚續編》1冊140頁。（圖）

《新見北朝墓誌集釋》157—158頁。（圖、文、跋）

《北朝隋代墓誌所在總合目錄》編號876。（目）

天統 044
張忻墓誌并蓋

天保十年（559）九月十三日卒於家，以天統三年（567）十一月葬於黃河之陽，濟澗之右。1993年出土於河南省孟津縣送莊鄉南310國道工地，今存孟津縣文物管理委員會。誌高、寬均44釐米。文正書，17行，滿行25字。蓋篆書，4行，行3字。首題：齊故安南將軍撫夷縣開國伯張君墓誌銘；蓋題：齊故撫夷開國張君墓誌之銘。

著錄：

《洛陽新獲墓誌》10頁（圖）、202頁（文）。

《漢魏六朝碑刻校注》9冊283—284頁。（圖、文）

《新出魏晉南北朝墓誌疏證》（修訂本）177—179頁。（文、跋）

《全北齊文補遺》106頁。（文）

《漢魏六朝碑刻校注·總目提要》編號2243。（目）

《北朝隋代墓誌所在総合目錄》編號877。（目）

論文：

任昉：《〈洛陽新獲墓誌〉釋文補正》，《故宮博物院院刊》2001年第5期。

天統 045
李法洛墓誌

天統三年（567）閏六月廿五日薨於京師，至十二月十八日葬在鄴城之西廿里。大同北朝藝術研究院藏石。誌高、寬均40.5釐米。文20行，滿行21字，隸書。首題：齊故驃騎大將軍潁川太守京畿正都督李君墓誌銘。

著錄：

《北朝藝術研究院藏品圖錄·墓誌》162—163頁。（圖、文）

天統 046
□伏買墓誌

天統三年（567）卒，天統四年（568）五月十五日葬於鄴城西南十三里。河南安陽出土，石藏河北省正定縣墨香閣。誌高、寬均36釐米。文21行，滿行20字，正書。

著錄：

《文化安豐》148—149 頁。（圖、文）

《墨香閣藏北朝墓誌》150—151 頁。（圖、文）

《北朝隋代墓誌所在總合目錄》編號 878。（目）

《北京大學圖書館藏歷代墓誌拓片目錄》編號 00621。（目）

天統 047

傅長興墓誌

天統三年（567）八月九日卒於宅，四年（568）五月廿六日遷窆於鄴縣橫河之西道。大同北朝藝術研究院藏石。誌長 53.5、高 52.5 釐米。文 27 行，滿行 28 字，正書。首題：齊安東將軍廬江汝南二郡太守傅君墓誌。

著錄：

《北朝藝術研究院藏品圖錄·墓誌》164—165 頁。（圖、文）

天統 048

元策墓誌

又作"元榮墓誌"。天統四年（568）七月卒於官舍。河南安陽縣出土，石藏河北省正定縣墨香閣。誌高、寬均 41 釐米。文 22 行，滿行 23 字，正書。首題：武城元府君墓誌銘。

著錄：

《文化安豐》301—302 頁。（圖、文）

《墨香閣藏北朝墓誌》256—257 頁。（圖、文）

《北京大學圖書館藏歷代墓誌拓片目錄》編號 00622。（目）

《北朝隋代墓誌所在總合目錄》編號 879。（目）

天統 049

賀聞貴殘碑

天統四年（568）八月七日。石高四尺四寸，廣三尺五寸。文 21 行，行存 25 或 26 字，正書。

錄文著錄：

《魯迅輯校石刻手稿·碑銘》下冊 94—96 頁。

《全北齊文補遺》39 頁。

天統 050
和子源墓誌

天統三年（567）二月八日卒於官，四年（568）八月廿一日葬於橫河西二里。河南安陽縣出土。誌高52.5、寬53.5釐米。文27行，滿行27字，正書。首題：齊故衛將軍廣州刺史和君墓誌銘。

著錄：

《新出土墓誌精粹》（北朝卷）下冊90—99頁。（圖）

《文化安豐》303—304頁。（圖、文）

《北朝隋代墓誌所在總合目錄》編號880。（目）

《北京大學圖書館藏歷代墓誌拓片目錄》編號00623。（目）

論文：

谷國偉：《新出土北齊〈和子源墓誌〉》，《書法》2013年第9期。

李倬汶、李森：《北齊〈和子源墓誌〉辨正》，《書法》2014年第9期。

天統 051
杜子達妻乙女休墓誌

天保五年（554）五月十九日卒於鄴京。以天統四年（568）十月廿三日葬於豹祠西南三里姑梁夫人塋內。河南安陽縣出土，石藏河北省正定縣墨香閣。誌高、寬均41釐米。文18行，滿行18字，隸書。首題：驃騎大將軍都水使者京兆杜君妻齊故乙夫人墓誌之銘。

著錄：

《墨香閣藏北朝墓誌》152—153頁。（圖、文）

《文化安豐》305—306頁。（圖、文）

《北朝隋代墓誌所在總合目錄》編號882。（目）

《北京大學圖書館藏歷代墓誌拓片目錄》編號00623。（目）

天統 052
和紹隆墓誌并蓋

天統四年（568）七月十二日卒於鄴城，以十月廿三日葬於鄴城西南十五里。1975年9月在安陽縣安豐公社張家村出土，現藏河南省文物研究所。誌高57、寬57、厚11.5釐米。盝頂蓋，蓋高54、寬55、厚13釐米。文28行，滿行29字，正書。蓋4行，行3字，篆書。首題：齊故使持節都督東徐州諸軍事驃騎大將軍東徐州刺史恭子和使君墓誌銘。蓋題：齊故東徐州刺史和公墓誌銘。

著錄：

《中國金石集萃》7函9輯編號90。（誌圖）

《新中國出土墓誌·河南（壹）》上冊429頁（圖）、下冊398—399頁（文、跋）。

《漢魏六朝碑刻校注》9冊288—289頁。（圖、文）

《文化安豐》306—309頁。（誌圖、文）

《全北齊文補遺》106—107頁。（文）

《漢魏六朝碑刻校注·總目提要》編號2245。（目）

《北朝隋代墓誌所在總合目錄》編號881。（目）

論文：

李秀萍、于谷：《安陽北齊和紹隆夫婦合葬墓清理簡報》，《中原文物》1987年第1期。

羅新：《北朝墓誌叢札》（一），《北大史學》第9輯，2003年。

天統053

馮虯墓誌

丙戌之年（天統二年，566）正月廿五日終於家第，天統四年（568）十一月五日與董氏女合葬。河南安陽縣出土，大同北朝藝術研究院藏石。誌長46、高45.5釐米。文26行，滿行27字，隸書。首題：齊故安北將軍前城皋郡丞野王縣令馮君墓誌。

著錄：

《文化安豐》311頁。（圖）

《北朝藝術研究院藏品圖錄·墓誌》166—167頁。（圖、文）

《北朝隋代墓誌所在總合目錄》編號883。（目）

《北京大學圖書館藏歷代墓誌拓片目錄》編號00625。（目）

天統 054

劉難陀墓誌

天統二年（566）四月廿四日卒於京師軌俗里，以四年（568）十一月十六日葬於鄴城之西、柏林之南。據云 21 世紀初出土於河南省安陽市。誌高 40.1、寬 39.7 釐米。文 20 行，滿行 20 字，隸書。首題：齊故伏波將軍劉君墓誌銘。

著錄：

《文化安豐》312—313 頁。（圖、文）

《秦晉豫新出墓誌蒐佚續編》1 冊 142 頁。（圖）

《北朝隋代墓誌所在總合目錄》編號 884。（目）

天統 055

房廣淵墓誌

齊河清四年（565）五月卒於里第，天統四年（568）十一月十八日厝於先公之塋。河北磁縣至河南安陽一帶出土。誌長 46.5、高 46 釐米。文 20 行，滿行 22 字，正書。首題：齊故太子舍人侍御史房公墓誌銘。

著錄：

《北朝藝術研究院藏品圖錄·墓誌》168—169 頁。（圖、文）

《北京大學圖書館藏歷代墓誌拓片目錄》編號 00627。（目）

天統 056

王孝康墓誌

天統二年（566）九月八日卒於官，天統四年（568）十一月十八日葬於鄴城西南十五里。河南安陽縣出土。誌高、寬均 35 釐米。文 19 行，滿行 19 字，隸書。首題：齊故楊烈將軍太子中舍人王君墓誌銘。

著錄：

《文化安豐》313—314 頁。（圖、文）

《北朝隋代墓誌所在總合目錄》編號 885。（目）

《北京大學圖書館藏歷代墓誌拓片目錄》編號 00626。（目）

備考：王孝康，《魏書》卷六三、《北史》卷四二有傳，附《王誦傳》。

天統 057

郭稚忠妻涂氏墓記磚

又名：郭小伯妻徐氏墓記磚。天統四年（568）十一月廿九日葬。近年河北出土，磚藏河北省正定縣墨香閣。磚高 33.5、寬 15、厚 5 釐米。文正書，4 行，前 3 行行 8 至 12 字不等，末行 1 字。

著錄：

《中國古代磚刻銘文集》上、下冊編號 1036。（圖、文）

《墨香閣藏北朝墓誌》270 頁。（圖、文）

《北朝隋代墓誌所在總合目錄》編號 887。（目）

《北京大學圖書館藏歷代墓誌拓片目錄》編號 00628。（目）

天統 058

韓祖念墓誌

天統四年（568）正月廿三日卒於雲州之鎮，十一月廿九日葬於五泉山。1981 年山西太原太井峪村出土，石藏太原市文物考古研究所。誌長 77.5、寬 76 釐米。文 32 行，滿行 32 字，後 5 行行 33 至 37 字，隸書。

著錄：

《晉陽古刻選·北朝墓誌》"序" 30—32 頁，下冊 263—285 頁。（圖、目）

《北朝隋代墓誌所在總合目錄》編號 886。（目）

備考：韓祖念，事見《北齊書》卷八、《北史》卷八《後主高緯本紀》。

天統 059

薛懷儁妻皇甫艷墓誌

天統二年（566）十二月六日薨於里宅，四年（568）十二月廿三日合葬於野馬崗東。出土於河北臨漳境內，石藏河北省正定縣墨香閣。誌高 42、寬 44 釐米。文 20 行，滿行 20 字，正書。首題：齊故使持節驃騎大將軍北徐州諸軍事北徐州刺史薛使君妻皇甫夫人墓誌。

著錄：

《漢魏六朝碑刻校注》9 冊 294—295 頁。（圖、文）

《墨香閣藏北朝墓誌》156—157 頁。（圖、文）
《新出魏晉南北朝墓誌疏證》（修訂本）185—186 頁。（文、跋）
《全北齊文補遺》108—109 頁。（文）
《漢魏六朝碑刻校注·總目提要》編號2246。（目）
《北朝隋代墓誌所在總合目錄》編號889。（目）
《北京大學圖書館藏歷代墓誌拓片目錄》編號00630。（目）

論文：

劉恆：《新出土石刻題跋二則》，《書法叢刊》2000 年第 3 期。

天統 060

薛懷儁墓誌

魏興和四年（542）終於京宅，天統四年（568）十二月廿三日厝於鄴城西南廿里。出土於河北臨漳境內，出土時間不詳，石藏河北省正定縣墨香閣。誌高、寬均46 釐米。文26 行，滿行26 字，正書。首題：齊故使持節都督北徐州諸軍事北徐州刺史薛公墓誌銘。

著錄：

《漢魏六朝碑刻校注》9 冊 291—292 頁。（圖、文）
《墨香閣藏北朝墓誌》158—159 頁。（圖、文）
《全北齊文補遺》107—108 頁。（文）
《新出魏晉南北朝墓誌疏證》（修訂本）182—184 頁。（文、跋）
《漢魏六朝碑刻校注·總目提要》編號2247。（目）
《北朝隋代墓誌所在總合目錄》編號888。（目）
《北京大學圖書館藏歷代墓誌拓片目錄》編號00629。（目）

論文：

劉恆：《新出土石刻題跋二則》，《書法叢刊》2000 年第 3 期。

備考：薛懷儁，《魏書》卷六一有傳，附《薛安都傳》。

天統 061

征南將軍和安碑

天保六年（555）十月薨於位，以天統四年（568）葬。

錄文著錄：

《全北齊文補遺》引《日藏弘仁本〈文館詞林〉校正》，17—19 頁。

論文：

羅新：《說〈文館詞林〉魏收〈征南將軍和安碑銘〉》，《中國史研究》2004 年第 1 期。

備考：和安，《魏書》卷二八附《和跋傳》，《北史》卷九二、《北齊書》卷五〇附《和士開傳》。

天統 062

戴仲和墓銘磚

天統五年（569）二月十日。1955 年河南省洛陽市澗西區出土。磚高 28.5、寬 13.5、厚 6 釐米。文正書，3 行，前 2 行行 7 至 8 字，末行 1 字。

著錄：

《中國磚銘》圖版上冊 719 頁。（圖）

《中國古代磚刻銘文集》上、下冊編號 1037。（圖、文）

《全北齊文補遺》109 頁。（文）

《漢魏六朝碑刻校注·總目提要》編號 2250。（目）

《北朝隋代墓誌所在綜合目錄》編號 890。（目）

論文：

河南省文化局文物工作隊：《1955 年洛陽澗西區北朝及隋唐墓葬發掘報告》，《考古學報》1959 年第 2 期。

天統 063

趙靜墓誌

天統五年（569）三月八日卒於鄴縣照德里，以其月二十日葬於際陌長汪之西、武城東北之垂陰。河北磁縣出土，石藏河北省正定縣墨香閣。誌高、寬均 49 釐米。文 20 行，滿行 20 字，隸書。首題：齊故平西將軍前莫府諮議參軍趙君墓銘。

著錄：

《文化安豐》315 頁。（圖）

《墨香閣藏北朝墓誌》160—161 頁。（圖、文）

《北朝隋代墓誌所在總合目錄》編號891。(目)

《北京大學圖書館藏歷代墓誌拓片目錄》編號00631。(目)

天統 064

扈歲磚銘

天統五年(569)四月二十六日刻。拓片高33、寬17釐米。文正書，2行，行4或8字。

著錄：

《北京圖書館藏中國歷代石刻拓本匯編》7冊203頁。(圖)

《中國古代磚刻銘文集》上、下冊編號1038。(圖、文)

《漢魏南北朝墓誌彙編》440頁。(文)

《全北齊文補遺》109頁。(文)

《蒿里遺文目錄》3上/5a，《新編》2/20/14983上。(目)

《漢魏六朝碑刻校注·總目提要》編號2254。(目)

《北朝隋代墓誌所在總合目錄》編號892。(目)

天統 065

蔡彥深妻袁月璣墓誌

天統五年(569)五月廿九日卒於客館，以其年七月二十一日葬於鄴縣之西里。劉仲威撰銘，袁奭撰序。2004年河北省磁縣出土，一說河北省臨漳縣西古鄴城舊址出土。誌高52、寬51釐米。文正書，23行，滿行23字。首題：梁故散騎常侍蔡府君夫人袁氏墓誌文并序。

著錄：

《漢魏六朝碑刻校注》9冊304—305頁。(圖、文)

《漢魏六朝碑刻校注·總目提要》編號2255。

《北朝隋代墓誌所在總合目錄》編號893。

《北京大學圖書館藏歷代墓誌拓片目錄》編號00632。

論文：

馬志強：《袁月璣墓誌鉤沉》，《文物世界》2006年第1期；又名：《〈袁月璣墓誌〉研究》，載於《魏晉南北朝史研究：回顧與探索——中國魏晉南北朝史學會第九屆年會論文集》，第708—716頁。

邵磊：《略論北齊袁月璣墓誌》，《南京曉莊學院學報》2007 年第 4 期。

常彧：《袁月璣墓誌與梁陳之際史事鉤沉》，《文史》2008 年第 2 輯。

會田大輔：《北齊にをける蕭莊政權人士—〈袁月璣墓誌〉を中心に—》，公益信託松尾金藏記念獎學基金編：《明日へ翔ぶ—人文社會學の新視點》，風間書房 2008 年版。

天統 066

宇文長碑

又名：宇文萇碑。天統五年（569）八月三日遘疾薨於範宮里。清光緒二十四年（1898）河南省彰德縣出土，石在河南省安陽縣古迹保存所。拓片碑身高 162 釐米，寬 95 釐米；額高 46 釐米，寬 38 釐米。文 31 行，滿行 51 字，隸書。額 3 行，行 4 字，篆書，額題：齊故尚書左僕射宇文公之碑。

圖版著錄：

《北京圖書館藏中國歷代石刻拓本匯編》7 冊 204 頁。

錄文著錄：

《魯迅輯校石刻手稿·碑銘》下冊 97—104 頁。

《全北齊文補遺》39—41 頁。

碑目題跋著錄：

《集古求真》3/14b，《新編》1/11/8508 下。

《藝風堂金石文字目》2/33b，《新編》1/26/19550 上。

《續補寰宇訪碑錄》7/11b，《新編》1/27/20343 上。

《金石彙目分編》9（補遺）/2b，《新編》1/28/21082 下。

《石刻題跋索引》36 頁左，《新編》1/30/22374。

《挈盧金石記》7b–8b，《新編》2/6/4285 上—下。

《河朔訪古新錄》2/1b，《新編》2/12/8894 上。

《河朔金石目》2/4a，《新編》2/12/8961 下。

《蒿里遺文目錄》1 上/4a，《新編》2/20/14939 上。

《河朔新碑目》中卷/5a，《新編》3/35/573 上。

《雪堂金石文字跋尾》3/13a-b，《新編》3/38/310上。

《增補校碑隨筆》（修訂本）262頁。

《碑帖鑒定》203頁。

《碑帖敘錄》64頁。

《漢魏六朝碑刻校注·總目提要》編號2256。

淑德大學《中國石刻拓本目錄》"碑碣等刻石"編號515。

備考：《續補寰宇訪碑錄》卷七著錄一方"尚書左僕射瀛洲刺史武縣開國子宇文碑銘"，天統五年八月三日，正書。疑此即宇文長碑，故暫附此。

天統067

張明月冥記磚（□軍人妻）

天統五年（569）八月三日。磚高16、寬13釐米。文正書，3行，行4至8字不等。

著錄：

《中國古代磚刻銘文集》上、下冊編號1039。（圖、文）

《北朝隋代墓誌所在總合目錄》編號894。（目）

《北京大學圖書館藏歷代墓誌拓片目錄》編號00633。（目）

天統068

于孝卿墓誌

天統五年（569）九月卅日終於鄴縣咸安鄉修仁里宅，以其年十月五日葬於橫河之西七里。據云21世紀初出土於河南省安陽市。誌高40、寬40.6釐米。文21行，滿行20字，正書。

著錄：

《文化安豐》316—317頁。（圖、文）。

《秦晉豫新出墓誌蒐佚續編》1冊143頁。（圖）

《北朝隋代墓誌所在總合目錄》編號895。（目）

天統069

燕繼墓誌

終於第，天統六年（570）正月廿五日葬於駝山之陽。2008年春出土於山東省青州市駝山南麓的建築工地。誌高 46、寬 44、厚 28 釐米。文正書，15 行，滿行 16 至 18 字不等。首題：大齊陽平燕君之墓誌。

碑目著錄：

《北朝隋代墓誌所在総合目錄》編號 896。

論文：

李森：《新見北齊燕繼墓誌考析》，《中國文化研究》2010 年第 4 期。（圖、文）

天統 070

皇甫楚墓誌銘

天統九年（573?）十一月廿日。正書。

碑目題跋著錄：

《藝風堂金石文字目》18/2b，《新編》1/26/19814 下。

《石刻名彙》2/19b，《新編》2/2/1034 上。

《古誌彙目》1/9b，《新編》3/37/22。

備考：北齊無"天統九年"，恐是"天統元年"之誤寫。

天統 071

靖定大師碑

齊天統□年（565—570）。彰德府涉縣。

碑目題跋著錄：

《中州金石考》4/8a，《新編》1/18/13695 下。

《金石彙目分編》9（2）/19a，《新編》1/28/20963 上。

《河朔訪古新錄》5/6a，《新編》2/12/8910 下。

《河朔金石待訪目》7b，《新編》2/12/9016 上。

《中州金石目錄》2/19a，《新編》2/20/14701 上。

武　平

武平 001

張雙墓誌

武平元年（570）正月十八日卒於帝京，葬於鄴西南七里。2005 年河南省安陽市出土，存洛陽民間。誌高、寬均33.5釐米。文16行，滿行16字，正書。首題：齊故車騎大將軍譙州長史張君墓誌銘。

圖版著錄：

《秦晉豫新出墓誌蒐佚》1冊67頁。

碑目著錄：

《北朝隋代墓誌所在總合目錄》編號897。

《北京大學圖書館藏歷代墓誌拓片目錄》編號00634。

備考：《北史》卷七八《張黛傳》載其父張雙，是否誌主，待考。

武平002

胡長仁感孝頌碑

又名"隴東王感孝頌"、"孝子郭巨墓碑"。武平元年（570）正月廿二日，碑在山東肥城孝堂山。申嗣邕撰，梁恭之書。碑身高139釐米，寬232釐米；額高36釐米，寬29釐米。文25行，滿行17字，隸書。額2行，行3字，篆書，額題：隴東王感孝頌。碑係胡長仁爲頌漢郭巨之孝德而立。

圖版著錄：

《金石索》石索五，下冊1671—1676頁。

《北京圖書館藏中國歷代石刻拓本匯編》8冊1頁。

《漢魏六朝碑刻校注》9冊311頁。

錄文著錄：

《金石萃編》34/13a–14b，《新編》1/1/592上—下。

《山左金石志》10/9a–10b，《新編》1/19/14477上—下。

《宜祿堂收藏金石記》卷14，《新編》2/5/3467上—下。

《金石文鈔》2/55a–56a，《新編》2/7/5131上—下。

《續古文苑》13/9b–10b，《新編》4/2/197上—下。

《全北齊文》8/4b–5a，《全文》4冊3870下—3871上。

《漢魏六朝碑刻校注》9冊312頁。

碑目題跋著錄：

《金石萃編》34/18a–19b，《新編》1/1/594下—595上。

《集古求真》10/6a，《新編》1/11/8575下。

《金石錄》3/2b、22/6b，《新編》1/12/8812 下、8930 下。

《金石錄補續跋》5/9b–10a，《新編》1/12/9171 上—下。

《金石文字記》2/17a，《新編》1/12/9219 上。

《山左金石志》10/10b，《新編》1/19/14477 下。

《通志·金石略》卷上/35b，《新編》1/24/18036 下。

《寶刻類編》1/16a，《新編》1/24/18414 下。

《潛研堂金石文跋尾》3/11b–12a，《新編》1/25/18768 上—下。

《潛研堂金石文字目錄》1/12b，《新編》1/25/19012 下。

《平津讀碑記》3/7a–b，《新編》1/26/19377 上。

《藝風堂金石文字目》2/33b，《新編》1/26/19550 上。

《寰宇訪碑錄》2/22a，《新編》1/26/19871 下。

《寰宇訪碑錄校勘記》3/1b，《新編》1/27/20116 上。

《金石彙目分編》10（1）/73a，《新編》1/28/21137 上。

《石刻題跋索引》36 頁左—右，《新編》1/30/22374。

《平津館金石萃編》5/12a，《新編》2/4/2480 下。

《宜祿堂金石記》2/11b，《新編》2/6/4223 上。

《攟廬金石記》9a–b，《新編》2/6/4287 上。

《墨華通考》卷 8，《新編》2/6/4387 上。

《崇雅堂碑錄》1/28b，《新編》2/6/4497 下。

《金石文鈔》2/56b–57a，《新編》2/7/5131 下—5132 上。

《山左訪碑錄》3/18a，《新編》2/12/9080 上。

（宣統）《山東通志·藝文志》卷 152，《新編》2/12/9340 上。

《語石》2/8a、3/14b、6/2a、6/12a、8/26b，《新編》2/16/11879 下、11904 下、11963 下、11968 下、12006 下。

《金石例補》2/15a，《新編》2/17/12373 上。

《金石錄續跋》66，《新編》2/18/13227 下。

《平安館藏碑目》，《新編》2/18/13414 上。

《古墨齋金石跋》2/20a–21a，《新編》2/19/14091 下—14092 上。

《退庵題跋》卷上/29a–b，《新編》2/20/14445 下。

《竹崦盦金石目錄》18a，《新編》2/20/14555 下。

《范氏天一閣碑目》4,《新編》2/20/14606 下。
《寰宇貞石圖目錄》卷上/8a,《新編》2/20/14675 上。
《山左碑目》1/37a,《新編》2/20/14835 下。
《山左南北朝石刻存目》5a,《新編》2/20/14887 上。
《古林金石表》12a,《新編》2/20/14899 下。
《佩文齋書畫譜·金石》62/12b 下,《新編》3/2/43 上、57 上。
(嘉慶)《肥城縣新志·金石志》6/1b,《新編》3/27/275 上。
《石目》,《新編》3/36/46 下。
《竹崦盦金石目錄》1/23b,《新編》3/37/351 上。
《碑版廣例》7/24b–25a,《新編》3/40/325 下—326 上。
《漢魏六朝志墓金石例》2/16a–b,《新編》3/40/411 下。
《漢魏六朝墓銘纂例》4/7b–8a,《新編》3/40/462 上—下。
《六藝之一錄》61/6b,《新編》4/5/112 下。
《退庵金石書畫跋》4/19a–b,《新編》4/7/193 上。
《雪堂所藏金石文字簿錄》85b,《新編》4/7/412 上。
《面城精舍雜文甲編》,《羅振玉學術論著集》第九集, 40 頁。
《金石索》石索五, 下冊 1677 頁。
《增補校碑隨筆》(修訂本) 262 頁。
《碑帖鑒定》199 頁。
《碑帖敘錄》256 頁。
《漢魏六朝碑刻校注·總目提要》編號2259。
淑德大學《中國石刻拓本目錄》"碑碣等刻石" 編號516。
論文:
羅哲文:《孝堂山郭氏墓石祠》,《文物》1961 年第 4—5 合期。
羅哲文:《孝堂山郭氏墓石祠補正》,《文物》1962 年第 10 期。
備考:胡長仁,《北齊書》卷四八、《北史》卷八〇有傳。

武平 003

宇文長墓誌

天統五年 (569) 八月三日卒於範宮里, 以武平元年 (570) 正月廿五日遷葬鄴城西廿里。據云近年出土於河南省安陽市，現藏安陽市博物館。誌高69、寬66釐米。文30行，滿行31字，隸書。首題：齊故驃騎大將軍開府儀同三司瀛洲刺史尚書左僕射宇文公墓誌銘。

圖版著錄：

《文化安豐》317頁。

《秦晉豫新出墓誌蒐佚續編》1冊144頁。

碑目著錄：

《北朝隋代墓誌所在總合目錄》編號898。

武平004

僧賢墓誌

武平元年（570）二月五日卒於興聖寺，其月八日葬於野馬崗東北二里。據云21世紀出土於河南省安陽市。誌高、寬均46釐米。文19行，滿行19字，隸書。首題：大齊故沙門大統僧賢墓銘。

著錄：

《文化安豐》318—319頁。（圖、文）

《秦晉豫新出墓誌蒐佚續編》1冊145頁。（圖）

《新見北朝墓誌集釋》159—162頁。（圖、文、跋）

《北朝隋代墓誌所在總合目錄》編號899。（目）

論文：

［日］田熊信之：《大齊故昭玄沙門大統僧賢墓銘疏考》，《學苑》第833號，2010年。

聖凱：《僧賢與地論學派——以〈大齊故沙門大統僧賢墓銘〉等考古資料為中心》，《世界宗教研究》2017年第4期。

武平005

袁君妻宮迎男墓銘磚

武平元年（570）四月十四日葬。河北出土，磚藏河北省正定縣墨香閣。磚高36、寬18釐米。文正書，5行，滿行8字。

著錄：

《墨香閣藏北朝墓誌》271頁。（圖、文）

《北京大學圖書館藏歷代墓誌拓片目錄》編號00635。（目）

武平006

婁叡墓誌并蓋

武平元年（570）二月五日卒於位，以其年五月八日葬於舊塋。1979年山西省太原市南郊晉祠鄉王郭村出土，石現藏山西博物院。誌高、寬均81.5釐米。文隸書，30行，滿行30字。蓋隸書，4行，行4字。蓋題：齊故假黃鉞右丞相東安婁王墓誌之銘。

著錄：

《漢魏六朝碑刻校注》9冊326—328頁。（圖、文）

《晉陽古刻選·北朝墓誌》"序"32—33頁，下冊287—309頁。（圖、目）

《漢魏南北朝墓誌彙編》440—442頁。（文）

《全北齊文補遺》109—110頁。（文）

《漢魏六朝碑刻校注·總目提要》編號2265。（目）

《北朝隋代墓誌所在綜合目錄》編號900。（目）

論文：

山西省考古研究所等：《太原市北齊婁叡墓發掘簡報》，《文物》1983年第10期。

宿白：《太原北齊婁叡墓參觀記》，《文物》1983年第10期。

徐苹芳：《婁叡墓及婁叡世系》，《文物》1983年第10期。

王去非：《從婁叡墓談婁氏家族及北齊繪畫》，《文物》1983年第10期。

高敏：《跋〈北齊婁叡墓誌〉》，《史學月刊》1991年第1期；又收錄在其著《魏晉南北朝史發微》，第322—338頁。

鄧林秀：《婁叡墓誌銘淺注》，《北朝研究》1992年第4期。

王天庥：《北齊東安王婁叡墓誌銘注釋》，《山西省考古學會論文集》（一），第173—180頁。

山西省考古研究所等編著：《北齊東安王婁叡墓》，文物出版社2006年版。

備考：婁叡，《北齊書》卷四八、《北史》卷五四有傳，又附載於

《北齊書》卷一五《婁昭傳》。

武平 007

暴誕墓誌并蓋

孝昌元年（525）七月十日卒於黃苎堆，武平元年（570）五月九日遷葬於鄴城西北卅里永吉岡之上。1930年春於河北磁縣西南田莊村東南一里許出土，磁縣金石保存所舊藏。石高66、寬68釐米。蓋3行，行3字，篆書。文26行，滿行26字，隸書。首題：齊故開府儀同三司尚書左僕射雲州刺史暴公墓誌銘；蓋題：齊故左僕射暴公墓銘。

圖版著錄：

《漢魏南北朝墓誌集釋》圖版三三六，《新編》3/3/700–701。

《北京圖書館藏中國歷代石刻拓本匯編》8冊4頁。（誌）

《漢魏六朝碑刻校注》9冊329頁。

錄文著錄：

《漢魏南北朝墓誌彙編》442—443頁。

《漢魏六朝碑刻校注》9冊330頁。

《全北齊文補遺》111頁。

碑目題跋著錄：

《石刻題跋索引》151頁右，《新編》1/30/22489。

《漢魏南北朝墓誌集釋》7/73a，《新編》3/3/179。

《國立北平圖書館藏碑目》12b，《新編》3/36/254下。

《南北響堂寺及其附近石刻目錄·造像記及碑碣目錄》2b，《新編》3/36/340。

《歷代墓誌銘拓片目錄》35頁。

《六朝墓誌檢要》（修訂本）159頁。

《漢魏六朝碑刻校注·總目提要》編號2266。

淑德大學《中國石刻拓本目錄》"墓誌"編號243。

《北朝隋代墓誌所在総合目錄》編號901。

論文：

馬忠理：《磁縣北朝墓群——東魏北齊陵墓兆域考》，《文物》1994

年第 11 期。

備考：暴誕，事見《北齊書》卷四一、《北史》卷五三《暴顯傳》。

武平 008

愍悼王妃李尼墓誌并蓋

又名：高殷妻李難勝墓誌。武平元年（570）五月十四日卒於大妙勝寺舍，以其月三十日葬於鄴城之西北一十里處。1978 年出土於河北省磁縣申莊鄉滏陽村附近，現藏磁縣文物保管所。盝頂蓋，誌及蓋高、寬均 74.5 釐米。蓋 4 行，行 3 字，篆書。誌文 27 行，滿行 27 字，隸書。首題：濟南愍悼王妃李尼墓誌銘；蓋題：齊故濟南愍悼王妃李尼墓銘。

著錄：

《新中國出土墓誌·河北〔壹〕》上冊 24 頁（圖）、下冊 18 頁（文）。

《漢魏六朝碑刻校注》9 冊 332—333 頁。（圖、文）

《新出魏晉南北朝墓誌疏證》（修訂本）187—189 頁。（文、跋）

《全北齊文補遺》112 頁。（文）

《漢魏六朝碑刻校注·總目提要》編號 2267。（目）

《北朝隋代墓誌所在總合目錄》編號 902。（目）

論文：

馬忠理：《磁縣北朝墓群——東魏北齊陵墓兆域考》，《文物》1994 年第 11 期。

張利亞：《磁縣出土濟南愍悼王妃李尼墓誌述略》，《北朝研究》1996 年第 3 期。

張利亞：《磁縣出土北齊愍悼王妃李尼墓誌》，《文物春秋》1997 年第 3 期。

備考：高殷，即北齊廢帝，《北齊書》卷五、《北史》卷七有本紀。

武平 009

宇文誠磚誌

天統五年（569）八月終於私第，武平元年（570）六月十九日葬於鄴郡西南三十里之高原。河南安陽出土，吳興張鈞衡舊藏。磚高 40、寬

39 釐米。文正書，15 行，滿行 15 字。

　　圖版、錄文著錄：

　　《北京圖書館藏中國歷代石刻拓本匯編》8 冊 5 頁。（圖）

　　《中國金石集萃》7 函 10 輯編號 91。（圖）

　　《漢魏六朝碑刻校注》9 冊 335—336 頁。（圖、文）。

　　《中國古代磚刻銘文集》上、下冊編號 1040。（圖、文）

　　《魯迅輯校石刻手稿·墓誌》下冊 83—84 頁。（文）

　　《漢魏南北朝墓誌彙編》443—444 頁。（文）

　　《全北齊文補遺》112—113 頁。（文）

　　碑目題跋著錄：

　　《續補寰宇訪碑錄》7/11b，《新編》1/27/20343 上。

　　《石刻名彙》2/19b，《新編》2/2/1034 上。

　　《崇雅堂碑錄補》1/11a，《新編》2/6/4556 上。

　　《河朔金石目》2/4a，《新編》2/12/8961 下。

　　《古誌新目初編》1/14a，《新編》2/18/13698 下。

　　《國立北平圖書館藏碑目》13a，《新編》3/36/255 上。

　　《魯迅輯校石刻手稿·墓誌》下冊 84 頁。附況周頤跋。

　　《六朝墓誌檢要》（修訂本）159 頁。

　　《漢魏六朝碑刻校注·總目提要》編號 2268。

　　《北朝隋代墓誌所在總合目錄》編號 903。

　　《北京大學圖書館藏歷代墓誌拓片目錄》編號 00636。

武平 010

李彥休墓磚

　　武平元年（570）八月十三日。磚高六寸六分，廣四寸九分。文正書，3 行，行 3 或 5 字。

　　著錄：

　　《中國磚銘》圖版上冊 720 頁右上。（圖）

　　《中國古代磚刻銘文集》上、下冊編號 1041。（圖、文）

　　《雪堂專錄·專誌徵存》10b，《羅雪堂先生全集》五編 3 冊 1284 頁。

（文）

《石刻名彙》12/207b,《新編》2/2/1131 下。（目）

《蒿里遺文目錄》3 上/5a,《新編》2/20/14983 上。（目）

《北朝隋代墓誌所在總合目錄》編號904。（目）

武平 011

比丘尼劉集墓誌

武平元年（570）十月四日卒於鄴都文宣寺。發現於河南安陽安豐鄉豐樂鎮。誌高30、寬50釐米。文17行，滿行10字，隸書雜篆書。

著錄：

《文化安豐》210—211頁。（圖、文）

《北朝隋代墓誌所在總合目錄》編號905。（目）

武平 012

比邱尼道洪墓磚

武平元年（570）十月十七日卒於□官村。拓片高15釐米，寬32釐米。文正書，6行，行3至5字不等。

著錄：

《北京圖書館藏中國歷代石刻拓本匯編》8冊6頁。（圖）

《中國古代磚刻銘文集》上、下冊編號1042。（圖、文）

《雪堂專錄·專誌徵存》10b－11a,《羅雪堂先生全集》五編3冊1284—1285頁。（文）

《全北齊文補遺》113頁。（文）

《石刻名彙》12/207b,《新編》2/2/1131 下。（目）

《蒿里遺文目錄》3 上/5a,《新編》2/20/14983 上。（目）

《北朝隋代墓誌所在總合目錄》編號906。（目）

武平 013

魯景墓誌并蓋

武平元年（570）三月卒於家，即年十月葬於鄴城西南。河南省安陽縣出土，石藏河北省正定縣墨香閣。誌高、寬均38釐米。文19行，滿行22字，正書；蓋4行，前3行行6至7字，末行1字，正書。蓋題：武平元年十月廿九日尚藥典御魯景字子遊之銘記。

著錄：

《文化安豐》322—324 頁。（圖、文）

《墨香閣藏北朝墓誌》162—163 頁。（圖、文）

《北朝隋代墓誌所在總合目錄》編號 907。（目）

《北京大學圖書館藏歷代墓誌拓片目錄》編號 00637。（目）

武平 014

劉雙仁墓誌并蓋

武平元年（570）閏二月十日薨於宅，十一月十一日葬於鄴城西卅里。1933 年河南安陽城西北洪河屯出土，安陽古物保存所舊藏。拓片誌高 51 釐米，寬 50 釐米；蓋高、寬均 43 釐米。蓋 3 行，行 3 字，篆書。文 21 行，滿行 22 字，正書。首題：齊故假節督朔州諸軍事朔州刺史劉公墓誌銘；蓋題：齊故劉使君墓誌之銘。

圖版著錄：

《漢魏南北朝墓誌集釋》圖版三三七，《新編》3/3/702 – 703。

《北京圖書館藏中國歷代石刻拓本匯編》8 冊 7—8 頁。

《漢魏六朝碑刻校注》9 冊 337 頁。

錄文著錄：

《漢魏南北朝墓誌彙編》444—445 頁。

《漢魏六朝碑刻校注》9 冊 338 頁。

《全北齊文補遺》113—114 頁。

碑目題跋著錄：

《石刻題跋索引》151 頁右，《新編》1/30/22489。

《漢魏南北朝墓誌集釋》7/73a，《新編》3/3/179。

《國立北平圖書館藏碑目》13a，《新編》3/36/255 上。

《歷代墓誌銘拓片目錄》35 頁。

《六朝墓誌檢要》（修訂本）159—160 頁。

《漢魏六朝碑刻校注·總目提要》編號 2269。

《北朝隋代墓誌所在總合目錄》編號 909。

《北京大學圖書館藏歷代墓誌拓片目錄》編號00638。

武平015

胡宣景妻李勝蕶墓誌

天統五年（569）九月八日卒於鄴都之清風里舍，武平元年（570）十一月十一日窆於鄴城之西南二十里。河北臨漳出土。拓為兩紙，均高62、寬33釐米。文28行，滿行27字，正書。首題：齊故太宰太傅太尉司空胡公李夫人隴西郡長君誌銘。

圖版著錄：

《中國金石集萃》8函10輯編號97。

碑目著錄：

《北朝隋代墓誌所在總合目錄》編號908。

武平016

劉悅（字優昕）墓誌并蓋

武平元年（570）七月十五日卒於家，其年十一月十二日葬於鄴城西十里。1933年河南安陽豐樂鎮出土，曾歸安陽古物保存所，今存新鄉市博物館。誌高78、寬77.5釐米。蓋高51、寬46釐米。蓋3行，行3字，篆書。文31行，行31字，隸書。首題：齊故特進驃騎大將軍開府儀同三司廣州刺史濟陰郡開國公贈朔肆恒三州諸軍事朔州刺史尚書右僕射泉城王劉王墓誌；蓋題：齊故泉城王墓誌之銘。

圖版著錄：

《漢魏南北朝墓誌集釋》圖版五九七，《新編》3/4/355-356。

《北京圖書館藏中國歷代石刻拓本匯編》8冊10—11頁。

《漢魏六朝碑刻校注》9冊340頁。

錄文著錄：

《漢魏南北朝墓誌彙編》445—447頁。

《漢魏六朝碑刻校注》9冊341—342頁。

《全北齊文補遺》115—116頁。

碑目題跋著錄：

《石刻題跋索引》151頁右，《新編》1/30/22489。

《漢魏南北朝墓誌集釋》11/116b,《新編》3/3/266。

《國立北平圖書館藏碑目》13a,《新編》3/36/255 上。

《墓誌徵存目錄》卷 1,《羅振玉學術論著集》第五集,580 頁。

《歷代墓誌銘拓片目錄》35 頁。

《六朝墓誌檢要》(修訂本) 159 頁。

《碑帖鑒定》200 頁。

《碑帖敘錄》227—228 頁。

《漢魏六朝碑刻校注·總目提要》編號 2270。

《北朝隋代墓誌所在總合目錄》編號 910。

《北京大學圖書館藏歷代墓誌拓片目錄》編號 00640。

論文:

新鄉市博物館:《北齊竇、婁、石、劉四墓誌中幾個問題的探討》,《文物》1973 年第 6 期。

武平 017

宇文紹義妻姚洪姿墓誌

又名:宇文忠之妻姚洪姿墓誌。武平元年(570)七月卅日卒於鄴城里第,以其年十一月十二日葬鄴城西南十里所宇文君之舊墳。河南省安陽縣出土,石藏河北省正定縣墨香閣。誌高、寬均 50 釐米。文 22 行,滿行 22 字,隸書。首題:齊故姚夫人墓誌銘。

著錄:

《文化安豐》324—325 頁。(圖、文)

《墨香閣藏北朝墓誌》164—165 頁。(圖、文)

《北朝藝術研究院藏品圖錄·墓誌》170—171 頁。(圖、文)

《北朝隋代墓誌所在總合目錄》編號 912。(目)

《北京大學圖書館藏歷代墓誌拓片目錄》編號 00641。(目)

武平 018

吳遷墓誌

武平元年(570)十一月十二日葬於鄴城西卅里。河南安陽縣出土,首都博物館藏石。誌高、寬均 62 釐米。文隸書,29 行,滿行 29 字。首題：齊故使持節都督東雍州諸軍事驃騎大將軍儀同三司幽雍二州刺史武平縣伯吳公墓誌銘。

著錄：

《北京圖書館藏中國歷代石刻拓本匯編》8 冊 9 頁。（圖）

《漢魏六朝碑刻校注》9 冊 344—345 頁。（圖、文）

《漢魏南北朝墓誌彙編》447—448 頁。（文）

《全北齊文補遺》114—115 頁。（文）

《六朝墓誌檢要》（修訂本）160 頁。（目）

《河北金石輯錄》431 頁。（目）

《漢魏六朝碑刻校注・總目提要》編號 2271。（目）

《北朝隋代墓誌所在總合目錄》編號 911。（目）

《北京大學圖書館藏歷代墓誌拓片目錄》編號 00639。（目）

武平 019

尉寶妻元夫人墓銘并蓋

天統五年（569）五月十二日卒於樂陵郡官舍，武平元年（570）十一月十三日葬於野馬崗北三里。2007 年 8 月出土於安陽縣東稻田村西北地 M1。誌高、寬均 53 釐米，厚 11 釐米。文隸書，存 19 行，行 19 字。蓋篆書，3 行，行 3 字。蓋題：齊尉氏故元夫人墓銘；首題：□騎大將軍□□□□□□元夫人墓銘。

著錄：

《文化安豐》319—320 頁。（誌圖、文）

《安陽墓誌選編》5 頁（圖）、160 頁（文）。

《北朝隋代墓誌所在總合目錄》編號 913。（目）

備考：《北朝隋代墓誌所在總合目錄》誤作"元寶墓誌"。

武平 020

薛君妻叔孫多奴墓誌并蓋

武平元年（570）九月廿六日遘疾終於豫州北薛寺，其年十二月十七日歸葬於鄴城西南三十里。2008 年 3 月出土於安陽縣洪河屯村西地 M3。誌高、寬均 48.5 釐米，厚 10 釐米。文 18 行，滿行 20 字，隸書。蓋篆書，2 行，行 4 字。蓋題：故叔孫夫人墓誌銘。首題：齊翊軍將軍豫州別駕薛君妻叔孫夫人墓誌銘。

著錄：

《文化安豐》321—322 頁。（誌圖、文）

《安陽墓誌選編》6 頁（圖）、161—162 頁（文、跋）。

《北朝隋代墓誌所在総合目錄》編號 914。（目）

武平 021

曇始禪師行狀記

武平元年（570）。今在陽曲縣。石下缺，僅存高一尺五寸五分，廣二尺五寸四分。文 24 行，行 13 至 17 字不等，正書。額題：曇始禪師行狀記。

錄文著錄：

《山右石刻叢編》2/19a–20a，《新編》1/20/14975 上—下。

《全北齊文補遺》306—307 頁。

碑目題跋著錄：

《金石錄補》9/4a–b，《新編》1/12/9031 下。

《山右石刻叢編》2/20a–b，《新編》1/20/14975 下。

《石刻題跋索引》36 頁左，《新編》1/30/22374。

《石刻名彙》2/19b，《新編》2/2/1034 上。

《古誌彙目》1/9b，《新編》3/37/22。

武平 022

曹公碑

武平元年（570）立。隸書。

碑目題跋著錄：

《集古錄目》4/3b，《新編》1/24/17962 上。

《寶刻叢編》20/24b，《新編》1/24/18384 下。

《石刻題跋索引》36 頁左，《新編》1/30/22374。

《六藝之一錄》61/6a，《新編》4/5/112 下。

武平 023

常文貴墓誌

武平二年（571）二月四日葬。1977年三月黃驊市舊城鄉西才元村北500米處出土，現藏黃驊市文物保管所。盝頂蓋，誌及蓋均高46.5、寬46、厚8.5釐米。蓋無文字。文15行，滿行18字，正書。

著錄：

《新中國出土墓誌·河北〔壹〕》上冊25頁（圖）、下冊19頁（文）。

《漢魏六朝碑刻校注》9冊357—358頁。（圖、文）

《河北金石輯錄》243—244頁。（圖、文）

《滄州出土墓誌》18—19頁。（圖、文）

《漢魏南北朝墓誌彙編》448—449頁。（文）

《全北齊文補遺》116頁。（文）

《漢魏六朝碑刻校注·總目提要》編號2276。（目）

《北朝隋代墓誌所在總合目錄》編號915。（目）

論文：

滄州地區文化局：《河北黃驊北齊常文貴墓清理簡報》，《文物》1984年第9期。

武平 024

元愕墓誌

永熙三年（534）十月十七日遘疾卒於青州，武平二年（571）二月六日葬於鄴城西十五里。河南安陽縣出土，石藏河北正定墨香閣。誌高、寬均49釐米。文23行，滿行24字，隸書。

著錄：

《文化安豐》326—327頁。（圖、文）

《墨香閣藏北朝墓誌》166—167頁。（圖、文）

《北朝隋代墓誌所在總合目錄》編號919。（目）

《北京大學圖書館藏歷代墓誌拓片目錄》編號00643。（目）

武平 025

朱岱林墓誌

別名：朱君山墓誌。武平二年（571）二月六日葬於百尺里東五里。朱敬範撰銘，朱敬修撰序。明末出土於山東壽光田劉村，清雍正三年（1725）縣人王化洽於村神祠中訪得，後移入縣學。誌高 79、寬 108 釐米。文 40 行，滿行 34 字，正書。首題：齊彭城王府主簿朱府君墓誌銘并序。

圖版著錄：

《漢魏南北朝墓誌集釋》圖版三三八，《新編》3/3/704。

《北京圖書館藏中國歷代石刻拓本匯編》8 冊 19 頁。

《山東石刻分類全集·歷代墓誌》70 頁。

錄文著錄：

《金石續編》2/38b – 41b，《新編》1/4/3046 下—3048 上。

《山左金石志》10/11b – 14a，《新編》1/19/14478 上—14479 下。

《山左冢墓遺文》6a – 8b，《新編》1/20/14900 下—14901 下。

《古誌石華》3/6b – 9b，《新編》2/2/1175 下—1177 上。

《平津館金石萃編》5/13b – 16b，《新編》2/4/2481 上—2482 下。

（宣統）《山東通志·藝文志》卷 151，《新編》2/12/9295 下—9296 下。

（民國）《壽光縣志·金石志》13/11a – 14a，《新編》3/27/556 上—557 下。

《續古文苑》16/19b – 22b，《新編》4/2/247 上—248 下。

《全北齊文》8/5a – 7a，《全文》4 冊 3871 上—3872 上。

《魯迅輯校石刻手稿·墓誌》下冊 85—91 頁。

《山東石刻分類全集·歷代墓誌》69 頁。

碑目題跋著錄：

《金石續編》2/44b，《新編》1/4/3049 下。

《集古求真》3/14b – 15a，《新編》1/11/8508 下—8509 上。

《山左金石志》10/14a – b，《新編》1/19/14479 下。

《潛研堂金石文跋尾》3/12a－13a,《新編》1/25/18768 下—18769 上。

《潛研堂金石文字目錄》1/12b,《新編》1/25/19012 下。

《平津讀碑記》3/8a－b,《新編》1/26/19377 下。

《藝風堂金石文字目》2/34a、18/2b,《新編》1/26/19550 下、19814 下。

《寰宇訪碑錄》2/22a,《新編》1/26/19871 下。

《寰宇訪碑錄校勘記》3/2a,《新編》1/27/20116 下。

《金石彙目分編》10（3）/39a,《新編》1/28/21198 上。

《石刻題跋索引》151 頁右,《新編》1/30/22489。

《石刻名彙》2/20a,《新編》2/2/1034 下。

《古誌石華》3/9b－10a,《新編》2/2/1177 上—下。

《崇雅堂碑錄》1/29a,《新編》2/6/4498 上。

（宣統）《山東通志·藝文志》卷 151、152,《新編》2/12/9297 上、9382 上。

《語石》4/2b、4/8b、6/2a、6/5b,《新編》2/16/11918 下、11921 下、11963 下、11965 上。

《竹崦盦金石目錄》18a,《新編》2/20/14555 下。

《山左碑目》4/17a,《新編》2/20/14872 上。

《山左南北朝石刻存目》5a,《新編》2/20/14887 上。

《蒿里遺文目錄》2（1）/5a,《新編》2/20/14946 上。

《漢魏南北朝墓誌集釋》7/73a－b,《新編》3/3/179－180。附《蛾術編》八十二、《復初齋文集》二十一、《古泉山館金石文編殘稿》、《藝風堂文集》六。

（民國）《壽光縣志·金石志》13/14b－16a、18b－19a,《新編》3/27/557 下—558 下、559 下—560 上。附王化洽撰《朱君山墓誌銘跋》、黃崑圃題《朱君山墓誌銘》、傅玉笥題《朱君山墓誌銘》。

《國立北平圖書館藏碑目》13a,《新編》3/36/255 上。

《古誌彙目》1/9b,《新編》3/37/22。

《竹崦盦金石目錄》1/23b,《新編》3/37/351 上。

《金石萃編補目》1/5b,《新編》3/37/486 上。

《碑帖跋》62 頁,《新編》3/38/210、4/7/430 上。

《漢魏六朝志墓金石例》2/15b－16a,《新編》3/40/411 上—下。

《漢魏六朝墓銘纂例》4/8a－9a,《新編》3/40/462 下—463 上。

《激素飛清閣平碑記》卷 2,《新編》4/1/204 下。

《雪堂所藏金石文字簿錄》86a－b,《新編》4/7/412 下。

《墓誌徵存目錄》卷 1,《羅振玉學術論著集》第五集,580 頁。

《丙寅稿》,《羅振玉學術論著集》第十集(上)147—148 頁。

《歷代墓誌銘拓片目錄》35 頁。

《增補校碑隨筆》(修訂本)263 頁。

《六朝墓誌檢要》(修訂本)160 頁。

《碑帖鑒定》200 頁。

《善本碑帖錄》2/82－83。

《碑帖敘錄》59 頁。

《齊魯碑刻墓誌研究》"附表" 367 頁。

《漢魏六朝碑刻校注·總目提要》編號 2277。

淑德大學《中國石刻拓本目錄》"墓誌" 編號 244。

《北朝隋代墓誌所在總合目錄》編號 918。

《北京大學圖書館藏歷代墓誌拓片目錄》編號 00642。

武平 026

裴良墓誌并蓋

天平二年(535)七月□日薨於鄴城,權殯絳邑,武平二年(571)二月六日改葬臨汾城東北五里汾緄堆之陽,夫人趙氏天保七年(556)四月薨於鄴城,今以武平二年二月六日合葬。1986 年冬出土於山西省襄汾縣永固鄉家村,今存山西省襄汾縣博物館。蓋高、寬均 66 釐米;誌頂高、寬均 56 釐米,厚 6—10.5 釐米。誌文正書,行數未詳,滿行 40 字。蓋 2 行,行 3 字,篆書。首題:□故使持節散騎常侍都督雍華陝三州諸軍事衛大將軍雍州刺史吏部尚書裴君墓誌銘;蓋題:裴使君墓誌銘。

著錄:

《漢魏六朝碑刻校注》9冊362—367頁。（圖、文）

《新出魏晉南北朝墓誌疏證》（修訂本）190—197頁。（文、跋）

《全北齊文補遺》117—120頁。（文）

《漢魏六朝碑刻校注·總目提要》編號2278。（目）

《北朝隋代墓誌所在總合目錄》編號917。（目）

論文：

李學文：《山西襄汾出土東魏天平二年裴良墓誌》，《文物》1990年第12期。

周錚：《裴良墓誌考》，《北朝研究》1994年第1期。

衛文革：《唐以前河東裴氏墓誌叢札》，《山西師範大學學報》2009年第2期。

備考：裴良，《魏書》卷六九、《北史》卷三八有傳，附《裴延儁傳》。

武平027

裴子誕墓誌

天保三年（552）十月卒於海州公館，以武平二年（571）二月六日葬於臨汾城東北五里汾絙堆之陽。1992年9月從山西省運城地區民間徵集，今存山西省河東博物館。誌高、寬均51釐米。文正書，28行，滿行28字。首題：侍御裴府君墓誌銘。

著錄：

《漢魏六朝碑刻校注》9冊359—360頁。（圖、文）

《新出魏晉南北朝墓誌疏證》（修訂本）198—200頁。（文、跋）

《全北齊文補遺》120—121頁。（文）

《漢魏六朝碑刻校注·總目提要》編號2279。（目）

《北朝隋代墓誌所在總合目錄》編號916。（目）

論文：

運城地區河東博物館：《晉南發現北齊裴子誕兄弟墓誌》，《考古》1994年第4期。

楊明珠、楊高雲：《北齊裴子誕兄弟三人墓誌略探》，《北朝研究》

1993 年第 3 期；又題為《晉南發現北齊裴子誕兄弟墓誌》，收入《山西省考古學會論文集》（二），第 222—229 頁。

衛文革：《唐以前河東裴氏墓誌叢札》，《山西師範大學學報》2009 年第 2 期。

武平 028

張道貴墓誌

天統五年（569）二月廿日終於家庭，武平二年（571）二月十八日葬於歷城之南三里。1984 年 10 月山東省濟南市舊城東南馬家莊出土，石存濟南市博物館。誌高 42、寬 36、厚 12 釐米。文正書，15 行，滿行 14 字。

著錄：

《漢魏六朝碑刻校注》9 冊 369—370 頁。（圖、文）

《山東石刻分類全集·歷代墓誌》68 頁。（圖、文）

《漢魏南北朝墓誌彙編》449—450 頁。（文）

《全北齊文補遺》121—122 頁。（文）

《濟南歷代墓誌銘》3—4 頁。（文、跋）

《齊魯碑刻墓誌研究》"附表" 366 頁。（目）

《漢魏六朝碑刻校注·總目提要》編號 2280。（目）

《北朝隋代墓誌所在總合目錄》編號 921。（目）

論文：

濟南市博物館：《濟南市馬家莊北齊墓》，《文物》1985 年第 10 期。

武平 029

張宗憲墓誌

武平元年（570）閏二月廿八日終於鄴都臨路里舍，以武平二年（571）二月十八日葬於鄴縣西門君祠之西七里。據云 21 世紀初出土於河南省安陽市。誌高、寬均 58.5 釐米。文 26 行，滿行 26 字，隸書。首題：齊故使持節都督巴州諸軍事驃騎大將軍巴州刺史張公墓誌銘。

著錄：

《秦晉豫新出墓誌蒐佚續編》1 冊 148 頁。（圖）

《文化安豐》328—329 頁。（圖、文）

《北朝隋代墓誌所在総合目錄》編號 923。（目）

武平 030

乞伏保達墓誌并蓋

武平元年（570）十二月十一日卒於青州，二年（571）二月十八日葬于鄴城西北七里紫陌之陽。河南安陽縣出土，《增補校碑隨筆》云青州出土。石初藏於福山王懿榮，後為端方收藏，又歸天津金鉞。誌高、寬均 47.5，蓋高、寬均 38 釐米。蓋 3 行，行 3 字，正書。文 20 行，滿行 20 字，正書。首題：齊故驃騎大將軍潁川太守齊昌鎮將乞伏君墓誌；蓋題：齊故鎮將乞伏君墓誌。

圖版著錄：

《漢魏南北朝墓誌集釋》圖版三三九，《新編》3/4/3 – 4。

《北京圖書館藏中國歷代石刻拓本匯編》8 冊 20—21 頁。

《漢魏六朝碑刻校注》9 冊 371 頁。

《河洛墓刻拾零》上冊 43 頁。（誌）

錄文著錄：

《匋齋藏石記》13/1a – 2a，《新編》1/11/8101 上—下。

《魯迅輯校石刻手稿·墓誌》下冊 92—94 頁。

《漢魏南北朝墓誌彙編》450 頁。

《漢魏六朝碑刻校注》9 冊 372 頁。

《全北齊文補遺》121 頁。

碑目題跋著錄：

《匋齋藏石記》13/3a – b，《新編》1/11/8102 上。

《藝風堂金石文字目》18/3a，《新編》1/26/19815 上。

《續補寰宇訪碑錄》7/12a，《新編》1/27/20343 下。

《石刻題跋索引》151 頁右，《新編》1/30/22489。

《石刻名彙》2/20a，《新編》2/2/1034 下。

《崇雅堂碑錄補》1/11b，《新編》2/6/4556 上。

《河朔金石目》2/4a，《新編》2/12/8961 下。

《寶鴨齋題跋》卷中/16a,《新編》2/19/14354 下。

《蒿里遺文目錄》2（1）/5a,《新編》2/20/14946 上。

《漢魏南北朝墓誌集釋》7/74a,《新編》3/3/181。附《九鐘精舍金石跋尾甲編》。

《國立北平圖書館藏碑目》13a,《新編》3/36/255 上。

《古誌彙目》1/10a,《新編》3/37/23。

《壬癸金石跋》34a—35a,《新編》4/7/275 上—下。

《雪堂所藏金石文字簿錄》86a,《新編》4/7/412 下。

《墓誌徵存目錄》卷 1,《羅振玉學術論著集》第五集, 580 頁。

《歷代墓誌銘拓片目錄》35 頁。

《增補校碑隨筆》（修訂本）262—263 頁。

《六朝墓誌檢要》（修訂本）160 頁。

《碑帖鑒定》200 頁。

《漢魏六朝碑刻校注·總目提要》編號2281。

淑德大學《中國石刻拓本目錄》"墓誌"編號245—246。

《北朝隋代墓誌所在綜合目錄》編號922。

《北京大學圖書館藏歷代墓誌拓片目錄》編號00644。

武平 031

明湛墓誌

天統五年（569）五月七日卒於安德縣都鄉吉遷里舍, 武平二年（571）二月十八日葬。1986 年山東省陵縣于集鄉孟家廟村東北出土, 今存山東省陵縣圖書館。誌高 57、寬 42 釐米。文 26 行, 行 20 字。首題: 大齊冀州安德郡功曹史故人明湛墓誌銘。

著錄:

《山東石刻分類全集·歷代墓誌》71—72 頁。（圖、文）

《齊魯碑刻墓誌研究》304—306 頁, "附表" 367 頁。（跋、目）

《漢魏六朝碑刻校注·總目提要》編號2282。（目）

《北朝隋代墓誌所在綜合目錄》編號920。（目）

論文:

李開嶺、謝龍堂：《陵縣孟家廟北齊墓》，《德州考古文集》，第234—239頁。

武平 032

梁子彥墓誌并蓋

武平二年（571）二月廿五日卒於東明里宅，其年四月廿日葬於野馬崗，北去王城廿里。光緒六年河南安陽縣野馬崗出土，舊置韓魏公祠。誌高、寬均64釐米。蓋3行，行3字，篆書。文31行，滿行31字，正書。首題：齊故儀同三司大理卿豫州刺史梁公墓誌之銘。蓋題：齊故儀同梁公墓誌銘。

圖版著錄：

《漢魏南北朝墓誌集釋》圖版三四〇，《新編》3/4/5－6。

《北京圖書館藏中國歷代石刻拓本匯編》8冊22頁。（誌）

《漢魏六朝碑刻校注》9冊374頁。

《文化安豐》330頁。（誌）

錄文著錄：

《誌石文錄續編》7b－8b，《新編》2/19/13780上—下。

《漢魏南北朝墓誌彙編》450—452頁。

《漢魏六朝碑刻校注》9冊375—376頁。

《文化安豐》330—331頁。

《全北齊文補遺》122—123頁。

碑目題跋著錄：

《藝風堂金石文字目》18/3a，《新編》1/26/19815上。

《續補寰宇訪碑錄》7/12a，《新編》1/27/20343下。

《石刻題跋索引》151頁右，《新編》1/30/22489。

《石刻名彙》2/20a，《新編》2/2/1034下。

《崇雅堂碑錄補》1/11b，《新編》2/6/4556上。

《河朔金石目》2/4a，《新編》2/12/8961下。

《蒿里遺文目錄》2（1）/5a，《新編》2/20/14946上。

《漢魏南北朝墓誌集釋》7/74a－b，《新編》3/3/181－182。

《河朔新碑目》中卷/6a，《新編》3/35/573 下。
《國立北平圖書館藏碑目》13a，《新編》3/36/255 上。
《古誌彙目》1/10a，《新編》3/37/23。
《墓誌徵存目錄》卷1，《羅振玉學術論著集》第五集，580 頁。
《歷代墓誌銘拓片目錄》35 頁。
《增補校碑隨筆》（修訂本）263—264 頁。
《六朝墓誌檢要》（修訂本）161 頁。
《碑帖鑒定》200 頁。
《漢魏六朝碑刻校注·總目提要》編號2283。
《北朝隋代墓誌所在總合目錄》編號924。
《北京大學圖書館藏歷代墓誌拓片目錄》編號00645。

武平 033

隴東王胡長仁碑

武平二年（571）四月，或作"武平四年（573）"，暫從二年。在山東濟南。

碑目題跋著錄：

《金石錄》3/3a，《新編》1/12/8813 上。
《通志·金石略》卷上/35b，《新編》1/24/18036 下。
《寶刻叢編》20/25a，《新編》1/24/18385 上。
《墨華通考》卷8，《新編》2/6/4387 上。
《六藝之一錄》61/6a，《新編》4/5/112 下。

備考：胡長仁，《北齊書》卷四八、《北史》卷八〇有傳。

武平 034

劉忻墓誌

又誤作"張忻墓誌""吳忻墓誌"。武平元年（570）十二月十八日卒於鄴城北信義里，武平二年（571）五月三日葬於武城北。河北磁縣出土，一說山東益都出土，端方舊藏，今佚。石高、寬均43釐米。文21行，滿行21字，隸書。

圖版著錄：

《漢魏南北朝墓誌集釋》圖版三四一，《新編》3/4/7。
《北京圖書館藏中國歷代石刻拓本匯編》8 冊 23 頁。
《中國金石集萃》7 函 10 輯編號 92。
《漢魏六朝碑刻校注》9 冊 378 頁。
錄文著錄：
《匋齋藏石記》13/3b－4b，《新編》1/11/8102 上—下。
《魯迅輯校石刻手稿·墓誌》下冊 98—100 頁。
《漢魏南北朝墓誌彙編》452—453 頁。
《漢魏六朝碑刻校注》9 冊 379 頁。
《全北齊文補遺》123—124 頁。
碑目題跋著錄：
《匋齋藏石記》13/4b－5a，《新編》1/11/8102 下—8103 上。
《藝風堂金石文字目》18/3a，《新編》1/26/19815 上。
《續補寰宇訪碑錄》7/12a，《新編》1/27/20343 下。
《石刻題跋索引》152 頁左，《新編》1/30/22490。
《石刻名彙》2/20a，《新編》2/2/1034 下。
《崇雅堂碑錄》1/29a，《新編》2/6/4498 上。
（宣統）《山東通志·藝文志》卷 152，《新編》2/12/9382 下。
《蒿里遺文目錄》2（1）/5a，《新編》2/20/14946 上。
《漢魏南北朝墓誌集釋》7/74b，《新編》3/3/182。
《國立北平圖書館藏碑目》13a，《新編》3/36/255 上。
《古誌彙目》1/10a，《新編》3/37/23。
《碑帖跋》76 頁，《新編》3/38/224、4/7/433 下。
《墓誌徵存目錄》卷 1，《羅振玉學術論著集》第五集，580 頁。
《歷代墓誌銘拓片目錄》35 頁。
《增補校碑隨筆》（修訂本）264 頁。
《六朝墓誌檢要》（修訂本）161 頁。
《齊魯碑刻墓誌研究》"附表" 367 頁。
《漢魏六朝碑刻校注·總目提要》編號 2284。
淑德大學《中國石刻拓本目錄》"墓誌" 編號 247。

《北朝隋代墓誌所在總合目錄》編號925。

《北京大學圖書館藏歷代墓誌拓片目錄》編號00646。

武平 035
周胘妻王阿暈墓記磚

武平二年（571）七月十六日。高一尺三寸五分，廣六寸七分。文正書，3行，計22字。

錄文著錄：

《雪堂專錄·專誌徵存》11a，《羅雪堂先生全集》五編3冊1285頁。

碑目著錄：

《石刻名彙》12/207b，《新編》2/2/1131下。

《蒿里遺文目錄》3上/5a，《新編》2/20/14983上。

武平 036
索誕墓誌

武平二年（571）五月廿四日卒，以其年十月十日葬於鄴城紫陌河北五里所。石藏河北省正定縣墨香閣。誌高、寬均53釐米。文26行，滿行26字，隸書。首題：齊故使持節都督義州諸軍事驃騎大將軍義州刺史索君墓銘。

著錄：

《文化安豐》332—333頁。（圖、文）

《墨香閣藏北朝墓誌》168—169頁。（圖、文）

《北朝隋代墓誌所在總合目錄》編號927。（目）

論文：

王其禕、周曉薇：《安陽出土隋代索氏家族五兄弟墓誌集釋》，《唐史論叢》第23輯，2016年。

武平 037
祭酒逢哲墓誌

天統四年（568）三月十二日終於邑里，武平二年（571）十月十日葬於澠水之南、霞山之北大崓里。清宣統元年（1909）山東沂水出土，曾歸濰縣郭氏。誌高54、寬36.5釐米。文正書，16行，滿行22字。額存三字"逢君銘"。

圖版著錄：

《漢魏南北朝墓誌集釋》圖版三四二，《新編》3/4/8。

《漢魏六朝碑刻校注》9 冊 385 頁。

錄文著錄：

《山左冢墓遺文》9b–10a，《新編》1/20/14902 上—下。

《漢魏南北朝墓誌彙編》453—454 頁。

《漢魏六朝碑刻校注》9 冊 386 頁。

《全北齊文補遺》124 頁。

碑目題跋著錄：

《石刻題跋索引》36 頁右、152 頁左，《新編》1/30/22374、22490。

《石刻名彙》2/20a，《新編》2/2/1034 下。

《崇雅堂碑錄補》1/11b，《新編》2/6/4556 上。

（宣統）《山東通志·藝文志》卷 152，《新編》2/12/9382 下。

《蒿里遺文目錄》2（1）/5a，《新編》2/20/14946 上。

《漢魏南北朝墓誌集釋》7/74b，《新編》3/3/182。附《九鐘精舍金石跋尾甲編》。

《古誌彙目》1/10a，《新編》3/37/23。

《墓誌徵存目錄》卷 1，《羅振玉學術論著集》第五集，580 頁。

《六朝墓誌檢要》（修訂本）161—162 頁。

《齊魯碑刻墓誌研究》312—313 頁，"附表" 367 頁。

《漢魏六朝碑刻校注·總目提要》編號 2288。

《北朝隋代墓誌所在總合目錄》編號 926。

論文：

李森：《北齊逢哲墓誌出土地點辨正》，《文物春秋》2010 年第 4 期。

武平 038

堯難宗妻獨孤思男墓誌

武平二年（571）七月廿六日卒於臨漳香夏里，以二年十月廿二日祔葬於堯儀同鄴西漳水北舊塋。1975 年六月磁縣申莊鄉東陳村西北 500 米處四美塚之北塚出土，現藏磁縣文物保管所。盝頂蓋，誌及蓋均高 43.5、寬 43.5 釐米。蓋無文字。誌文 21 行，滿行 21 字，正書。首題：齊故征西大將軍中書監開府儀同三司岐懷二州刺征羌縣開國伯堯難宗妻苪平郡君獨孤氏墓誌銘。

著錄：

《新中國出土墓誌·河北〔壹〕》上冊 26 頁（圖）、下冊 19—20 頁（文）。

《漢魏六朝碑刻校注》9 冊 387—388 頁。（圖、文）

《漢魏南北朝墓誌彙編》454—455 頁。（文）

《全北齊文補遺》124—125 頁。（文）

《河北金石輯錄》430 頁。（目）

《漢魏六朝碑刻校注·總目提要》編號 2289。（目）

《北朝隋代墓誌所在總合目錄》編號 928。（目）

論文：

磁縣文化館：《河北磁縣東陳村北齊堯峻墓》，《文物》1984 年第 4 期。

備考：堯峻，字難宗，《魏書》卷四二附《堯暄傳》。

武平 039

和士開墓誌

武平二年（571）七月廿五日卒，以其年十月廿二日葬於鄴城西卅里野馬崗東北。出土於安豐鄉邵家屯村西、東高穴村南。誌高 73、寬 75、厚 13 釐米。文 36 行，滿行 38 字，隸書。蓋篆書，蓋題：齊故丞相淮陽王和公墓誌。

著錄：

《文化安豐》334—336 頁。（圖、文）

《北朝隋代墓誌所在總合目錄》編號 929。（目）

備考：和士開，《北齊書》卷五〇、《北史》卷九二有傳。

武平 040

任遜墓誌

武平二年（571）七月十三日終於家，其年十一月五日葬於鄴城西野馬崗東五里。據云21世紀出土於河南省安陽市。誌高、寬均33釐米。文13行，滿行13字，正書。首題：齊故平遠將軍太祝令任君墓誌。

著錄：

《文化安豐》339頁。（圖）

《秦晉豫新出墓誌蒐佚續編》1冊149頁。（圖）

《北朝隋代墓誌所在總合目錄》編號930。（目）

武平041

王瑜墓誌

武平二年（571）卒，以其年十一月五日葬鄴城西南廿里。誌高、寬均48釐米。文21行，滿行22字，隸書。首題：齊故車騎大將軍王君墓誌。

著錄：

《文化安豐》337—338頁。（圖、文）

《北朝隋代墓誌所在總合目錄》編號931。（目）

武平042

傅隆顯墓誌二種

武平二年（571）十一月十六日葬。1963年北京懷柔縣韋里村出土，同時出土一塊墓磚、一塊石質墓誌。石誌拓片高21、寬51釐米。文9行，行4至7字不等，正書；有蓋，無文字。磚誌題為"安太二年五月廿三日"，北齊無安太年號，《中國古代磚刻銘文集》認為，磚文年號為杜撰，暫附此。磚誌拓片高26、寬13釐米。正反兩面刻字，陽面2行，共17字；陰面1行1字，正書。

著錄：

《北京圖書館藏中國歷代石刻拓本匯編》8冊29—30頁。（圖）

《中國古代磚刻銘文集》上、下冊編號1043。（磚誌圖、文）

《漢魏六朝碑刻校注》9冊392—393頁。（石誌圖、文）

《漢魏南北朝墓誌彙編》455頁。（文）

《全北齊文補遺》125頁。（文）

《六朝墓誌檢要》（修訂本）162頁。（目）

《碑帖鑒定》201頁。（目）

《漢魏六朝碑刻校注·總目提要》編號 2291。（目）

《北朝隋代墓誌所在總合目錄》編號 932。（目）

論文：

郭存仁：《北京郊區出土一塊北齊墓誌》，《文物》1964 年第 12 期。

武平 043
徐顯秀墓誌并蓋

武平二年（571）正月七日遘疾薨於晉陽之里第，以其年十一月十七日葬於晉陽城東北卅餘里。2000 年 12 月出土於山西太原市迎澤區郝莊鄉王家峰村，石現藏太原市文物考古研究所。誌高 71、寬 72、厚 21.3 釐米。蓋拓片高 54、寬 55 釐米。文隸書，30 行，滿行 30 字。蓋 4 行，行 4 字，篆書。蓋題：齊故太尉公大保尚書令徐武安王墓誌。

著錄：

《漢魏六朝碑刻校注》9 冊 394—396 頁。（圖、文）

《晉陽古刻選·北朝墓誌》"序" 34—35 頁，下冊 311—331 頁。（圖、目）

《新出魏晉南北朝墓誌疏證》（修訂本）201—203 頁。（文、跋）

《全北齊文補遺》126—127 頁。（文）

《漢魏六朝碑刻校注·總目提要》編號 2292。（目）

《北朝隋代墓誌所在總合目錄》編號 933。（目）

論文：

山西省考古研究所等：《太原北齊徐顯秀墓發掘簡報》，《文物》2003 年第 10 期。

常一民：《北齊徐顯秀墓發掘記》，《文物世界》2006 年第 4 期。

劉丹：《徐顯秀墓誌、厙狄廻洛夫婦墓誌校釋》，碩士論文，南京大學，2011 年。

備考：徐顯秀，事見《北齊書》卷八、《北史》卷八《後主高緯本紀》、《隋書》卷七一《游元傳》。

武平 044
杜孝績墓誌

又名：杜孝積墓誌、杜孝緒墓誌。武平二年（571）五月十九日卒於位，以其年十一月十七日遷祔於鄴城西南十里所母氏舊塋。杜公嗣撰。河南安陽縣出土，石藏河北正定墨香閣。誌高、寬均50釐米。文23行，滿行24字，隸書。首題：齊故驃騎大將軍東徐州刺史杜君墓誌銘。

著錄：

《文化安豐》342—343頁。（圖、文）

《墨香閣藏北朝墓誌》170—171頁。（圖、文）

《全北齊文補遺》26—27頁。（文）

《北朝隋代墓誌所在總合目錄》編號935。（目）

《北京大學圖書館藏歷代墓誌拓片目錄》編號00647。（目）

武平045

元世雄墓誌

天統元年（565）六月卒於晉陽，武平二年（571）十一月十七日葬於鄴西。河南安陽縣出土，石藏河北省正定縣墨香閣。誌高51、寬50釐米。文27行，滿行28字，正書。首題：齊故儀同三司安定縣子元世雄墓誌銘。

著錄：

《文化安豐》340—341頁。（圖、文）

《墨香閣藏北朝墓誌》172—173頁。（圖、文）。

《北朝隋代墓誌所在總合目錄》編號934。（目）

《北京大學圖書館藏歷代墓誌拓片目錄》編號00648。（目）

備考：《北史》卷六三《蘇威傳》載有元世雄，是否墓主，待考。

武平046

楊元讓墓誌

武平二年（571）七月廿日卒於郡舍，以其年十一月廿八日葬漳河之北安仁里。河北磁縣出土，石藏河北省正定縣墨香閣。誌高、寬均57釐米。文24行，滿行25字，正書。

著錄：

《文化安豐》345頁。（圖）

《墨香閣藏北朝墓誌》174—175頁。（圖、文）

《北朝隋代墓誌所在總合目錄》編號936。（目）

《北京大學圖書館藏歷代墓誌拓片目錄》編號00649。（目）

備考：楊元讓，《魏書》卷五八附《楊逸傳》。

武平047

梅勝郎妻崔迎男墓誌

武平二年（571）十一月廿九日卒於鄴縣州西坊之里中，十二月十一日遷葬於橫河西南之里。石藏河北省正定縣墨香閣。誌高、寬均42釐米。文21行，滿行22字，正書。首題：富昌崔郡君墓誌文并序。

著錄：

《文化安豐》344—345頁。（圖、文）

《墨香閣藏北朝墓誌》176—177頁。（圖、文）

《北朝隋代墓誌所在總合目錄》編號937。（目）

武平048

斛津明月紀功碑

又名：姚襄城紀功碑。武平二年（571）。在慈州吉鄉縣姚襄城。

碑目題跋著錄：

《金石彙目分編》11/28a，《新編》1/28/21241下。

（光緒）《山西通志·金石記二》90/23b－24a，《新編》3/30/343上—下。

《太平寰宇記碑錄》編號87，《北山金石錄》上冊278頁。

備考：斛律明月，《北齊書》卷一七、《北史》卷五四有傳。

武平049

李好信墓記磚

武平二年（571）。磚高32.5、寬15.5釐米。文正書，3行，行存3至6字。

著錄：

《中國古代磚刻銘文集》上、下冊編號1044。（圖、文）

《北朝隋代墓誌所在總合目錄》編號938。（目）

《北京大學圖書館藏歷代墓誌拓片目錄》編號00650。（目）

武平 050

張佃保墓記磚

又名：張甸保記。武平三年（572）正月十一日。2005年河南省洛陽市出土。磚高30.3、寬15.3釐米。文3行，行6至9字不等，正書。

著錄：

《河洛墓刻拾零》上冊44頁。（圖）

《中國古代磚刻銘文集》上、下冊編號1045。（圖、文）

《北朝隋代墓誌所在總合目錄》編號939。（目）

《北京大學圖書館藏歷代墓誌拓片目錄》編號00651。（目）

武平 051

楊璨墓誌

武平二年（571）十二月卅日卒於家，武平三年（572）二月十二日合葬於鄴西蔡村之東。誌長、高皆37釐米。文16行，行16字，隸書。首題：齊故折衝將軍前直齋京邑西市令楊君墓誌。

著錄：

《北朝藝術研究院藏品圖錄·墓誌》172—173頁。（圖、文）

武平 052

賈進墓誌并蓋

武平二年（571）十二月十五日卒於鄴城宣范里，三年（572）二月十二日葬於豹祠之西。2008年6月出土於安陽縣安豐鄉北李莊村東地南水北調第九標段M54。誌高、寬均40釐米，厚約10釐米。文20行，滿行20字，正書。蓋3行，行4字，篆書。蓋題：齊故車騎大將軍王君墓誌銘。首題：齊故車騎大將軍雕陽王郎中令賈府君墓誌銘。

著錄：

《文化安豐》346—347頁。（誌圖、文）

《安陽墓誌選編》7頁（圖）、163—164頁（文）

《北朝隋代墓誌所在總合目錄》編號940。（目）

論文：

河南省文物管理局等：《河南安陽縣北齊賈進墓》，《考古》2011年第 4 期。

崔冠華：《新見北齊〈賈進墓誌〉考釋》，《燕山大學學報》2014 年第 3 期。

武平 053
張潔墓誌

武平元年（570）四月廿一日卒於東陽，以武平三年（572）三月十八日葬於堯山之陽。出土時地不詳。碑形墓誌，通高 73、寬 32、厚 7 釐米。文 14 行，滿行 24 字，正書。額 3 行，行 2 或 3 字，正書。額題：齊故張君墓誌銘。

著錄：

《漢魏六朝碑刻校注》9 冊 397—398 頁。（圖、文）

《漢魏六朝碑刻校注·總目提要》編號 2294。（目）

《北朝隋代墓誌所在綜合目錄》編號 941。（目）

論文：

李森：《新見北齊張潔墓誌考鑒》，《考古與文物》2008 年第 1 期。

李恆光：《〈北齊張潔墓誌〉札記三則》，《安徽文學》2008 年第 11 期。

武平 054
周君墓銘

武平三年（572）三月十九日窆於鄴城西南十五里白塔之北。誌長 36、高 35 釐米。蓋底長 35、高 34 釐米，頂長 26、高 25.5 釐米。文 14 行，滿行 16 字，正書。首題：周君墓銘。

著錄：

《北朝藝術研究藏品圖錄·墓誌》174—175 頁。（圖、文）

武平 055
長樂王尉景碑

武平三年（572）七月。

碑目題跋著錄：

《金石錄》3/3a、22/7a，《新編》1/12/8813 上、8931 上。

《寶刻叢編》20/25a,《新編》1/24/18385 上。

《石刻題跋索引》36 頁右,《新編》1/30/22374。

《石墨考異》卷上,《新編》2/16/11638 下。

《佩文齋書畫譜・金石》62/13a 上,《新編》3/2/57 下。

《六藝之一錄》61/3b,《新編》4/5/111 上。

備考:尉景,《北齊書》卷一五有傳。

武平 056

□憘(字元樂)墓誌

武平二年(571)四月廿四日卒,武平三年(572)十月十六日葬於晉陽皇陵城北四里之山。2001 年山西省太原市東山南坪頭電池廠出土,現藏太原市文物考古研究所。誌長、寬均 75 釐米。文 28 行,滿行 29 字,隸書。

著錄:

《晉陽古刻選・北朝墓誌》"序"35—36 頁,下冊 333—350 頁。(圖、目)

《北朝隋代墓誌所在總合目錄》編號 942。(目)

武平 057

徐之才墓誌并蓋

武平三年(572)六月四日卒於清風里第,其年十一月廿二日葬於鄴城西北廿里。河北磁縣出土,瀋陽博物館舊藏,今存遼寧省博物館。誌高 75.3、寬 76 釐米。蓋 3 行,行 4 字,篆書。文 46 行,滿行 46 字,正書。蓋題:齊故司徒公西陽王徐君誌銘;首題:齊故太子太師侍中特進驃騎大將軍開府儀同三司使持節都督兗濟徐三州諸軍事兗州刺史錄尚書事司徒公池陽縣開國伯安定縣開國子西陽王徐君誌銘。

圖版著錄:

《漢魏南北朝墓誌集釋》圖版三四三,《新編》3/4/9 – 10。

《北京圖書館藏中國歷代石刻拓本匯編》8 冊 39 頁。(誌)

《漢魏六朝碑刻校注》9 冊 412 頁。

錄文著錄:

《滿洲金石志別錄》卷下/13a－17a,《新編》1/23/17433 上—17435 上。

《魯迅輯校石刻手稿・墓誌》下冊 102—111 頁。

《漢魏南北朝墓誌彙編》455—459 頁。

《漢魏六朝碑刻校注》9 冊 413—414 頁。

《全北齊文補遺》127—129 頁。

碑目題跋著錄：

《滿洲金石志別錄》卷下/17a－b,《新編》1/23/17435 上。

《續補寰宇訪碑錄》7/12b,《新編》1/27/20343 下。

《石刻題跋索引》152 頁左,《新編》1/30/22490。

《石刻名彙》2/20a,《新編》2/2/1034 下。

《崇雅堂碑錄》1/29a,《新編》2/6/4498 上。

《蒿里遺文目錄補遺》1b,《新編》2/20/14996 上。

《漢魏南北朝墓誌集釋》7/74b－75a,《新編》3/3/182－183。

《國立北平圖書館藏碑目》13a,《新編》3/36/255 上。

《古誌彙目》1/10a,《新編》3/37/23。

《中國金石學講義・正編》23a,《新編》3/39/163。

《墓誌徵存目錄》卷 1,《羅振玉學術論著集》第五集, 580 頁。

《魯迅輯校石刻手稿・墓誌》下冊 111—112 頁。附況周頤跋。

《歷代墓誌銘拓片目錄》35 頁。

《增補校碑隨筆》（修訂本）264—265 頁。

《六朝墓誌檢要》（修訂本）162 頁。

《金石論叢》"貞石證史・徐之才誌", 90—91 頁。

《漢魏六朝碑刻校注・總目提要》編號 2300。

淑德大學《中國石刻拓本目錄》"墓誌" 編號 248。

《北朝隋代墓誌所在總合目錄》編號 943。

《北京大學圖書館藏歷代墓誌拓片目錄》編號 00652。

論文：

王金科：《鄴城早年出土的幾方墓誌》（二）,《文物春秋》1996 年第 2 期。

陳昊：《墓誌所見南北朝醫術世家的身份認同與宗教信仰——丹陽徐氏為中心》，《文史》2008年第2輯。

章紅梅：《六朝醫家徐氏考辨—以墓誌為主要材料》，《史林》2011年第3期。

備考：徐之才，《北齊書》卷三三、《北史》卷九〇有傳。《北京圖書館藏中國歷代石刻拓本匯編》誤錄為"許之才"。

武平058

劉通墓誌并蓋

武平三年（572）四月三日卒於所部，以十一月廿三日葬於鄴城西南廿五里野馬堽南。2007年12月出土於河南安陽殷都區皇甫屯村北地約200米M1。誌高、寬均62釐米，厚約12釐米。蓋篆書，3行，行3字。文27行，滿行27字，隸書。蓋題：齊故開府儀同劉公銘。

著錄：

《文化安豐》351—352頁。（誌圖、文）

《安陽墓誌選編》8頁（圖）、165—168頁（文、跋）。

《北朝隋代墓誌所在總合目錄》編號944。（目）

論文：

邱亮、孔德銘：《河南安陽出土北齊劉通墓誌考釋》，《中國國家博物館館刊》2017年第9期。

武平059

樊上墓誌并蓋

武平三年（572）十二月十四日遘疾鄴城卒於家，其年同月廿三日葬於豹祠西橫河之東六里。誌高、寬均42釐米。文18行，滿行19字，正書；蓋3行，行4字，正書。蓋題：齊故明威將軍樊君墓誌銘記。

著錄：

《文化安豐》352—354頁。（圖、文）

《北朝隋代墓誌所在總合目錄》編號945。（目）

武平 060
岳守信磚誌

武平三年（572）。河南省彰德縣出土，歸日本太倉氏。文 3 行，中行 3 大字，左右小字 2 行，右行 6 字，左行 4 字，均正書。

碑目著錄：

《古誌彙目》1/10a，《新編》3/37/23。

《增補校碑隨筆》（修訂本）264 頁。

《六朝墓誌檢要》（修訂本）162 頁。

《漢魏六朝碑刻校注・總目提要》編號 2304。

《北朝隋代墓誌所在總合目錄》編號 947。

武平 061
曹禮暨妻李氏墓誌

又名：曹禮殘塔記。武平三年（572）。河北磁縣出土，一說武安縣鼓山響堂寺。誌高 52、寬 71 釐米。文 21 行，滿行 17 字，隸書。

圖版著錄：

《漢魏南北朝墓誌集釋》圖版三四六，《新編》3/4/15。

錄文著錄：

《漢魏南北朝墓誌彙編》506 頁。

《全北齊文補遺》129 頁。

《全北魏東魏西魏文補遺》411 頁。

碑目題跋著錄：

《藝風堂金石文字目》18/3a，《新編》1/26/19815 上。

《石刻題跋索引》152 頁左，《新編》1/30/22490。

《石刻名彙》2/20b，《新編》2/2/1034 下。

《河朔訪古新錄》5/3a，《新編》2/12/8909 上。

《河朔金石目》4/3a，《新編》2/12/8977 上。

《漢魏南北朝墓誌集釋》7/75b，《新編》3/3/184。

《河朔新碑目》上卷/6a，《新編》3/35/558 下。

《古誌彙目》1/11a，《新編》3/37/25。

《六朝墓誌檢要》（修訂本）162 頁。

《漢魏六朝碑刻校注·總目提要》編號 2305。

《北朝隋代墓誌所在總合目錄》編號 946。

《北京大學圖書館藏歷代墓誌拓片目錄》編號 00653。

武平 062

武君墓誌

武平三年（572）。河南洛陽出土。正書。

碑目著錄：

《石刻名彙》第一編"誌銘類"續補 2a,《新編》2/2/1139 上。

武平 063

呼亮墓誌

武平三年（572）九月廿三日卒於冀州城內□里，以武平四年（573）二月廿四日葬於鄴城之西北七里。誌高、寬均 58 釐米，現存安豐鄉派出所。文 30 行，滿行 30 字，正書。首題：齊故安東將軍太宰府諮議參軍事呼君墓誌銘。

著錄：

《文化安豐》354—355 頁。（圖、文）

《北朝隋代墓誌所在總合目錄》編號 948。（目）

武平 064

薛琰墓誌并蓋

武平四年（573）二月十一日喪於京師，其年四月廿五日葬於西門祠西十五里。誌長、高均 37.5 釐米。蓋底長 37.5、高 37 釐米，頂長 28.5、高 29 釐米。文隸書，18 行，滿行 18 字。蓋篆書，4 行，行 4 字。蓋題：齊故驃騎大將軍左丞相府屬薛君墓銘。首題：齊故驃騎大將軍左丞相府屬薛君墓誌銘。

著錄：

《北朝藝術研究院藏品圖錄·墓誌》176—177 頁。（圖、文）

武平 065

劉貴（字宗）墓誌并蓋

武平四年（573）二月三日卒於里舍，五月十三日葬於鄴城之西。2007年8月出土於安陽縣南水北調安陽第九標段木廠屯村取土區，現存安陽縣文化局。誌高、寬均42.5釐米。文21行，滿行21字，隸書。蓋3行，行3字，篆書。蓋題：齊長樂王郎中劉君銘。首題：齊故冠軍將軍長樂王郎中劉君墓誌銘。

著錄：

《文化安豐》356—357頁。（圖、文）

《安陽墓誌選編》10頁（圖）、169頁（文）。

《北朝隋代墓誌所在總合目錄》編號949。（目）

武平 066

賈寶墓誌并蓋

武平四年（573）五月廿一日卒於鄴城之西廣陽坊所，至其年八月十六日葬於橫河之表野馬堽北。2012年8月出土於安陽縣安豐鄉洪河村北約20米M1。誌高、寬均32釐米，厚約10釐米。文14行，滿行15字，正書；蓋3行，行4字，篆書。蓋題：齊□□騎大將軍賈君墓誌銘；首題：齊故車騎大將軍鄭州扶溝縣令賈君墓誌銘。

著錄：

《安陽墓誌選編》9頁（圖）、168頁（文）。

武平 067

和紹隆妻元華墓誌并蓋

武平四年（573）六月廿五日終於鄴城宣風行廣寧里，其年八月廿八日合葬於鄴城西南十五里。1975年9月出土於河南省安陽縣安豐公社張家村，現藏河南省文物研究所。誌高41.5、寬41.5、厚8.5釐米。盝頂蓋，蓋高41、寬41、厚9釐米。誌文隸書，18行，滿行20字。蓋篆書，3行，行3字。首題：齊故使持節都督東徐州諸軍事驃騎大將軍東徐州使君和紹隆妻元夫人墓誌銘；蓋題：齊故元夫人墓誌之銘。

著錄：

《中國金石集萃》7 函 10 輯編號 93。（誌圖）

《新中國出土墓誌・河南（壹）》上冊 430 頁（圖）、下冊 399—400 頁（文、跋）。

《漢魏六朝碑刻校注》10 冊 20—21 頁。（圖、文）

《文化安豐》309—310 頁。（誌圖、文）

《新出魏晉南北朝墓誌疏證》（修訂本）204—205 頁。（文、跋）

《全北齊文補遺》130 頁。（文）

《漢魏六朝碑刻校注・總目提要》編號 2310。（目）

《北朝隋代墓誌所在総合目錄》編號 950。（目）

論文：

李秀萍、于谷：《安陽北齊和紹隆夫婦合葬墓清理簡報》，《中原文物》1987 年第 1 期。

羅新：《北朝墓誌叢札》（一），《北大史學》第 9 輯，2003 年。

武平 068

韋鴻墓誌

武平四年（573）九月廿六日卒。據云出土於河南省安陽市。誌高 44.5、寬 57 釐米。文 24 行，滿行 17 字，正書。

圖版著錄：

《秦晉豫新出墓誌蒐佚續編》1 冊 156 頁。

武平 069

崔博墓誌

卒於澫水里，武平四年（573）十月十日葬在黃山之陰。1973 年山東淄博市臨淄區窩托村出土，現藏山東省考古研究所。誌高 56.6、寬 47 釐米。文正書，21 行，滿行 20 字。首題：崔博墓誌。

著錄：

《漢魏六朝碑刻校注》10 冊 23—24 頁。（圖、文）

《山東石刻分類全集・歷代墓誌》73—74 頁。（圖、文）

《漢魏南北朝墓誌彙編》459—460 頁。（文）

《全北齊文補遺》130—131 頁。（文）

《齊魯碑刻墓誌研究》235—236、367 頁。（跋、目）

《漢魏六朝碑刻校注·總目提要》編號 2311。（目）

《北朝隋代墓誌所在總合目錄》編號 951。（目）

論文：

山東省文物考古研究所：《臨淄北朝崔氏墓》，《考古學報》1984 年第 2 期。

佐伯真也：《崔鴻一族墓誌銘訳注五種（二）》，《大東文化大學中國學論集》16，1999 年。

武平 070

高建妻王氏墓誌并蓋

武平四年（573）四月卒於脩義里，以其年十月十七日葬於鄴城西北之舊塋。1912 年河北省磁縣南鄉八里塚出土，曾歸武進陶蘭泉、羅振玉唐風樓，今存遼寧省博物館。誌高、寬均 67.9 釐米。蓋 3 行，行 3 字，篆書。誌文 25 行，滿行 25 字，隸書。蓋題：齊故金明郡君墓誌銘。

圖版、錄文著錄：

《漢魏南北朝墓誌集釋》圖版三一〇，《新編》3/3/665 – 666。（圖）

《漢魏六朝碑刻校注》10 冊 25—26 頁。（圖、文）。

《遼寧省博物館藏碑誌精粹》114 頁。（圖、文）

《滿洲金石志別錄》卷下/17b – 19a，《新編》1/23/17435 上—17436 上。（文）

《魯迅輯校石刻手稿·墓誌》下冊 113—115 頁。（文）

《漢魏南北朝墓誌彙編》460—461 頁。（文）

《全北齊文補遺》131—132 頁。（文）

碑目題跋著錄：

《滿洲金石志別錄》卷下/19a，《新編》1/23/17436 上。

《續補寰宇訪碑錄》7/12b，《新編》1/27/20343 下。

《石刻題跋索引》152 頁左，《新編》1/30/22490。

《石刻名彙》2/20a，《新編》2/2/1034 下。

《崇雅堂碑錄補》1/11b，《新編》2/6/4556 上。

《古誌新目初編》1/14a，《新編》2/18/13698下。
《蒿里遺文目錄》2（1）/5a，《新編》2/20/14946上。
《漢魏南北朝墓誌集釋》7/68a，《新編》3/3/169。
《墓誌徵存目錄》卷1，《羅振玉學術論著集》第五集，580頁。
《歷代墓誌銘拓片目錄》36頁。
《六朝墓誌檢要》（修訂本）163頁。
《漢魏六朝碑刻校注·總目提要》編號2312。
淑德大學《中國石刻拓本目錄》"墓誌"編號211—212、249—250。
《北朝隋代墓誌所在総合目錄》編號952。
《遼寧省博物館藏碑誌精粹》115頁。
《北京大學圖書館藏歷代墓誌拓片目錄》編號00654。

武平071

赫連子悦墓誌并蓋

又名：赫連子忻墓誌。武平四年（573）八月二十四日薨於鄴都里舍，以其年十一月二十三日遷措於鄴城西南十五里所。河南洛陽出土，一說河南彰德出土或河南安陽出土。于右任舊藏，今存西安碑林博物館。誌高、寬均70釐米，蓋高、寬均65釐米。蓋篆書，3行，行3字。誌文隸書，36行，滿行36字。首題：齊故侍中車騎大將軍開府儀同三司左僕射吏部尚書太常卿食貝丘縣幹赫連公墓誌；蓋題：齊開府僕射赫連公銘。

圖版著錄：

《漢魏南北朝墓誌集釋》圖版三四四，《新編》3/4/11-12。
《北京圖書館藏中國歷代石刻拓本匯編》8冊52—53頁。
《鴛鴦七誌齋藏石》圖160。
《中國金石集萃》7函10輯編號94。（誌）
《西安碑林全集》66/1031-1039。
《漢魏六朝碑刻校注》10冊30頁。
《文化安豐》358—359頁。（誌）

錄文著錄：

《漢魏六朝碑刻校注》10冊31—32頁。

《文化安豐》358—360 頁。

《全北齊文補遺》132—133 頁。

碑目題跋著錄：

《石刻題跋索引》152 頁左，《新編》1/30/22490。

《石刻名彙》2/20a，《新編》2/2/1034 下。

《崇雅堂碑錄補》1/11b，《新編》2/6/4556 上。

《古誌新目初編》1/14a，《新編》2/18/13698 下。

《蒿里遺文目錄補遺》1b，《新編》2/20/14996 上。

《漢魏南北朝墓誌集釋》7/75a – b，《新編》3/3/183 – 184。

《國立北平圖書館藏碑目》13a，《新編》3/36/255 上。

《墓誌徵存目錄》卷 1，《羅振玉學術論著集》第五集，581 頁。

《丙寅稿》，《羅振玉學術論著集》第十集（上）148—149 頁。

《歷代墓誌銘拓片目錄》36 頁。

《六朝墓誌檢要》（修訂本）163 頁。

《碑帖鑒定》201 頁。

《金石論叢》"貞石證史·赫連子悅"，91—92 頁。

《漢魏六朝碑刻校注·總目提要》編號 2314。

淑德大學《中國石刻拓本目錄》"墓誌" 編號 251—252。

《北朝隋代墓誌所在總合目錄》編號 953。

《北京大學圖書館藏歷代墓誌拓片目錄》編號 00655。

備考：赫連子悅，《北齊書》卷四〇、《北史》卷五五有傳。

武平 072

高僧護墓誌

武平四年（573）十一月遘疾薨於京師，葬於鄴城西紫陌河之北七里。河南安陽出土，一說河北景縣或河北磁縣出土。于右任舊藏，今存西安碑林博物館。誌高、寬均 41 釐米。文隸書，15 行，滿行 16 字。首題：齊故通直散騎常侍贈開府儀同三司太常卿高君墓誌銘。

圖版著錄：

《漢魏南北朝墓誌集釋》圖版三一五，《新編》3/3/674。

《北京圖書館藏中國歷代石刻拓本匯編》8 冊 54 頁。

《鴛鴦七誌齋藏石》圖 161。

《中國金石集萃》7 函 10 輯編號 95。

《西安碑林全集》66/1040－1043。

《漢魏六朝碑刻校注》10 冊 34 頁。

《文化安豐》361 頁。

錄文著錄：

《漢魏南北朝墓誌彙編》464 頁。

《漢魏六朝碑刻校注》10 冊 35 頁。

《文化安豐》360—361 頁。

《全北齊文補遺》133—134 頁。

碑目題跋著錄：

《石刻題跋索引》152 頁左，《新編》1/30/22490。

《石刻名彙》2/20a，《新編》2/2/1034 下。

《崇雅堂碑錄補》1/11b，《新編》2/6/4556 上。

《古誌新目初編》1/14a，《新編》2/18/13698 下。

《漢魏南北朝墓誌集釋》7/69a－b，《新編》3/3/171－172。

《國立北平圖書館藏碑目》13a，《新編》3/36/255 上。

《歷代墓誌銘拓片目錄》36 頁。

《六朝墓誌檢要》（修訂本）163 頁。

《碑帖鑒定》202 頁。

《漢魏六朝碑刻校注·總目提要》編號 2315。

《北朝隋代墓誌所在總合目錄》編號 954。

《北京大學圖書館藏歷代墓誌拓片目錄》編號 00656。

武平 073

劉興安墓誌

武平四年（573）十二月十一日葬。河南安陽縣出土。拓片高、寬均 53.5 釐米。文正書，24 行，滿行 25 字。首題：齊故安北將軍新市縣令劉君墓誌銘。

碑目著錄：

《北京大學圖書館藏歷代墓誌拓片目錄》編號00657。

武平 074

孫世雄妻馬氏墓磚

武平四年（573）十二月廿九日。近年鄴都近郊出土。磚高35、寬18、厚7釐米。文2行，行7或9字，正書。

碑目著錄：

《北朝隋代墓誌所在総合目錄》編號955。

論文：

田熊信之：《新出土北朝刻字資料瞥見——東魏·北齊期の墓誌、墓磚》，《學苑》第819號，2009年。（圖、文）

武平 075

白長命碑

又名：白顯碑。武平四年（573）。舊在太原府榆次縣。《金石彙目分編》認為，《白顯碑》即《白長命碑》。

碑目題跋著錄：

《金石錄》3/3b、22/8a–b，《新編》1/12/8813上、8931下。

《通志·金石略》卷上/35b，《新編》1/24/18036下。

《寶刻叢編》20/25a，《新編》1/24/18385上。

《金石彙目分編》11/7b，《新編》1/28/21231上。

《石刻題跋索引》36頁右，《新編》1/30/22374。

《佩文齋書畫譜·金石》62/13a下，《新編》3/2/57下。

（光緒）《山西通志·金石記二》90/24a，《新編》3/30/343下。

《六藝之一錄》61/3b，《新編》4/5/111上。附《弇州山人稿》。

武平 076

隴東王胡長仁神道闕

又名：胡隴東王闕。武平四年（573）至五年（574）。右闕民國二年（1912）發現於河南安陽北鄉，舊藏河南安陽古物保存所；《河朔金石目》認為，此闕應立於武平四年以後；《循園金石文字跋尾》認為立於北齊武平四年至五年；石高八尺餘，如圓柱；中段成平方形，高廣各八寸五分；右闕篆書陽文，3行9字：齊故胡隴東王神道右。左闕出土於安豐鄉南水北調稻田段，與右闕出土地點大致相同，2010年被公安機關追回；左闕3行，行3字，篆書：齊故胡隴東王神道左。

圖版著錄：

《古石抱守錄》，《新編》3/1/334－335。

《文化安豐》377—378頁。

錄文著錄：

《中州冢墓遺文》6a，《新編》3/30/271下。

《魯迅輯校石刻手稿·碑銘》下冊178頁。

碑目題跋著錄：

《續補寰宇訪碑錄》8/1a，《新編》1/27/20345上。

《石刻題跋索引》36頁右，《新編》1/30/22374。

《石刻名彙》2/20b，《新編》2/2/1034下。

《崇雅堂碑錄補》1/11b，《新編》2/6/4556上。

《河朔金石目》2/4a－b，《新編》2/12/8961下。

《古誌新目初編》1/14a，《新編》2/18/13698下。

《循園金石文字跋尾》卷上/17b，《新編》2/20/14474上。

《蒿里遺文目錄》6/2a，《新編》2/20/14994下。

《河朔新碑目》上卷/4b、中卷/5a，《新編》3/35/557下、573上。

備考：胡長仁，《北齊書》卷四八、《北史》卷八〇有傳。《續補寰宇訪碑錄》所載"胡隴東王神道碑蓋"當為"神道碑闕"，因為碑無蓋，僅墓誌有蓋，當是誤著。

武平077

雲榮墓誌并蓋

武平四年（573）十月九日卒於西中府，至五年（574）正月十日厝於鄴城西廿五里。河南安陽出土。拓片誌高55、寬54釐米，蓋高、寬均42.5釐米。文隸書，26行，滿行26字。蓋3行，行3字，篆書。蓋題：齊故開府儀同雲公銘。

著錄：

《漢魏六朝碑刻校注》10 冊 36—37 頁。（圖、文）

《漢魏南北朝墓誌彙編》464—465 頁。（文）

《全北齊文補遺》134—135 頁。（文）

《漢魏六朝碑刻校注·總目提要》編號 2316。（目）

《北朝隋代墓誌所在總合目錄》編號 956。（目）

《北京大學圖書館藏歷代墓誌拓片目錄》編號 00658。（目）

武平 078

李琮墓誌

武平二年（571）五月廿二日卒於孝息里舍，武平五年（574）正月十二日葬。河北元氏縣出土，舊藏元氏縣金石保存所，今佚。誌高、寬均 56 釐米，側寬 11 釐米。文 26 行，滿行 26 字；側 4 行，行 23 字；均正書。首題：齊故李功曹墓銘。

圖版著錄：

《漢魏南北朝墓誌集釋》圖版三四七，《新編》3/4/16。

《北京圖書館藏中國歷代石刻拓本匯編》8 冊 55 頁。

《中國金石集萃》7 函 10 輯編號 96。

《漢魏六朝碑刻校注》10 冊 39 頁。

錄文著錄：

《八瓊室金石補正》22/25b－27b，《新編》1/6/4346 上—4347 上。

《常山貞石志》3/2a－4a，《新編》1/18/13203 下—13204 下。

《京畿冢墓遺文》卷上/11b－13a，《新編》1/18/13614 上—13615 上。

《魯迅輯校石刻手稿·墓誌》下冊 116—119 頁。

《漢魏南北朝墓誌彙編》465—467 頁。

《漢魏六朝碑刻校注》10 冊 40 頁。

《全北齊文補遺》135—136 頁。

碑目題跋著錄：

《八瓊室金石補正》22/30a－b，《新編》1/6/4348 下。

《常山貞石志》3/4a－6a，《新編》1/18/13204 下—13205 下。

《藝風堂金石文字目》18/3a,《新編》1/26/19815 上。

《補寰宇訪碑錄》2/14b,《新編》1/27/20212 下。

《補寰宇訪碑錄刊誤》4a,《新編》1/27/20272 下。

《補寰宇訪碑錄校勘記》1/8b,《新編》1/27/20289 下。

《金石彙目分編》3（2）/24a,《新編》1/27/20704 下。

《石刻題跋索引》152 頁左,《新編》1/30/22490。

《石刻名彙》2/20a,《新編》2/2/1034 下。

《崇雅堂碑錄》1/29b,《新編》2/6/4498 上。

（光緒）《畿輔通志·金石九》146/3b,《新編》2/11/8447 上。

《畿輔碑目》卷上/3b,《新編》2/20/14780 上。

《蒿里遺文目錄》2（1）/5a,《新編》2/20/14946 上。

《漢魏南北朝墓誌集釋》7/75b,《新編》3/3/184。

《國立北平圖書館藏碑目》13a,《新編》3/36/255 上。

《古誌彙目》1/10a,《新編》3/37/23。

《雪堂金石文字跋尾》3/13b,《新編》3/38/310 上。

《讀碑小箋》,《羅振玉學術論著集》第三集,38 頁。

《墓誌徵存目錄》卷1,《羅振玉學術論著集》第五集,581 頁。

《歷代墓誌銘拓片目錄》36 頁。

《增補校碑隨筆》（修訂本）266 頁。

《六朝墓誌檢要》（修訂本）163—164 頁。

《碑帖敘錄》74 頁。

《漢魏六朝碑刻校注·總目提要》編號 2317。

淑德大學《中國石刻拓本目錄》"墓誌"編號 253。

《北朝隋代墓誌所在總合目錄》編號 957。

《北京大學圖書館藏歷代墓誌拓片目錄》編號 00659。

備考：《歷代墓誌銘拓片目錄》作"李惊墓誌",據圖版,當為"李琮"。

武平 079

陳三墓誌并陰

武平二年（571）□月二日終於歷城,葬於山麓,武平五年（574）

正月十二日。1992年在山東省濟南市南郊八里洼居民小區出土，現藏山東省濟南市博物館。碑形墓誌，通高110、寬80釐米。碑陽14行，滿行20字；碑陰5行，滿行13字；均正書。額題：陳三墓銘。

著錄：

《山東石刻分類全集·歷代墓誌》75—76頁。（圖、文）

《濟南歷代墓誌銘》5—7頁。（文、跋）

《齊魯碑刻墓誌研究》313—315頁，"附表"367頁。（跋、目）

《漢魏六朝碑刻校注·總目提要》編號2318。（目）

《北朝隋代墓誌所在總合目錄》編號958。（目）

武平080

陸延壽墓誌

武平三年（572）三月六日卒於鄴城，武平五年（574）五月十三日葬於豹祠西南八里所。河南省安陽縣出土，石藏河北省正定縣墨香閣。誌高、寬均63釐米。文31行，滿行31字，隸書。首題：齊故使持節都督幽懷二州諸軍事驃騎大將軍開府儀同三司幽州刺史太府卿永康縣開國侯陸公墓誌銘。

著錄：

《文化安豐》362—364頁。（圖、文）

《墨香閣藏北朝墓誌》180—181頁。（圖、文）

《北朝隋代墓誌所在總合目錄》編號959。（目）

《北京大學圖書館藏歷代墓誌拓片目錄》編號00660（目）。

武平081

趙君墓誌

武平五年（574）七月。正書。

碑目著錄：

《石刻名彙》2/20a，《新編》2/2/1034下。

《古誌新目初編》1/14a，《新編》2/18/13698下。

武平082

□昌墓誌

武平五年（574）九月十日卒，葬於巖梁村東北三里，故扶風王寺之陰。拓片高43、寬44釐米。文正書，15行，滿行14字。

著錄：

《北京圖書館藏中國歷代石刻拓本匯編》8冊60頁。(圖)

《漢魏六朝碑刻校注》10冊49—50頁。(圖、文)

《漢魏南北朝墓誌彙編》467頁。(文)

《全北齊文補遺》136頁。(文)

《漢魏六朝碑刻校注・總目提要》編號2322。(目)

《北朝隋代墓誌所在總合目錄》編號960。(目)

武平083

□悉墓誌

子揩以武平五年（574）正月卒於家，父子并葬於無棣溝北，武平五年十月廿二日。1974年河北省鹽山縣劉範鄉蔡八里村出土，現藏鹽山縣文物保管所。誌高40、寬40、厚9釐米。文14行，滿行17字，正書。首題：維大齊武平五年歲次甲午十月戊子朔廿二日己酉銘記。

著錄：

《新中國出土墓誌・河北〔壹〕》上冊27頁（圖）、下冊20頁（文）。

《漢魏六朝碑刻校注》10冊51—52頁。(圖、文)

《滄州出土墓誌》20—21頁。(圖、文)

《新出魏晉南北朝墓誌疏證》（修訂本）206—207頁。(文、跋)

《全北齊文補遺》136頁。(文)

《漢魏六朝碑刻校注・總目提要》編號2323。(目)

《北朝隋代墓誌所在總合目錄》編號961。(目)

論文：

鹽山縣文保所：《河北鹽山出土北齊□悉墓誌》，《文物》1997年第7期。

武平084

李稚廉墓誌

武平五年（574）三月卒於晉陽里舍，十一月十六日葬於舊塋。1949

年後高邑縣中韓鄉里村附近出土，具體地點不詳，現藏正定縣文物保管所。盝頂蓋，誌及蓋均高72、寬72、厚14.5釐米。蓋無文字。誌文26行，滿行26字，正書。

著錄：

《新中國出土墓誌·河北〔壹〕》上冊28頁（圖）、下冊20—21頁（文）。

《漢魏六朝碑刻校注》10冊55—56頁。（圖、文）

《全北齊文補遺》137—138頁。（文）

《河北金石輯錄》431頁。（目）

《漢魏六朝碑刻校注·總目提要》編號2325。（目）

《北朝隋代墓誌所在綜合目錄》編號962。（目）

備考：李稚廉，《魏書》卷三六、《北齊書》卷四三、《北史》卷三三有傳。《北史》避唐諱改為"李幼廉"。

武平085

元始宗墓誌并蓋

武平二年（571）四月二日卒於州，以五年（574）十一月廿八日葬於鄴之西北。1949年後磁縣出土，具體地點不詳，現藏邯鄲市文物保管所。盝頂蓋。誌高51、寬51、厚10釐米。蓋高49、寬50、厚11釐米。蓋3行，行3字，正書。誌文24行，滿行25字，正書。蓋題：齊故外兵參軍元君銘。

著錄：

《新中國出土墓誌·河北〔壹〕》上冊29頁（圖）、下冊21—22頁（文）。

《漢魏六朝碑刻校注》10冊60—61頁。（圖、文）

《全北齊文補遺》137頁。（文）

《漢魏六朝碑刻校注·總目提要》編號2327。（目）

《北朝隋代墓誌所在綜合目錄》編號963。（目）

論文：

馬忠理：《磁縣北朝墓群——東魏北齊陵墓兆域考》，《文物》1994

年第 11 期。

武平 086

魏懿墓誌

又名"魏翊軍墓誌"。武平五年（574）十月廿二日卒於清風里，以其年十一月廿九日葬於鄴漳之陰、西門豹祠之西南。河南安陽出土，馬衡舊藏，今石存北京故宮博物院。誌高 45、寬 44 釐米。文 22 行，滿行 22 字，正書。首題：大齊魏翊軍墓誌銘。

圖版著錄：

《漢魏南北朝墓誌集釋》圖版三四八，《新編》3/4/17。

《北京圖書館藏中國歷代石刻拓本匯編》8 冊 62 頁。

《漢魏六朝碑刻校注》10 冊 63 頁。

《故宮博物院藏歷代墓誌彙編》1 冊 81 頁。

錄文著錄：

《漢魏南北朝墓誌彙編》467—468 頁。

《漢魏六朝碑刻校注》10 冊 64 頁。

《全北齊文補遺》138—139 頁。

《故宮博物院藏歷代墓誌彙編》1 冊 80 頁。

碑目題跋著錄：

《石刻題跋索引》152 頁左，《新編》1/30/22490。

《石刻名彙》2/20b，《新編》2/2/1034 下。

《崇雅堂碑錄補》1/11b，《新編》2/6/4556 上。

《蒿里遺文目錄》2（1）/5a，《新編》2/20/14946 上。

《漢魏南北朝墓誌集釋》7/76a，《新編》3/3/185。

《國立北平圖書館藏碑目》13a，《新編》3/36/255 上。

《墓誌徵存目錄》卷 1，《羅振玉學術論著集》第五集，581 頁。

《歷代墓誌銘拓片目錄》36 頁。

《六朝墓誌檢要》（修訂本）164 頁。

《漢魏六朝碑刻校注·總目提要》編號 2328。

《北朝隋代墓誌所在總合目錄》編號 964。

《北京大學圖書館藏歷代墓誌拓片目錄》編號00661。

武平087

李祖牧妻宋靈媛墓誌并蓋

皇建二年（561）六月十七日卒於鄴城宣化里，以武平五年（574）十二月十日葬。1975年冬河北省臨城縣東鎮鄉西鎮村西北出土，現藏臨城縣文物保管所。盝頂蓋。誌及蓋均高56、寬56、厚10釐米。蓋3行，行3字，篆書。誌文28行，滿行29字，正書。首題：齊故使持節都督趙州諸軍事衛大將軍趙州刺史大鴻臚卿始平子李公宋夫人墓誌銘；蓋題：齊故李公宋夫人墓銘。

著錄：

《新中國出土墓誌·河北〔壹〕》上冊31頁（圖）、下冊23—24頁（文）。

《漢魏六朝碑刻校注》10冊68—69頁。（圖、文）

《河北金石輯錄》246頁。（文、跋）

《新出魏晉南北朝墓誌疏證》（修訂本）208—210頁。（文、跋）

《全北齊文補遺》139—140頁。（文）

《漢魏六朝碑刻校注·總目提要》編號2330。（目）

《北朝隋代墓誌所在總合目錄》編號966。（目）

論文：

李建麗、李振奇：《臨城李氏墓誌考》，《文物》1991年第8期。

武平088

李祖牧墓誌并蓋

天統五年（569）七月五日薨於鄴城宣化之里舍，以武平五年（574）十二月十日歸葬於先夫人舊兆北六十步。1975年冬河北省臨城縣東鎮鄉西鎮村西北出土，現藏臨城縣文物保管所。盝頂蓋。誌及蓋均高63、寬63、厚10釐米。蓋3行，行3字，篆書。誌文30，滿行30字，正書。首題：齊故大鴻臚卿趙州刺史李君墓誌銘；蓋題：齊故趙州李史君墓銘。

著錄：

《新中國出土墓誌·河北〔壹〕》上冊30頁（圖）、下冊22—23頁

（文）。

《漢魏六朝碑刻校注》10冊65—67頁。（圖、文）

《河北金石輯錄》244—245頁。（文、跋）

《新出魏晉南北朝墓誌疏證》（修訂本）211—213頁。（文、跋）

《全北齊文補遺》140—141頁。（文）

《漢魏六朝碑刻校注・總目提要》編號2329。（目）

《北朝隋代墓誌所在總合目錄》編號965。（目）

論文：

李建麗、李振奇：《臨城李氏墓誌考》，《文物》1991年第8期。

備考：《北齊書》卷三七、《北史》卷五六《魏收傳》有"李祖收"，趙萬里考證當為"李祖牧"。

武平089

李君穎墓誌

武平四年（573）六月五日終於宣化里，武平五年（574）十二月十日歸附於先君趙州使君塋東北。1975年冬臨城縣東鎮鄉西鎮村西北出土，現藏臨城縣文物保管所。誌高56、寬56、厚10釐米。文25行，滿行27字，正書。蓋佚。首題：齊故開府長史李君墓誌銘。

著錄：

《新中國出土墓誌・河北〔壹〕》上冊32頁（圖）、下冊24—25頁（文）。

《漢魏六朝碑刻校注》10冊71—72頁。（圖、文）

《新出魏晉南北朝墓誌疏證》（修訂本）214—215頁。（文、跋）

《河北金石輯錄》245—246頁。（文）

《全北齊文補遺》141—142頁。（文）

《漢魏六朝碑刻校注・總目提要》編號2331。（目）

《北朝隋代墓誌所在總合目錄》編號967。（目）

論文：

李建麗、李振奇：《臨城李氏墓誌考》，《文物》1991年第8期。

武平 090

劉阿元磚誌

武平五年（574）十二月十七日葬。2007年夏河南洛陽出土，存洛陽民間。磚高37.8、寬18釐米。文3行，滿行11字，正書。

圖版著錄：

《秦晉豫新出墓誌蒐佚》1冊70頁。

碑目著錄：

《北朝隋代墓誌所在總合目錄》編號968。

《北京大學圖書館藏歷代墓誌拓片目錄》編號00662。

武平 091

鄭子尚墓誌并蓋

武平五年（574）五月廿一日卒於伐惡城，以十二月廿三日遷葬於鄴城西南廿五里。河南安陽出土，長白端方、上虞羅振玉舊藏。拓片誌及蓋高、寬均52釐米。蓋2行，行2字，正書。文23行，滿行23字，正書。首題：齊故驃騎大將軍陽州長史鄭君墓誌銘；蓋題：鄭長史銘。

圖版著錄：

《漢魏南北朝墓誌集釋》圖版三四九，《新編》3/4/18－19。

《北京圖書館藏中國歷代石刻拓本匯編》8冊63—64頁。

《漢魏六朝碑刻校注》10冊74頁。

錄文著錄：

《匋齋藏石記》13/11a－12a，《新編》1/11/8106上—下。

《魯迅輯校石刻手稿·墓誌》下冊122—124頁。

《漢魏南北朝墓誌彙編》468—469頁。

《漢魏六朝碑刻校注》10冊75頁。

《全北齊文補遺》142—143頁。

碑目題跋著錄：

《匋齋藏石記》13/12a－13a，《新編》1/11/8106下—8107上。

《藝風堂金石文字目》18/3a，《新編》1/26/19815上。

《再續寰宇訪碑錄校勘記》6b－7a，《新編》1/27/20462下—

20463 上。

《石刻題跋索引》152 頁左,《新編》1/30/22490。

《石刻名彙》2/20b,《新編》2/2/1034 下。

《崇雅堂碑錄補》1/11b,《新編》2/6/4556 上。

《語石》4/2b,《新編》2/16/11918 下。

《蒿里遺文目錄》2(1)/5a,《新編》2/20/14946 上。

《漢魏南北朝墓誌集釋》7/76a,《新編》3/3/185

《國立北平圖書館藏碑目》13a,《新編》3/36/255 上。

《古誌彙目》1/10a,《新編》3/37/23。

《碑帖跋》75—76 頁,《新編》3/38/223-224、4/7/433 下。

《石交錄》3/15b,《新編》4/6/470 上。

《再續寰宇訪碑錄》卷上,《羅振玉學術論著集》第五集,442 頁。

《墓誌徵存目錄》卷1,《羅振玉學術論著集》第五集,581 頁。

《歷代墓誌銘拓片目錄》36 頁。

《增補校碑隨筆》(修訂本)266 頁。

《六朝墓誌檢要》(修訂本)164 頁。

《碑帖鑒定》202 頁。

《漢魏六朝碑刻校注‧總目提要》編號2332。

淑德大學《中國石刻拓本目錄》"墓誌"編號254—255。

《北朝隋代墓誌所在總合目錄》編號969。

《北京大學圖書館藏歷代墓誌拓片目錄》編號00663。

武平092

陳博達墓碑

武平五年(574)。碑在山東曲阜城西北二十里。

碑目著錄:

《金石彙目分編》10(2)/21b,《新編》1/28/21151 上。

(宣統)《山東通志‧藝文志》卷152,《新編》2/12/9354 上。

《曲阜碑碣考》4/1b,《新編》2/13/9764 上。

《山左碑目》2/5b,《新編》2/20/14841 上。

《太平寰宇記碑錄》編號49,《北山金石錄》上冊268頁。

武平093

定州刺史邸珍碑并陰、側

又名"定州刺史鄒珍碑"。東魏天平元年(534)十月二十七日卒於王事,北齊武平六年(575)二月立石。碑在河北定州曲陽縣北嶽廟內。碑通高255、寬107、厚22釐米。文隸書,26行,滿行39字;碑側4行,碑陰26行。隸書額題:魏故侍中散騎常侍定州刺史司空邸公之碑。

圖版著錄:

《北京圖書館藏中國歷代石刻拓本匯編》6冊24頁。(陽、側)

錄文著錄:

《求是齋碑跋》1/30a–32b,《新編》2/19/14015下—14016下。(陽、側)

(光緒)《重修曲陽縣志·金石錄上》11/7b、10a–14a,《新編》3/24/316上、317下—319下。

《河北金石輯錄》47—48頁。(陽、側)

《全北齊文補遺》48—49頁。(陽、側)

碑目題跋著錄:

《集古求真》10/5a,《新編》1/11/8575上。

《集古求真補正》3/40a–b,《新編》1/11/8682下。

《金石錄》3/3b,《新編》1/12/8813上。

《通志·金石略》卷上/36a,《新編》1/24/18037上。

《寶刻叢編》20/26a,《新編》1/24/18385下。

《藝風堂金石文字目》2/35a、b,《新編》1/26/19551上。

《金石彙目分編》3(2)/48a,《新編》1/27/20716下。

《石刻題跋索引》34頁右,《新編》1/30/22372。

(光緒)《畿輔通志·金石十六》153/4a–5b,《新編》2/11/8682下—8683上。

《求是齋碑跋》1/28a–30a,《新編》2/19/14014下—14015下。

《畿輔碑目》卷上/3b,《新編》2/20/14780上。

《蒿里遺文目錄》1 上/4a，《新編》2/20/14939 上。

《佩文齋書畫譜·金石》62/13a 下，《新編》3/2/57 下。

（光緒）《重修曲陽縣志·金石錄上》11/7b、9b – 10a、14a – 16a，《新編》3/24/316 上、317 上—下、319 下—320 下。

《六藝之一錄》61/6a，《新編》4/5/112 下。

《再續寰宇訪碑錄》卷上，《羅振玉學術論著集》第五集，436 頁。

《面城精舍雜文乙編》，《羅振玉學術論著集》第九集，82 頁。

《增補校碑隨筆》（修訂本）227 頁。

《碑帖鑒定》182—183 頁。

《河北金石輯錄》46—47 頁。

《漢魏六朝碑刻校注·總目提要》編號 1808。

淑德大學《中國石刻拓本目錄》"碑碣等刻石" 編號 440—442。

備考：邸珍，《北齊書》卷四七、《北史》卷八七有傳。據《畿輔通志·金石志》引《金石分域編》，《邸珍碑》共兩碑，文同，故並錄於此。

武平 094

高苗侯墓磚

武平六年（575）三月十九日。羅振玉唐風樓舊藏，後歸日本大西氏。磚高一尺四寸五分，廣七寸二分。文正書，3 行，計 30 字。

錄文著錄：

《雪堂專錄·專誌徵存》11a，《羅雪堂先生全集》五編 3 冊 1285 頁。

碑目著錄：

《石刻名彙》12/207b，《新編》2/2/1131 下。

《蒿里遺文目錄》3 上/5a，《新編》2/20/14983 上。

武平 095

范粹墓誌

武平六年（575）四月廿日薨於鄴都之天宫坊，以五月一日遷葬於豹祠之西南十有五里。1971 年 5 月河南省安陽縣洪河屯鄉洪河屯村西北約半華里處發掘出土，現藏河南省博物館。誌、蓋均高 43、寬 43、厚 12 釐米。文17行，滿行18字，隸書。盝頂蓋，素面，已佚。首題：齊故驃騎大將軍開府儀同三司涼州刺史范公墓誌。

著錄：

《中國金石集萃》7函10輯編號97。（圖）

《新中國出土墓誌·河南（壹）》上冊1頁（圖）、下冊1頁（文）。

《漢魏六朝碑刻校注》10冊79—80頁。（圖、文）

《漢魏南北朝墓誌彙編》469—470頁。（文）

《全北齊文補遺》143頁。（文）

《漢魏六朝碑刻校注·總目提要》編號2335。（目）

《六朝墓誌檢要》（修訂本）165頁。（目）

《碑帖鑒定》202頁。（目）

《碑帖敘錄》91頁。（目）

《北朝隋代墓誌所在總合目錄》編號970。（目）

論文：

河南省博物館：《河南安陽北齊范粹墓發掘簡報》，《文物》1972年第1期。

安陽縣文教衛生管理站：《河南安陽縣發現一座北齊墓》，《考古》1972年第1期。

古花開：《北齊范粹墓及同期墓葬中的西域文化》，《中原文物》2013年第5期。

武平 096

皮阿輪迦妻高氏墓誌

武平六年（575）二月廿四日卒於鄴城，五月十九日葬於鄴之西南一十里。2009年秋河南省安陽市出土，存洛陽民間。誌高、寬均66釐米。文19行，滿行21字。首題：假節督涼州諸軍事輔國將軍涼州刺史太子庶子元喜縣開國男皮阿輪迦夫人新昌郡公主高墓誌銘。

著錄：

《秦晉豫新出墓誌蒐佚》1冊71頁。（圖）

《北朝隋代墓誌所在總合目錄》編號971。（目）

武平 097

叔孫都墓誌

武平六年（575）五月七日卒於鄴縣宣平里，八月廿七日葬於鄴城西北四里漳河之北。河北省磁縣出土，石藏河北省正定縣墨香閣。誌高、寬均55釐米。文20行，滿行23字，隸書。首題：齊故儀同三司東雍州刺史叔孫君墓誌銘。

著錄：

《文化安豐》366—367頁。（圖、文）

《墨香閣藏北朝墓誌》182—183頁。（圖、文）

《北朝隋代墓誌所在總合目録》編號973。（目）

《北京大學圖書館藏歷代墓誌拓片目録》編號00664。（目）

武平 098

蘭陵王高肅碑并陰

又名"蘭陵忠武王碑"、蘭陵忠武王高長恭碑。武平四年（573）卒，五年（574）五月十二日葬於鄴城西北十五里。武平六年（575）九月立。碑久佚，清光緒二十五年（1899）復出於磁縣南劉家莊地下，今在河北磁縣劉莊村東蘭陵王墓前。碑通高421、寬120、厚33釐米。文隸書，陽18行，滿行36字；陰26行，滿行52字。額篆書，額題：齊故假黃鉞太師太尉公蘭陵忠武王碑。

圖版著錄：

《北京圖書館藏中國歷代石刻拓本匯編》8冊75頁。（碑陽）

《漢魏六朝碑刻校注》10冊94頁。（碑陽）

錄文著錄：

《魯迅輯校石刻手稿·碑銘》下冊169—175頁。

《漢魏六朝碑刻校注》10冊95頁。（碑陽）

《河北金石輯錄》45—46頁。（碑陽）

《全北齊文補遺》49—51頁。

碑目題跋著錄：

《集古求真》10/6b–7a，《新編》1/11/8575下—8576上。

《藝風堂金石文字目》2/35a,《新編》1/26/19551 上。

《唐風樓金石文字跋尾》,《新編》1/26/19843 上—下。

《補寰宇訪碑錄》2/14a,《新編》1/27/20212 下。

《補寰宇訪碑錄校勘記》1/8b,《新編》1/27/20289 下。

《續補寰宇訪碑錄》7/13a,《新編》1/27/20344 上。

《石刻題跋索引》36 頁右,《新編》1/30/22374。

《崇雅堂碑錄》1/29a,《新編》2/6/4498 上。

《語石》2/5a、3/6a、10/6a、10/10b–11a,《新編》2/16/11878 上、11900 下、12022 下、12024 下—12025 上。

《續校碑隨筆·古碑已佚復出》卷下/5b,《新編》2/17/12504 上。

《寰宇貞石圖目錄》卷下/5b,《新編》2/20/14679 下。

《蒿里遺文目錄》1 上/4a,《新編》2/20/14939 上。

(光緒)《重修廣平府志·金石略上》35/9b–10a,《新編》3/25/111 上—下。

《南北響堂寺及其附近石刻目錄·造像記及碑碣目錄》3b–4a,《新編》3/36/342–343。

《雪堂金石文字跋尾》3/14a–b,《新編》3/38/310 下。

《增補校碑隨筆》(修訂本)267 頁。

《碑帖鑒定》202 頁。

《碑帖敘錄》140 頁。

《善本碑帖錄》2/84。

《河北金石輯錄》43—44 頁。

《漢魏六朝碑刻校注·總目提要》編號 2339。

淑德大學《中國石刻拓本目錄》"碑碣等刻石"編號 525。

論文:

馬忠理:《磁縣北朝墓群——東魏北齊陵墓兆域考》,《文物》1994 年第 11 期。

張子英:《磁州三高碑考》,《華夏考古》1999 年第 4 期。

備考:高肅,字長恭,《北齊書》卷一一、《北史》卷五二有傳。

武平 099

孫驥墓誌

武平六年（575）十一月四日合葬於鄴城西南豹祠之所。河南安陽縣出土，石藏河北省正定縣墨香閣。誌高、寬均 42 釐米。文 18 行，滿行 18 字，隸書。首題：大齊孫君墓銘。

著錄：

《文化安豐》365—366 頁。（圖、文）

《墨香閣藏北朝墓誌》184—185 頁。（圖、文）

淑德大學《中國石刻拓本目錄》"墓誌"編號 256。（目）

《北朝隋代墓誌所在總合目錄》編號 974。（目）

《北京大學圖書館藏歷代墓誌拓片目錄》編號 00665。（目）

武平 100

獨孤譽墓誌并蓋

武平六年（575）四月廿二日薨於鄴城西土臺里第，其年十一月十六日遷厝於野馬崗之舊兆。誌長、高均 73 釐米。蓋底長 73、高 72 釐米，頂長 64、高 63 釐米。文 36 行，滿行 36 字，正書。蓋篆書，3 行，行 3 字。蓋題：齊司空公鍾離王墓誌。首題：齊故司空公鍾離武王獨孤氏墓誌銘。

著錄：

《北朝藝術研究院藏品圖錄·墓誌》178—181 頁。（圖、文）

武平 101

尉同墓誌并蓋

武平二年（571）二月廿八日卒，武平六年（575）十二月廿三日葬於邯鄲城西廿里。河南省安陽市出土，一說河北邯鄲地區出土（據葬地推測），出土時間不詳。蓋高、寬均 40 釐米，誌高、寬均 39 釐米。誌文 19 行，滿行 18 字，正書。蓋 2 行，行 2 字，正書。蓋題：尉公之銘。

圖版著錄：

《秦晉豫新出墓誌蒐佚》1 冊 72—73 頁。

《中國北朝石刻拓片精品集》126—132 頁。

碑目著錄：

《北朝隋代墓誌所在總合目錄》編號975。

《北京大學圖書館藏歷代墓誌拓片目錄》編號00666。

武平102

陳寶墓誌

又名：陳神玉墓誌。皇建二年（561）三月七日卒於鄴，夫人郭氏以武平六年（575）十二月十一日卒於鄴，武平七年（576）正月六日祔葬。河北磁縣至河南安陽縣一帶出土。誌高40、寬39釐米。文18行，滿行18字，正書。首題：大齊武平七年歲次丙申正月庚辰朔六日乙酉齊伏波將軍騎都尉陳神玉墓誌。

著錄：

《金石拓本題跋集萃》65頁。（圖）

《文化安豐》368—369頁。（圖、文）

《北朝隋代墓誌所在總合目錄》編號976。（目）

《北京大學圖書館藏歷代墓誌拓片目錄》編號00667。（目）

武平103

上黨嗣王美人張善相墓誌

武平七年（576）正月七日卒於王第。2007年山西省出土，存河北正定墨香閣。誌高、寬均39釐米。文14行，滿行15字，正書。首題：上黨嗣王美人張氏墓誌。

著錄：

《洛陽新獲七朝墓誌》41頁。（圖）

《秦晉豫新出墓誌蒐佚》1冊74頁。（圖）

《墨香閣藏北朝墓誌》258—259頁。（圖、文）

《北朝隋代墓誌所在總合目錄》編號977。（目）

武平104

高潤墓誌并蓋

武平六年（575）八月廿二日卒於州館，以武平七年（576）二月十一日遷葬於鄴城西北三十里釜水之陰。1975年十月磁縣東槐樹村西北出土，現藏磁縣文物保管所。盝頂蓋。誌、蓋均高73.5、寬73.5釐米。蓋4行，行4字，篆書。誌文35行，滿行35字，正書。蓋題：齊故侍中假黃鉞左丞相文昭王墓誌銘。

著錄：

《新中國出土墓誌·河北〔壹〕》上冊33頁（圖）、下冊25—26頁（文）。

《漢魏六朝碑刻校注》10冊99—101頁。（圖、文）

《河北金石輯錄》246—248頁。（誌圖、文、跋）

《漢魏南北朝墓誌彙編》471—473頁。（文）

《全北齊文補遺》144—145頁。（文）

《漢魏六朝碑刻校注·總目提要》編號2341。（目）

《北朝隋代墓誌所在總合目錄》編號978。（目）

論文：

磁縣文化館：《河北磁縣北齊高潤墓》，《考古》1979年第3期。

備考：高潤，《北齊書》卷一〇、《北史》卷五一有傳。

武平105

韓寶暉磚誌

武平七年（576）二月十一日卒於鄴第，以其月廿四日權殯於鄴城西十里武城西南五百步。河南密縣出土，日本書道博物館藏磚。磚方一尺一寸八分，厚一寸八分。文9行，行9字，隸書。

著錄：

《禹域出土墨寶書法源流考》87—89頁。（局部圖、文）。

《北朝隋代墓誌所在總合目錄》編號979。（目）

武平106

張謨墓誌

武平六年（575）十一月五日卒於新城治所，七年（576）三月十二日葬於新城之北崗。2006年山西省大同地區民間發現拓本。拓本高、寬均60釐米。文20行，滿行20至21字不等，正書。

碑目著錄：

《北朝隋代墓誌所在總合目錄》編號980。

論文：

殷憲：《北齊〈張謨墓誌〉與北新城》，《晉陽學刊》2012年第2期；又見於《平城史稿》，第128—142頁。（文）

殷憲：《北齊張謨墓誌及其書法》，《中國書法》2012年第4期。（圖、文）

武平107

可朱渾孝裕墓誌

武平五年（574）五月十一日薨於揚州之地，武平七年（576）五月七日葬於鄴城西廿里野馬崗。河南省安陽縣出土，石藏河北省正定縣墨香閣。誌高、寬均69釐米。文24行，滿行24字，正書。首題：齊故尚書右僕射司空公可朱渾扶風王墓誌銘；蓋題：齊故僕射司空公扶風王可朱渾墓誌銘。

著錄：

《文化安豐》369—370頁。（圖、文）

《墨香閣藏北朝墓誌》186—187頁。（圖、文）

《全北齊文補遺》146頁。（文）

《新出魏晉南北朝墓誌疏證》（修訂本）216—219頁。（文、跋）

《漢魏六朝碑刻校注·總目提要》編號2343。（目）

《北朝隋代墓誌所在總合目錄》編號981。（目）

《北京大學圖書館藏歷代墓誌拓片目錄》編號00668。（目）

論文：

羅新：《跋北齊〈可朱渾孝裕墓誌〉》，《北大史學》第8輯，2001年。

備考：可朱渾孝裕，事見《陳書》卷九《吳明徹傳》、《北史》卷三〇《盧潛傳》。

武平108

趙奉伯妻傅華墓誌并趙奉伯誌蓋

武平七年（576）正月十四日遘疾卒於鄴城宣化里第，以五月七日祔於司空公之塋。1977年山東省歷城縣後周村出土，藏濟南市博物館。誌高、寬均78，厚15釐米。同出土趙奉伯墓誌蓋，高、寬均78釐米，厚14釐米。誌文正書，29行，滿行33字。蓋篆書，5行，行6字。蓋題：齊故使持節都督齊兗南青諸軍事齊州刺史尚書左僕射司空趙公墓誌銘。

著錄：

《濟南歷代墓誌銘》圖版3頁、8—11頁。（誌圖、文、跋）

《漢魏六朝碑刻校注》10冊104—106頁。（圖、文）

《山東石刻分類全集·歷代墓誌》78—79頁。（圖、文）

《漢魏南北朝墓誌彙編》473—475頁。（文）

《全北齊文補遺》146—147頁。（文）

《齊魯碑刻墓誌研究》315—318、367頁。（跋、目）

《漢魏六朝碑刻校注·總目提要》編號2344。（目）

《北朝隋代墓誌所在總合目錄》編號982。（目）

論文：

韓明祥：《釋北齊宜陽國大妃傅華墓誌銘》，《文物》1985年第10期。

備考：趙奉伯，事見《北齊書》卷三八、《北史》卷五五《趙彥深傳》。

武平109

李智源墓誌

武平六年（575）三月廿一日卒於臨漳縣惠光里之宅，以七年（576）五月廿日葬於鄴城西南廿里野馬崗東北五里舊塋。河南省安陽縣出土，石藏河北省正定縣墨香閣。誌高、寬均43釐米。文26行，滿行26字，隸書。

著錄：

《文化安豐》379—380頁。（圖、文）。

《墨香閣藏北朝墓誌》188—189頁。（圖、文）

《北朝隋代墓誌所在總合目錄》編號983。（目）

《北京大學圖書館藏歷代墓誌拓片目錄》編號00669。（目）

備考：李智源，事見《北史》卷一〇〇《李禮成傳》。

武平 110

韓華墓誌并蓋

武平七年（576）八月十九日卒於鄴城之里第，以其月廿四日葬於豹祠西南三千余步。誌長、高均 41 釐米。蓋底、高均 41.5 釐米；頂長 31.5、高 32 釐米。文 20 行，行 20 字，隸書。蓋 3 行，行 3 字，篆書。蓋題：齊故元氏韓夫人誌銘。首題：元參軍妻韓氏墓誌。

著錄：

《北朝藝術研究院藏品圖錄・墓誌》182—183 頁。（圖、文）

武平 111

顏玉光磚誌

武平七年（576）八月廿六日卒於鄴城，遷葬鄴城西七十餘里石門之右。1972 年安陽縣許家溝鄉清峪村出土，現藏安陽縣文物管理所。誌平面，呈梯形，高 35、寬 28—35、厚 6 釐米。文 11 行，行 18 至 25 字不等。首題：大齊文宣皇帝弘德夫人墓誌銘。

著錄：

《新中國出土墓誌・河南（壹）》上冊 14 頁（圖）、下冊 12 頁（文）。

《漢魏六朝碑刻校注》10 冊 107—108 頁。（圖、文）

《漢魏南北朝墓誌彙編》475 頁。（文）

《全北齊文補遺》148 頁。（文）

《碑帖鑒定》204 頁。（跋）

《漢魏六朝碑刻校注・總目提要》編號 2345。（目）

《北朝隋代墓誌所在綜合目錄》編號 984。（目）

論文：

安陽縣文化局：《河南安陽縣清理一座北齊墓》，《考古》1973 年第 2 期。

劉偉航、劉玉山：《〈顏玉光墓誌〉探微》，《許昌學院學報》2011 年第 1 期。

武平 112

李希宗妻崔幼妃墓誌并蓋

武平六年（575）十二月廿二日卒於鄴之道政里，七年（576）十一月七日歸祔於司空文簡公之塋。1975年冬贊皇縣南邢郭村東南500米處李希宗墓出土，現藏正定縣文物保管所。誌高73、寬73、厚15釐米。盝頂蓋，蓋高75、寬75、厚16釐米。蓋3行，行3字，正書。誌文36行，滿行37字，正書。首題：齊故博陵郡君崔太姬墓誌銘；蓋題：齊故太姬崔夫人之銘。

著錄：

《新中國出土墓誌·河北〔壹〕》上冊34頁（圖）、下冊26—28頁（文）。

《漢魏六朝碑刻校注》10冊111—113頁。（圖、文）

《漢魏南北朝墓誌彙編》475—478頁。（文）

《全北齊文補遺》148—150頁。（文）

《河北金石輯錄》432頁。（目）

《漢魏六朝碑刻校注·總目提要》編號2347。（目）

《北朝隋代墓誌所在總合目錄》編號985。（目）

論文：

石家莊地區革委會文化局文物發掘組：《河北贊皇東魏李希宗墓》，《考古》1977年第6期。

備考：李希宗，《魏書》卷三六、《北史》卷三三有傳。

武平 113

李祖勳墓誌并蓋

武平六年（575）四月薨於位，以七年（576）十一月七日窆於舊域。誌長74、高73釐米。蓋底長73.5、高73釐米，頂長60、高61釐米。誌文34行，滿行35字，隸書。蓋隸書，3行，行4字。蓋題：齊故司空文孝李公之銘。首題：齊故使持節都督趙滄瀛三州諸軍事趙州刺史尚書左僕射司空李公墓誌銘。

著錄：

《北朝藝術研究院藏品圖錄・墓誌》184—187 頁。（圖、文）

備考：李祖勳，《北史》卷三三有傳，又附《北齊書》卷四八《李祖昇傳》。

武平 114
穆建墓誌

武平元年（570）亡於并所，武平七年（576）十一月九日遷葬於鄴城西南十有餘里。河南省安陽縣出土，石藏河北省正定縣墨香閣。誌高、寬均 58 釐米。文 19 行，滿行 19 字，隸書。首題：齊故鎮西將軍直盪正都督穆君墓誌銘。

著錄：

《文化安豐》373—374 頁。（圖、文）

《墨香閣藏北朝墓誌》190—191 頁。（圖、文）

《新見北朝墓誌集釋》163—165 頁。（圖、文、跋）

《北朝隋代墓誌所在總合目錄》編號 987。（目）

《北京大學圖書館藏歷代墓誌拓片目錄》編號 00671。（目）

武平 115
穆子寧墓誌

卒於州所，武平七年（576）十一月九日葬於鄴城西南十有餘里華村之陽。河南省安陽縣出土，石藏河北省正定縣墨香閣。誌高、寬均 66 釐米。文 30 行，滿行 30 字，隸書。首題：齊故驃騎大將軍開府儀同三司瀛州刺史中書監穆公墓誌銘。

著錄：

《文化安豐》371—372 頁。（圖、文）

《墨香閣藏北朝墓誌》192—193 頁。（圖、文）

《北朝隋代墓誌所在總合目錄》編號 986。（目）

《北京大學圖書館藏歷代墓誌拓片目錄》編號 00670。（目）

武平 116
陸君妻李華墓誌并蓋

武平六年（575）八月廿日卒於鄴都之第，武平七年（576）十一月九日祔葬於鄭州舊塋。2008年10月19日在河南省安陽縣安豐鄉李莊村東地南水北調渠中出土。誌正面高、寬均54釐米；背面高、寬均52釐米；厚約2.5釐米。文22行，滿行23字，隸書。蓋3行，行3字，篆書。蓋題：齊故陸鄭州李夫人銘；首題：齊故鄭州刺史陸君李夫人墓誌銘。

著錄：

《文化安豐》374—375頁。（誌圖、文）

《安陽墓誌選編》11頁（圖）、169頁（文）。

《北朝隋代墓誌所在總合目錄》編號988。（目）

武平117

李雲墓誌并蓋

武平六年（575）八月遘疾卒於郡之公舍，以武平七年（576）十一月十日葬於衛國。1958年河南省濮陽縣砦村西北出土，歸濮陽縣文化館。誌高、寬均49釐米，厚10釐米。蓋高、寬均49釐米，厚8釐米。蓋3行，行3字，隸書。文28行，滿行28字，正書。首題：齊故車騎大將軍銀青光祿大夫濟南郡太守頓丘男贈使持節都督豫州諸軍事豫州刺史李公墓誌銘。蓋題：齊故豫州刺史李公銘。

著錄：

《漢魏六朝碑刻校注》10冊115—116頁。（圖、文）

《漢魏南北朝墓誌彙編》478—479頁。（文）

《全北齊文補遺》150—151頁。（文）

《六朝墓誌檢要》（修訂本）165頁。（目）

《碑帖敘錄》74—75頁。（目）

《漢魏六朝碑刻校注·總目提要》編號2248。（目）

《北朝隋代墓誌所在總合目錄》編號989。（目）

論文：

周到：《河南濮陽北齊李雲墓出土的瓷器和墓誌》，《考古》1964年第9期。

武平118

武平七年□□墓磚刻辭

武平七年（576）十二月十一日卒於鄴第，其月廿四日權殯於鄴城西十里。文隸書，9 行，滿行 9 字。

圖版著錄：

《中國磚銘》圖版上冊 720 頁下。

武平 119

李亨墓誌并蓋

武平七年（576）二月七日卒於晉陽里第，以其年十二月十七日歸葬於衛城南五里之舊塋。2005 年出土於河南省濮陽縣東北約 20 公里柳屯鎮這河寨村西約 150 米處。誌高、寬均 64 釐米，厚 31 釐米。盝頂蓋，蓋 3 行，行 3 字，篆書。文 25 行，滿行 26 字，正書。蓋題：齊故奉車李君墓誌銘。首題：齊故建忠將軍奉車都尉李君墓誌銘。

碑目著錄：

《北朝隋代墓誌所在總合目錄》編號 990。

論文：

濮陽市文物保護管理所等：《河南省濮陽縣這河寨北齊李亨墓發掘簡報》，《中原文物》2017 年第 4 期。（圖、文）

隆 化

隆化 001

高珍墓誌

隆化元年（576）。新鄉市博物館藏石。未見圖版。

碑目著錄：

傅山泉：《河南新鄉石刻綜述》，《華夏考古》2009 年 3 期。

《北朝隋代墓誌所在總合目錄》編號 991。

豫 章

豫章 001

冀州刺史封隆之碑

北齊（550—577）豫章七年（？）。邢劭撰。

錄文著錄：

《藝文類聚》卷50，上冊896—897頁。

《全北齊文》3/9a-b，《全文》4冊3843上。

《邢特進集》17a-b，《漢魏六朝百三名家集》5冊338上。

碑目題跋著錄：

《漢魏六朝墓銘纂例》4/9a-b，《新編》3/40/463上。

備考："豫章"年號不詳，因碑文出自《全北齊文》，故暫附"北齊"。封隆之，《魏書》卷三二、《北齊書》卷二一、《北史》卷二四有傳。

北齊無年號

無年號001

僧安道一碑

北齊（550—577）。碑刻於山東省二洪頂山。銘刻高105、寬87釐米。文隸書，8行，滿行12字。額篆書，2行，行2字。額題：安公之碑。

著錄：

《漢魏六朝碑刻校注》10冊131—132頁。（圖、文）

《漢魏六朝碑刻校注·總目提要》編號2355。（目）

無年號002

亞祿山宇文公碑

北齊（550—577）。碑立於山東掖縣亞祿山頂。拓片高40釐米，寬122釐米。文正書，11行，行4或5字。

圖版著錄：

《北京圖書館藏中國歷代石刻拓本匯編》8冊88頁。

錄文著錄：

《八瓊室金石補正》22/36a-b，《新編》1/6/4351下。

《十二硯齋金石過眼錄》7/19a-b，《新編》1/10/7857上。

《全北齊文補遺》53頁。

碑目題跋著錄：

《八瓊室金石補正》22/37a，《新編》1/6/4352上。

《十二硯齋金石過眼錄》7/19b−20a,《新編》1/10/7857 上—下。
《山左金石志》10/23a−b,《新編》1/19/14484 上。
《藝風堂金石文字目》2/12b,《新編》1/26/19539 下。
《寰宇訪碑錄》2/24a、27b,《新編》1/26/19872 下、19874 上。
《寰宇訪碑錄校勘記》3/3a,《新編》1/27/20117 上。
《金石彙目分編》10（3）/59a,《新編》1/28/21208 上。
《石刻題跋索引》36 頁右,《新編》1/30/22374。
《崇雅堂碑錄》1/32a,《新編》2/6/4499 下。
（宣統）《山東通志·藝文志》卷 152,《新編》2/12/9377 上。
《寰宇貞石圖目錄》卷上/8a,《新編》2/20/14675 上。
《山左碑目》4/25b,《新編》2/20/14876 上。
《山左南北朝石刻存目》5b,《新編》2/20/14887 上。
《求恕齋碑錄》,《新編》3/2/525 下。
《金石萃編補目》1/6b,《新編》3/37/486 下。
《中國金石學講義·正編》9b,《新編》3/39/136。
《激素飛清閣平碑記》卷 2,《新編》4/1/205 上。
《俑廬日札》,《羅振玉學術論著集》第三集,137 頁。
《增補校碑隨筆》（修訂本）177 頁。
《漢魏六朝碑刻校注·總目提要》編號 2356。

無年號 003

□□殘塔銘

北齊（550—577）刻。在河南安陽。拓片高 40、寬 47 釐米。殘存 15 行，行存 8 至 12 字不等，正書。

圖版著錄：

《北京圖書館藏中國歷代石刻拓本匯編》8 冊 91 頁。

無年號 004

宜陽國太妃傅華碑

北齊（550—577）。額題：齊故女侍中宜陽國貞穆太妃傅氏碑。

碑目題跋著錄：

《金石錄》3/4a、22/9b，《新編》1/12/8813 下、8932 上。

《通志・金石略》卷上/36a，《新編》1/24/18037 上。

《寶刻叢編》20/26b，《新編》1/24/18385 下。

《石刻題跋索引》36 頁右，《新編》1/30/22374。

《佩文齋書畫譜・金石》62/13b 上，《新編》3/2/57 下。

（光緒）《宜陽縣志・金石》16/54a，《新編》3/29/610 上。

《六藝之一錄》61/5a，《新編》4/5/112 上。

備考：宜陽國太妃傅華，趙彥深之母，趙奉伯妻，其事見《北齊書》卷三八、《北史》卷五五《趙彥深傳》。

無年號005

赫連子悅清德頌

北齊（550—577）。在許州。

碑目題跋著錄：

《金石錄》3/4a、22/9b－10a，《新編》1/12/8813 下、8932 上—下。

《中州金石考》2/5a，《新編》1/18/13680 上。

《通志・金石略》卷上/36a，《新編》1/24/18037 上。

《寶刻叢編》5/8a，《新編》1/24/18146 下。

《金石彙目分編》9（1）/17a、44b，《新編》1/28/20932 上、20945 下。

《石刻題跋索引》36 頁右，《新編》1/30/22374。

《墨華通考》卷7，《新編》2/6/4369 上、4378 下。

《石墨考異》卷上，《新編》2/16/11638 下。

《古今碑帖考》23a，《新編》2/18/13174 上。

《中州金石目錄》2/21a，《新編》2/20/14702 上。

《佩文齋書畫譜・金石》62/13b 上，《新編》3/2/57 下。

《六藝之一錄》61/5a，《新編》4/5/112 上。

備考：赫連子悅，《北齊書》卷四〇、《北史》卷五五有傳。

無年號006

齊公主（高氏）墓碑

北齊（550—577）。公主，齊王四妹。在河北磁縣。正書。

碑目題跋著錄：

《金石彙目分編》3（2）/77b，《新編》1/27/20731 上。

（光緒）《畿輔通志·金石十一》148/61a-b，《新編》2/11/8538 上。附范成大《攬轡錄》。

（光緒）《重修廣平府志·金石略下》36/5b，《新編》3/25/132 上。

無年號 007

北齊忠王碑

北齊（550—577）。姜一芝撰。在廣平府磁州。

碑目題跋著錄：

《金石彙目分編》3（2）/77b，《新編》1/27/20731 上。

無年號 008

唐邕墓碑

北齊（550—577）。太原府祁縣。碑云：齊尚書令晉昌王。

碑目題跋著錄：

《金石彙目分編》11/8b，《新編》1/28/21231 下。

《太平寰宇記碑錄》編號 74，《北山金石錄》上冊 274 頁。

備考：唐邕，《北齊書》卷四〇、《北史》卷五五有傳。

無年號 009

廣平王碑

邢劭撰。北齊（550—577）。

錄文著錄：

《藝文類聚》卷 45，上冊 806 頁。

《全北齊文》3/8b-9a，《全文》4 冊 3842 下—3843 上。

《邢特進集》16a-17a，《漢魏六朝百三名家集》5 冊 337 下—338 上。

碑目題跋著錄：

《漢魏六朝墓銘纂例》4/9a，《新編》3/40/463 上。

無年號 010

庫狄干碑銘

北齊（550—577）。有兩碑，一魏收撰，一樊遜撰。碑文及序皆亡佚。

碑目著錄：

《全北齊文》4/12a、7/9a，《全文》4 冊 3850 下、3868 上。

備考：庫狄干，史傳作庫狄干，《北齊書》卷一五、《北史》卷五四有傳。

無年號 011

司空趙起碑

北齊（550—577）。有碑陰。

碑目題跋著錄：

《金石錄》3/3b、22/8b－9a，《新編》1/12/8813 上、8931 下—8932 上。

《通志·金石略》卷上/36a，《新編》1/24/18037 上。

《寶刻叢編》20/27a，《新編》1/24/18386 上。

《石刻題跋索引》36 頁右，《新編》1/30/22374。

《石墨考異》卷上，《新編》2/16/11638 下。

《佩文齋書畫譜·金石》62/13b 上，《新編》3/2/57 下。

《六藝之一錄》61/4a，《新編》4/5/111 下。

備考：趙起，《北齊書》卷二五、《北史》卷五五有傳。

無年號 012

贈司空趙奉（字奉伯）碑

北齊（550—577）。

碑目題跋著錄：

《金石錄》3/4a、22/9a－b，《新編》1/12/8813 下、8932 上。（節文）

《寶刻叢編》20/27a，《新編》1/24/18386 上。

《石刻題跋索引》36 頁右，《新編》1/30/22374。

《佩文齋書畫譜·金石》62/13b 上，《新編》3/2/57 下。

《六藝之一錄》61/4b,《新編》4/5/111 下。

備考：趙奉伯,事見《北齊書》卷三八,《北史》卷五五《趙彥深傳》。

無年號 013

北齊楚陽太守張樂碑

北齊（550—577）。在衛南縣西北二十五里。

碑目題跋著錄：

《通志·金石略》卷上/33b,《新編》1/24/18035 下。

《寶刻叢編》6/8a,《新編》1/24/18167 下。

《金石彙目分編》9（2）/34a,《新編》1/28/20970 下。

《石刻題跋索引》36 頁右,《新編》1/30/22374。

《墨華通考》1/22b,《新編》2/6/4301 下。

（光緒）《畿輔通志·金石十二》149/25a,《新編》2/11/8560 上。

《佩文齋書畫譜·金石》62/14a 上,《新編》3/2/58 上。

《六藝之一錄》61/6b,《新編》4/5/112 下。

無年號 014

大將軍兗州刺史劉傑碑

北齊（550—577）。在澶州衛南縣西北三十里墓下。

碑目題跋著錄：

《通志·金石略》卷上/33b,《新編》1/24/18035 下。

《寶刻叢編》6/8a,《新編》1/24/18167 下。

《金石彙目分編》9（2）/34a,《新編》1/28/20970 下。

《石刻題跋索引》36 頁右,《新編》1/30/22374。

《墨華通考》1/22b,《新編》2/6/4301 下。

（光緒）《畿輔通志·金石十二》149/25a,《新編》2/11/8560 上。

《佩文齋書畫譜·金石》62/14a 上,《新編》3/2/58 上。

《六藝之一錄》61/6b,《新編》4/5/112 下。

無年號 015

北齊二祖大師碑

北齊（550—577）。在西京。《河朔訪古記》"大師"作"天師"。

碑目題跋著錄：

《通志·金石略》卷上/34a，《新編》1/24/18036 上。

《金石彙目分編》9（3）/67a，《新編》1/28/21024 上。

《墨華通考》卷7，《新編》2/6/4372 下。

《佩文齋書畫譜·金石》62/14a 上，《新編》3/2/58 上。

《河朔訪古記》卷下/13a，《新編》3/25/185 上。

《六藝之一錄》61/11a，《新編》4/5/115 上。

無年號016

北齊常將軍廟碑

北齊（550—577）。在青州臨朐縣。

碑目題跋著錄：

《寶刻叢編》1/28a，《新編》1/24/18093 下。

《金石彙目分編》10（3）/48a，《新編》1/28/21202 下。

（宣統）《山東通志·藝文志》卷152，《新編》2/12/9383 上。

無年號017

定州刺史賈念碑

北齊（550—577）。在元氏縣界。

碑目題跋著錄：

《寶刻叢編》6/21b-22a，《新編》1/24/18174 上—下。

《金石彙目分編》3（2）/28a，《新編》1/27/20706 下。

《石刻題跋索引》36頁右，《新編》1/30/22374。

（光緒）《畿輔通志·金石九》146/3b，《新編》2/11/8447 上。

《京畿金石考》卷下/7b，《新編》2/12/8771 上。

《畿輔待訪碑目》卷上/3b，《新編》2/20/14802 上。

無年號018

王起碑

"起"一作"超"。北齊（550—577）。在永年縣。

碑目題跋著錄：

《寶刻叢編》6/52a，《新編》1/24/18189 下。

《金石彙目分編》3（2）/70a，《新編》1/27/20727下。

《石刻題跋索引》36頁右，《新編》1/30/22374。

《京畿金石考》卷下/34a，《新編》2/12/8784下。

（光緒）《畿輔通志·金石十一》148/17b，《新編》2/11/8516上。

《畿輔待訪碑目》卷上/3b，《新編》2/20/14802上。

（光緒）《重修廣平府志·金石略下》36/6a，《新編》3/25/132下。

無年號019

冀州刺史万俟受洛清德頌

北齊（550—577）。祖珽撰。在冀州。

碑目題跋著錄：

《金石彙目分編》3（2）/35a，《新編》1/27/20710上。

《全北齊文》7/5a，《全文》4冊3866上。

備考：万俟受洛，史傳作"万俟洛，字受洛干，"附其父《北史》卷五三《萬俟普傳》。

無年號020

北齊西兗州刺史陽休之頌德碑

北齊（550—577）。曹州府曹縣。

碑目題跋著錄：

《金石彙目分編》10（3）/3a，《新編》1/28/21180上。

備考：陽休之，《北齊書》卷四二、《北史》卷四七有傳，《魏書》卷七二附《陽固傳》。《金石彙目分編》誤作"楊休之"。

無年號021

後齊平鑒頌德碑

北齊（550—577）。在懷慶府河內縣。

碑目題跋著錄：

《金石彙目分編》9（2）/47a，《新編》1/28/20977上。

備考：平鑒，《北齊書》卷二六、《北史》卷五五有傳。

無年號 022

後齊保城令郎茂清德頌碑

北齊（550—577）。汝寧府汝陽縣。

碑目題跋著錄：

《金石彙目分編》9（4）/72a，《新編》1/28/21071 下。

備考：郎茂，《北史》卷五五、《隋書》卷六六有傳。

無年號 023

兗州刺史張華原碑

北齊（550—577）。在兗州府滋陽縣。

碑目題跋著錄：

《金石彙目分編》10（2）/3b，《新編》1/28/21142 上。

備考：張華原，《北史》卷八六《循吏傳》有傳。

無年號 024

北徐州刺史張宴之清德頌

北齊（550—577）。沂州府蘭山縣。

碑目題跋著錄：

《金石彙目分編》10（2）/68a，《新編》1/28/21174 下。

備考：張宴之，《北齊書》卷三五有傳。

無年號 025

北齊西兗州刺史邢邵德政碑

北齊（550—577），或作北魏。曹州府曹縣。

碑目題跋著錄：

《金石彙目分編》10（3）/3a，《新編》1/28/21180 上。

《山左碑目》3/2b，《新編》2/20/14856 下。

備考：邢邵，《北齊書》卷三六、《北史》卷四三有傳。

無年號 026

太尉韓君墓誌

北齊（550—557）。邢劭（字子才）撰，《全後魏文》引用《藝文類聚》時改作"邢遜"撰，不知何據？

錄文著錄：

《藝文類聚》卷46，上冊822—823頁。

《全後魏文》43/6b，《全文》4冊3730下。

碑目著錄：

《北朝隋代墓誌所在総合目錄》编號1158。

無年號 027

中山太守陽休之紀德碑

又作"中山太守楊林之紀德碑"。北齊（550—577）。在定縣。

碑目題跋著錄：

《金石彙目分編》3（2）/46b，《新編》1/27/20715下。

（光緒）《畿輔通志·金石十五》152/48b，《新編》2/11/8667下。附《明一統志》《州志》。

（民國）《定縣志·志餘·金石篇上》18/13a，《新編》3/24/273上。

備考：《畿輔通志·金石志》認為，《州志》作"楊休之"。按陽休之，《北齊書》卷四二、《北史》卷四七有傳，載其曾為中山太守，有惠政，"去官之後，百姓樹碑頌德。"故《州志》的記載相對正確，只是其將"陽休之"的"陽"誤作了"楊"。

無年號 028

司空左深墓碑

又名：雍州刺史武陽侯左深碑。北齊（550—577）。舊在太谷縣，今在太原府太原縣。

碑目題跋著錄：

《金石彙目分編》11/5a，《新編》1/28/21230上。（節文）

（光緒）《山西通志·金石記二》90/23b，《新編》3/30/343上。（節文）

無年號 029

祁丞相墓碑

北齊（550—577）。太原府榆次縣。

碑目題跋著錄：

《金石彙目分編》11/7b，《新編》1/28/21231 上。

無年號 030

北齊韓脃墓誌

北齊（550—577）。

碑目題跋著錄：

《碑帖跋》61—62 頁，《新編》3/38/209—210、4/7/430 上。

無年號 031

高孝緒墓誌蓋

北齊（550—577）。2009 年河北省磁縣講武城鎮劉莊村西 350 米處出土。盝頂蓋，邊長 80 釐米。蓋 3 行，行 3 字，篆書。蓋題：大齊故修城王墓誌銘。

碑目著錄：

《北朝隋代墓誌所在總合目錄》編號 1166。

論文：

張曉崢：《河北磁縣北齊高孝緒墓》，《2009 年中國重要考古發現》，第 100—104 頁。（圖、文）

備考：高孝緒，事見《北齊書》卷四、《北史》卷七《高洋本紀》，《北齊書》卷一四、《北史》卷五一《高永樂傳》。

無年號 032

許君墓誌蓋

北齊（550—577）。河北衡水出土，河北阜城縣高樓村高得勝藏石。蓋高 45、寬 45、厚 10 釐米。蓋 2 行，行 3 字，篆書。蓋題：齊故許君墓銘。

圖版著錄：

《衡水出土墓誌》17 頁。

碑目著錄：

《北朝隋代墓誌所在總合目錄》編號 1167。

無年號 033

兗州都督胡延碑

北齊（550—577）。韓理洲《全北齊文補遺》推測，文章當作於北齊天統四年（568）至武平三年（572），故附於北齊。

錄文著錄：

《全北齊文補遺》引《日藏弘仁本〈文館詞林〉校證》，20—21 頁。

備考：胡延，一名胡延之，事見《北齊書》卷九、《北史》卷一四《武成皇后胡氏傳》，《北齊書》卷四八、《北史》卷八〇《胡長仁傳》。

無年號 034

崔盧夫墓誌

北齊（550—577）。河北平山縣三汲村出土。正定縣文物保管所 1973 年在平山縣三汲村徵集，現存正定縣龍興寺。蓋長 58.5、寬 58、厚 10 釐米。

碑目著錄：

《河北金石輯錄》432 頁。

無年號 035

崔楷墓誌蓋

倪潤安推斷此墓為改葬墓，當為北齊時期（550—557），暫從。1973 年崔楷墓在曲陽被發現，2007 年進行搶救性發掘，藏河北曲陽文物管理所。蓋方形，邊長 72 釐米，厚 13 釐米。蓋 3 行，行 3 字，篆書。誌蓋銘文上、下方各刻字 11 行，銘文左側刻字 11 行，右側刻字 8 行，共約 400 餘字。蓋題：魏故儀同三司崔公銘。

碑目著錄：

《北朝隋代墓誌所在總合目錄》編號 1161。

論文：

田韶品：《曲陽北魏崔楷墓》，《文物春秋》2009 年第 6 期。（圖、文）

倪潤安：《河北曲陽北魏崔楷墓的年代及相關問題》，《中國國家博物館館刊》2013 年第 2 期。（圖、文）

備考：崔楷，《魏書》卷五六、《北史》卷三二有傳，附於其父《崔辯傳》後。

北　周

閔　帝

閔帝 001

獨孤信墓誌

北周閔帝元年（557）三月己酉卒於長安，四月四日葬於石安之北原。陝西咸陽出土，舊藏西北歷史博物館，今存中國國家博物館。誌高、寬均40釐米。文正書，16行，滿行17字。首題：周故柱國大將軍雍州刺史河內戻公墓誌。

著錄：

《北京圖書館藏中國歷代石刻拓本匯編》8冊98頁。（圖）

《中國西北地區歷代石刻匯編》1冊70頁。（圖）

《漢魏六朝碑刻校注》10冊133—134頁。（圖、文）

《中國國家博物館館藏文物研究叢書·墓誌卷》24—25頁。（圖、文）

《漢魏南北朝墓誌彙編》480頁。（文）

《全後周文補遺》14—15頁。（文）

《漢魏六朝碑刻校注·總目提要》編號2359。（目）

《北朝隋代墓誌所在總合目錄》編號1025。（目）

論文：

秋山進午：《獨孤信墓誌と獨孤開遠墓誌》，坪井清足さんの古稀を祝う會編《論苑考古學》，天山舍1993年版。

備考：獨孤信，《周書》卷一六、《北史》卷六一有傳。

閔帝 002

周文王宇文泰碑

又名：周文王廟碑、北周高祖文帝廟碑、強獨樂文帝廟造像碑。卒於長安，北周元年（557）歲次丁丑造，即後周閔帝之初元。在成都市龍泉驛區山泉鄉石佛寺（原屬簡陽縣），拓片通高148、寬112釐米。文40行，滿行34字，正書。額15行，滿行4字，正書。額題："此周文王之碑大周使持節車騎大將軍儀同三司大都督散騎常侍軍都縣開國伯強獨樂為文王建立佛道二尊像樹其碑元年歲次丁丑造"。

圖版著錄：

《北京圖書館藏中國歷代石刻拓本匯編》8冊99頁。

《四川歷代碑刻》89頁。（局部）

《漢魏六朝碑刻校注》10冊136頁。

錄文著錄：

《八瓊室金石補正》23/1a–4b，《新編》1/6/4354上—4355下。

《金石苑》卷2，《新編》1/9/6281下—6283上。

《十二硯齋金石過眼錄》7/10b–14a，《新編》1/10/7852下—7854下。

《中國金石學講義·正編》32b–33b，《新編》3/39/182–184。

《四川歷代碑刻》90—91頁。

《漢魏六朝碑刻校注》10冊137—138頁。

《全後周文補遺》9—10頁。

碑目題跋著錄：

《八瓊室金石補正》23/5a–8a，《新編》1/6/4356上—4357下。

《金石苑》卷2，《新編》1/9/6283下。

《十二硯齋金石過眼錄》7/14a–16a，《新編》1/10/7854下—7855下。

《集古求真續編》2/3b–4a，《新編》1/11/8722上—下。

《輿地碑記目·簡州碑記》4/5b–6a，《新編》1/24/18562上—下。

《藝風堂金石文字目》2/37a，《新編》1/26/19552上。

《補寰宇訪碑錄》2/17a，《新編》1/27/20214上。

《金石彙目分編》16（1）/23a、24b，《新編》1/28/21460上、下。

《石刻題跋索引》510頁左，《新編》1/30/22848。

《墨華通考》卷11，《新編》2/6/4423上。

《崇雅堂碑錄》1/30b，《新編》2/6/4498 下。

《語石》3/3b，《新編》2/16/11899 上。

《寰宇貞石圖目錄》卷上/7b，《新編》2/20/14674 下。

《蜀碑記》1/6a，《新編》3/16/314 下。

《漢石經室金石跋尾》，《新編》3/38/266 上。

《碑帖鑒定》204—205 頁。

《碑帖敘錄》193—194 頁。

《漢魏六朝碑刻校注·總目提要》編號2360。

論文：

丁明夷：《從強獨樂建周文王佛道造像碑看北朝道教造像》，《文物》1986 年第 3 期。

趙純義、王家佑：《北周文王碑考查報告》，《成都文物》1987 年第 3 期。

劉節：《北周強獨樂為文王造佛道二像碑記跋》，《成都文物》1987 年第 3 期。

薛登：《北周文王碑及其造像問題新探》，《成都文物》1987 年第 3 期。

榮遠大、劉雨茂：《北周文王碑真偽考》，《成都文物》2000 年第 1 期。

薛登：《〈北周文王碑〉及其相關遺跡辨正》，《成都文物》2003 年第 3 期。

榮遠大：《關於北周文王碑的幾個問題》，《成都考古研究》（一），2009 年，第 503—510 頁；原載於《考古學民族學的探索與實踐》，四川大學出版社 2005 年版。

溫玉成、張雪芬等：《成都龍泉驛北周強獨樂造像考察記》，《中原文物》2016 年第 2 期。

備考：宇文泰，《周書》卷一、卷二和《北史》卷九皆有本紀。此碑實則贊頌宇文泰的德政，故收入。

明　帝

明帝 001

烏丸光妻叱羅招男墓誌并蓋

卒於同州，明帝元年（557）十月六日葬於華陰東原鄉通靈里。2000年冬陝西省華陰縣出土，旋歸洛陽張氏，今存大唐西市博物館。蓋拓本高33、寬34釐米。誌高41、寬40.5、厚12釐米。誌文16行，滿行15字，隸書。蓋3行，行3字，篆書。蓋題：烏丸光叱羅夫人墓誌。首題：大周使持節驃騎大將軍開府儀同三司大都督上黃郡開國公烏丸光夫人曲梁縣君叱羅氏墓誌。

著錄：

《秦晉豫新出墓誌蒐佚》1冊59—60頁（圖）。

《大唐西市博物館藏墓誌》上冊6—7頁。（誌圖、文）

《北朝隋代墓誌所在總合目錄》編號1026。（目）

論文：

周偉洲：《大唐西市博物館入藏北朝胡族墓誌考》，《大唐西市博物館藏墓誌研究》（續一），第5—20頁。

湯勤福：《魏晉南北朝南人北遷及相關史跡釋讀》，《大唐西市博物館藏墓誌研究》（續一），第21—22頁。

倪潤安：《從叱羅招男墓誌看北魏道武帝早年入蜀事跡》，《四川文物》2014年第2期。

劉軍：《叱羅招男墓誌與拓跋珪入蜀傳說》，《史學史研究》2015年第1期。

葉煒：《從王光、叱羅招男夫婦墓誌論西魏北周史二題》，《魏晉南北朝隋唐史資料》第28輯，2012年。

備考：《秦晉豫新出墓誌蒐佚》在解題中云"武成元年十月六日葬"，但誌文中並沒有出現年號，不知何所據？烏丸光即王光，事見《周書》卷四〇、《北史》卷六二《王軌傳》。

明帝 002
拓跋寧墓誌

北周元年（557）二月十八日卒，明帝二年（558）九月廿二日葬於小陵原。西安市長安區出土，2007年入藏西安碑林博物館。誌高40.3、寬40、厚8.7釐米。文9行，滿行10字，正書。首題：周故魏郡公拓拔寧墓誌。

著錄：

《西安碑林博物館新藏墓誌續編》上冊7—8頁。（圖、文）

明帝 003
元儒墓誌

元年（557）二月十八日薨，明帝二年（558）九月卅日葬於小陵原。《西安新獲墓誌集萃》據推測為北周明帝二年（558）。藏西安博物院。誌高46、寬45、厚10釐米。文正書，8行，滿行9字。蓋佚。首題：燕郡公墓誌。

著錄：

《西安新獲墓誌集萃》16—17頁。（圖、文）

明帝 004
拓跋育墓誌

北周明帝二年（558）二月十七日薨，二年十月十二日葬於小陵原。1982年出土於陝西省長安縣大兆鄉小兆寨與西曹村之間的土壕，今存西安碑林。誌方形，高、寬均45釐米。文正書，9行，滿行10字。首題：周故淮安公拓跋育墓誌。

著錄：

《漢魏六朝碑刻校注》10冊141—142頁。（圖、文）

《全後周文補遺》15頁。（文）

《新出魏晉南北朝墓誌疏證》（修訂本）231—232頁。（文、跋）

《漢魏六朝碑刻校注·總目提要》編號2361。（目）

《北朝隋代墓誌所在總合目錄》編號1027。（目）

論文：

祥生：《長安發現北魏獻文皇帝之孫墓誌》，《碑林集刊》第4輯，1996年。

備考：拓跋育，即元育，其事見《周書》卷二《廢帝紀》，卷三八《元偉傳》等諸處。

明帝 005

儀同□□碑

北周元年（在武成之前，557—558），在襄陽縣，襄陽民董氏舊藏。

碑目題跋著錄：

（民國）《湖北通志‧金石志》3/25a，《新編》1/16/11986 上。

《輿地碑記目‧襄陽府碑記》3/7a，《新編》1/24/18551 上。

《金石彙目分編》14/19a，《新編》1/28/21392 上。

《石刻題跋索引》509 頁右，《新編》1/30/22847。

《佩文齋書畫譜‧金石》62/14a 下，《新編》3/2/58 上。

（嘉慶）《湖北通志‧金石一》88/41a，《新編》3/13/23 上。

（光緒）《襄陽府治‧金石》18/14b – 15a，《新編》3/13/397 下—398 上。

《六藝之一錄》60/16a，《新編》4/5/105 下。

武　成

武成 001

宇文端墓誌

北周閏六月五日薨於州，權殯於穰城。以武成元年（559）十月廿五日遷葬夏陽縣梁山之夕陽。1990 年秋韓城市蘇東鄉坡底村西北出土，現藏韓城市博物館。誌高 48、寬 47.5、厚 12 釐米。文 24 行，滿行 24 字，正書。首題：周使持節驃騎大將軍開府儀同三司大都督基州刺史文城惠公宇文端墓誌。

著錄：

《新中國出土墓誌‧陝西〔叁〕》上冊 6 頁（圖）、下冊 2—3 頁（文）。

《北朝隋代墓誌所在總合目錄》編號 1028。（目）

論文：

任喜來：《從韓城最早的一方墓誌考韓城最早的一支薛氏》，《韓城市博物館館刊》2008年第3期。

武成002

侯遠墓誌

武成元年（559）十一月七日卒於家，葬於雍州城南山北縣樊川。陝西省西安市出土，今存西安市文物保護考古所。誌高40、寬38釐米。文12行，滿行15字，正書。首題：故明威將軍□□給事□□晉國□□尉侯伏侯君墓誌。

著錄：

《陝西碑石精華》18頁。（圖）

《漢魏六朝碑刻校注》10冊150—151頁。（圖、文）

《漢魏六朝碑刻校注·總目提要》編號2366。（目）

《北朝隋代墓誌所在總合目錄》編號1029。（目）

武成003

拓王廻叔墓誌并蓋

別名：王廻叔墓誌。普太（泰）元年（531）四月十四日卒於秦州，武成二年（560）正月廿一日葬於山北縣。陝西西安出土。誌高、寬均30釐米。文15行，滿行15字，正書。蓋3行，行3字，篆書。首題：魏伏波將軍給事中拓王廻叔墓誌；蓋題：魏故給事中王廻墓誌。

著錄：

《秦晉豫新出墓誌蒐佚續編》1冊127—128頁。（圖）

《新見北朝墓誌集釋》169—171頁。（圖、文、跋）

《北京大學圖書館藏歷代墓誌拓片目錄》編號00672。（目）

武成004

獨孤渾貞墓誌

北周武成二年（560）四月十五日薨於長安，以其年八月五日葬於杜原。1993年出土於陝西省咸陽市渭城區北杜鎮成仁村南，石藏西安碑林博物館。誌高46、寬57釐米。誌文正面23行，側面2行，滿行23字，隸書。首題：周故使持節柱國大將軍晉原郡開國公獨孤渾貞墓誌銘。

著錄：

《西安碑林博物館新藏墓誌彙編》上冊 29—30 頁。（圖、文）

《漢魏六朝碑刻校注》10 冊 152—153 頁。（圖、文）

《咸陽碑刻》上冊圖 8、下冊 385—386 頁。（圖、文）

《全後周文補遺》15—16 頁。（文）

《新出魏晉南北朝墓誌疏證》（修訂本）233—235 頁。（文、跋）

《漢魏六朝碑刻校注·總目提要》編號 2369。（目）

《北朝隋代墓誌所在總合目錄》編號 1030。（目）

論文：

李朝陽：《咸陽市郊北周獨孤渾貞墓誌考述》，《文物》1997 年第 5 期。

武成 005

王光（字興國）墓誌并蓋

武成二年（560）四月廿二日卒於蒲州城，八月卅日葬於華州華山郡華陰鄉靈泉里。2000 年冬陝西省華陰縣出土，歸洛陽豫深古玩城張氏，今存大唐西市博物館。盝頂蓋，蓋高、寬均 54 釐米，厚 8 釐米；誌高、寬均 54.5 釐米，厚 8 釐米。誌文 30 行，滿行 30 字，正書。蓋 3 行，行 3 字，隸書。蓋題：周上黃郡開國公誌銘。首題：周故使持節驃騎大將軍開府儀同三司大都督侍中上黃郡開國公王君之誌銘。

著錄：

《秦晉豫新出墓誌蒐佚》1 冊 61—62 頁（圖）。

《大唐西市博物館藏墓誌》上冊 8—9 頁。（圖、文）

《北朝隋代墓誌所在總合目錄》編號 1031。（目）

論文：

周偉洲：《大唐西市博物館入藏北朝胡族墓誌考》，《大唐西市博物館藏墓誌研究》（續一），第 5—20 頁。

葉煒：《從王光、叱羅招男夫婦墓誌論西魏北周史二題》，《魏晉南北朝隋唐史資料》第 28 輯，2012 年。

備考：王光，即烏丸光，事見《周書》卷四〇、《北史》卷六二

《王軌傳》。

保　定

保定 001

延壽公萬紐于寔碑頌

又名：于寔靈塔頌。武帝保定元年（561）三月十日立。在山西省運城稷山縣太陽鄉均安村西約 100 米，存稷山縣博物館。碑四面造像，碑高 266，寬 99，厚 36 釐米。文正書兼隸書，碑陽 18 行，行 33 字；碑陰 10 列各 34 行。《中國文物地圖集》載首題：大周保定元年延壽公于寔都部屬頌其功德。額篆書，額題：周大將軍延壽公碑頌。未見拓本。

碑目題跋著錄：

《金石錄》3/1b、22/3b－4b，《新編》1/12/8812 上、8929 上－下。

《通志・金石略》卷上/36b，《新編》1/24/18037 上。

《寶刻叢編》20/28a，《新編》1/24/18386 下。

《石刻題跋索引》37 頁左，《新編》1/30/22375。

《寰宇貞石圖目錄》卷下/5a，《新編》2/20/14679 下。

《佩文齋書畫譜・金石》62/14a 下，《新編》3/2/58 上。

《六藝之一錄》60/22b，《新編》4/5/108 下。

《碑帖鑒定》205 頁。

《碑帖敘錄》61 頁。

淑德大學《中國石刻拓本目錄》"碑碣等刻石" 編號 535—537。

論文：

會田大輔：《北周宇文護執政期の地方統治體制—〈延壽公碑〉からみた河東地域》，《東アジア石刻研究》第 5 號，明治大學東アジア石刻文物研究所，2013 年，第 90—118 頁。（文）

備考：萬紐于寔，即于寔，《周書》卷一五附《于謹傳》。

保定 002

楊寬墓誌二種

別名：元寬墓誌。北周保定元年（561）十一月七日葬。陝西華陰出土。兩誌拓片皆高、寬 51 釐米。一誌文正書，34 行，滿行 35 字；首題：周故使持節大將軍華山元公贈華陝虞上洛五州諸軍事華州刺史楊公墓誌。一誌文正書，25 行，滿行 25 字；首題：使持節大將軍大都督侍中華山郡開國公元公之誌。

碑目著錄：

《北京大學圖書館藏歷代墓誌拓片目錄》編號 00673、00674。

備考：楊寬，《魏書》卷五八附《楊鈞傳》，《周書》卷二二、《北史》卷四一有傳。

保定 003

拓拔吐度真墓誌

保定元年（561）十一月。周弘正撰。

碑目題跋著錄：

《金石錄》3/2a，22/4b，《新編》1/12/8812 下、8929 下。

《通志‧金石略》卷上/36b，《新編》1/24/18037 上。

《石刻題跋索引》152 頁左，《新編》1/30/22490。

《佩文齋書畫譜‧金石》62/14a 下，《新編》3/2/58 上。

《古誌彙目》1/10a，《新編》3/37/23。

《六藝之一錄》60/16b，《新編》4/5/105 下。

《六朝墓誌檢要》（修訂本）166 頁。

《漢魏六朝碑刻校注‧總目提要》編號 2370。

《北朝隋代墓誌所在總合目錄》編號 1032。

保定 004

拓拔濟墓誌

保定二年（562）閏月中薨，遷葬於華陰之里。誌高 34、寬 33.5、厚 11 釐米。誌蓋佚，誌藏西安博物院。文正書，13 行，滿行 14 字。首題：周故使持節車騎大將軍儀同三司大都督左金紫光錄大夫趙平郡守冀州刺史吐故縣開國侯拓拔濟墓誌銘。

著錄：

《西安新獲墓誌集萃》18—19 頁。（圖、文）

保定 005

辛術妻裴氏墓誌

魏二年四月八日卒，北周保定二年（562）十二月廿六日遷葬樂遊里。陝西西安南郊出土，2012年入藏西安碑林博物館。誌高40.5、寬39.5、厚9釐米。文正書，15行，誌左側3行，滿行18字。首題：故雍州刺史辛公夫人頓丘郡君裴氏墓誌。

著錄：

《秦晉豫新出墓誌蒐佚續編》1冊133頁。（圖）

《西安碑林博物館新藏墓誌續編》上冊9—10頁。（圖、文）

《珍稀墓誌百品》16—17頁。（圖、文）

《北京大學圖書館藏歷代墓誌拓片目錄》編號00675。（目）

論文：

段鋭超：《北周〈辛術妻裴氏墓誌〉考釋——兼論北周對洋州的管理》，《文博》2017年第3期。

備考：辛術，《北齊書》卷三八、《北史》卷五〇有傳。

保定 006

賀蘭祥墓誌并蓋

保定二年（562）十二月廿八日薨於長安里第，以其年（563？）三月廿日葬於洪突原。1965年咸陽市周陵鄉賀家村出土，今存咸陽市博物館。誌及蓋高、寬均86釐米，誌厚14、蓋厚13釐米。誌文正書，40行，滿行41字。蓋4行，行4字，篆書。首題：［周］［故］［使］持節太師柱國大將軍大都督大司馬十二州諸軍事同州刺史涼國景公賀蘭祥墓誌；蓋題：周故太師柱國大司馬涼國景公之墓誌。

著錄：

《新中國出土墓誌》陝西（壹）上冊21頁（圖）、下冊17—18頁（文、跋）。

《咸陽碑石》5—8頁。（圖、文）

《漢魏六朝碑刻校注》10冊160—162頁。（圖、文）

《新出魏晉南北朝墓誌疏證》（修訂本）236—240頁。（文、跋）

《全後周文補遺》16—17 頁。（文）

《漢魏六朝碑刻校注·總目提要》編號 2373。（目）

《北朝隋代墓誌所在總合目錄》編號 1033。（目）

論文：

劉曉華：《北周賀蘭祥墓誌及其相關問題》，《咸陽師範學院學報》2001 年第 5 期。

備考：賀蘭祥，《周書》卷二〇、《北史》卷六一有傳。

保定 007

楊儉妻羅氏墓誌

保定二年（562）十二月十四日遘疾卒於長安，保定三年（563）二月廿五日歸葬華陰之舊塋。陝西華陰出土，現藏河南省新安縣千唐誌齋博物館。拓片高 41.5、寬 41 釐米。文正書，14 行，滿行 14 字。首題：魏使持節驃騎大將軍開府儀同三司大都督潁北雍東秦華東雍州五州諸軍事東雍州刺史西道大行臺尚書右僕射侍中夏陽縣開國侯故楊儉夫人羅氏墓誌銘。

錄文著錄：

《全唐文補遺·千唐誌齋新藏專輯》444 頁。

碑目著錄：

《北朝隋代墓誌所在總合目錄》編號 1034。

《北京大學圖書館藏歷代墓誌拓片目錄》編號 00676。

保定 008

王息墓誌

保定三年（563）二月中於蜀都殯□，其年十月廿九日葬於石安原。1982 年陝西省渭城鎮劉村北出土，藏咸陽博物館。磚質，形制、規格未詳。

著錄：

《渭城文物志》217 頁。（文）

《北朝隋代墓誌所在總合目錄》編號 1035。（目）

保定 009

儀同陳毅墓誌

保定三年（563）十二月十九日立。在襄陽府襄陽縣。

碑目題跋著錄：

（民國）《湖北通志·金石志》3/25b，《新編》1/16/11986 上。

《寶刻叢編》3/6b–7a，《新編》1/24/18116 下—18117 上。

《金石彙目分編》14/19a，《新編》1/28/21392 上。

《石刻題跋索引》152 頁左，《新編》1/30/22490。

《六藝之一錄》60/21b，《新編》4/5/108 上。

《六朝墓誌檢要》（修訂本）166 頁。

《漢魏六朝碑刻校注·總目提要》編號 2376。

《北朝隋代墓誌所在總合目錄》編號 1036。

保定 010

紇豆陵曦墓誌

保定二年（562）卒，三年（563）葬。2008—2009 年出土於陝西省長安區韋曲韓家灣村，陝西省考古研究院藏石。未見圖版和錄文。

碑目著錄：

《北朝隋代墓誌所在總合目錄》編號 1037。

陝西省考古研究院：《2009 年陝西省考古研究院考古調查發掘新收穫》，《考古與文物》2010 年第 2 期，10 頁。

保定 011

南秦州刺史成□碑

保定四年（564）三月十五日葬於石安原。1992 年在咸陽市渭城鎮冶家臺村出土，現存渭城區文管會。碑通高 209、碑首高 67、下寬 79、厚 25 釐米。額高 40、寬 34.5 釐米。額篆書，3 行，行 3 字。碑文 21 行，滿行 40 字，正書。額題：魏故南秦刺史成君碑。

著錄：

《渭城文物志》168—170 頁。（圖、文）

論文：

王其禕、王菁：《咸陽出土北周〈魏故南秦州刺史成君碑〉疏證》，《中國國家博物館館刊》2014 年第 2 期。

備考：《渭城文物志》拓本模糊，王其禕論文中的圖版相對清晰。

保定 012

拓跋虎墓誌

保定四年（564）三月一日薨於長安平定鄉永貴里，其月廿六日歸葬於石安北原。1990年出土於陝西省咸陽市渭城區渭城鄉坡劉村西拓跋虎夫婦合葬墓。誌高、寬均42.5釐米。文正書，28行，滿行28字。首題：周使持驃騎大將軍開府儀同三司大都督雲寧縣開國公故拓跋氏墓誌銘。

著錄：

《中國北周珍貴文物》5—9頁。（圖、文、跋）

《漢魏六朝碑刻校注》10冊171—173頁。（圖、文）

《新出魏晉南北朝墓誌疏證》（修訂本）241—243頁。（文、跋）

《全後周文補遺》18—19頁。（文）

《漢魏六朝碑刻校注·總目提要》編號2377。（目）

《北朝隋代墓誌所在總合目錄》編號1038。（目）

論文：

咸陽市渭城區文管會：《咸陽市渭城區北周拓跋虎夫婦墓清理記》，《文物》1993年第11期。

牟發松：《〈拓跋虎墓誌〉釋考》，《魏晉南北朝隋唐史資料》第18輯，2001年。

保定 013

賀屯植墓誌

又名：高植墓誌。保定三年（563）正月廿三日薨於坊，保定四年（564）四月廿一日葬於豳州三水縣榛川之良平原。陝西三水縣出土，曾歸縣人唐氏、長安宋氏、長白端方。誌高、廣均37釐米。文25行，滿行22字，正書。首題：周故開府儀同賀屯公之墓誌。

圖版著錄：

《漢魏南北朝墓誌集釋》圖版三五〇，《新編》3/4/20。

《北京圖書館藏中國歷代石刻拓本匯編》8冊111頁。

《中國金石集萃》7函10輯編號98。

《中國西北地區歷代石刻匯編》1冊79頁。

《漢魏六朝碑刻校注》10冊175頁。

錄文著錄：

《八瓊室金石補正》23/9b－11a,《新編》1/6/4358上—4359上。

《陝西金石志》6/21b－22b,《新編》1/22/16440上—下。

《關中石刻文字新編》3/1a－b,《新編》1/22/17005－17006。

《古誌石華續編》1/1a－2a,《新編》2/2/1419上—下。

《誌石文錄續編》8b－9b,《新編》2/19/13780下—13781上。

《魯迅輯校石刻手稿·墓誌》下冊127—129頁。

《漢魏南北朝墓誌彙編》480—481頁。

《漢魏六朝碑刻校注》10冊176頁。

《全後周文補遺》19頁。

碑目題跋著錄：

《八瓊室金石補正》23/11a－13a,《新編》1/6/4359上—4360上。

《陝西金石志》6/22b－23a,《新編》1/22/16440下—16441上。

《藝風堂金石文字目》18/2b,《新編》1/26/19814下。

《補寰宇訪碑錄》2/17b,《新編》1/27/20214上。

《金石彙目分編》12（2）/37b,《新編》1/28/21354上。

《石刻題跋索引》152頁左—右,《新編》1/30/22490。

《石刻名彙》2/20b,《新編》2/2/1034下。

《崇雅堂碑錄》1/31a,《新編》2/6/4499上。

《關中金石文字存逸考》9/55b－57b、12/17b,《新編》2/14/10587上—10588上、10645上。

《懷岷精舍金石跋尾》4b－5a,《新編》2/19/14202下—14203上。

《寶鴨齋題跋》卷中/16b－17b,《新編》2/19/14354下—14355上。

《寰宇貞石圖目錄》卷上/7b,《新編》2/20/14674下。

《蒿里遺文目錄》2（1）/5b,《新編》2/20/14946上。

《漢魏南北朝墓誌集釋》7/76a－b,《新編》3/3/185－186。

（民國）《咸寧長安兩縣續志·金石考下》13/6b,《新編》3/31/542下。

《石目》,《新編》3/36/73上。

《國立北平圖書館藏碑目》13b，《新編》3/36/255 上。

《古誌彙目》1/10b，《新編》3/37/24。

《雪堂所藏金石文字簿錄》87a，《新編》4/7/413 上。

《墓誌徵存目錄》卷 1，《羅振玉學術論著集》第五集，581 頁。

《歷代墓誌銘拓片目錄》36 頁。

《善本碑帖錄》2/86。

《增補校碑隨筆》（修訂本）270 頁。

《六朝墓誌檢要》（修訂本）166 頁。

《碑帖鑒定》205 頁。

《碑帖敘錄》195 頁。

《漢魏六朝碑刻校注·總目提要》編號2378。

淑德大學《中國石刻拓本目錄》"墓誌"編號 257。

《北朝隋代墓誌所在總合目錄》編號 1039。

《北京大學圖書館藏歷代墓誌拓片目錄》編號 00677。

備考：賀屯植，其先姓侯，即侯植，《北史》卷六六、《周書》卷二九有傳。《寰宇貞石圖目錄》誤著為"北周開府儀同賀屯公高植墓誌"。

保定 014

李稚華墓誌并蓋

保定四年（564）六月廿七日薨於稠貴里舍，八月廿三日葬於小陵原。王褒書。蓋藏西安博物院，誌藏大唐西市博物館。蓋高 59、寬 58、厚 9 釐米；誌高 58.5、寬 57.5、厚 9.5 釐米。誌文 23 行，滿行 23 字，正書。蓋 4 行，行 5 字，篆書。蓋題：魏故司空公馮翊簡穆王夫人李氏墓誌銘。首題：魏故司空尚書令留守大都督馮翊簡穆王妃墓誌銘。

著錄：

《大唐西市博物館藏墓誌》上冊 10—11 頁。（誌圖、文）

《西安新獲墓誌集萃》20—22 頁。（圖、文）

《北朝隋代墓誌所在總合目錄》編號 1040。（目）

保定 015

梁歡祖墓誌

保定三年（563）八月卒於長安縣之永貴里，以四年（564）十月廿四日葬於石安忠孝之原。咸陽博物館近年徵集，據云出土於咸陽市渭城區北原之上。蓋長42.5、寬41.5、厚12釐米。誌長42、寬40.5、厚15釐米。蓋3行，行3字，篆書。文18行，滿行19字，正書。蓋題：周故梁府君墓誌之銘。首題：周龍驤將軍建陽郡守梁府君墓誌銘。未見拓本。

碑目著錄：

《北朝隋代墓誌所在總合目錄》編號1042。

論文：

羅紅俠：《〈周故梁府君墓誌之銘〉考略》，《文博》2011年第1期。（文）

保定016

李誕墓誌

保定四年（564）四月九日卒於萬年里宅，閏月葬中鄉里。2005年9月陝西西安南康村出土。拓片高41.5、寬43釐米。文正書，11行，滿行12字。首題：周故邯州刺史李君墓誌銘。

碑目著錄：

《北朝隋代墓誌所在總合目錄》編號1041。

《北京大學圖書館藏歷代墓誌拓片目錄》編號00678。

論文：

程林泉、張小麗等：《陝西西安發現北周婆羅門後裔墓葬》，《中國文物報》2005年10月21日。

程林泉、張小麗等：《談談對北周李誕墓的幾點認識》，《中國文物報》2005年10月21日。

程林泉、張翔宇等：《西安北周李誕墓初探》，《藝術史研究》第7輯，2005年。

程林泉：《西安北周李誕墓的考古發現與研究》，《西部考古》第1輯，2006年。（文）

保定017

席肅公（席固）神道碑

保定四年（564）卒。在湖北襄陽。（民國）《湖北通志·金石志》考證，席肅公即席固。

碑目題跋著錄：

（民國）《湖北通志·金石志》3/25b，《新編》1/16/11986 上。

《輿地碑記目·襄陽府碑記》3/7a，《新編》1/24/18551 上。

《金石彙目分編》14/19a，《新編》1/28/21392 上。

《石刻題跋索引》37 頁左，《新編》1/30/22375。

《佩文齋書畫譜·金石》62/14a 下，《新編》3/2/58 上。

（嘉慶）《湖北通志·金石一》88/41a，《新編》3/13/23 上。

（光緒）《襄陽府治·金石》18/15a，《新編》3/13/398 上。

《六藝之一錄》60/16a，《新編》4/5/105 下。

備考：席固，《北史》卷六六、《周書》卷四四有傳。

保定 018

柱國康國忠公王雄碑

保定四年（564）。在陝西咸陽縣。

碑目題跋著錄：

《寶刻叢編》8/42a－b，《新編》1/24/18238 下。

《金石彙目分編》12（1）/76a，《新編》1/28/21314 下。

《石刻題跋索引》37 頁左，《新編》1/30/22375。

《六藝之一錄》60/15b，《新編》4/5/105 上。

保定 019

徒何櫛墓誌并蓋

保定四年（564）閏十二月十九日卒於延州，五年（565）四月廿一日歸葬於建忠郡三原縣之豐谷原。石藏大唐西市博物館。盝頂蓋，蓋高、寬均 52、厚 10 釐米。誌高 50.5、寬 51.5、厚 11.5 釐米。誌文 20 行，滿行 22 字，隸書。蓋 3 行，行 3 字，正書。蓋題：周大將軍故汝南公誌。首題：故周大將軍汝南郡公徒何府君墓誌"。

著錄：

《大唐西市博物館藏墓誌》上冊 12—13 頁。（圖、文）

《北朝隋代墓誌所在總合目錄》編號 1044。（目）

論文：

周偉洲：《大唐西市博物館入藏北朝胡族墓誌考》，《大唐西市博物館藏墓誌研究》（續一），第5—20頁。

保定020

周冠軍公夫人烏石蘭氏墓誌銘

保定五年（565）四月卒，以其年歸葬於京兆之某原。庾信撰。

錄文著錄：

《文苑英華》963/6a-b，6冊5064上。

《全後周文》18/4b-5a，《全文》4冊3969下—3970上。

《庾子山集注》16/1051-1052。

《庾開府集》1/178a-179a，《漢魏六朝百三名家集》5冊478上—下。

《庾子山集》16/7a-8a，《四部叢刊初編》第101冊。

《庾開府集箋注》10/66a-68a，景印文淵閣《四庫全書》1064冊289上—290上。

《庾子山集》16/21b-24b，景印文淵閣《四庫全書》1064冊772下—774上。

碑目題跋著錄：

《金石彙目分編》12（1）/22b，《新編》1/28/21287下。

《漢魏六朝墓銘纂例》4/10a，《新編》3/40/463下。

《漢魏六朝碑刻校注·總目提要》編號2385。

保定021

宇文猛墓誌

保定五年（565）七月十五日卒於長安縣鴻固鄉永貴里，其年十月廿三日葬。1993年出土於寧夏固原縣南郊鄉王澇壩村，藏固原博物館。蓋高、寬均44釐米，厚12釐米，無文。誌高、寬均52釐米，厚10釐米。文正書，25行，滿行27字。首題：周故大將軍大都督原鹽靈會交五州諸軍事原州刺史槃頭郡開國襄公墓誌銘。

著錄：

《寧夏歷代碑刻集》5—6頁。（圖、文）

《固原歷代碑刻選編》70—72 頁。（圖、文）

《新出魏晉南北朝墓誌書證》631 頁。（目）

《北朝隋代墓誌所在總合目錄》編號 1045。（目）

論文：

寧夏文物考古所固原工作站：《固原北周宇文猛墓發掘簡報》，《寧夏考古文集》，第 141—143 頁。

耿志強、陳曉樺：《北周宇文猛墓誌考釋》，《西夏研究》2013 年第 2 期。

耿志強：《寧夏固原北周宇文猛墓發掘報告與研究》，陽光出版社 2014 年版。

保定 022

慕容寧神道碑

保定五年（565）三月四日卒於私第，十月庚申葬於洪瀆之川。庾信撰。

錄文著錄：

《文苑英華》919/1a-4a，6 冊 4835 上—4836 下。

《全後周文》15/3a-5b，《全文》4 冊 3956 上—3957 上。

《庾子山集注》14/894-906。

《庾子山集》14/17b-21b，《四部叢刊初編》第 101 冊。

《庾子山集》14/55b-68a，景印文淵閣《四庫全書》1064 冊 702 下—709 上。

《庾開府集箋注》9/48a-57b，景印文淵閣《四庫全書·集部》1064 冊 251 上—255 下。

《庾開府集》1/132b-137a，《漢魏六朝百三名家集》5 冊 455 上—457 下。

碑目題跋著錄：

《金石彙目分編》12（1）/76a，《新編》1/28/21314 下。

《漢魏六朝志墓金石例》2/19a-b、3/4a，《新編》3/40/413 上、416 下。

《漢魏六朝墓銘纂例》4/9b，《新編》3/40/463 上。

《漢魏六朝碑刻校注·總目提要》編號 2388。

論文：

姜波：《豆盧氏世系及其漢化——以墓碑、墓誌為線索》，《考古學報》2002 年第 3 期。

備考：慕容寧，本姓豆盧，《北史》卷六八、《周書》卷一九有傳。

保定 023

王士良妻董榮暉墓誌并蓋

保定五年（565）六月廿九日薨於長安，以其年十一月五日葬於石安原。1988 年出土於陝西省咸陽市底張灣飛機場候機樓基址。誌高、寬均 49 釐米。文正書，25 行，滿行 27 字。首題：周大將軍廣昌公故夫人董氏之墓誌銘；蓋篆書，4 行，行 4 字，蓋題：周大將軍廣昌公故夫人董氏之墓誌銘。

著錄：

《中國北周珍貴文物》123—126 頁。（圖、文）

《漢魏六朝碑刻校注》10 冊 193—194 頁。（圖、文）

《新出魏晉南北朝墓誌疏證》（修訂本）244—246 頁。（文、跋）

《全後周文補遺》20 頁。（文）

《漢魏六朝碑刻校注·總目提要》編號 2389。（目）

《北朝隋代墓誌所在總合目錄》編號 1046。（目）

論文：

束莉：《中古女性生活圖景與才德觀之重構——以〈王士良妻董榮暉墓誌〉考論為中心》，《古籍研究》2013 年第 2 期。

備考：王士良，《周書》卷三六、《北史》卷六七有傳。

保定 024

裴璣墓誌

保定五年（565）十一月五日遷葬本縣東涼原。2003 年 7 月出土於山西省聞喜縣東鎮倉底村。誌高 43、寬 42.5、厚 8 釐米。文正書，17 行，滿行 17 字。

碑目著錄：

《北朝隋代墓誌所在總合目錄》編號1047。

論文：

鄒冬珍、衛文革：《山西運城出土幾盒北朝墓誌》，《文物世界》2006年第4期。（圖、文）

衛文革：《唐以前河東裴氏墓誌叢札》，《山西師範大學學報》2009年第2期。

王銘：《北周〈裴璣墓誌〉疏證》，《碑林集刊》第15輯，2010年。（圖、文）

保定 025

裴休義墓誌

保定五年（565）十一月五日葬於本邑東涼原。2003年7月出土於山西省聞喜縣東鎮倉底村。誌高42、寬41.5、厚8釐米。文正書，17行，滿行17字。

碑目著錄：

《北朝隋代墓誌所在總合目錄》編號1048。

論文：

鄒冬珍、衛文革：《山西運城出土幾盒北朝墓誌》，《文物世界》2006年第4期。（圖、文）

衛文革：《唐以前河東裴氏墓誌叢札》，《山西師範大學學報》2009年第2期。

保定 026

長孫紹遠墓誌

保定五年（565）卒於涇州趙平鄉，以其年仲冬（十一月）甲申葬於小陵原。2010年西安市南郊高望村航天工地出土，石藏西安市文物保護考古所。誌高56、寬57釐米。文正書，23行，滿行24字。

碑目著錄：

《北朝隋代墓誌所在總合目錄》編號1049。

論文：

陳財經、王建中：《新出土北朝長孫氏墓誌三方考略》，《碑林集刊》第 17 輯，2011 年。（圖、文）

備考：長孫紹遠，《魏書》卷二五附《長孫稚傳》，《周書》卷二六、《北史》卷二二有傳。

天　和

天和 001

豆盧恩神道碑

一作"豆盧永恩神道碑"。保定三年（563）卒於官舍，天和元年（566）二月六日葬於咸陽洪瀆川。庾信撰。在陝西咸陽文王廟，清乾隆年間佚，民國重出，碑現存咸陽博物館。殘高 192、下寬 112、上寬 103、厚 28 釐米。文隸書，26 行，滿行 51 字。

圖版著錄：

《北京圖書館藏中國歷代石刻拓本匯編》8 冊 123 頁。

《中國西北地區歷代石刻匯編》1 冊 89 頁。

《咸陽碑石》13 頁。

《漢魏六朝碑刻校注》10 冊 196 頁。

錄文著錄：

《平津館金石萃編》，《新編》2/4/2669 上—2670 上。

《關中金石文字存逸考》6/2b－7a，《新編》2/14/10497 下—10500 上。

《咸陽碑石》10—13 頁。

《文苑英華》925/1a－3b，6 冊 4868 下—4869 下。

《藝文類聚》卷 50，上冊 897 頁。（節文）

《全後周文》15/7b－9b，《全文》4 冊 3958 上—3959 上。

《庾開府集》1/124a－128a，《漢魏六朝百三名家集》5 冊 451 上—453 上。

《庾子山集注》14/923－932。

《庾子山集》14/25b－29a，《四部叢刊初編》第 101 冊。

《庾開府集箋注》9/33a－40b，景印文淵閣《四庫全書·集部》1064冊243下—247上。

《庾子山集》14/81a－92a，景印文淵閣《四庫全書》1064冊715下—721上。

《漢魏六朝碑刻校注》10冊197—198頁。

碑目題跋著錄：

《集古求真》10/7a－b，《新編》1/11/8576上。

《集古求真補正》3/41b，《新編》1/11/8683上。

《金石錄補》9/3b，《新編》1/12/9031上。

《金石文字記》2/20b－21a，《新編》1/12/9220下—9221上。

《陝西金石志》6/23a、23b－24a，《新編》1/22/16441上—下。

《石墨鐫華》1/14a－b，《新編》1/25/18599下。

《曝書亭金石文字跋尾》3/15b－16a，《新編》1/25/18698上—下。

《授堂金石文字續跋》2/9b－10b，《新編》1/25/19180上—下。

《鐵橋金石跋》1/17b－18b，《新編》1/25/19313上—下。

《平津讀碑記》3/13b－14a，《新編》1/26/19380上—下。

《寰宇訪碑錄》2/25b，《新編》1/26/19873上。

《金石彙目分編》12（1）/74a，《新編》1/28/21313下。

《石刻題跋索引》37頁左，《新編》1/30/22375。

《天下金石志》6/8，《新編》2/2/834下。

《平津館金石萃編》，《新編》2/4/2670上—下。附周震甲跋和《四錄堂類集》。

《崇雅堂碑錄》1/31a，《新編》2/6/4499上。

《來齋金石刻考略》卷上/37b－38b，《新編》2/8/5983上—下。

《關中金石文字存逸考》11/24b，《新編》2/14/10631下。

《關中金石記》1/9，《新編》2/14/10666上。

《石墨考異》卷上，《新編》2/16/11639上。

《竹崦盦金石目錄》21b，《新編》2/20/14557上。

《古林金石表》10b，《新編》2/20/14898下。

《蒿里遺文目錄》1上/4b，《新編》2/20/14939上。

《佩文齋書畫譜·金石》62/6b 上、62/14b 下，《新編》3/2/43 下、58 上。

（乾隆）《西安府志·金石志》73/1a,《新編》3/31/481 下。

《金石文考略》5/8b,《新編》3/34/302 下。

《含經堂碑目》,《新編》3/37/254 上。

《西安碑目·咸陽縣》,《新編》3/37/265 上。

《竹崦盦金石目錄》1/26b,《新編》3/37/352 下。

《漢魏六朝志墓金石例》2/19a,《新編》3/40/413 上。

《金石備攷·西安府》,《新編》4/1/30 下。

《遼居稿》21b–23b,《新編》4/1/269 下—270 下。

《六藝之一錄》60/15a,《新編》4/5/105 上。

《碑帖鑒定》205 頁。

《碑帖敘錄》67 頁。

《咸陽碑石》9 頁。

《善本碑帖錄》2/86。

《漢魏六朝碑刻校注·總目提要》編號 2390。

淑德大學《中國石刻拓本目錄》"碑碣等刻石"編號 538。

論文：

毛遠明：《石本校〈庾子山集〉二篇》,《紀念西安碑林九百二十周年華誕國際學術研討會論文集》，第 497—506 頁。

姜波：《豆盧氏世系及其漢化——以墓碑、墓誌為線索》,《考古學報》2002 年第 3 期。

備考：豆盧恩,《周書》卷一九、《北史》卷六八有傳，附《豆盧寧傳》。

天和 002

拔拔兕墓誌

又名：拔拔光墓誌。天和元年（566）十月廿九日葬。據云 21 世紀初出土於陝西省。誌高、寬均 41.5 釐米。文 10 行，滿行 12 字，正書。

著錄：

《秦晉豫新出墓誌蒐佚續編》1 冊 138 頁。（圖）
《新見北朝墓誌集釋》172—174 頁。（圖、文、跋）
《北朝隋代墓誌所在総合目錄》編號 1051。（目）
《北京大學圖書館藏歷代墓誌拓片目錄》編號 00679。（目）

論文：

王連龍：《北周拔拔兕墓誌》，《社會科學戰線》2011 年第 5 期。

天和 003

王氏妻宋氏磚誌

天和元年（566）十一月廿五日。2009 年陝西省咸陽市東北的國際機場建設工地發掘出土，存咸陽市文物考古研究所。磚尺寸不詳。文 3 行，滿行 6 字，正書。

論文：

李朝陽：《陝西關中出土的西晉十六國時期磚誌考述》，《文博》2012 年第 6 期。（圖、文）

天和 004

宇文斌（字伯達）墓誌并蓋

天和元年（566）六月廿八日薨於長安永貴里第，二年（567）二月十八日附葬於小陵原。誌高、寬均 43.5 釐米。文 18 行，滿行 19 字。蓋 3 行，行 3 字，篆書。蓋題：萬年子故宇文斌墓誌；首題：周柱國府齊國公記室萬年子故宇文斌墓誌。

著錄：

《珍稀墓誌百品》18—19 頁。（圖、文）

天和 005

馬□奴墓磚銘

天和二年（567）八月七日。1985—1995 年在河南省三門峽市西北部發掘出土。磚長 32、寬 16、厚 6 釐米。文 3 行，行 4 至 11 字不等，正書。

發掘報告：

三門峽市文物考古研究所：《河南三門峽市北朝和隋代墓葬清理簡

報》，《華夏考古》2009年第4期。（圖9—4、文）

天和006

是云㑽墓誌

天和二年（567）十月二日卒，十月十一日葬。2007年春陝西西安出土，旋歸洛陽許氏，今藏大唐西市博物館。誌高48.5、寬49、厚11釐米。文27行，滿行27字，隸書。首題：使持節驃騎大將軍開府儀同三司大都督宜敷丹三州諸軍事宜州刺史洞城郡開國公是云㑽之墓誌銘"。

著錄：

《大唐西市博物館藏墓誌》上冊14—15頁。（圖、文）

《秦晉豫新出墓誌蒐佚》1冊64頁。（圖）

《北朝隋代墓誌所在總合目錄》編號1052。（目）

《北京大學圖書館藏歷代墓誌拓片目錄》編號00680。（目）

論文：

周偉洲：《大唐西市博物館入藏北朝胡族墓誌考》，《大唐西市博物館藏墓誌研究》（續一），第5—20頁。

李鴻賓：《北周是云㑽及夫人賀拔定妃墓誌考釋》，《大唐西市博物館藏墓誌研究》（續一），第39—53頁。

備考：《秦晉豫新出墓誌蒐佚》誤錄墓主姓名為"是㑽"，據圖版當為"是云㑽"。

天和007

乙弗紹墓誌

天和二年（567）七月二日卒，十月十七日葬於小陵原。2006年春陝西省渭南縣出土，旋歸洛陽謝氏。誌高53、寬53.5釐米。文34行，滿行34字，正書。首題：使持節驃騎大將軍開府儀同三司大都督高唐縣開國侯乙弗紹墓誌銘。

著錄：

《龍門區系石刻文萃》431頁。（圖）

《秦晉豫新出墓誌蒐佚》1冊65頁。（圖）

《漢魏六朝碑刻校注》10冊213—215頁。（圖、文）
《漢魏六朝碑刻校注·總目提要》編號2397。（目）
《北朝隋代墓誌所在總合目錄》編號1053。（目）

天和008

張猥墓誌

天和二年（567）十月十七日遷葬萬年貴胄里。2010年陝西省西安市長安區韋曲東原出土，藏西安市文物保護考古所。誌長、寬均44釐米；蓋頂邊長36釐米，側邊厚5.5、通厚9釐米。文21行，滿行21字，正書。蓋3行，行4字，篆書。蓋題：大周雍州駱谷鎮將故張君誌。

碑目著錄：

《北朝隋代墓誌所在總合目錄》編號1054。

論文：

西安市文物保護考古所：《西安南郊清理兩座小型北周墓》，《文博》2011年第2期。（圖、文）

天和009

太傅鄭國公達奚武妻鄭氏墓誌銘

天和三年（568）三月二十日卒，葬於長安之石安原。庾信撰。

錄文著錄：

《文苑英華》963/6b－7b，6冊5064上—下。

《全後周文》18/5a－b，《全文》4冊3970上。

《庾子山集注》16/1055－1057。

《庾開府集》1/179a－180a，《漢魏六朝百三名家集》5冊478下—479上。

《庾子山集》16/8a－9a，《四部叢刊初編》第101冊。

《庾開府集箋注》10/68a－70a，景印文淵閣《四庫全書》1064冊290上—291上。

《庾子山集》16/24b－27b，景印文淵閣《四庫全書》1064冊774上—775下。

碑目題跋著錄：

《金石彙目分編》12（1）/22b，《新編》1/28/21287 下。

《漢魏六朝墓銘纂例》4/10a，《新編》3/40/463 下。

《漢魏六朝碑刻校注·總目提要》編號 2400。

《北朝隋代墓誌所在總合目錄》編號 1056。

天和 010

同州刺史普六如忠墓誌

又作：楊忠墓誌。天和三年（568）七月。

碑目題跋著錄：

《金石錄》3/2b、22/6a，《新編》1/12/8812 下、8930 下。

《通志·金石略》卷上/36b，《新編》1/24/18037 上。

《寶刻叢編》20/28b，《新編》1/24/18386 下。

《石刻題跋索引》152 頁右，《新編》1/30/22490。

《石墨考異》卷上，《新編》2/16/11639 上。

《佩文齋書畫譜·金石》62/14b 上，《新編》3/2/58 上。

《古誌彙目》1/10b，《新編》3/37/24。

《六藝之一錄》60/17a，《新編》4/5/106 上。

《六朝墓誌檢要》（修訂本）167 頁。

《漢魏六朝碑刻校注·總目提要》編號 2402。

《北朝隋代墓誌所在總合目錄》編號 1057。

備考：楊忠，《周書》卷一九有傳，其事又見《北史》卷一一一《文帝楊堅本紀》，史傳載"賜姓普六如氏"。

天和 011

裴鴻碑

天和三年（568）八月八日卒於建業客館。在绛州聞喜縣。碑高六尺一寸，廣三尺四寸。文 29 行，字數不可計，隸書。篆書額題：周故開府高邑侯裴史君之碑。

錄文著錄：

《金石萃編》37/11b－14a，《新編》1/1/634 上—635 下。

（民國）《聞喜縣志·新增金石》20 下/8b－9b，《新編》3/31/428

下—429 上。

《全後周文》21/6b – 7b，《全文》4 冊 3991 下—3992 上。

碑目題跋著錄：

《金石萃編》37/14a – 15b，《新編》1/1/635 下—636 上。

《集古求真》10/7a，《新編》1/11/8576 上。

《補寰宇訪碑錄》2/18a，《新編》1/27/20214 下。

《金石彙目分編》11/50a，《新編》1/28/21252 下。

《石刻題跋索引》37 頁左，《新編》1/30/22375。

《望堂金石初集》，《新編》2/4/2778 上。

（民國）《聞喜縣志・新增金石》20 下/9b，《新編》3/31/429 上。

《漢魏六朝志墓金石例》2/20b，《新編》3/40/413 下。

《漢魏六朝墓銘纂例》4/10a，《新編》3/40/463 下。

《碑帖敘錄》214 頁。

《漢魏六朝碑刻校注・總目提要》編號 2403。

備考：裴鴻，《周書》卷三四、《北史》卷三八有傳。

天和 012

宇文廙墓誌并蓋

天和三年（568）七月廿一日卒於上封之第，以八月廿一日葬於孝公山次。河南出土。誌高、寬均 51.5 釐米。文 24 行，滿行 24 字，正書。蓋 3 行，行 4 字，篆書。蓋題：周故大將軍西陽昭公墓誌銘；首題：周故大將軍西陽昭公墓誌。

著錄：

《珍稀墓誌百品》20—21 頁。（圖、文）

《北京大學圖書館藏歷代墓誌拓片目錄》編號 00681。（目）

論文：

邵郁：《北周宇文廙、宇文廣墓誌疏證》，《天水師範學院學校》2014 年第 3 期。

備考：宇文廙，《周書》卷一〇、《北史》卷五七附《宇文導傳》，史傳作"宇文翼"。

天和 013

柳鸞妻王令媯墓誌并蓋

天和三年（568）五月五日卒於京師，十月廿二日葬於長安小陵原。陝西西安出土。誌拓本高、寬均 58 釐米；蓋拓本高、寬均 47.5 釐米。文正書，30 行，滿行 30 字。蓋篆書，3 行 9 字。首題：魏司徒臨淮王記室柳鸞夫人延壽郡君王氏墓誌銘；蓋題：大周延壽郡君墓誌銘。

著錄：

《秦晉豫新出墓誌蒐佚續編》1 冊 141 頁。（誌圖）

《北京大學圖書館新藏金石拓本菁華 1996—2012》121 頁。（圖）

《新見北朝墓誌集釋》175—178 頁。（圖、文、跋）

《北朝隋代墓誌所在総合目錄》編號 1059。（目）

《北京大學圖書館藏歷代墓誌拓片目錄》編號 00682。（目）

天和 014

石蘭靖墓誌

天和三年（568）十月二十二日葬於枹罕縣廣大原。明代出於臨夏北原。

著錄：

《隴右金石錄》1/41b–42b，《新編》1/21/15973 上—下。（文、跋）

《全後周文補遺》22 頁。（文）

《北朝隋代墓誌所在総合目錄》編號 1058。（目）

天和 015

韓木蘭墓誌

天和三年（568）十一月十八日。河南洛陽出土，于右任舊藏，今存西安碑林博物館。誌高 28、寬 29 釐米。文正書，4 行，行 7 至 13 字不等。

圖版著錄：

《漢魏南北朝墓誌集釋》圖版三五一，《新編》3/4/21。

《北京圖書館藏中國歷代石刻拓本匯編》8 冊 139 頁。

《鴛鴦七誌齋藏石》圖162。

《西安碑林全集》66/1012–1013。

《漢魏六朝碑刻校注》10冊222頁。

錄文著錄：

《芒洛冢墓遺文四編補遺》14a，《新編》1/19/14314下。

《魯迅輯校石刻手稿·墓誌》下冊135頁。

《洛陽出土北魏墓誌選編》天和一，182頁。

《漢魏南北朝墓誌彙編》482頁。

《全後周文補遺》23頁。

《漢魏六朝碑刻校注》10冊223頁。

碑目題跋著錄：

《石刻題跋索引》152頁右，《新編》1/30/22490。

《石刻名彙》2/21a，《新編》2/2/1035上。

《崇雅堂碑錄補》1/12a，《新編》2/6/4556下。

《古誌新目初編》1/14a，《新編》2/18/13698下。

《蒿里遺文目錄》2（1）/5b，《新編》2/20/14946上。

《漢魏南北朝墓誌集釋》7/76b–77a，《新編》3/3/186–187。

《國立北平圖書館藏碑目》13b，《新編》3/36/255上。

《墓誌徵存目錄》卷1，《羅振玉學術論著集》第五集，581頁。

《歷代墓誌銘拓片目錄》36頁。

《六朝墓誌檢要》（修訂本）167頁。

《漢魏六朝碑刻校注·總目提要》編號2404。

《北朝隋代墓誌所在總合目錄》編號1060。

《北京大學圖書館藏歷代墓誌拓片目錄》編號00683。

備考：韓雄，字木蘭，《北史》卷六八、《周書》卷四三有傳。

天和016

杜府君妻元壽墓誌

魏後二年五月廿五日卒於家，天和三年（568）十一月十八日遷葬於京兆郡山北縣疇貴里墓田。石藏河北省正定縣墨香閣。誌高、寬均49釐米。文 14 行，滿行 17 字，正書。首題：大周宜州別駕宜君郡守杜府君妻元夫人墓誌銘序。

著錄：

《墨香閣藏北朝墓誌》154—155 頁。（圖、文）

《珍稀墓誌百品》22—23 頁。（圖、文）

天和 017

長孫瑕夫人羅氏墓誌銘

天和四年（569）二月八日卒於長安之洪固鄉，其年某月日葬於萬年縣之壽里。庾信撰。

錄文著錄：

《文苑英華》963/8b-9a，6 冊 5065 上—下。

《全後周文》18/6a-b，《全文》4 冊 3970 下。

《庾子山集注》16/1062-1064。

《庾開府集》1/181b-182a，《漢魏六朝百三名家集》5 冊 479 下—480 上。

《庾子山集》16/10a-11a，《四部叢刊初編》第 101 冊。

《庾開府集箋注》10/71b-73a，景印文淵閣《四庫全書》1064 冊 291 下—292 下。

《庾子山集》16/30b-33b，景印文淵閣《四庫全書》1064 冊 777 上—778 下。

碑目題跋著錄：

《金石彙目分編》12（1）/22b，《新編》1/28/21287 下。

《金石例補》2/11b，《新編》2/17/12371 上。

《漢魏六朝墓銘纂例》4/10b，《新編》3/40/463 下。

《北朝隋代墓誌所在綜合目錄》編號 1061。

天和 018

賀拔夫人元安墓誌

天和四年（569）二月二十六日卒於長安萬年里，以其年三月二十日歸葬於咸陽之石安原。庾信撰。《庾子山集注》認為，"賀拔夫人，疑即賀拔勝之妻也"。

　　錄文著錄：

　　《文苑英華》963/7b–8b，6 冊 5064 下—5065 上。

　　《全後周文》18/5b–6a，《全文》4 冊 3970 上—下。

　　《庾子山集注》16/1059–1061。

　　《庾開府集》1/180a–181a，《漢魏六朝百三名家集》5 冊 479 上—下。

　　《庾子山集》16/9a–10a，《四部叢刊初編》第 101 冊。

　　《庾開府集箋注》10/70a–71b，景印文淵閣《四庫全書》1064 冊 291 上—下。

　　《庾子山集》16/27b–30b，景印文淵閣《四庫全書》1064 冊 775 下—777 上。

　　碑目題跋著錄：

　　《金石彙目分編》12（1）/76a，《新編》1/28/21314 下。

　　《金石例補》2/11b，《新編》2/17/12371 上。

　　《漢魏六朝志墓金石例》2/20b、3/4b–5a，《新編》3/40/413 下、416 下—417 上。

　　《漢魏六朝墓銘纂例》4/10a–b，《新編》3/40/463 下。

　　《漢魏六朝碑刻校注·總目提要》編號 2406。

　　《北朝隋代墓誌所在總合目錄》編號 1062。

天和 019

李賢墓誌并蓋

　　天和四年（569）三月廿五日卒於長安，其年五月廿一日葬於原州西南隴山之足。1983 年寧夏固原縣南郊鄉深溝村出土，現藏寧夏固原博物館。誌、蓋高、寬均 67.5、厚 10 釐米。文正書，31 行，滿行 31 字。蓋 3 行，行 3 字，隸書。首題：大周使持節柱國大將軍大都督原涇秦河渭夏隴成豳靈十州諸軍事原州刺史河西桓公墓誌銘；蓋題：大周柱國河西公墓銘。

　　著錄：

《漢魏六朝碑刻校注》10冊224—226頁。（圖、文）

《寧夏歷代碑刻集》7—10頁。（圖、文）

《固原歷代碑刻選編》73—75頁。（圖、文）

《漢魏南北朝墓誌彙編》482—484頁。（文）

《全後周文補遺》21—22頁。（文）

《漢魏六朝碑刻校注・總目提要》編號2407。（目）

《北朝隋代墓誌所在總合目錄》編號1063。（目）

論文：

寧夏回族自治區博物館、寧夏固原博物館：《寧夏固原北周李賢夫婦墓發掘簡報》，《文物》1985年第11期。

蕭璠：《北周李賢墓誌一處斷句的商榷》，《文物》1991年第3期。

陳仲安：《李賢墓誌申論》，《出土文獻研究續集》，第301—306頁。

備考：李賢，《周書》卷二五、《北史》卷五九有傳。

天和020

張用之女張端姑墓誌

天和四年（569）二月五日亡於郢州官舍，其年十月廿八日歸葬於高平之鎮山。文正書。首題：張端姑墓誌。

著錄：

《越縵堂讀書記》下冊1087—1088頁。（節文）

《北朝隋代所在墓誌總合目錄》編號1064。（目）

天和021

拓跋虎妻尉遲將男墓誌并蓋

天和四年（569）十一月卒於長安第之內寢，以其月廿五日合葬於夫開府之墓，石安縣北原之山。1990年出土於陝西省咸陽市渭城區渭城鄉坡劉村西。誌高、寬均45釐米。文正書，16行，滿行20字。蓋隸書，3行，行3字。首題：大周故開府儀同三司雲寧公拓跋虎妻鄧城郡君尉遲氏墓誌銘；蓋題：大周鄧城郡君墓誌銘。

著錄：

《咸陽碑刻》上冊9頁（誌圖）、下冊387頁（文）。

《漢魏六朝碑刻校注》10 冊 232—233 頁。（圖、文）
《新出魏晉南北朝墓誌疏證》（修訂本）247—248 頁。（文、跋）
《全後周文補遺》23 頁。（文）
《漢魏六朝碑刻校注·總目提要》編號 2412。（目）
《北朝隋代墓誌所在總合目錄》編號 1065。（目）
論文：
咸陽市渭城區文管會：《咸陽市渭城區北周拓跋虎夫婦墓清理記》，《文物》1993 年第 11 期。

天和 022

鄭術墓誌并蓋

天和三年（568）四月一日薨於長安第，以四年（569）十二月十七日同葬於長安之阿傍鄗陂里。2002 年出土於陝西省長安縣鎬京鄉豐鎬村。誌高 52、寬 52、厚約 11 釐米。文 26 行，滿行 30 字，正書；側 4 行，行 17 至 25 字不等，正書。蓋 3 行，行 4 字，篆書。首題：大周使持節驃騎大將軍開府儀同三司大都督始州刺史清淵侯鄭君墓誌；蓋題：大周開府清淵元公鄭君墓誌。

著錄：
《漢魏六朝碑刻校注》10 冊 235—237 頁。（圖、文）
《新出魏晉南北朝墓誌疏證》（修訂本）249—251 頁。（文、跋）
《全後周文補遺》24—25 頁。（文）
《漢魏六朝碑刻校注·總目提要》編號 2413。（目）
《北朝隋代墓誌所在總合目錄》編號 1066。（目）
論文：
任平、宋鎮：《北周〈鄭術墓誌〉考略》，《文博》2003 年第 6 期。

天和 023

贈太保吳武公尉遲綱碑

天和四年（569）立。王褒撰。

錄文著錄：
《藝文類聚》卷 46，上冊 827—828 頁。

《全後周文》7/6b-7a,《全文》4冊3916下—3917上。

《王司空集》19b-20b,《漢魏六朝百三名家集》5冊537下—538上。

碑目題跋著錄：

《寶刻叢編》8/42a,《新編》1/24/18238下。

《金石彙目分編》12（1）/76a,《新編》1/28/21314下。

《石刻題跋索引》37頁左,《新編》1/30/22375。

《漢魏六朝墓銘纂例》4/14a,《新編》3/40/465下。

《六藝之一錄》60/16a,《新編》4/5/105下。

備考：尉遲綱,《周書》卷二〇、《北史》卷六二有傳。

天和024

□□法師塔銘

天和五年（570）二月。正書。

碑目著錄：

《崇雅堂碑錄》1/31a,《新編》2/6/4499上。

天和025

烏六渾樂墓誌并蓋

天和五年（570）八月十四日葬於小陵原。近年西安市長安區出土,存石不詳。誌方形,拓片邊長36.5釐米。文16行,滿行16字,正書。蓋4行,行4字,篆書。蓋題：大周大都督朔州刺史故烏六渾樂墓誌；首題：大周大都督朔州刺史故烏六渾樂墓誌。

著錄：

《長安新出墓誌》10—11頁。（圖、文）

《北朝隋代墓誌所在總合目錄》編號1067。（目）

天和026

楊延墓誌并蓋

大統十五年（549）三月七日卒於同州,夫人叱羅氏天和五年（570）七月卒,十月廿九日合葬於臨高。2005年秋陝西出土,旋歸洛陽古玩城呂氏。誌蓋高45、寬46釐米。誌高、寬均51釐米。文23行,滿行25

字，正書。蓋3行，行3字，正書。蓋題：大周大將軍普樂公誌。誌主姓缺，《秦晉豫新出墓誌蒐佚》據《新唐書·宰相世系表一下》考證，普樂公當姓楊氏。

著錄：

《秦晉豫新出墓誌蒐佚》1冊68—69頁。（圖）

《北朝隋代墓誌所在總合目錄》編號1068。（目）

天和 027

侯莫陳道生墓誌

道生夫人拓跋氏天和五年（570）六月卒，其年十月與道生合葬於京兆某縣洪源鄉。庾信撰。

錄文著錄：

《文苑英華》947/3a–4b，6冊4979下—4980上。

《全後周文》16/2b–3b，《全文》4冊3960下—3961上。

《庾子山集注》15/946–951。

《庾開府集》1/166a–168a，《漢魏六朝百三名家集》5冊472上—473上。

《庾子山集》15/3b–5b，《四部叢刊初編》第101冊。

《庾開府集箋注》10/43b–47a，景印文淵閣《四庫全書》1064冊277下—279下。

《庾子山集》15/9a–14a，景印文淵閣《四庫全書》1064冊726下—729上。

碑目題跋著錄：

《金石彙目分編》12（1）/22b，《新編》1/28/21287下。

《漢魏六朝志墓金石例》2/20a，《新編》3/40/413下。

《漢魏六朝墓銘纂例》4/11a，《新編》3/40/464上。

《漢魏六朝碑刻校注·總目提要》編號2416。

《北朝隋代墓誌所在總合目錄》編號1069。

天和 028

譙郡太守曹恪碑

又名"譙郡太守曹祋樂碑"。西魏大統十年（544）秋終，北周天和五年（570）十月卜葬平夏禹城之西。碑在山西安邑，後移太原傅青主祠。碑高162、寬86釐米。文正書，26行，滿行51字。兩側刻題名。首題：大周故譙郡太守曹□□□碑。

圖版著錄：

《北京圖書館藏中國歷代石刻拓本匯編》8冊146頁。

錄文著錄：

《金石萃編》37/21a–24b，《新編》1/1/639上—640下。

《山右石刻叢編》2/27a–29b，《新編》1/20/14979上—14980上。

《全後周文》21/7b–9b，《全文》4冊3992上—3993上。

《魯迅輯校石刻手稿·碑銘》下冊201—206頁。

碑目題跋著錄：

《金石萃編》37/24b–25b，《新編》1/1/640下—641上。

《集古求真》3/16b，《新編》1/11/8509上。

《集古求真補正》1/18b–19a，《新编》1/11/8640下—8641上。

《山右石刻叢編》2/29b–31a，《新编》1/20/14980上—14981上。

《藝風堂金石文字目》2/38a，《新編》1/26/19552下。

《寰宇訪碑錄》2/25b，《新編》1/26/19873上。

《寰宇訪碑錄校勘記》3/4a，《新編》1/27/20117下。

《金石彙目分編》11/42a，《新編》1/28/21248下。

《石刻題跋索引》37頁左，《新編》1/30/22375。

《崇雅堂碑錄》1/31a，《新編》2/6/4499上。

《山右金石錄》"目錄"1b，《新編》2/12/9029上。

《語石》2/9b，《新編》2/16/11880上。

《金石萃編校字記》13a，《新編》2/17/12331上。

《定庵題跋》40b–41a，《新編》2/19/14305下—14306上。

《竹崦盦金石目錄》21a，《新編》2/20/14557上。

《寰宇貞石圖目錄》卷下/5a，《新編》2/20/14679下。

《蒿里遺文目錄》1上/4b，《新編》2/20/14939上。

（光緒）《山西通志·金石記二》90/24a、25a–28b，《新編》3/30/343下、344上—345下。

《山右訪碑記》3a,《新編》3/30/567 上。

《石目》,《新編》3/36/46 下。

《竹崦盦金石目錄》1/20a,《新編》3/37/349 下。

《寫禮廎讀碑記》17a–19a,《新編》3/40/553 上—554 上。

《漢魏六朝志墓金石例》2/20b–21a,《新編》3/40/413 下—414 上。

《漢魏六朝墓銘纂例》4/6b–7a,《新編》3/40/461 下—462 上。

《增補校碑隨筆》(修訂本) 271 頁。

《碑帖鑒定》205—206 頁。

《善本碑帖錄》2/87。

《碑帖敘錄》153 頁。

《漢魏六朝碑刻校注·總目提要》編號 2417。

淑德大學《中國石刻拓本目錄》"碑碣等刻石"編號 541。

天和 029

蕭太墓誌

又名:蕭世怡墓誌、義興公墓誌。北周天和某年卒於蔡州,天和五年(570)十一月葬於長安北原樗里子之墳。庾信撰。

錄文著錄:

《文苑英華》948/4a–6a,6 冊 4986 上—4987 上。

《全後周文》17/4b–6a,《全文》4 冊 3965 下—3966 下。

《庾子山集注》15/1002–1009。

《庾開府集》1/155b–158b,《漢魏六朝百三名家集》5 冊 466 下—468 上。

《庾子山集》15/20a–22b,《四部叢刊初編》第 101 冊。

《庾開府集箋注》10/23b–29a,景印文淵閣《四庫全書》1064 冊 267 下—270 下。

《庾子山集》15/57a–66a,景印文淵閣《四庫全書》1064 冊 750 下—755 上。

碑目題跋著錄:

《金石彙目分編》12 (1) /22b,《新編》1/28/21287 下。

《漢魏六朝志墓金石例》3/4a–b，《新編》3/40/416下。

《漢魏六朝墓銘纂例》4/10b–11a，《新編》3/40/463下—464上。

《漢魏六朝碑刻校注·總目提要》編號2419。

《北朝隋代墓誌所在總合目錄》編號1070。

備考：蕭太，字世怡，《周書》卷四二有傳。

天和030

韓褒墓誌并蓋

又名：韓褒墓誌、俟呂陵袁墓誌。天和五年（570）十月廿四日薨於位，天和六年（571）正月廿三日葬萬年縣堺羊牧原。陝西西安出土。誌高57、寬57釐米。蓋高43、寬43釐米。文27行，滿行27字，正書。蓋4行，行4字，正書。蓋題：大周少保開府三水貞公之墓誌銘并序。

著錄：

《秦晉豫新出墓誌蒐佚續編》1冊146—147頁。（圖）

《珍稀墓誌百品》24—25頁。（圖、文）

《北京大學圖書館藏歷代墓誌拓片目錄》編號00684。（目）

論文：

宋婷：《新出土北周〈三水貞公墓誌〉補正韓褒傳》，《文獻》2015年第2期。

備考：韓褒，《周書》卷三七有傳。

天和031

元世緒墓誌并蓋

天和四年（569）五月五日卒，天和六年（571）三月廿二日葬於鴻固鄉疇貴里。石藏大唐西市博物館。盝頂蓋，蓋高50.5、寬50、厚13釐米。誌高51.5、寬52.5、厚12釐米。誌文23行，滿行22字，正書。蓋3行，行3字，篆書。蓋題：大周儀同定公之墓誌。首題：大周使持節車騎大將軍儀同三司大都督義州刺史定公墓誌銘。

著錄：

《大唐西市博物館藏墓誌》上冊16—17頁。（圖、文）

《北朝隋代墓誌所在總合目錄》編號1071。(目)

論文:

周偉洲:《大唐西市博物館入藏北朝胡族墓誌考》,《大唐西市博物館藏墓誌研究》(續一),第5—20頁。

天和032

趙廣墓誌

又名"宇文廣墓誌"。天和某年終,北周天和六年(571)六月歸葬於秦州。庾信撰。

錄文著錄:

《隴右金石錄》1/45b – 47b,《新編》1/21/15975上—15976上。

《文苑英華》948/6a – 9a,6冊4987上—4988下。

《全後周文》17/6a – 8a,《全文》4冊3966下—3967下。

《庾子山集注》15/1012 – 1022。

《庾開府集》1/161b – 165b,《漢魏六朝百三名家集》5冊469下—471下。

《庾子山集》15/22b – 26b,《四部叢刊初編》第101冊。

《庾開府集箋注》10/35b – 43b,景印文淵閣《四庫全書》1064冊273下—277下。

《庾子山集》15/66a – 78a,景印文淵閣《四庫全書》1064冊755上—761上。

碑目題跋著錄:

《隴右金石錄》1/47b,《新編》1/21/15976上。

《金石彙目分編》13/9b,《新編》1/28/21377上。

《漢魏六朝志墓金石例》2/19b – 20a,《新編》3/40/413上—下。

《漢魏六朝墓銘纂例》4/11b,《新編》3/40/464上。

《漢魏六朝碑刻校注·總目提要》編號2424。

《北朝隋代墓誌所在總合目錄》編號1072。

論文:

邵郁:《北周宇文廣、宇文廣墓誌疏證》,《天水師範學院學報》2014

年第3期。

備考：趙廣，賜姓宇文氏，《周書》卷一〇、《北史》卷五七有傳。

天和033

侯莫陳君夫人竇氏墓誌銘

天和六年（571）四月七日卒，以其年十月十日遷葬於咸陽萬年縣之杜原。庾信撰。西安府長安縣咸寧縣。

錄文著錄：

《文苑英華》963/5a-6a，6冊5063下—5064上。

《全後周文》18/3b-4b，《全文》4冊3969上—下。

《庾子山集注》16/1047-1049。

《庾開府集》1/176b-177b，《漢魏六朝百三名家集》5冊477上—下。

《庾子山集》16/6a-7a，《四部叢刊初編》第101冊。

《庾開府集箋注》10/64a-66a，景印文淵閣《四庫全書》1064冊288上—289上。

《庾子山集》16/18a-21a，景印文淵閣《四庫全書》1064冊771上—772下。

碑目題跋著錄：

《金石彙目分編》12（1）/22b，《新編》1/28/21287下。

《金石例補》2/11b，《新編》2/17/12371上。

《漢魏六朝墓銘纂例》4/11b，《新編》3/40/464上。

《漢魏六朝碑刻校注·總目提要》編號2425。

《北朝隋代墓誌所在總合目錄》編號1073。

天和034

趙佺墓誌并蓋

天和六年（571）正月九日卒，以其年十月廿八日葬於上邽里之山。出土於甘肅省天水縣北三陽川。現藏天水市博物館。誌邊長43.5、厚9釐米。文29行，滿行29字，正書。蓋篆書，3行12字。蓋題：開府儀同鳳州刺史尉遲墓誌。

著錄：

《隴右金石錄》1/47b－49a，《新編》1/21/15976 上—15977 上。（文、跋）

《全後周文補遺》25—26 頁。（文）

《漢魏六朝碑刻校注・總目提要》編號 2426。（目）

《北朝隋代墓誌所在總合目錄》編號 1074。（目）

論文：

高世華：《趙佺墓誌銘及相關史事考述》，《天水師範學院學報》2002 年第 4 期。

天和 035

鄭偉墓誌

天和六年（571）四月十七日卒，其年十一月六日與夫人李氏合葬於咸陽之長安縣某原。庾信撰。

錄文著錄：

《文苑英華》947/1a－3a，6 冊 4978 下—4979 下。

《全後周文》16/1a－2b，《全文》4 冊 3960 上—下。

《庾子山集注》15/936－943。

《庾開府集》1/147b－150a，《漢魏六朝百三名家集》5 冊 462 下—464 上。

《庾子山集》15/1a－3b，《四部叢刊初編》第 101 冊。

《庾開府集箋注》10/9b－15a，景印文淵閣《四庫全書》1064 冊 260 下—263 下。

《庾子山集》15/1a－9a，景印文淵閣《四庫全書》1064 冊 722 下—726 下。

碑目題跋著錄：

《金石彙目分編》12（1）/22b，《新編》1/28/21287 下。

《漢魏六朝墓銘纂例》4/11a－b，《新編》3/40/464 上。

《漢魏六朝碑刻校注・總目提要》編號 2427。

《北朝隋代墓誌所在總合目錄》編號 1075。

備考：鄭偉，《周書》卷三六、《北史》卷三五有傳。

天和 036

韋舒墓誌并蓋

天和六年（571）六月十八日終於家，其年十一月廿八日葬於舊塋。2007年12月陝西省西安市長安區韋曲鎮杜陵西路與長興路交匯處東南隅出土。誌、蓋高、寬均40釐米，誌厚11釐米、蓋厚9釐米。文17行，滿行16字，正書。蓋3行，行3字，正書。蓋題：大周都督韋府君墓誌。首題：周都督柱國幽文公禮曹韋府君墓誌銘并序。

論文：

段毅：《北朝兩方韋氏墓誌釋解》，《碑林集刊》第21輯，2015年。（圖、文）

天和 037

康業墓誌

天和六年（571）六月五日卒，十一月廿九日刻。2004年4月陝西省西安市北郊出土。誌高、寬均46.5、厚13釐米。蓋高、寬均45.5、厚8.5釐米。文正書，21行，滿行20字。

著錄：

《漢魏六朝碑刻校注》10冊246—247頁。（圖、文）

《全後周文補遺》26頁。（文）

《漢魏六朝碑刻校注·總目提要》編號2428。（目）

《北朝隋代墓誌所在總合目錄》編號1077。（目）

論文：

西安市文物保護考古所：《西安北周康業墓發掘簡報》，《文物》2008年第6期。

程林泉、張翔宇、山下將司：《北周康業墓誌考略》，《文物》2008年第6期。

呂蒙、張利芹：《北周〈康業墓誌〉釋文校正》，《宜賓學院學報》2009年第2期。

曹旅寧：《與嶺南有關的北周〈康業墓誌〉》，《碑林集刊》第17輯，

2011 年。

　　［日］山下將司：《北朝時代後期における長安政権とソグド人—西安出土〈北周康業墓誌〉の考察》，載於森安孝夫編：《ソグドからウイグルへ》第 1 部 "ソグド篇"。

　　［日］山下將司：《西安出土〈康業墓誌〉》，載於石見清裕編著：《ソグド人墓誌研究》第Ⅰ部 "北朝末期のソグド人墓誌" 第四章。

天和 038

雲州刺史胡歸德碑

天和六年（571）。

碑目題跋著錄：

《金石錄》3/3a，《新編》1/12/8813 上。

《通志・金石略》卷上/36b，《新編》1/24/18037 上。

《寶刻叢編》8/42b，《新編》1/24/18238 下。

《金石彙目分編》12（1）/76a，《新編》1/28/21314 下。

《石刻題跋索引》37 頁左，《新編》1/30/22375。

《佩文齋書畫譜・金石》62/14b 上，《新編》3/2/58 上。

《六藝之一錄》60/16a，《新編》4/5/105 下。

備考：《寶刻叢編》引《金石錄》作 "靈州刺史"，當是誤 "雲" 作 "靈"。

天和 039

長孫儉神道碑

又名 "拓跋儉神道碑"。天和四年（569）卒於故京私第，天和六年（571）贈官。庾信撰。在陝西富平縣。

錄文著錄：

《文苑英華》905/1a–5b，6 冊 4759 下—4761 下。

《庾子山集注》13/812–829。

《庾開府集》1/96a–102b，《漢魏六朝百三名家集》5 冊 437 上—440 上。

《全後周文》13/8a–11b，《全文》4 冊 3948 下—3950 上。

《庾子山集》13/21a－27a，《四部叢刊初編》第 101 冊。

《庾開府集箋注》8/38a－51a，景印文淵閣《四庫全書·集部》1064 冊 215 上—221 下。

《庾子山集》13/101a－120b，景印文淵閣《四庫全書》1064 冊 664 下—674 上。

碑目題跋著錄：

《金石彙目分編》12（1）/107b，《新編》1/28/21330 上。

（光緒）《富平縣志稿·金石》3/25b，《新編》3/31/640 上。

《漢魏六朝志墓金石例》2/17b、3/3b，《新編》3/40/412 上、416 上。

《漢魏六朝墓銘纂例》4/11a，《新編》3/40/464 上。

《漢魏六朝碑刻校注·總目提要》編號 2444。

備考：長孫儉，本姓拓跋氏，後改為長孫氏，《周書》卷二六、《北史》卷二二有傳。

天和 040

溫州刺史烏丸僧修墓誌

天和六年（571），一說天和七年（572）三月。

碑目題跋著錄：

《金石錄》3/3a、22/7a，《新編》1/12/8813 上、8931 上。

《通志·金石略》卷上/36b，《新編》1/24/18037 上。

《寶刻叢編》20/28b，《新編》1/24/18386 下。

《石刻題跋索引》152 頁右，《新編》1/30/22490。

《石墨考異》卷上，《新編》2/16/11639 上。

《佩文齋書畫譜·金石》62/14b 上，《新編》3/2/58 上。

《古誌彙目》1/10b，《新編》3/37/24。

《廣川書跋》6/21a－22a，《新編》3/38/735 上—下。

《六藝之一錄》60/17a，《新編》4/5/106 上。

《六朝墓誌檢要》（修訂本）167 頁。

《漢魏六朝碑刻校注·總目提要》編號 2431。

《北朝隋代墓誌所在總合目錄》編號 1079。

天和 041

趙國公宇文招妻紇豆陵含生墓誌

天和五年（570）四月二十二日卒於成都之錦城，七年（572）二月歸葬於長安之洪瀆原。庾信撰。

錄文著錄：

《文苑英華》963/2b－4a，6冊5062上—5063上。

《全後周文》18/2a－3a，《全文》4冊3968下—3969上。

《庾子山集注》16/1035－1040。

《庾開府集》1/173a－175a，《漢魏六朝百三名家集》5冊475下—476下。

《庾子山集》16/3a－4b，《四部叢刊初編》第101冊。

《庾開府集箋注》10/57a－61a，景印文淵閣《四庫全書》1064冊284下—286下。

《庾子山集》16/7a－14b，景印文淵閣《四庫全書》1064冊765下—769上。

碑目題跋著錄：

《金石彙目分編》12（1）/23a，《新編》1/28/21288上。

《漢魏六朝志墓金石例》3/4b，《新編》3/40/416下。

《漢魏六朝墓銘纂例》4/11b，《新編》3/40/464上。

《漢魏六朝碑刻校注·總目提要》編號2432。

《北朝隋代墓誌所在總合目錄》編號1078。

天和 042

宇文通墓誌

天和六年（571）九月卒，天和七年（572）葬於石安縣洪瀆原。2001年出土於陝西省西安市咸陽國際機場。未見圖版、錄文。

碑目題跋著錄：

邢福來、李明：《咸陽發現北周最高等級墓葬》，《中國文物報》2001年5月2日。

《北朝隋代墓誌所在總合目錄》編號1080。

備考：宇文通，《周書》卷一三、《北史》卷五八有傳。

天和 043

宇文泰妻烏六渾氏墓誌

保定二年（562）卒，天和七年（572）遷葬於石安縣洪瀆原。2001年出土於陝西省西安市咸陽國際機場。未見圖版、錄文。

碑目題跋著錄：

邢福來、李明：《咸陽發現北周最高等級墓葬》，《中國文物報》2001年5月2日。

《北朝隋代墓誌所在總合目錄》編號1081。

天和 044

宇文泰妻權氏墓誌

魏後二年卒，天和七年（572）遷葬於石安縣洪瀆原。2001年出土於陝西省西安市咸陽國際機場。未見圖版、錄文。

碑目題跋著錄：

邢福來、李明：《咸陽發現北周最高等級墓葬》，《中國文物報》2001年5月2日。

《北朝隋代墓誌所在總合目錄》編號1082。

天和 045

柳遐墓誌

一作"柳霞墓誌"。北周天和年間（566—572）歸窆於襄陽白沙之舊塋。庾信撰。

錄文著錄：

（雍正）《山西通志·藝文·碑碣一》191/2a–4b，《新編》3/30/577下—578下。

《文苑英華》948/1a–4a，6冊4984下—4986上。

《全後周文》17/2b–4b，《全文》4冊3964下—3965下。

《庾子山集注》15/989–998。

《庾開府集》1/143a–147a，《漢魏六朝百三名家集》5冊460下—462下。

《庾子山集》15/16a－20a,《四部叢刊初編》第 101 册。

《庾開府集箋注》10/1a－9b,景印文淵閣《四庫全書·集部》1064 册 256 下—260 下。

《庾子山集》15/45a－56b,景印文淵閣《四庫全書》1064 册 744 下—750 上。

碑目題跋著錄：

《金石彙目分編》14/19a,《新編》1/28/21392 上。

《漢魏六朝志墓金石例》2/19b,《新編》3/40/413 上。

《漢魏六朝墓銘纂例》4/1a,《新編》3/40/459 上。

《漢魏六朝碑刻校注·總目提要》編號 2433。

《北朝隋代墓誌所在總合目錄》編號 1083。

備考：柳遐,《周書》卷四二、《北史》卷七〇有傳,《周書》作"柳霞"。

天和 046

安昌公夫人鄭氏墓誌銘（鄭穆之女）

天和十八年（583?）五月二十日卒於成都,以其年十一月十六日歸葬於咸陽之白起原。庾信撰。

錄文著錄：

《文苑英華》963/4b－5a,6 册 5063 上—下。

《全後周文》18/3a－b,《全文》4 册 3969 上。

《庾子山集注》16/1043－1045。

《庾開府集》1/175a－176b,《漢魏六朝百三名家集》5 册 476 下—477 上。

《庾子山集》16/4b－6a,《四部叢刊初編》第 101 册。

《庾開府集箋注》10/61b－63b,景印文淵閣《四庫全書》1064 册 286 下—287 下。

《庾子山集》16/14b－18a,景印文淵閣《四庫全書》1064 册 769 上—771 上。

碑目題跋著錄：

《金石彙目分編》12（1）/76b，《新編》1/28/21314下。

《古誌彙目》1/10b，《新編》3/37/24。

《增補校碑隨筆·偽刻》（修訂本）419頁。

《漢魏六朝志墓金石例》2/20a－b、3/5a，《新編》3/40/413下、417上。

《漢魏六朝墓銘纂例》4/11b－12a，《新編》3/40/464上—下。

《碑帖鑒定》"新舊偽造各代石刻"，474頁。

《北朝隋代墓誌所在總合目錄》編號1076。

備考：北周天和僅七年，無十八年。按天和元年（566）推測，天和十八年為公元583年，而庾信卒於開皇元年（581）年，不可能撰寫此方墓誌。故《校碑隨筆》、《碑帖鑒定》認為其偽刻，不無道理。然此碑由來已久，《金石彙目分編》以為："天和止七年，恐是六年誤分為兩字。"暫從此觀點，故附此。

建 德

建德001

任虎墓銘磚

建德元年（572）五月十三日。磚高31、寬15.5釐米。文正書，3行，行4至12字不等。

著錄：

《俟堂專文雜集》153頁（圖）、目錄編號167（目）。

《中國磚銘》圖版上冊722頁。（圖）

《中國古代磚刻銘文集》上、下冊編號1047。（圖、文）

《雪堂專錄·專誌徵存》11a－b，《羅雪堂先生全集》五編3冊1285—1286頁。（文）

《石刻名彙》12/207b，《新編》2/2/1131下。（目）

《蒿里遺文目錄》3上/5a，《新編》2/20/14983上。（目）

《北朝隋代墓誌所在總合目錄》編號1084。（目）

《北京大學圖書館藏歷代墓誌拓片目錄》編號00685。（目）

建德 002

司馬裔墓誌

天和六年（571）正月十八日卒，建德元年（572）七月十三日葬於武功郡之三疇原。庾信撰。

錄文著錄：

《文苑英華》947/6b－8b，6 冊 4981 上—4982 上。

《全後周文》16/5a－6b，《全文》4 冊 3962 上—下。

《庾子山集注》15/962－966。

《庾開府集》1/150a－152b，《漢魏六朝百三名家集》5 冊 464 上—465 上。

《庾子山集》15/8b－10b，《四部叢刊初編》第 101 冊。

《庾開府集箋注》10/15a－19a，景印文淵閣《四庫全書》1064 冊 263 下—265 下。

《庾子山集》15/21a－27a，景印文淵閣《四庫全書》1064 冊 732 下—735 下。

碑目題跋著錄：

《金石彙目分編》12（2）/34a，《新編》1/28/21352 下。

《漢魏六朝墓銘纂例》4/12a，《新編》3/40/464 下。

《金石論叢》"證史補遺・司馬裔碑誌附"，265 頁。

《漢魏六朝碑刻校注・總目提要》編號 2436。

《北朝隋代墓誌所在總合目錄》編號 1085。

備考：司馬裔，《周書》卷三六、《北史》卷二九有傳。

建德 003

獨孤賓墓誌并蓋

建德元年（572）五月十二日卒於萬年縣天義里，以其年八月二日葬於石安縣洪瀆川之北原。2007 年在西安咸陽國際機場高速公路專線西端獨孤賓墓發掘出土。蓋方形，邊長 48、盝頂邊長 32、厚 11.5 釐米。誌方形，邊長 48、厚 14 釐米。蓋 2 行，行 3 字，篆書。誌文 28 行，滿行 28 字，正書。首題：周故使持節驃騎大將軍開府儀同三司大都督贈并冀二州諸軍事并州刺史武陽縣開國伯獨孤公墓誌銘；蓋題：武陽簡公墓誌。

碑目著錄：

《北朝隋代墓誌所在総合目錄》編號 1086。

論文：

陝西省考古研究院：《北周獨孤賓墓發掘簡報》，《考古與文物》2011 年第 5 期。（圖、文）

劉呆運、李舉剛：《北周〈獨孤賓墓誌〉探微》，《考古與文物》2011 年第 5 期。

張海艷：《〈考古與文物〉近年公佈五篇墓誌釋文校正》，《古籍整理研究學刊》2015 年第 5 期。

備考：獨孤賓即史傳中所記的"高賓"，隋代名臣高熲之父，《周書》卷三七有傳，附《裴文舉傳》。

建德 004

司馬裔神道碑

北齊天保七年（556）正月十日卒，夫人襄城公主以北周建德元年（572）八月十二日與之合葬於武功三時原。庾信撰。

錄文著錄：

《文苑英華》904/3b－7b，6 冊 4756 下—4758 下。

《庾子山集注》13/787－806。

《全後周文》13/5a－8b，《全文》4 冊 3947 上—3948 下。

《庾開府集》1/90a－96a，《漢魏六朝百三名家集》5 冊 434 上—437 上。

《庾子山集》13/15b－21a，《四部叢刊初編》第 101 冊。

《庾開府集箋注》8/23b－38a，景印文淵閣《四庫全書·集部》1064 冊 207 下—215 上。

《庾子山集》13/78a－101a，景印文淵閣《四庫全書》1064 冊 653 上—664 下。

碑目題跋著錄：

《金石彙目分編》12（2）/34a，《新編》1/28/21352 下。

《漢魏六朝志墓金石例》2/17a – b、3/3b,《新編》3/40/412 上、416 上。

《漢魏六朝墓銘纂例》4/12a,《新編》3/40/464 下。

《金石論叢》"證史補遺·司馬裔碑誌附",265 頁。

《漢魏六朝碑刻校注·總目提要》編號 2437。

備考：司馬裔,《周書》卷三六有傳。

建德 005

宇文子遷墓誌

又名：韋子遷墓誌。建德元年（572）十一月十一日。首題：周洛州刺史宇文子遷墓誌銘。

碑目著錄：

《北朝隋代墓誌所在總合目錄》編號 1088。

論文：

戴應新：《三方唐墓誌札記》,《故宮學術季刊》第 11 卷第 4 期,1994 年。

呂卓民：《中古長安韋氏家族考古及墓誌補遺》,《西部考古》第 4 輯,2009 年。（節文）

備考：韋子遷,韋孝寬之弟,事見《周書》卷三一《韋孝寬傳》,其家因功賜姓宇文氏。

建德 006

譙國公宇文儉妻步六（一作陸）孤須蜜多墓誌并蓋

建德元年（572）七月九日卒於成都私第,以其年十一月十二日（文集作"二十二日"）歸葬長安之北原。庾信撰。1953 年咸陽市底張灣出土,現藏西安碑林博物館。誌高 58、寬 57.5 釐米；蓋高、寬均 50 釐米。蓋 3 行,行 3 字,篆書。誌文 28 行,滿行 28 字,正書。首題：大周柱國譙國公夫人故步六孤氏墓誌銘；蓋題：大周譙國夫人墓誌銘。

圖版著錄：

《北京圖書館藏中國歷代石刻拓本匯編》8 冊 158—159 頁。

《西安碑林全集》66/1014 – 1022。

《中國西北地區歷代石刻匯編》1 冊 95 頁。

《新中國出土墓誌·陝西（貳）》上冊 5 頁。（誌）

《漢魏六朝碑刻校注》10 冊 258 頁。

錄文著錄：

《漢魏南北朝墓誌彙編》484—485 頁。

《漢魏六朝碑刻校注》10 冊 259 頁。

《新中國出土墓誌·陝西（貳）》下冊 2—3 頁。

《文苑英華》963/1b－2b，6 冊 5061 下—5062 上。

《全後周文》18/1a－2a，《全文》4 冊 3968 上—下。

《庾子山集注》16/1027－1031。

《庾開府集》1/171a－173a，《漢魏六朝百三名家集》5 冊 474 下—475 下。

《庾子山集》16/1a－2b，《四部叢刊初編》第 101 冊。

《庾開府集箋注》10/53a－57a，景印文淵閣《四庫全書》1064 冊 282 下—284 下。

《庾子山集》16/1a－7a，景印文淵閣《四庫全書》1064 冊 762 下—765 下。

碑目著錄：

《金石彙目分編》12（1）/23a，《新編》1/28/21288 上。

《漢魏六朝志墓金石例》2/20a、3/4b，《新編》3/40/413 下、416 下。

《漢魏六朝墓銘纂例》4/12a，《新編》3/40/464 下。

《碑帖敘錄》146 頁。

《漢魏六朝碑刻校注·總目提要》編號 2440。

淑德大學《中國石刻拓本目錄》"墓誌"編號 258—259。

《北朝隋代墓誌所在總合目錄》編號 1087。

研究論文：

毛遠明：《石本校〈庾子山集〉二篇》，《紀念西安碑林九百二十周年華誕國際學術研討會論文集》，第 497—506 頁。

備考：宇文儉，《周書》卷一三、《北史》卷五八有傳。誌文未言撰者，據《庾開府集》，知其為庾信撰文。

建德 007
宇文業暨妻張氏墓誌并蓋

宇文業建德元年（572）九月一日卒於長安，妻張氏保定五年（565）二月一日卒，建德元年十月十五日合葬於洪瀆川孝義里。陝西咸陽市北原出土，2012 年入藏西安碑林博物館。誌高 44、寬 45、厚 10 釐米；蓋高 44、寬 43、厚 11 釐米。誌文正書，23 行，滿行 23 字。蓋 4 行，行 4 字，正書。蓋題：大周儀同燕州使君宇文公之墓誌銘記；首題：周使持節車騎大將軍儀同三司大都督白土縣開國侯燕州刺史宇文使君墓誌銘。

著錄：

《西安碑林博物館新藏墓誌續編》上冊 11—14 頁。（圖、文）

建德 008
宇文逢恩墓誌并蓋

建德元年（572）四月十六日卒於長安，以其年十月十五日葬於長安小陵原。西安市長安區出土，2012 年入藏西安碑林博物館。誌高 42.5、寬 43、厚 9.8 釐米；蓋高 42、寬 41、厚 14.5 釐米。誌文隸書，21 行，滿行 21 字。蓋 3 行，行 3 字，篆書。蓋題：大周少司調宇文逢銘；首題：大周少司調故宇文逢恩墓誌銘。

著錄：

《西安碑林博物館新藏墓誌續編》上冊 15—17 頁（圖、文）。

《秦晉豫新出墓誌蒐佚續編》1 冊 151—152 頁。（圖）

《新見北朝墓誌集釋》179—181 頁。（圖、文、跋）

《北京大學圖書館藏歷代墓誌拓片目錄》編號 00686。（目）

建德 009
楊紹墓誌

建德元年（572）六月廿九日卒於州所，十月十五日葬於咸陽郡石安縣洪瀆鄉孝義里山。陝西省出土。誌高、寬均 59.5 釐米。文 31 行，滿行 31 字，正書。首題：大將軍儻城公墓誌。

圖版著錄：

《秦晉豫新出墓誌蒐佚續編》1 冊 150 頁。

備考：楊紹，楊雄之父，《周書》卷二九、《北史》卷六八有傳。史傳云"字子安"，而墓誌云"字僧保"。

建德 010

匹婁歡墓誌并蓋

天和七年（572）正月廿五日卒於京師之第，夫人尉遲氏以魏前二年八月廿五日卒於華州鄭縣界，建德元年（572）十一月廿二日合葬於雍州石安縣界。1953 年咸陽市底張灣出土，今存西安碑林博物館。誌高 71、寬 71 釐米。蓋高 65、寬 65 釐米。蓋 3 行，行 4 字，篆書。誌文 30 行，滿行 31 字，正書。首題：大周使持節少傅大將軍大都督恒夏靈銀長五州諸軍事恒州刺史普安壯公墓誌銘；蓋題：周少傅大將軍普安壯公墓誌。

圖版、錄文著錄：

《北京圖書館藏中國歷代石刻拓本匯編》8 冊 160—161 頁。（圖）

《西安碑林全集》66/1023—1030。（誌圖）

《中國西北地區歷代石刻匯編》1 冊 96 頁。（圖）

《新中國出土墓誌·陝西（貳）》上冊 6 頁（誌圖）、下冊 3—4 頁（文）。

《漢魏六朝碑刻校注》10 冊 262—263 頁。（圖、文）

《漢魏南北朝墓誌彙編》485—487 頁。（文）

《全後周文補遺》27—28 頁。（文）

碑目題跋著錄：

《碑帖敘錄》31 頁。

《漢魏六朝碑刻校注·總目提要》編號 2441。

淑德大學《中國石刻拓本目錄》"墓誌"編號 260—261。

《北朝隋代墓誌所在總合目錄》編號 1089。

建德 011

達符忠墓誌

卒於治所，建德元年（572）十一月廿二日葬。陝西咸陽出土，石藏河北正定墨香閣。誌高、寬均 50 釐米。文 30 行，滿行 30 字，正書。首題：信州捴縉大將軍東來公達苻使君墓誌銘。

著錄：

《秦晉豫新出墓誌蒐佚續編》1冊153頁。（圖）

《墨香閣藏北朝墓誌》178—179頁。（圖、文）

《北朝隋代墓誌所在總合目錄》編號1090。（目）

《北京大學圖書館藏歷代墓誌拓片目錄》編號00687。（目）

論文：

陳財經：《讀北周信州總縉（管）達苻忠墓誌》，《碑林集刊》第14輯，2008年。

王哲：《北周〈達苻忠墓誌〉再考》，《碑林集刊》第22輯，2016年。

建德012

大利稽冒頓磚誌

建德元年（572）十二月廿三日。1994年出土於寧夏固原縣西郊鄉北十里村，今存寧夏固原博物館。磚高38、寬39.2、厚7.2釐米。文正書，7行，行存2至15字不等。

著錄：

《漢魏六朝碑刻校注》10冊265—266頁。（圖、文）

《中國古代磚刻銘文集》上、下冊編號1049。（圖、文）

《固原歷代碑刻選編》76—77頁。（圖、文）

《新出魏晉南北朝墓誌疏證》（修訂本）252頁。（文、跋）

《全後周文補遺》28頁。（文）

《漢魏六朝碑刻校注·總目提要》編號2442。（目）

《北朝隋代墓誌所在總合目錄》編號1091。（目）

論文：

羅豐：《北周大利稽氏墓磚》，《考古與文物》2003年第4期，又載於羅豐《胡漢之間——"絲綢之路"與西北歷史考古》，第401—404頁。

建德013

何□宗墓磚

又名"建德元年殘磚記"。建德元年（572）□月廿日刻。長安段氏舊藏。磚高21釐米，寬23釐米。文正書，存4行，行存2至4字不等。

圖版著錄：

《北京圖書館藏中國歷代石刻拓本匯編》8冊157頁。

《中國古代磚刻銘文集》上冊編號1048。

錄文著錄：

《陝西金石志》6/28a，《新編》1/22/16443下。

《漢魏南北朝墓誌彙編》484頁。

《中國古代磚刻銘文集》下冊編號1048。

《全後周文補遺》28頁。

碑目題跋著錄：

（民國）《咸寧長安兩縣續志·金石考上》12/6a，《新編》3/31/517下。

《漢魏六朝碑刻校注·總目提要》編號2443。

《北朝隋代墓誌所在総合目錄》編號1092。

《北京大學圖書館藏歷代墓誌拓片目錄》編號00688。

建德014

爾綿永神道碑

一作"段永神道碑"。天和五年（570）六月十六日卒於賀葛城，其年十一月五日葬於京城南高陽原高司里。夫人赫連氏，建德元年（572）十二月亡，二年（573）正月歸葬高司里。庾信撰。

錄文著錄：

《文苑英華》905/9a-12a，6冊4763下—4765上。

《全後周文》14/3b-6a，《全文》4冊3952上—3953下。

《庾子山集注》14/853-861。

《庾開府集》1/128a-132b，《漢魏六朝百三名家集》5冊453上—455上。

《庾子山集》14/5b-9b，《四部叢刊初編》第101冊。

《庾開府集箋注》9/40b-48a，景印文淵閣《四庫全書·集部》第1064冊247上—251上。

《庾子山集》14/17b-28b，景印文淵閣《四庫全書》1064 冊 683 下—689 上。

碑目題跋著錄：

《金石彙目分編》12（1）/76b，《新編》1/28/21314 下。

《漢魏六朝志墓金石例》2/19a，《新編》3/40/413 上。

《漢魏六朝墓銘纂例》4/10b，《新編》3/40/463 下。

《漢魏六朝碑刻校注·總目提要》編號 2418。

備考：爾綿永，本姓段，賜姓爾綿氏，《周書》卷三六、《北史》卷六七有傳。

建德 015

叱羅外妃墓誌

建德二年（573）正月。陝西省三原縣出土。

碑目著錄：

《漢魏六朝碑刻校注·總目提要》編號 2445 引《涇渭稽古》。

《北朝隋代墓誌所在總合目錄》編號 1093。

建德 016

宇文顯和墓誌

又作"宇文顯墓誌"。後魏年間亡於同州，權葬於同州之北山，北周建德二年（573）二月二十三日遷葬於咸陽長安縣之洪瀆原。庾信撰。2005 年陝西省咸陽市北古洪瀆原出土。拓片高 55、寬 54 釐米。文隸書，33 行，滿行 35 字。首題：大周使持節驃騎大將軍開府儀同三司大都督少司空長廣良公宇文史君之墓誌。

圖版著錄：

《漢魏六朝碑刻校注》10 冊 267 頁。

錄文著錄：

（康熙）《武鄉縣志·藝文下》6/19a-21b，《新編》3/31/251 上—252 上。

《文苑英華》947/4b-6b，6 冊 4980 上—4981 上。

《全後周文》16/3b-5a，《全文》4 冊 3961 上—3962 上。

《庾子山集注》15/953－959。

《庾開府集》1/168a－171a,《漢魏六朝百三名家集》5 冊 473 上—474 下。

《庾子山集》15/5b－8b,《四部叢刊初編》第 101 冊。

《庾開府集箋注》10/47b－53a,景印文淵閣《四庫全書》1064 冊 279 下—282 下。

《庾子山集》15/14a－21a,景印文淵閣《四庫全書》1064 冊 729 上—732 下。

《漢魏六朝碑刻校注》10 冊 268—269 頁。

碑目題跋：

《金石彙目分編》12（1）/23a,《新編》1/28/21288 上。

《漢魏六朝墓銘纂例》4/12b,《新編》3/40/464 下。

《漢魏六朝碑刻校注‧總目提要》編號 2446。

《北朝隋代墓誌所在綜合目錄》編號 1094。

論文：

王其禕、李舉綱：《新出土北周建德二年虞信撰〈宇文顯墓誌銘〉勘證》,《出土文獻研究》第 8 輯,2007 年；又載於《紀念西安碑林九百二十周年華誕國際學術研討會論文集》,第 487—496 頁。

備考：宇文顯和,《周書》卷四〇、《北史》卷五七有傳,附《宇文神舉傳》。

建德 017

拓拔榮興妻裴智英墓誌并蓋

建德元年（572）十二月二日卒於長安里舍,以建德二年（573）二月廿五日葬於中義鄉。陝西西安出土。誌高、寬均 56 釐米。蓋高、寬均 44 釐米。誌文 20 行,滿行 20 字,正書。蓋 3 行 9 字,篆書。首題：魏上蔡公夫人正平郡君故裴氏墓誌銘；蓋題：大周上蔡國大夫人銘。

著錄：

《秦晉豫新出墓誌蒐佚續編》1 冊 154—155 頁。（圖）

《新見北朝墓誌集釋》182—184 頁。（圖、文、跋）

《北京大學圖書館藏歷代墓誌拓片目錄》編號00689。（目）

建德018

梁才墓誌

建德元年（572）七月卒於宜君仁義里，以二年（573）十月十六日葬於中原鄉。出土時地不詳，西安張氏藏石。誌方形，長、寬各80釐米。文26行，滿行27字。魏宏利云：圖版見於中國碑帖網：http://www.bttp.net。首題：大周使持節驃騎大將軍開府儀同三司大都督偃宮縣開國伯蒙應二州諸軍事蒙州使君之墓誌。

碑目著錄：

淑德大學《中國石刻拓本目錄》"墓誌"編號262。

《北朝隋代墓誌所在總合目錄》編號1095。

論文：

魏宏利：《北周〈梁才墓誌〉考釋》，《寶雞文理學院學報》2008年第4期。（文）

建德019

魏榮宗銘

建德二年（573）十月廿日。舊藏長安翰墨堂段氏。磚方一尺一寸。4行，行5至7字不等，正書。

錄文著錄：

《陝西金石志》6/28a-b，《新編》1/22/16443下。

題跋著錄：

（民國）《咸寧長安兩縣續志·金石考下》13/7b，《新編》3/31/543上。

建德020

乞伏龍璨墓誌

建德二年（573）十二月廿二日卒，建德三年（574）正月十二日權葬於故治原。陝西彬縣太峪鄉蒙家嶺村出土，今存陝西省彬縣文化館。誌高34、寬22、厚2釐米。文6行，滿行14字，正書。

碑目著錄：

《漢魏六朝碑刻校注·總目提要》編號2430。

《北朝隋代墓誌所在総合目錄》編號1096。

論文：

陳躍進：《陝西彬縣發現北周乞伏龍瓏墓誌石》，《碑林集刊》第9輯，2003年。（圖、文）

建德 021

步陸逞神道碑

建德二年（573）五月十一日卒於館舍，三年（574）正月十日葬於京兆之高陽原。庾信撰。

錄文著錄：

《文苑英華》900/1a-4a，6冊4737上—4738下。

《全後周文》13/1a-3b，《全文》4冊3945上—3946上。

《庾子山集注》13/753-767。

《庾開府集》1/85a-90a，《漢魏六朝百三名家集》5冊431下—434上。

《庾子山集》13/8a-12a，《四部叢刊初編》第101冊。

《庾開府集箋注》8/13a-23b，景印文淵閣《四庫全書·集部》1064冊202下—207下。

《庾子山集》13/47b-65a，景印文淵閣《四庫全書》1064冊637下—646上。

碑目題跋著錄：

《金石彙目分編》12（1）/23a，《新編》1/28/21288上。

《漢魏六朝志墓金石例》2/17a、3/3a-b，《新編》3/40/412上、416上。

《漢魏六朝墓銘纂例》4/12b，《新編》3/40/464下。

《漢魏六朝碑刻校注·總目提要》編號2447。

備考：步陸逞，原姓陸，《周書》卷三二、《北史》卷六九有傳，附《陸通傳》。

建德 022

楊操墓誌并蓋

又名：越勤超墓誌。建德三年（574）八月十七日卒於路途，以其年十一月三日歸葬華陰之舊塋。陝西華陰出土，河南省新安縣鐵門鎮千唐誌齋博物館藏石。拓本誌高、寬均 53 釐米；蓋高 56.5、寬 56 釐米。文正書，26 行，滿行 26 字；蓋篆書，3 行，行 4 字。蓋題：大周通州刺史越勤君墓誌銘。首題：大周通州刺史越勤君墓誌銘。

錄文著錄：

《全唐文補遺·千唐誌齋新藏專輯》445 頁。

碑目著錄：

《北朝隋代墓誌所在總合目錄》編號 1097。

《北京大學圖書館藏歷代墓誌拓片目錄》編號 00690。

建德 023

拓跋兢夫人尉遲氏墓誌

建德三年（574）五月七日亡，以其年十一月十五日葬於京兆之北陵原。庾信撰。

錄文著錄：

《文苑英華》963/9a – 10a，6 冊 5065 下—5066 上。

《全後周文》18/6b – 7b，《全文》4 冊 3970 下—3971 上。

《庾子山集注》16/1065 – 1069。

《庾開府集》1/182a – 183b，《漢魏六朝百三名家集》5 冊 480 上—下。

《庾子山集》16/11a – 12b，《四部叢刊初編》第 101 冊。

《庾開府集箋注》10/73a – 76a，景印文淵閣《四庫全書》1064 冊 292 下—294 上。

《庾子山集》16/33b – 38a，景印文淵閣《四庫全書》1064 冊 778 下—781 上。

碑目題跋著錄：

《金石彙目分編》12（1）/23a，《新編》1/28/21288 上。

《漢魏六朝志墓金石例》2/20b，《新編》3/40/413 下。

《漢魏六朝墓銘纂例》4/12b，《新編》3/40/464 下。

《漢魏六朝碑刻校注·總目提要》編號 2449。

《北朝隋代墓誌所在總合目錄》編號1098。

建德 024

張僧妙法師碑

天和五年（570）三月十五日卒於宜州崇慶寺，建德三年（574）刻。1905年陝西省銅川市耀縣文家堡崇慶寺出土，耀州學堂舊藏，今存陝西省耀縣藥王山碑林。高205、寬73、厚25釐米。文24行，滿行46字，正書。

著錄：

《北京圖書館藏中國歷代石刻拓本匯編》8冊142頁。（圖）

《陝西碑石精華》20頁。（圖）

《漢魏六朝碑刻校注》10冊274—276頁。（圖、文）

《陝西金石志》6/25b－27b，《新編》1/22/16442上—16443上。（文、跋）

《魯迅輯校石刻手稿·碑銘》下冊196—200頁。（文）

《全後周文補遺》10—12頁。（文）

《漢魏六朝碑刻校注·總目提要》編號2450。（目）

淑德大學《中國石刻拓本目錄》"碑碣等刻石"編號540。（目）

論文：

韓偉：《陝西耀縣藥王山北周張僧妙碑》，《考古與文物》1988年第4期。

建德 025

李綸墓誌并蓋

又名：徒何綸墓誌。建德三年（574）十二月十六日薨於私第，四年（575）正月廿八日葬於三原縣濁谷原。2002年陝西省西安市公安局文物稽查二大隊查獲一起盜賣文物案件時收繳獲得。誌高58.6、寬58.3、厚15.8釐米。文隸書，29行，滿行29字。蓋篆書，3行，行3字。蓋題：周故河陽公徒何墓誌；首題：周故使持節驃騎大將軍開府儀同三司大都督洛鳳興三州諸軍事三州刺史河陽郡開國公徒何綸墓誌文。

著錄：

《漢魏六朝碑刻校注》10冊278—280頁。（圖、文）

《新出魏晉南北朝墓誌疏證》（修訂本）253—255 頁。（文、跋）

《全後周文補遺》28—29 頁。（文）

《漢魏六朝碑刻校注·總目提要》編號 2451。（目）

《北朝隋代墓誌所在總合目錄》編號 1099。（目）

論文：

劉合心、呼林貴：《北周徒何綸誌史地考》，《文博》2002 年第 2 期。

［日］前島佳孝：《北周徒何綸墓誌銘と隋李椿墓誌銘—西魏北周支配階層の出自に関する新史料—》，《人文研紀要（中央大學人文科學研究所）》第 55 號，2005 年。

備考：李綸，賜姓"徒何"，《周書》卷一五、《北史》卷六〇附《李弼传》。

建德 026

大將軍崔說神道碑

建德四年（575）正月十日卒於長安之永貴里私第，其年二月二十四日葬於京兆平原鄉之吉遷里。庾信撰。

錄文著錄：

《文苑英華》904/1a－3b，6 冊 4755 下—4756 下。

《庾子山集注》13/771－784。

《全後周文》13/3b－5a，《全文》4 冊 3946 上—3947 上。

《庾開府集》1/107b－111a，《漢魏六朝百三名家集》5 冊 442 下—444 下。

《庾子山集》13/12a－15b，《四部叢刊初編》第 101 冊。

《庾開府集箋注》9/1a－17a，景印文淵閣《四庫全書·集部》1064 冊 227 下—235 下。

《庾子山集》13/64a－78a，景印文淵閣《四庫全書》1064 冊 646 上—653 上。

碑目題跋著錄：

《金石彙目分編》12（1）/23a，《新編》1/28/21288 上。

《漢魏六朝志墓金石例》2/18a－b，《新編》3/40/412 下。

《漢魏六朝墓銘纂例》4/13a，《新編》3/40/465 上。

《漢魏六朝碑刻校注·總目提要》編號 2452。

備考：崔說，《周書》卷三五、《北史》卷三二有傳。《漢魏六朝百三名家集》本、四庫全書《庾開府集》"崔說"作"崔訛"，據中華書局點校本《周書·崔說傳》注四考證，"訛"字誤，當爲"說"。

建德 027

叱羅協墓誌并蓋

建德三年（574）十月十七日薨於私第，以四年（575）三月五日葬於中原鄉。1989 年出土於陝西省咸陽北斗鄉靳里村。誌高、寬均 73.3 釐米。文隸書，35 行，滿行 37 字。首題：大周驃騎大將軍開府儀同三司大都督南陽郡開國公墓誌；蓋題：大周開府南陽公墓誌。

著錄：

《中國北周珍貴文物》31—36 頁。（圖、文、跋）

《漢魏六朝碑刻校注》10 冊 282—284 頁。（圖、文）

《新出魏晉南北朝墓誌疏證》（修訂本）256—259 頁。（文、跋）

《全後周文補遺》29—31 頁。（文）

《漢魏六朝碑刻校注·總目提要》編號 2453。（目）

《北朝隋代墓誌所在總合目錄》編號 1100。（目）

論文：

瞿安全：《〈叱羅協墓誌〉考釋》，《碑林集刊》第 8 輯，2002 年。

［日］會田大輔：《北周〈叱羅協墓誌〉に関する一考察—宇文護時代再考の手がかりとして—》，《文學研究論集（明治大·院·文）》23，2005 年。

備考：叱羅協，《周書》卷一一、《北史》卷五七有傳。

建德 028

賀婁慈神道碑

建德四年（575）三月歸葬於河州苑川郡之禁山。庾信撰。在皋蘭縣境，今佚。

錄文著錄：

《隴右金石錄》1/51a–53a，《新編》1/21/15978 上—15979 上。

《文苑英華》906/1a–3b，6 冊 4765 下—4766 下。

《全後周文》14/6a–8b，《全文》4 冊 3953 下—3954 下。

《庾子山集注》14/865–875。

《庾開府集》1/111b–115b，《漢魏六朝百三名家集》5 冊 444 下—446 下。

《庾子山集》14/10a–13b，《四部叢刊初編》第 101 冊。

《庾開府集箋注》9/8b–17a，景印文淵閣《四庫全書·集部》1064 冊 231 上—235 下。

《庾子山集》14/29a–42a，景印文淵閣《四庫全書》1064 冊 689 下—696 上。

碑目題跋著錄：

《隴右金石錄》1/53a–b，《新編》1/21/15979 上。

《金石彙目分編》13/1a，《新編》1/28/21373 上。

《漢魏六朝志墓金石例》2/18b、3/4a，《新編》3/40/412 下、416 下。

《漢魏六朝墓銘纂例》4/13a，《新編》3/40/465 上。

《漢魏六朝碑刻校注·總目提要》編號 2454。

建德 029

田弘墓誌并蓋

建德四年（575）正月三日薨於州鎮，其年四月廿五日歸葬於原州高平之北山。1996 年出土於寧夏固原縣城郊田弘墓。蓋方形，盝頂，邊長 72、厚 12 釐米。誌上下寬，左右略窄，基本成方形，邊長為 72 釐米。蓋 4 行，行 4 字，篆書；誌隸書，36 行，滿行 38 字。首題：大周使持節少師柱國大將軍大都督襄州總管襄州刺史故雁門公墓誌；蓋題：大周少師柱國大將軍雁門襄公墓誌銘。

著錄：

《漢魏六朝碑刻校注》10 冊 287—289 頁。（誌圖、文）

《寧夏歷代碑刻集》11—14 頁。（圖、文）

《固原歷代碑刻選編》78—80 頁。（圖、文）

《彭陽縣文物志》139—143 頁。（誌圖、文）

《新出魏晉南北朝墓誌疏證》（修訂本）260—263 頁。（文、跋）

《全後周文補遺》31—33 頁。（文）

《漢魏六朝碑刻校注·總目提要》編號 2455。（目）

《北朝隋代墓誌所在總合目錄》編號 1101。（目）

論文：

原州聯合考古隊編：《北周田弘墓》，圖版九四、九五，第 116—118、173—193 頁。

羅豐：《新獲北周庾信佚文——北周田弘墓誌》，載於《胡漢之間——"絲綢之路"與西北歷史考古》，第 356—371 頁。

馬曉玲：《北周考古的新發現——〈北周田弘墓〉述評》，《華夏考古》2012 年第 4 期。

備考：田弘，又名"紇干弘"，《周書》卷二七、《北史》卷六五有傳。

建德 030

田弘神道碑

又名：紇干弘（或"宏"）神道碑。建德三年（574）卒於州鎮，四年（575）四月二十五日歸葬於原州高平之鎮山。庾信撰。在寧夏固原縣，今佚。

錄文著錄：

《隴右金石錄》1/42b－44b，《新編》1/21/15973 下—15974 下。

《藝文類聚》卷 46，上冊 829 頁。（節文）

《文苑英華》905/5b－8b，6 冊 4761 下—4763 上。

《全後周文》14/1a－3b，《全文》4 冊 3951 上—3952 上。

《庾子山集注》14/834－846。

《庾開府集》1/102b－107b，《漢魏六朝百三名家集》5 冊 440 上—442 下。

《庾子山集》14/1a－5b，《四部叢刊初編》第 101 冊。

《庾開府集箋注》8/51a－61a，景印文淵閣《四庫全書·集部》1064 冊 221 下—226 下。

《庾子山集》14/1a–17b，景印文淵閣《四庫全書》1064 冊 675 下—683 下。

《固原歷代碑刻選編》81—82 頁。

碑目題跋著錄：

《隴右金石錄》1/45a，《新編》1/21/15975 上。

《金石彙目分編》13/3b–4a，《新編》1/28/21374 上—下。

《漢魏六朝志墓金石例》2/18a、3/3b，《新編》3/40/412 下、416 上。

《漢魏六朝墓銘纂例》4/12b，《新編》3/40/464 下。

備考：田弘，又名"紇干弘"，《周書》卷二七、《北史》卷六五有傳。

建德 031

柴烈妻李氏墓誌

建德四年（575）三月卒於館舍，以其年八月葬於長安之洪瀆原。庾信撰。

錄文著錄：

《文苑英華》963/10a–11a，6 冊 5066 上—下。

《全後周文》18/7b–8b，《全文》4 冊 3971 上—下。

《庾子山集注》16/1070–1074。

《庾開府集》1/183b–185b，《漢魏六朝百三名家集》5 冊 480 下—481 下。

《庾子山集》16/12b–14a，《四部叢刊初編》第 101 冊。

《庾開府集箋注》10/76a–79a，景印文淵閣《四庫全書》1064 冊 294 上—295 下。

《庾子山集》16/38a–42b，景印文淵閣《四庫全書》1064 冊 781 上—783 上。

碑目題跋著錄：

《金石彙目分編》12（1）/23b，《新編》1/28/21288 上。

《漢魏六朝墓銘纂例》4/13a，《新編》3/40/465 上。

《漢魏六朝碑刻校注·總目提要》編號 2456。

《北朝隋代墓誌所在總合目錄》編號 1102。

建德 032

任老墓誌并蓋

保定二年（562）七月廿日卒於家，至建德五年（576）正月五日葬於長安城西永同鄉仁貴里。石藏陝西歷史博物館。誌高48、寬50釐米，蓋高、寬均50釐米。文15行，行字數不等，正書；蓋3行，行3字，正書。蓋題：濮陽縣令任老墓誌記；首題：伏波將軍濮陽縣令任老誌。

著錄：

《風引薤歌：陝西歷史博物館藏墓誌萃編》16—18頁。（圖、文）

建德 033

單英儒磚誌

建德五年（576）九月一日。1954年陝西省西安市東郊韓森寨出土，現藏西安碑林博物館。殘磚高35、寬18釐米。文3行，行5至9字不等，正書。

著錄：

《西安碑林全集》66/1044－1045。（圖）

《新中國出土墓誌·陝西〔貳〕》補遺二，下冊387頁、上冊434頁上。（文、目）

《漢魏六朝碑刻校注·總目提要》編號2457。（目）

《北朝隋代墓誌所在綜合目錄》編號1104。（目）

建德 034

王鈞墓誌并蓋

又名：王德衡墓誌。薨於長安，建德五年（576）十月廿七日葬於石安原。1988年出土於陝西省咸陽市底張灣飛機場候機樓基址，今存陝西省考古研究所。誌及蓋高、寬均51釐米。文正書，22行，滿行23字。蓋3行，行3字，篆書。首題：周使持節儀同大將軍新市縣開國侯王使君墓誌銘；蓋題：太原王使君墓誌之銘。

著錄：

《中國北周珍貴文物》57—59頁。（圖、文、跋）

《咸陽碑刻》上冊10頁（圖）、下冊388頁（文）。

《漢魏六朝碑刻校注》10冊291—292頁。（圖、文）

《新出魏晉南北朝墓誌疏證》（修訂本）264—265 頁。（文、跋）

《全後周文補遺》33 頁。（文）

《漢魏六朝碑刻校注·總目提要》編號 2458。（目）

《北朝隋代墓誌所在總合目錄》編號 1105。（目）

備考：王鈞，字德衡，《周書》卷三六、《北史》卷六七附其父《王士良傳》。

建德 035

郭生墓誌并蓋

魏前元年六月十日卒於家邑，魏後三年正月葬乎漕水，建德五年（576）十月廿七日改葬於咸陽午雲之原。2007 年 4—8 月陝西省考古研究院於咸陽市渭城區正陽鎮柏家嘴村北二道塬的臺地上出土，編號 M59。盝頂蓋，方形，邊長 42—42.8、厚 9 釐米。誌方形，邊長 42—43、厚 9 釐米。文正書，15 行，滿行 15 字。蓋 3 行，行 3 字，正書。蓋題：大周故郭府君之墓誌。首題：魏故武功郡守郭府君墓誌。

碑目著錄：

《北朝隋代墓誌所在總合目錄》編號 1106。

論文：

陝西省考古研究院：《北周郭生墓發掘簡報》，《文博》2009 年第 5 期。（圖、文）

建德 036

韋彪墓誌

武成二年（560）薨於家，以建德五年（576）十一月九日葬於先君塋域。1998 年陝西省西安市長安縣韋曲北原出土，現藏長安區博物館。誌高 52.5、寬 53.5 釐米。文正書，31 行，滿行 31 字。

著錄：

《北京大學圖書館新藏金石拓本菁華 1996—2012》124 頁。（圖）

《漢魏六朝碑刻校注》10 冊 294—296 頁。（圖、文）

《新出魏晉南北朝墓誌疏證》（修訂本）266—268 頁。（文、跋）

《全後周文補遺》33—34 頁。（文）

《漢魏六朝碑刻校注·總目提要》編號2459。（目）
《北京大學圖書館藏歷代墓誌拓片目錄》編號00691。（目）
《北朝隋代墓誌所在綜合目錄》編號1107。（目）
論文：
周偉洲、賈麥明、穆小軍《新出土的四方北朝韋氏墓誌考釋》，《文博》2000年第2期。
牟發松、蓋金偉：《新出四方北朝韋氏墓誌校注》，《故宫博物院院刊》2006年第4期。
備考：韋彪，《魏書》卷四五、《北史》卷二六有傳，附《韋彧傳》。

建德037

張滿澤妻郝氏墓誌并蓋

建德六年（577）三月三日卒於鄴城，於此月十一日葬於廣都里漳河之北四里。清宣統年間河北磁縣出土，一說河南安陽出土。天津王氏舊藏。拓片誌高、寬均44釐米，蓋高、寬均38釐米。蓋3行，行3字，篆書。文17行，行18字，正書。蓋題：南陽張君妻郝夫人誌。

圖版著錄：

《漢魏南北朝墓誌集釋》圖版三五二，《新編》3/4/22-23。

《北京圖書館藏中國歷代石刻拓本匯編》8冊166—167頁。

《漢魏六朝碑刻校注》10冊298頁。

錄文著錄：

《魯迅輯校石刻手稿·墓誌》下冊136—137頁。

《漢魏南北朝墓誌彙編》487頁。

《全後周文補遺》35頁。

《漢魏六朝碑刻校注》10冊299頁。

碑目題跋著錄：

《石刻題跋索引》152頁右，《新編》1/30/22490。

《石刻名彙》2/21a，《新編》2/2/1035上。

《崇雅堂碑錄補》1/12a，《新編》2/6/4556下。

《古誌新目初編》1/14a，《新編》2/18/13698下。

《蒿里遺文目錄》2（1）/5b，《新編》2/20/14946 上。

《漢魏南北朝墓誌集釋》7/77a，《新編》3/3/187。

《國立北平圖書館藏碑目》13b，《新編》3/36/255 上。

《古誌彙目》1/10b，《新編》3/37/24。

《墓誌徵存目錄》卷 1，《羅振玉學術論著集》第五集，581 頁。

《歷代墓誌銘拓片目錄》37 頁。

《增補校碑隨筆》（修訂本）272 頁。

《六朝墓誌檢要》（修訂本）168 頁。

《碑帖鑒定》207 頁。

《漢魏六朝碑刻校注·總目提要》編號 2460。

《北朝隋代墓誌所在總合目錄》編號 1108。

《北京大學圖書館藏歷代墓誌拓片目錄》編號 00692。

建德 038

莫仁誕墓誌并蓋

建德五年（576）十月廿七日卒於晉陽之城，以六年（577）三月廿三日葬於萬年縣原望鄉三儒里。2009 年 5 月陝西省考古研究院在西安市長安區韋曲街道夏殿村西發掘出土。盝頂蓋，蓋高 46、寬 45、厚 9.5 釐米。誌高、寬均 55 釐米，厚 9 釐米。蓋 3 行，行 4 字，篆書。文 32 行，滿行 32 字，隸書。蓋題：大周上開府故莫仁誕墓誌銘。首題：周使持節上開府儀同大將軍趙郡開國公定安公世子故莫仁公墓誌。

碑目著錄：

《北朝隋代墓誌所在總合目錄》編號 1103。

論文：

陝西省考古研究院：《北周莫仁相、莫仁誕墓發掘簡報》，《考古與文物》2012 年第 3 期。（圖、文）

周偉洲：《北周莫仁相、莫仁誕父子墓誌釋解》，《考古與文物》2013 年第 1 期。

張海艷：《〈考古與文物〉近年公佈五篇墓誌釋文校正》，《古籍整理研究學刊》2015 年第 5 期。

建德 039

儀同馬元仁碑

建德六年（577）三月。1961年陝西省長安縣灃西出土，1963年移至陝西省博物館。文正書兼隸書，21行，滿行41字。額篆書，額題：大周儀同馬君之碑。

碑目著錄：

《碑帖鑒定》207頁。

建德 040

楊濟（字文立）墓誌

魏後元年卒於蜀，北周建德六年（577）四月七日葬於華陰東原。2000年冬陝西省華陰縣出土，現藏河南省新安縣千唐誌齋博物館。誌高、寬均31釐米。文15行，滿行15字，正書。首題：周敷城郡守華陰伯楊府君墓誌。

著錄：

《秦晉豫新出墓誌蒐佚》1冊75頁。（圖）

《漢魏六朝碑刻校注》10冊300—301頁。（圖、文）

《新出魏晉南北朝墓誌疏證》（修訂本）269頁。（文、跋）

《全後周文補遺》35頁。（文）

《全唐文補遺・千唐誌齋新藏專輯》446頁。（文）

《漢魏六朝碑刻校注・總目提要》編號2461。（目）

《北朝隋代墓誌所在總合目錄》編號1109。（目）

《北京大學圖書館藏歷代墓誌拓片目錄》編號00693。（目）

論文：

李獻奇、周錚：《北周隋五方楊氏家族墓誌綜考》，《碑林集刊》第7輯，2001年。

建德 041

梁安寧墓誌

又名：□安寧墓誌。建德六年（577）四月卅日。河北磁縣出土，曾歸丹徒劉鶚。誌高103、寬51釐米。文22行，滿行24字，正書。此誌磨舊碑改刻，下端尚見舊碑字跡，圖版模糊難辨。

圖版著錄：

《漢魏南北朝墓誌集釋》圖版三五三，《新編》3/4/24。

錄文著錄：

《鄴下冢墓遺文》1/20a–b，《羅雪堂合集》第 22 函。

碑目題跋著錄：

《石刻題跋索引》152 頁右，《新編》1/30/22490。

《石刻名彙》2/21a、b，《新編》2/2/1035 上。

《崇雅堂碑錄補》1/12a，《新編》2/6/4556 下。

《蒿里遺文目錄》2（1）/5b，《新編》2/20/14946 上。

《漢魏南北朝墓誌集釋》7/77a，《新編》3/3/187。

《古誌彙目》1/11a，《新編》3/37/25。

《墓誌徵存目錄》卷 1，《羅振玉學術論著集》第五集，581 頁。

《增補校碑隨筆》（修訂本）272 頁。

《六朝墓誌檢要》（修訂本）168 頁。

《河北金石輯錄》431 頁。

《漢魏六朝碑刻校注·總目提要》編號 2462、2498。

《隋代墓誌銘彙考·存目》6 冊 188 頁。

《北朝隋代墓誌所在總合目錄》編號 1110、1901。

備考：《隋代墓誌銘彙考》誤歸入"隋"，按錄文，實則北周墓誌。

建德 042

梁君墓誌

建德六年（577）四月。正書。

碑目著錄：

《石刻名彙》2/21a，《新編》2/2/1035 上。

建德 043

燕大胡墓記磚

建德六年（577）六月九日。河北出土，磚藏河北省正定縣墨香閣。磚高 35、寬 17 釐米。文正書，2 行，行 4 至 5 字。

著錄：

《墨香閣藏北朝墓誌》272頁。（圖、文）
《北京大學圖書館藏歷代墓誌拓片目錄》編號00694。（目）

建德044

若干榮墓誌并蓋

建德四年（575）七月十二日卒於鄴，建德六年（577）七月十三日葬於涇陽縣石安原。石藏大唐西市博物館。盝頂蓋，蓋高51、寬50、厚10釐米。誌高、寬均51.5、厚7.5釐米。誌文24行，滿行26字，隸書。蓋3行，行3字，篆書。蓋題：大周開府長安公墓誌。首題：周故開府儀同大將軍長安公若干君之墓誌。

著錄：

《大唐西市博物館藏墓誌》上冊18—19頁。（圖、文）
《北朝隋代墓誌所在總合目錄》編號1111。（目）

論文：

周偉洲：《大唐西市博物館入藏北朝胡族墓誌考》，《大唐西市博物館藏墓誌研究》（續一），第5—20頁。

建德045

高永樂妻元沙彌墓誌

終於鄴城之里舍，以周建德六年（577）八月十九日葬於際陌河北五里。石藏河北正定墨香閣。磚高、寬均43釐米。文24行，滿行25字。首題：故魏太師太尉公錄尚書夫人元氏墓誌銘。

著錄：

《墨香閣藏北朝墓誌》194—195頁。（圖、文）

建德046

斛律豐洛墓誌并蓋

又名：斛律羨墓誌。武平三年（572）七月廿五日薨於州府，建德六年（577）八月十九日葬於鄴城西北十里。誌長、高均74釐米。蓋底長、高均73釐米，頂長、高均62釐米。文32行，行32字，正書。蓋篆書，4行，行4字。蓋題：大將軍浮陽郡開國公斛律兗州墓誌銘。首題：周使持節大將軍兗豫信海四州刺史滄州浮陽郡開國公墓誌銘。

著錄：

《北朝藝術研究院藏品圖錄・墓誌》188—191 頁。（圖、文）

論文：

張慶捷：《斛律羨墓誌考》，《北朝藝術研究院藏品圖錄・墓誌》，第 226—237 頁。

備考：斛律羨，《北齊書》卷一七、《北史》卷五四有傳。史傳云，斛律羨"字豐樂"，而墓誌云"豐洛"。

建德 047

王迴悅墓誌

武平五年（574）五月卒于鄴縣里，夫人河清二年（563）卒，建德六年（577）十月九日合葬於紫陌河武城東北。河南省安陽市出土，時間不詳，旋歸洛陽馬氏。誌高 43、寬 43.5 釐米。文 20 行，滿行 21 字，隸書。首題：故驃騎大將軍奉車都尉王君墓誌銘。

著錄：

《秦晉豫新出墓誌蒐佚》1 冊 76 頁。（圖）

《北朝隋代墓誌所在總合目錄》編號 1112。（目）

建德 048

柳鷟墓誌

太昌元年（532）六月廿一日卒於豫州之官舍，以二年（533）正月八日權葬於嵩高山，建德六年（577）十月廿日遷葬於小陵原。據云出土於陝西省西安市。誌高、寬均 69 釐米。文 32 行，滿行 32 字，正書。首題：魏故儀同虞昌二州刺史方輿子柳君墓誌銘。

圖版著錄：

《秦晉豫新出墓誌蒐佚續編》1 冊 157 頁。

備考：柳鷟，《周書》卷二二附《柳弘傳》，《北史》卷六四附《柳雄亮傳》。

建德 049

楊戾墓誌

又名：越勤戾墓誌。建德六年（577）七月四日遘疾卒於華山第，以其年十一月三日葬於華陰東原。陝西華陰出土。河南省新安縣千唐誌齋博物館藏石。拓本高、寬均50.5釐米。文正書，22行，滿行24字。首題：周故華州主簿越勤君墓誌銘。

錄文著錄：

《全唐文補遺·千唐誌齋新藏專輯》446—447頁。

碑目著錄：

《北朝隋代墓誌所在總合目錄》編號1113。

《北京大學圖書館藏歷代墓誌拓片目錄》編號00695。

建德050

張閭墓誌

齊天統年間卒於其家，周建德六年（577）十一月十五日葬於封龍神山之前五里，金聚嶺東北三真朝陽之崗。河北元氏縣封龍山旁出土，石藏河北省正定縣墨香閣。誌高、寬均47釐米。文19行，滿行19字，正書。首題：大周建德六年歲次丁酉十一月庚午朔十五日甲申張氏墓誌。

著錄：

《墨香閣藏北朝墓誌》196—197頁。（圖、文）

《全後周文補遺》36頁。（文）

《北朝隋代墓誌所在總合目錄》編號1116。（目）

《北京大學圖書館藏歷代墓誌拓片目錄》編號00696。（目）

建德051

元瑛墓誌

□□二年三月廿一日卒於家，夫人以建德六年（577）二月廿六日終於邯鄲之城，即以其年十一月十五日遷窆於漳河之南，鄴城之西廿里。誌長41、高36釐米。文21行，滿行21字，正書。首題：大周故車騎大將軍元君墓誌之銘。

著錄：

《北朝藝術研究院藏品圖錄·墓誌》192—193頁。（圖、文）

建德 052

鄭生墓誌

建德六年（577）九月七日卒於家，以其年十一月廿五日葬鄴西。河南安陽縣出土，誌高 46、寬 45.5 釐米。文 22 行，滿行 24 字，隸書兼正書。首題：唯大周建德六年歲次丁酉十一月壬午朔廿五日甲午撫軍將軍銀青光祿大夫儀同平樂陳郡太守鄭君之銘。

著錄：

《文化安豐》381—382 頁。（圖、文）

《金石拓本題跋集萃》66 頁。（圖）

《北朝隋代墓誌所在總合目錄》編號 1117。（目）

《北京大學圖書館藏歷代墓誌拓片目錄》編號 00697。（目）

建德 053

劉行墓誌

建德六年（577）十一月終於鄴城之西，葬於漳濱之南。1998 年出土於安豐鄉木廠屯村東北磚窯坑內。誌長、寬均 37 釐米。文 15 行，滿行 18 字，隸書兼正書。首題：大周故襄威將軍劉君墓誌銘。

著錄：

《文化安豐》383—384 頁。（圖、文）

《北朝隋代墓誌所在總合目錄》編號 1115。（目）

建德 054

李元儉墓誌

建德六年（577）十一月九日卒於晉陽，其年十二月二十一日權葬於相州城東北十里。據云 21 世紀初出土於河南省安陽市。誌高、寬均 37.5 釐米。文 12 行，滿行 12 字，正書。

著錄：

《文化安豐》385 頁。（圖、文）

《秦晉豫新出墓誌蒐佚續編》1 冊 158 頁。（圖）

《新見北朝墓誌集釋》193—194 頁。（圖、文、跋）

《北朝隋代墓誌所在總合目錄》編號 1114。（目）

建德 055

建德六年□□殘碑

建德六年（577）。似為神道碑。螭首，碑通高331、寬81釐米。行字數無考，1963年入藏西安碑林。

圖版著錄：

《西安碑林全集》3/255–260。

建德 056

宇文儉墓誌并蓋

建德七年（578）二月五日薨於洛陽，其年三月十七日葬於雍州涇陽縣西鄉始義里。1993年出土於陝西省咸陽國際機場新建停機坪西南部。誌右高72.2、左高73、寬73.5、厚11.3—12.2釐米；蓋高、寬均75.5釐米，厚9.5釐米。文隸書，15行，滿行15字。蓋篆書，4行，行4字。首題：大周使持節上柱國大冢宰譙忠孝王墓誌；蓋題：大周上柱國大冢宰故譙忠孝王之墓誌。

著錄：

《咸陽碑刻》上冊11頁、下冊388—389頁。（圖、文）

《漢魏六朝碑刻校注》10冊302—303頁。（圖、文）

《全後周文補遺》36頁。（文）

《新出魏晉南北朝墓誌疏證》（修訂本）270—271頁。（文、跋）

《漢魏六朝碑刻校注·總目提要》編號2463。（目）

《北朝隋代墓誌所在總合目錄》編號1118。（目）

論文：

陝西省考古研究所：《北周宇文儉墓清理發掘簡報》，《考古與文物》2001年第3期。

備考：宇文儉，《周書》卷一三、《北史》卷五八有傳。

宣 政

宣政 001

若干雲墓誌并蓋

薨於萬年縣東鄉里，葬於涇陽洪瀆川趙村東北，宣政元年（578）四月十二日。1988 年出土於陝西省咸陽市底張灣飛機場候機樓基址。誌高、寬均 57 釐米。文正書，27 行，滿行 29 字。蓋篆書，4 行，行 4 字。首題：大周歲次戊戌宣政元年四月朔戊戌十二日己酉驃騎大將軍上開府儀同大將軍任城郡公若干雲墓誌；蓋題：上開府儀同三司任成郡公若干公墓誌。

著錄：

《中國北周珍貴文物》72—76 頁。（圖、文、跋）

《漢魏六朝碑刻校注》10 冊 304—305 頁。（圖、文）

《新出魏晉南北朝墓誌疏證》（修訂本）272—274 頁。（文、跋）

《全後周文補遺》37 頁。（文）

《漢魏六朝碑刻校注·總目提要》編號 2464。（目）

《北朝隋代墓誌所在總合目錄》編號 1119。（目）

宣政 002

高妙儀墓誌并蓋

宣政元年（578）薨於都邑，其年四月廿三日葬於鄴城西北五里，左俠清池，右帶名路，南通上菀，北據林華。河南安陽出土，曾歸濬縣黃氏。拓片誌高、寬均 38 釐米；蓋高、寬均 28 釐米。蓋 3 行，行 3 字，正書。文 13 行，滿行 13 字，正書。首題：扶風郡公主墓誌；蓋題：雍州扶風郡公主之銘。

圖版著錄：

《漢魏南北朝墓誌集釋》圖版三一六，《新編》3/3/675–676。

《北京圖書館藏中國歷代石刻拓本匯編》8 冊 168—169 頁。

《中國金石集萃》8 函 10 輯編號 99。（誌）

《漢魏六朝碑刻校注》10 冊 307 頁。

錄文著錄：

《漢魏南北朝墓誌彙編》488 頁。

《全後周文補遺》38 頁。

《漢魏六朝碑刻校注》10 冊 308 頁。

碑目題跋著錄：

《石刻題跋索引》152 頁右，《新編》1/30/22490。

《漢魏南北朝墓誌集釋》7/69b，《新編》3/3/172。

《蒿里遺文目錄續編·墓誌徵存》3a，《新編》3/37/538 上。

《墓誌徵存目錄》卷 1，《羅振玉學術論著集》第五集，581 頁。

《歷代墓誌銘拓片目錄》37 頁。

《六朝墓誌檢要》（修訂本）168 頁。

《碑帖鑒定》207 頁。

《漢魏六朝碑刻校注·總目提要》編號 2465。

《北京大學圖書館藏歷代墓誌拓片目錄》編號 00699。

《北朝隋代墓誌所在總合目錄》編號 1120。

宣政 003

莫仁相墓誌并蓋

宣政元年（578）四月廿三日葬於萬年縣界鴻顧鄉壽貴里。2009 年 5 月陝西省考古研究院在西安市長安區韋曲街道夏殿村西發掘出土。盝頂蓋，高 49、寬 48、厚 12 釐米。誌高 57、寬 56、厚 14 釐米。蓋 3 行，行 3 字，篆書。文 32 行，滿行 33 字，正書。蓋題：大周大將軍定安公銘。首題：大周使持節大將軍丹淮青幽豫五州刺史定安縣開國公故莫仁信公墓誌。

碑目著錄：

《北朝隋代墓誌所在總合目錄》編號 1121。

論文：

陝西省考古研究院：《北周莫仁相、莫仁誕墓發掘簡報》，《考古與文物》2012 年第 3 期。（圖、文）

周偉洲：《北周莫仁相、莫仁誕父子墓誌釋解》，《考古與文物》2013 年第 1 期。

張海艷：《〈考古與文物〉近年公佈五篇墓誌釋文校正》，《古籍整理研究學刊》2015 年第 5 期。

宣政 004

宇文璨墓誌并蓋

建德六年（577）十月十七日卒於隨州，宣政元年（578）四月廿四日返葬於萬年縣洪固鄉壽貴里。1987 年出土於陝西省長安縣郭杜鎮岔道口村北魚池，現藏長安區文物管理委員會。誌高、寬均 57 釐米，厚 11 釐米；蓋底邊長 57 釐米，厚 11 釐米。文正書，30 行，滿行 31 字。蓋篆書，3 行，行 3 字。首題：大周使持節儀同大將軍安州總管府長史治隋州刺史建安子宇文瓘墓誌；蓋題：大周儀同建安子之銘。

著錄：

《北京大學圖書館新藏金石拓本菁華 1996—2012》125 頁。（圖）

《長安新出墓誌》12—13 頁。（誌圖、文）

《新中國出土墓誌·陝西〔叁〕》上冊 7 頁（圖）、下冊 3—4 頁（文）。

《漢魏六朝碑刻校注》10 冊 309—310 頁。（圖、文）。

《新出魏晉南北朝墓誌疏證》（修訂本）275—278 頁。（文、跋）

《全後周文補遺》38—39 頁。（文）

《漢魏六朝碑刻校注·總目提要》編號 2466。（目）

《北朝隋代墓誌所在綜合目錄》編號 1122。（目）

《北京大學圖書館藏歷代墓誌拓片目錄》編號 00700。（目）

論文：

宋英、趙小寧：《北周〈宇文瓘墓誌〉考釋》，《碑林集刊》第 8 輯，2002 年。

呂卓民：《中古長安韋氏家族考古及墓誌補遺》，《西部考古》第 4 輯，2009 年。

備考：宇文瓘，即《北史》卷六四、《周書》卷三一《韋敻傳》所記之韋瓘，賜姓宇文氏。

宣政 005

宇文憲神道碑

宣政元年（578）六月二十八日卒，葬於石安縣洪瀆川之里。庾信撰。

錄文著錄：

《文苑英華》890/1a—4b，6 冊 4685 上—4686 下。

《全後周文》12/6a–9a，《全文》4冊3942下—3944上。

《庾子山集注》13/731–752。

《庾開府集》1/80a–85a，《漢魏六朝百三名家集》5冊429上—431下。

《庾子山集》13/3a–8a，《四部叢刊初編》第101冊。

《庾開府集箋注》8/1a–13a，景印文淵閣《四庫全書·集部》1064冊196下—202下。

《庾子山集》13/26a–47a，景印文淵閣《四庫全書》1064冊627上—637下。

碑目題跋著錄：

《漢魏六朝志墓金石例》2/17a、3/3a，《新編》3/40/412上、416上。

《漢魏六朝墓銘纂例》4/13a–b，《新編》3/40/465上。

《金石論叢》"續貞石證史·齊王憲碑附"，262—263頁。

《漢魏六朝碑刻校注·總目提要》編號2467。

備考：宇文憲，《周書》卷一二、《北史》卷五八有傳。

宣政006

獨孤藏墓誌并蓋

宣政元年（578）八月四日薨於長安大司馬坊第，其年十月廿日葬於涇陽胡瀆川。1988年出土於陝西省咸陽市底張灣。誌及蓋高、寬均54釐米。文正書，29行，滿行29字。蓋正書，3行，滿行6字。首題：周大都督武平公金州刺史獨孤使君墓誌；蓋題：大周金州刺史武平公獨孤使君之墓誌。

著錄：

《中國北周珍貴文物》89—93頁。（圖、文、跋）

《漢魏六朝碑刻校注》10冊312—314頁。（圖、文）

《新出魏晉南北朝墓誌疏證》（修訂本）279—282頁。（文、跋）

《全後周文補遺》39—40頁。（文）

《漢魏六朝碑刻校注·總目提要》編號2468。（目）

《北朝隋代墓誌所在總合目錄》編號1123。（目）

備考：獨孤藏，事見《北史》卷六一、《隋書》卷七九附《獨孤羅傳》，《周書》卷一六《獨孤信傳》。

宣政 007

朱緒墓誌

武定元年（543）六月八日卒於圍柞之里，以大周宣政元年（578）十一月三日葬於雲山之朝陽。2013年出土於山東省青州市城南郊井亭村。誌高84、寬46、厚10釐米。額正書，4行，行3字。文正書，19行，滿行27字。額題：魏故樂安太守朱府君墓誌銘。

論文：

李森：《新見〈魏故樂安太守朱府君墓誌銘〉考析》，《華夏考古》2016年第1期。（圖、文）

宣政 008

時珍墓誌

武平七年（576）三月廿七日卒於家廡，宣政元年（578）十二月九日遷葬。清光緒七年（1881）出土於山東諸城之西古婁鄉，曾歸長白端方、諸城王緒祖、三原于右任，今存西安碑林博物館。誌高43、寬51釐米。文正書，19行，滿行15字，末2行行16字。首題：偽齊在京為荷王釋褐辟任齊安成主倍贈車騎將軍時珍墓誌。

圖版著錄：

《漢魏南北朝墓誌集釋》圖版三五四，《新編》3/4/25。

《北京圖書館藏中國歷代石刻拓本匯編》8冊170頁。

《鴛鴦七誌齋藏石》圖163。

《西安碑林全集》66/1046-1049。

《漢魏六朝碑刻校注》10冊316頁。

《山東石刻分類全集·歷代墓誌》80頁。

錄文著錄：

《匋齋藏石記》14/7a-8a，《新編》1/11/8113上一下。

《山左冢墓遺文》10a-b，《新編》1/20/14902下。

（光緒）《增修諸城縣續志·金石考》4/7b-8b，《新編》3/28/76

上—下。

《魯迅輯校石刻手稿·墓誌》下册 139—140 頁。

《漢魏南北朝墓誌彙編》488 頁。

《漢魏六朝碑刻校注》10 册 317 頁。

《全後周文補遺》40—41 頁。

《山東石刻分類全集·歷代墓誌》80 頁。

碑目題跋著錄：

《匋齋藏石記》14/8a，《新編》1/11/8113 下。

《再續寰宇訪碑錄校勘記》7a，《新編》1/27/20463 上。

《金石彙目分編》10（補遺）/25a。《新編》1/28/21226 上。

《石刻題跋索引》152 頁右，《新編》1/30/22490。

《石刻名彙》2/21a，《新編》2/2/1035 上。

《崇雅堂碑錄補》1/12a，《新編》2/6/4556 下。

（宣統）《山東通志·藝文志》卷 152，《新編》2/12/9383 上。

《語石》4/2b、4/7a，《新編》2/16/11918 下、11921 上。（或云尹祝年僞託）

《山左南北朝石刻存目》6b，《新編》2/20/14887 下。

《蒿里遺文目錄》2（1）/5b，《新編》2/20/14946 上。

《夢碧簃石言》5/10b 引《周匋齋藏石目》，《新編》3/2/217 下。

《漢魏南北朝墓誌集釋》7/77a，《新編》3/3/187。

（光緒）《增修諸城縣續志·金石考》4/8b–9a，《新編》3/28/76 下—77 上。

《石目》，《新編》3/36/73 上。

《國立北平圖書館藏碑目》13b，《新編》3/36/255 上。

《古誌彙目》1/10b，《新編》3/37/24。

《碑帖跋》75 頁，《新編》3/38/223、4/7/433 下。

《再續寰宇訪碑錄》卷上，《羅振玉學術論著集》第五集，443 頁。

《墓誌徵存目錄》卷 1，《羅振玉學術論著集》第五集，581 頁。

《歷代墓誌銘拓片目錄》37 頁。

《善本碑帖錄》2/87。

《碑帖鑒定》207 頁。

《增補校碑隨筆》（修訂本）272 頁。

《六朝墓誌檢要》（修訂本）168—169 頁。

《齊魯碑刻墓誌研究》318—319、367 頁。

《漢魏六朝碑刻校注·總目提要》編號 2469。

淑德大學《中國石刻拓本目錄》"墓誌"編號 263。

《北朝隋代墓誌所在總合目錄》編號 1124。

《北京大學圖書館藏歷代墓誌拓片目錄》編號 00701。

論文：

馬向欣：《〈時珍墓誌〉補釋》，《考古》1993 年第 11 期。

備考：葉昌熾《語石》一處讚揚《時珍墓誌》"古拙，開隋賀若誼、趙芬諸碑"，一處載"或云尹祝年偽託"，因《語石》無定論，他家又以為真品，故附此。

宣政 009

寇胤哲墓誌并蓋

卒於家，宣政二年（579）正月四日葬。1922 年洛陽城東北欄駕溝村東北嶺出土，曾歸江蘇武進陶湘、羅振玉舊藏，今存遼寧省博物館。拓片誌高、寬均 34.5 釐米，蓋高、寬均 31 釐米。蓋 3 行，行 3 字。誌文 15 行，滿行 15 字。均正書。首題：魏故汝北郡中正寇君墓誌；蓋題：魏故中正寇君墓誌銘。

圖版著錄：

《漢魏南北朝墓誌集釋》圖版三五五，《新編》3/4/26－27。

《北京圖書館藏中國歷代石刻拓本匯編》8 冊 171—172 頁。

《中國金石集萃》7 函 10 輯編號 99。（誌）

《洛陽出土北魏墓誌選編》圖版二〇一，416 頁。（誌）

《漢魏六朝碑刻校注》10 冊 318 頁。

《遼寧省博物館藏碑誌精粹》116 頁。

錄文著錄：

《滿洲金石志別錄》卷下/19b，《新編》1/23/17436 上。

《洛陽出土北魏墓誌選編》宣政二，183—184 頁。

《漢魏南北朝墓誌彙編》489 頁。

《漢魏六朝碑刻校注》10 冊 319 頁。

《遼寧省博物館藏碑誌精粹》116 頁。

《全後周文補遺》41 頁。

碑目題跋著錄：

《滿洲金石志別錄》卷下/20a，《新編》1/23/17436 下。

《石刻題跋索引》152 頁右，《新編》1/30/22490。

《石刻名彙》2/21b，《新編》2/2/1035 上。

《崇雅堂碑錄補》1/12a，《新編》2/6/4556 下。

《古誌新目初編》1/14b，《新編》2/18/13698 下。

《蒿里遺文目錄補遺》1b，《新編》2/20/14996 上。

《漢魏南北朝墓誌集釋》7/77a–b，《新編》3/3/187–188。

《墓誌徵存目錄》卷 1，《羅振玉學術論著集》第五集，581 頁。

《洛陽出土石刻時地記》北周 001，48 頁。

《歷代墓誌銘拓片目錄》37 頁。

《六朝墓誌檢要》（修訂本）169 頁。

《碑帖鑒定》208 頁。

《漢魏六朝碑刻校注·總目提要》編號 2471。

《北朝隋代墓誌所在總合目錄》編號 1126。

《遼寧省博物館藏碑誌精粹》117 頁。

《北京大學圖書館藏歷代墓誌拓片目錄》編號 00702。

宣政 010

寇熾墓誌

宣政二年（579）正月四日葬於萬安山宣穆公之墓次。1925 年洛陽東北攔駕溝村東北嶺，馬溝村西嶺出土，曾歸三原于右任，今藏西安碑林博物館。誌高、寬均 38 釐米。文正書，20 行，滿行 20 字。首題：魏故廣州別駕襄城順陽二郡守寇君墓誌。

圖版著錄：

《漢魏南北朝墓誌集釋》圖版三五六，《新編》3/4/28。

《北京圖書館藏中國歷代石刻拓本匯編》8 冊 175 頁。

《鴛鴦七誌齋藏石》圖 164。

《西安碑林全集》66/1050－1055。

《洛陽出土北魏墓誌選編》圖版二〇〇，415 頁。

《漢魏六朝碑刻校注》10 冊 320 頁。

錄文著錄：

《洛陽出土北魏墓誌選編》宣政一，183 頁。

《漢魏南北朝墓誌彙編》489—490 頁。

《全後周文補遺》41—42 頁。

《漢魏六朝碑刻校注》10 冊 321 頁。

碑目題跋著錄：

《石刻題跋索引》153 頁左，《新編》1/30/22491。

《古誌新目初編》1/14a，《新編》2/18/13698 下。

《漢魏南北朝墓誌集釋》7/77b，《新編》3/3/188。

《國立北平圖書館藏碑目》13b，《新編》3/36/255 上。

《墓誌徵存目錄》卷 1，《羅振玉學術論著集》第五集，581 頁。

《洛陽出土石刻時地記》北周 002，48 頁。

《歷代墓誌銘拓片目錄》37 頁。

《六朝墓誌檢要》（修訂本）169 頁。

《碑帖鑒定》207 頁。

《漢魏六朝碑刻校注·總目提要》編號 2472。

淑德大學《中國石刻拓本目錄》"墓誌"編號 264—265。

《北朝隋代墓誌所在総合目錄》編號 1127。

《北京大學圖書館藏歷代墓誌拓片目錄》編號 00704。

宣政 011

寇嶠妻薛氏墓誌并蓋

西魏大統十三年（547）卒於長安，羈殯渭陽，宣政二年（579）正月四日歸葬於洛陽。1922 年洛陽城東北欄駕溝村東北嶺出土。誌石曾歸浙江上虞羅振玉、江蘇吳興徐森玉。誌高、廣均46.5釐米。蓋拓片高31、寬35釐米。蓋3行，行3字，正書。文19行，滿行19字，正書。首題：周故邵州刺史寇嶠妻襄城君薛夫人墓誌；蓋題：邵州使君寇公妻薛誌。

圖版著錄：

《漢魏南北朝墓誌集釋》圖版三五九，《新編》3/4/32 – 33。

《北京圖書館藏中國歷代石刻拓本匯編》8冊173—174頁。

《洛陽出土北魏墓誌選編》圖版二〇二，417頁。（誌）

《漢魏六朝碑刻校注》10冊322頁。

錄文著錄：

《芒洛冢墓遺文四編補遺》14a – 15a，《新編》1/19/14314下—14315上。

《洛陽出土北魏墓誌選編》宣政三，184頁。

《漢魏南北朝墓誌彙編》490頁。

《全後周文補遺》42頁。

《漢魏六朝碑刻校注》10冊323頁。

碑目題跋著錄：

《石刻題跋索引》153頁左，《新編》1/30/22491。

《石刻名彙》2/21a，《新編》2/2/1035上。

《崇雅堂碑錄補》1/12a，《新編》2/6/4556下。

《蒿里遺文目錄》2（1）/5b，《新編》2/20/14946上。

《漢魏南北朝墓誌集釋》7/78a，《新編》3/3/189。

《國立北平圖書館藏碑目》13b，《新編》3/36/255上。

《墓誌徵存目錄》卷1，《羅振玉學術論著集》第五集，581頁。

《松翁近稿》，《羅振玉學術論著集》第十集（上）80—85頁。

《洛陽出土石刻時地記》北周004，49頁。

《歷代墓誌銘拓片目錄》37頁。

《六朝墓誌檢要》（修訂本）169頁。

《碑帖鑒定》207—208頁。

《漢魏六朝碑刻校注·總目提要》編號2473。

《北朝隋代墓誌所在總合目錄》編號1128。

《北京大學圖書館藏歷代墓誌拓片目錄》編號00703。

論文：

鄭衛、鄭霞：《洛陽出土北魏叱干氏後裔墓誌人物考證及相關史實鉤沉》，《洛陽考古》2015年第1期。

宣政 012

宇文邕墓誌

又名：武帝孝陵誌。宣政年間（578—579）。1993年出土於陝西省咸陽市底張鎮陳馬村東南，石存咸陽市文物保護中心。誌蓋及誌石方形，邊長均85釐米，蓋厚14、誌厚11釐米。蓋無文，誌篆書，3行，行3字：大周高祖武皇帝孝陵。

碑目著錄：

《北朝隋代墓誌所在總合目錄》編號1125。

論文：

曹發展：《北周武帝陵誌、后誌、后璽考》，《中國文物報》1996年8月11日；又載於《陝西歷史博物館館刊》第7輯，2000年。

陝西省考古研究所：《北周武帝孝陵發掘簡報》，《考古與文物》1997年第2期。（文）

侯養民、穆渭生：《北周武帝孝陵三題》，《文博》2000年第6期。

備考：宇文邕，北周武帝，《周書》卷五—卷六、《北史》卷一〇有本紀，宣政元年（578）六月卒。

大　成

大成 001

翟曹明墓誌

大成元年（579）三月四日。1993年陝西省靖邊縣紅墩界鄉席季灘村委顧家洼出土，石藏靖邊縣文管所。誌高45釐米，寬最長處37、最窄處14釐米，厚6釐米。文存14行，滿行18字，正書。

碑目著錄：

《北朝隋代墓誌所在總合目錄》編號1129。

論文：

羅豐、榮新江：《北周西國胡人翟曹明墓誌及墓葬遺物》，《粟特人在中國：考古發現與出土文獻的新印證》，第269—283頁。（圖、文）

大　象

大象 001

張興回之孫墓銘

大象元年（579）八月七日。1985—1995年在河南省三門峽市西北部發掘出土。磚高33、寬18、厚6釐米。文3行，行3至11字不等，正書。

論文：

三門峽市文物考古研究所：《河南三門峽市北朝和隋代墓葬清理簡報》，《華夏考古》2009年第4期。（圖10—4、文）

大象 002

尉遲運墓誌并蓋

武帝大成元年（579）二月廿四日薨於秦州，其年（大象元年，579）十月十四日反葬於咸陽郡涇陽縣洪瀆鄉永貴里。1988年前後出土於陝西省咸陽底張灣。誌高、寬均73釐米。文正書，37行，滿行37字。蓋篆書，3行，行3字。首題：大周使持節上柱國盧國公墓誌；蓋題：大周上柱國盧國公誌。

著錄：

《中國北周珍貴文物》101—106頁。（圖、文、跋）

《漢魏六朝碑刻校注》10冊327—329頁。（圖、文）

《新出魏晉南北朝墓誌疏證》（修訂本）287—290頁。（文、跋）

《全後周文補遺》46—47頁。（文）

《漢魏六朝碑刻校注・總目提要》編號2475。（目）

《北朝隋代墓誌所在總合目錄》編號1131。（目）

備考：尉遲運，《周書》卷四〇、《北史》卷六二有傳。

大象 003

尉遲廓墓誌并蓋

又名：尉遲元偉墓誌。建德六年（577）正月十九日終於淅州，大象元年（579）十月廿六日葬於京師城南小陵原。出土於陝西省西安市。誌高、寬均41.5釐米。蓋高、寬均33釐米。誌文16行，滿行16字，正書。蓋篆書，3行，行3字。蓋題：大周尉遲元偉之墓誌。首題：大周淮安國世子尉遲君墓誌。

著錄：

《秦晉豫新出墓誌蒐佚續編》1冊159—160頁。（圖）

《新見北朝墓誌集釋》190—192頁。（圖、文、跋）

《北朝隋代墓誌所在總合目錄》編號1134。（目）

《北京大學圖書館藏歷代墓誌拓片目錄》編號00705。（目）

論文：

王連龍：《新見北周尉遲元偉墓誌》，《社會科學戰線》2011年第3期。

樊波：《隋趙芬家族世系及相關問題考補》，《文博》2012年第2期。

大象004

崔宣默墓誌并蓋

永熙三年（534）九月十七日卒於晉陽，大象元年（579）十月廿六日葬於臨山之陽。1998年出土於河北省平山縣上三汲鄉之上三汲村和其西北的中七汲村之間，石藏河北省正定縣墨香閣。誌高、寬均44釐米。誌文18行，滿行18字，正書；蓋4行，行4字，篆書。蓋題：魏故廣平王開府祭酒崔宣默墓誌之銘。

著錄：

《金石拓本題跋集萃》68頁。（圖）

《漢魏六朝碑刻校注》10冊334—335頁。（圖、文）

《墨香閣藏北朝墓誌》200—201頁。（圖、文）

《新出魏晉南北朝墓誌疏證》（修訂本）285—286頁。（文、跋）

《全後周文補遺》45頁。（文）

《漢魏六朝碑刻校注·總目提要》編號2476。（目）

《北京大學圖書館藏歷代墓誌拓片目錄》編號00707。（目）

《北朝隋代墓誌所在總合目錄》編號1133。（目）

論文：

叢文俊：《北魏崔宣默崔宣靖墓誌考》，《中國書法》2001年第11期。

劉恆：《北朝墓誌題跋二則》，《書法叢刊》2002年第2期。

叢文俊：《跋崔宣默墓誌》，載於《藝術與學術：叢文俊書法題跋研究文集》，第250頁。

大象 005

崔宣靖墓誌并蓋

永熙三年（534）九月十七日卒於晉陽，大象元年（579）十月廿六日葬於臨山之陽。1998年河北省平山縣出土，石藏河北省正定縣墨香閣。誌高、寬均44釐米；蓋拓本高30.5、寬31釐米。文正書，16行，滿行16字。蓋篆書，3行，行4字。蓋題：魏故秘書郎中崔宣靖墓誌銘。

著錄：

《北京大學圖書館新藏金石拓本菁華1996—2012》126頁。（圖）

《金石拓本題跋集萃》67頁。（圖）

《漢魏六朝碑刻校注》10冊331—332頁。（圖、文）

《墨香閣藏北朝墓誌》198—199頁。（圖、文）

《新出魏晉南北朝墓誌疏證》（修訂本）283—284頁。（文、跋）

《全後周文補遺》44—45頁。（文）

《漢魏六朝碑刻校注·總目提要》編號2477。（目）

《北京大學圖書館藏歷代墓誌拓片目錄》編號00706。（目）

《北朝隋代墓誌所在総合目錄》編號1132。（目）

論文：

叢文俊：《北魏崔宣默崔宣靖墓誌考》，《中國書法》2001年第11期。

劉恆：《北朝墓誌題跋二則》，《書法叢刊》2002年第2期。

叢文俊：《跋崔宣靖墓誌》，載於《藝術與學術：叢文俊書法題跋研究文集》，第248頁。

大象 006

封孝琰墓誌

武平三年（572）十月卅日終於鄴城，北周大象元年（579）十月廿七日葬於舊塋。1966年出土於河北省景縣安陵區前村鄉十八亂冢封氏墓群，石藏河北省文物研究所。誌高81、寬80、厚16釐米。隸書，33行，滿行33字。

著錄：

《漢魏六朝碑刻校注》10冊336—338頁。（圖、文）

《河北金石輯錄》248—250頁。（文、跋）

《新出魏晉南北朝墓誌疏證》（修訂本）293—295頁。（文、跋）

《全後周文補遺》43—44頁。（文）

《漢魏六朝碑刻校注·總目提要》編號2478。（目）

《北朝隋代墓誌所在總合目錄》編號1135。（目）

論文：

裴淑蘭：《封孝琰及妻崔氏墓誌》，《文物春秋》1990年第4期。

趙超：《中國國家博物館藏北朝封氏諸墓誌匯考》，《中國歷史文物》2007年第2期。

備考：封孝琰，《北齊書》卷二一附《封隆之傳》；《魏書》卷三二、《北史》卷二四附《封懿傳》。

大象007

安伽墓誌并蓋

大象元年（579）五月終於家，其年十月葬於長安之東，距城七里。2000年5月至7月出土於陝西省西安市未央區大明宮鄉炕底寨村西北。誌及蓋高、寬均47釐米。文正書，18行，滿行19字。蓋3行，行4字，篆書。首題：大周大都督同州薩保安君墓誌銘；蓋題：大周同州薩保安君之墓誌銘。

著錄：

《漢魏六朝碑刻校注》10冊324—325頁。（圖、文）

《全後周文補遺》43頁。（文）

《新出魏晉南北朝墓誌疏證》（修訂本）291—292頁。（文、跋）

《漢魏六朝碑刻校注·總目提要》編號2474。（目）

《北朝隋代墓誌所在總合目錄》編號1130。（目）

論文：

陝西省考古研究所：《西安北郊北周安伽墓發掘簡報》，《考古與文陕西省考古研究所：《西安發現的北周安伽墓》，《文物》2001年第1期。

劉文鎖：《〈安伽墓誌〉與"關中本位政策"》，《中山大學學報》2003年第1期。

陕西省考古研究所編：《西安北周安伽墓》，文物出版社2003年版，第59—63頁。

［日］石見清裕：ソグド人墓誌研究ゼミナール《ソグド人漢文墓誌訳注（9）西安出土〈安伽墓誌〉（北周・大象元年）》，《史滴》34，2012年12月；又載於石見清裕編著：《ソグド人墓誌研究》第Ⅰ部"北朝末期のソグド人墓誌"第一章。

大象008

鄭常墓誌

大象元年（579）卒於州鎮，歸葬於滎陽之山。庾信撰。

錄文著錄：

《文苑英華》947/10b－12b，6冊4983上—4984上。

《全後周文》17/1a－2a，《全文》4冊3964上—下。

《庾子山集注》15/982－986。

《庾開府集》1/152b－155b，《漢魏六朝百三名家集》5冊465上—466下。

《庾子山集》15/13b－16a，《四部叢刊初編》第101冊。

《庾開府集箋注》10/19a－23b，景印文淵閣《四庫全書》1064冊265下—267下。

《庾子山集》15/39a－45a，景印文淵閣《四庫全書》1064冊741下—744下。

碑目題跋著錄：

《漢魏六朝墓銘纂例》4/13b，《新編》3/40/465上。

《金石論叢》"續貞石證史・鄭常遷州刺史附"，263—264頁。

《漢魏六朝碑刻校注・總目提要》編號2479、2489。

《北朝隋代墓誌所在總合目錄》編號 1136。

備考：鄭常，賜姓宇文氏，《周書》卷三六附《鄭偉傳》。

大象 009

史君墓誌

大象元年（579）五月七日卒於家，妻康氏同年六月七日卒，以二年（580）正月廿三日合葬永□縣界。2003 年於陝西省西安市未央區井上村東出土，石刻銘文位於石椁南壁椁門上方的橫枋上，長 88、寬 23、厚 8.5 釐米，形狀為橫長方形。題名石正面左、右分別刻寫漢文和粟特文，共 51 行，粟特文 33 行，漢文 18 行。漢文首題：大周涼州薩保史君石堂。

錄文著錄：

《全後周文補遺》47—48 頁。

論文：

楊軍凱：《西安又發現北周貴族史君墓》，《中國文物報》2003 年 9 月 6 日。

楊軍凱：《關於祆教的第三次重大發現—西安北周薩保史君墓》，《文物天地》2003 年第 11 期。

《西安北周史君墓》，《2003 年中國重要考古發現》，第 132—139 頁。

西安市文物保護考古所：《西安市北周史君石椁墓》，《考古》2004 年第 7 期。

西安市文物保護考古所：《西安北周涼州薩保史君墓發掘簡報》，《文物》2005 年第 3 期。（圖、文）

孫福喜：《西安史君墓粟特文漢文雙語題名漢文考釋》，《法國漢學》叢書編輯委員會編：《粟特人在中國—歷史、考古、語言的新探索》，第 18—25 頁。

［日］吉田豐：《西安新出史君墓誌的粟特文部分考釋》，《法國漢學》叢書編輯委員會編：《粟特人在中國——歷史、考古、語言的新探索》，第 26—41 頁；又載於森安孝夫編：《ソグドからウイグルへ》第 1 部"ソグド篇"。

［日］石見清裕：《西安出土北周〈史君墓誌〉漢文部分譯註・考察》，森安孝夫編：《ｵソグドからウイグルへ―シルクロード東部の民

族と文化の交流》，第 67—92 頁；又載於石見清裕編著：《ソグド人墓誌研究》第Ⅰ部"北朝末期のソグド人墓誌"第二章。

［日］吉田豐：《西安出土北周〈史君墓誌〉ソグド語部分譯註》，森安孝夫編：《ォソグドからウイグルヘ——シルクロード東部の民族と文化の交流》，第 93—111 頁；又載於石見清裕編著：《ソグド人墓誌研究》第Ⅰ部"北朝末期のソグド人墓誌"第三章。

楊軍凱：《北周史君墓雙語銘文及相關問題》，《文物》2013 年第 8 期。

西安市文物保護考古研究院：《北周史君墓》，文物出版社 2014 年版。

大象 010

殷□□父合奴母陳墓誌

大象二年（580）二月五日。誌長、寬均 44.5 釐米。文 16 行，滿行 16 字，正書。圖版模糊。首題：殷□□父合奴母陳銘。

著錄：

《晉陽古刻選·北朝墓誌》"序"37—38 頁，下冊 361—369 頁。（圖、目）

《北朝隋代墓誌所在總合目錄》編號 1137。（目）

備考：《晉陽古刻選》作"殷□□父合母懷銘"，據圖版，當為"殷□□父合奴母陳銘"。

大象 011

宇文㺭（宇孝㮿）墓誌

大成元年（579）十二月廿九日終於江陵，以大象二年（580）四月六日歸葬於相州西南十五里。河南安陽出土。誌高、寬均 35 釐米。文 17 行，滿行 18 字，正書。首題：周故江淩摠管刑獄曹宇文君墓誌銘。

圖版著錄：

《文化安豐》386 頁。

《秦晉豫新出墓誌蒐佚續編》1 冊 161 頁。

碑目著錄：

《北朝隋代墓誌所在總合目錄》編號 1138。

《北京大學圖書館藏歷代墓誌拓片目錄》編號 00708。

大象 012

李延墓誌

建德六年（577）卒於鄴第，大象二年（580）五月十一日葬於鄴西廿里橫河之右。河南安陽縣出土。誌高、寬均 50 釐米。文 24 行，滿行 24 字，正書。首題：周故驃騎大將軍鄯州刺史李公墓誌銘。

圖版著錄：

《文化安豐》389 頁。

碑目著錄：

《北朝隋代墓誌所在總合目錄》編號 1139。

《北京大學圖書館藏歷代墓誌拓片目錄》編號 00709。

大象 013

梁嗣鼎墓誌

大象二年（580）六月廿一日卒於洛陽里，其月廿三日卜葬北邙原。1929 年洛陽城東北大馬村北出土，一說左家坡村出土，曾歸三原于右任，今藏西安碑林博物館。誌高、寬均 35 釐米。文正書，10 行，滿行 10 字。

圖版著錄：

《漢魏南北朝墓誌集釋》圖版三六〇，《新編》3/4/34。

《北京圖書館藏中國歷代石刻拓本匯編》8 冊 180 頁。

《鴛鴦七誌齋藏石》圖 165。

《西安碑林全集》66/1064－1065。

《洛陽出土北魏墓誌選編》圖版二〇三，418 頁。

《漢魏六朝碑刻校注》10 冊 340 頁。

錄文著錄：

《洛陽出土北魏墓誌選編》大象一，184 頁。

《漢魏南北朝墓誌彙編》490—491 頁。

《漢魏六朝碑刻校注》10 冊 341 頁。

《全後周文補遺》48 頁。

碑目題跋著錄：

《石刻題跋索引》153 頁左，《新編》1/30/22491。

《古誌新目初編》4/11a，《新編》2/18/13738 上。（偽刻）

《漢魏南北朝墓誌集釋》7/78a，《新編》3/3/189。

《國立北平圖書館藏碑目》13b，《新編》3/36/255 上。

《墓誌徵存目錄》卷 1，《羅振玉學術論著集》第五集，582 頁。

《洛陽出土石刻時地記》北周 005，49 頁。

《歷代墓誌銘拓片目錄》37 頁。

《碑帖鑒定》208 頁。

《六朝墓誌檢要》（修訂本）170 頁。

《漢魏六朝碑刻校注·總目提要》編號 2480。

《北朝隋代墓誌所在總合目錄》編號 1140。

《北京大學圖書館藏歷代墓誌拓片目錄》編號 00710。

備考：僅《古誌新目初編》云其偽刻，故附此以備參考。

大象 014

吳明澈墓誌

大象二年（580）七月二十八日卒於賓館，其年八月十九日寄瘞於京兆萬年縣之東郊。庾信撰。

錄文著錄：

《文苑英華》947/8b - 10b，6 冊 4982 上—4983 上。

《庾子山集注》15/969 - 979。

《全後周文》16/6b - 8a，《全文》4 冊 3962 下—3963 下。

《庾開府集》1/158b - 161b，《漢魏六朝百三名家集》5 冊 468 上—469 下。

《庾子山集》15/10b - 13b，《四部叢刊初編》第 101 冊。

《庾開府集箋注》10/29a - 35b，景印文淵閣《四庫全書》1064 冊 270 下—273 下。

《庾子山集》15/27b - 39a，景印文淵閣《四庫全書》1064 冊 735 下—741 下。

碑目題跋著錄：

《金石彙目分編》12（1）/23b，《新編》1/28/21288 上。

《漢魏六朝志墓金石例》2/19b、3/4b,《新編》3/40/413 上、416 下。

《漢魏六朝墓銘纂例》4/13b,《新編》3/40/465 上。

《漢魏六朝碑刻校注·總目提要》編號 2485。

《北朝隋代墓誌所在總合目錄》編號 1141。

備考：吳明徹,《陳書》卷九、《南史》卷六六有傳。

大象 015

馬龜墓誌

建德六年（577）卒，葬於陰山之北，大象二年（580）十月廿一日。河南修武出土，曾存修武縣東關高小校、修武公款局。拓片高 47 釐米，寬 43 釐米。文正書兼篆書，19 行，滿行 20 字。首題：馬氏墓銘文。

圖版著錄：

《北京圖書館藏中國歷代石刻拓本匯編》8 冊 199 頁。

《漢魏六朝碑刻校注》10 冊 352 頁。

錄文著錄：

《誌石文錄》卷上/52b–53a,《新編》2/19/13767 下—13768 上。

（民國）《修武縣志·藝文》13/32a–b,《新編》3/29/313–314。

《魯迅輯校石刻手稿·墓誌》下冊 143—144 頁。

《漢魏南北朝墓誌彙編》491 頁。

《漢魏六朝碑刻校注》10 冊 353 頁。

《全後周文補遺》48—49 頁。

碑目題跋著錄：

《石刻題跋索引》153 頁左,《新編》1/30/22491。

《石刻名彙》2/21b,《新編》2/2/1035 上。

《崇雅堂碑錄》1/31b,《新編》2/6/4499 上。

《河朔訪古新錄》12/1b,《新編》2/12/8939 上。（疑偽）

《河朔金石目》9/1a,《新編》2/12/9005 上。

《古誌新目初編》1/14b,《新編》2/18/13698 下。

（民國）《修武縣志·藝文·金石》13/32b,《新編》3/29/314。

《河朔新碑目》上卷/5a,《新編》3/35/558 上。

《歷代墓誌銘拓片目錄》37頁。

《六朝墓誌檢要》（修訂本）170頁。

《漢魏六朝碑刻校注·總目提要》編號2487。

《北朝隋代墓誌所在総合目錄》編號1142。

《北京大學圖書館藏歷代墓誌拓片目錄》編號00711。

備考：《修武縣志》所載錄文有誤，其將"大象二年"誤錄為"大德二年"。《河朔訪古新錄》"以官制文法考之"疑其偽刻，然諸書皆以其真，故附此以備參考。

大象016

尉茂墓誌并蓋

河清二年（563）十月薨於鄴都之崇福里淨居寺，天統元年（565）五月三日行合葬於公主之舊陵、鄴城西南九里，大象二年（580）十一月三日改葬黃臺，就父祖陵域所。誌長62、高61.5釐米。蓋底長62、高61.5釐米，頂長48、高47.5釐米。文28行，滿行28字，末行43字，正書。蓋篆書，4行，滿行4字。蓋題：齊故太常卿武陵尉王之墓誌銘。

著錄：

《北朝藝術研究院藏品圖錄·墓誌》194—196頁。（圖、文）

大象017

永昌郡長公主高氏墓誌并蓋

河清二年（563）六月廿五日遘疾而薨，以七月十一日安厝於鄴城之西南，大象二年（580）十一月三日改葬黃臺。誌長、高均65釐米。蓋底長65、高64釐米，頂長51、高51.5釐米。文28行，滿行29字，分書兼正書。蓋正書，4行，滿行4字。蓋題：齊故皇帝之女永昌郡長公主之墓誌。

著錄：

《北朝藝術研究院藏品圖錄·墓誌》197—199頁。（圖、文）

大象018

鄭常神道碑

又名"宇文常神道碑"。大象二年（580）十一月十日歸葬於滎陽之某山舊墓。庾信撰。

錄文著錄：

《文苑英華》919/4a–7a，6冊4836下—4838上。

《庾子山集注》14/909–920。

《全後周文》15/5b–7b，《全文》4冊3957上—3958上。

《庾開府集》1/120a–124a，《漢魏六朝百三名家集》5冊449上—451上。

《庾子山集》14/21b–25b，《四部叢刊初編》第101冊。

《庾開府集箋注》9/25b–33a，景印文淵閣《四庫全書·集部》1064冊239下—243下。

《庾子山集》14/68b–80b，景印文淵閣《四庫全書》1064冊709上—715上。

碑目題跋著錄：

《漢魏六朝志墓金石例》2/19a，《新編》3/40/413上。

《漢魏六朝墓銘纂例》4/13b，《新編》3/40/465上。

《漢魏六朝碑刻校注·總目提要》編號2488。

備考：宇文常，本姓鄭，《周書》卷三六有傳，附《鄭偉傳》。

大象019

元壽安妃盧蘭墓誌并蓋

薨於長安，魏大統十七年（551）十月權瘞同州武鄉郡之北原，北周大象二年（580）十一月廿日奉送靈合柩，葬於洛陽芒山之舊陵。1922年洛陽城東北馬坡村東北大塚內出土，曾歸三原于右任，今藏西安碑林博物館。誌高、寬均66釐米。蓋拓片高、寬均40釐米。蓋篆書，3行，行3字。文正書，26行，滿行28字。首題：魏故使持節侍中驃騎大將軍開府尚書左僕射雍州刺史司空公始平文貞公國大妃盧氏墓誌銘；蓋題：大周故盧太妃墓誌銘。

圖版著錄：

《漢魏南北朝墓誌集釋》圖版一一八，《新編》3/3/416–417。

《北京圖書館藏中國歷代石刻拓本匯編》8冊200頁。

《鴛鴦七誌齋藏石》圖166。

《中國金石集萃》7函10輯編號100。（誌）

《西安碑林全集》66/1066－1072。
《洛陽出土北魏墓誌選編》圖版二〇四，419頁。（誌）
《漢魏六朝碑刻校注》10冊354頁。
錄文著錄：
《洛陽出土北魏墓誌選編》大象二，185頁。
《漢魏南北朝墓誌彙編》491—493頁。
《漢魏六朝碑刻校注》10冊355頁。
《全後周文補遺》49—50頁。
碑目題跋著錄：
《石刻題跋索引》153頁左，《新編》1/30/22491。
《石刻名彙》2/21b，《新編》2/2/1035上。
《崇雅堂碑錄補》1/12a，《新編》2/6/4556下。
《古誌新目初編》1/14b，《新編》2/18/13698下。
《蒿里遺文目錄補遺》11a，《新編》2/20/15001上。
《漢魏南北朝墓誌集釋》4/26a，《新編》3/3/85。
《國立北平圖書館藏碑目》13b，《新編》3/36/255上。
《墓誌徵存目錄》卷1，《羅振玉學術論著集》第五集，582頁。
《松翁近稿補遺》，《羅振玉學術論著集》第十集（上）96—97頁。
《洛陽出土石刻時地記》北周006，49頁。
《歷代墓誌銘拓片目錄》37頁。
《六朝墓誌檢要》（修訂本）170頁。
《漢魏六朝碑刻校注·總目提要》編號2490。
《碑帖鑒定》208頁。
《北朝隋代墓誌所在總合目錄》編號1143。
《北京大學圖書館藏歷代墓誌拓片目錄》編號00712。

大象020

李同墓誌

大象二年（580）十一月廿七日葬安平城東北卅里。河北安平出土。誌高35、寬66釐米。文正書，15行，滿行10字。

著錄：

《新見北朝墓誌集釋》198—200 頁。（圖、文、跋）

大象 021

鄭邕墓誌

大象二年（580）五月八日卒於家，以其年十一月廿七日葬於開封城西南七里之崗阜。據云該墓誌 1978 年於河南省開封市開封縣朱仙鎮韓崗村出土，今存開封縣文物管理所。誌高 48、寬 58、厚 14 釐米。正反兩面刻，正面 24 行，行 25 至 26 字不等；背面 22 行，行 24 至 27 字不等；正書。首題：大周大象二年歲次庚子十一月廿七日己酉故處士鄭君墓誌銘。

碑目著錄：

《北朝隋代墓誌所在總合目錄》編號 1145。

論文：

張武軍：《鄭邕墓誌銘考——兼論滎陽鄭氏祖塋在開封》，《殷都學刊》2010 年第 4 期。（圖、文）

大象 022

魏演墓誌

大象二年（580）十月廿四日卒，十一月廿七日葬在莐城北。出土地點不明，石今藏晉祠博物館。誌（邊長）約 47 釐米。文 15 行，滿行 15 字，正書雜篆書。蓋 3 行，行 2 字，篆書。蓋題：魏儀同墓誌銘。

著錄：

《晉陽古刻選·北朝墓誌》"序" 36—37 頁，下冊 351—359 頁。（圖、目）

《北朝隋代墓誌所在總合目錄》編號 1144。（目）

大象 023

韋孝寬墓誌

大象二年（580）十一月廿七日卒於京第，其年十二月九日歸葬於萬年之壽貴里。1990 年出土於陝西省長安縣韋曲鎮北原。誌高、寬均 69 釐米，厚 10 釐米。文 40 行，滿行 40 字，正書。首題：大周使持節太傅上柱國雍州牧鄖襄公之墓誌。蓋篆書，3 行 9 字，蓋題：周上柱國鄖襄公墓誌。圖版模糊不清。

著錄：

《新出魏晉南北朝墓誌疏證》（修訂本）296—300頁。（文、跋）

《全後周文補遺》50—52頁。（文）

《漢魏六朝碑刻校注·總目提要》編號2492。（目）

《北朝隋代墓誌所在總合目錄》編號1147。（目）

論文：

戴應新：《韋孝寬墓誌》，《文博》1991年第5期。（圖、文）

戴應新：《北周韋孝寬夫婦合葬墓》，《故宫文物月刊》第16卷第9期，1998年12月。

備考：韋孝寬，《周書》卷三一、《北史》卷六四有傳。

大象 024

李雄墓誌

又名：李義雄墓誌。大象二年（580）十二月九日葬。誌高22.8、寬49.3釐米。文11行，行4字至8字不等，正書。首題：大周大象二年歲次庚子十二月壬子朔九日庚申開府參軍事李義雄之銘誌。

圖版著錄：

《漢魏南北朝墓誌集釋》圖版三六一，《新編》3/4/35。

《北京圖書館藏中國歷代石刻拓本匯編》8冊201頁。

《漢魏六朝碑刻校注》10冊357頁。

錄文著錄：

《漢魏南北朝墓誌彙編》493頁。

《全後周文補遺》52頁。

《漢魏六朝碑刻校注》10冊358頁。

碑目題跋著錄：

《石刻題跋索引》153頁左，《新編》1/30/22491。

《石刻名彙》2/21b，《新編》2/2/1035上。

《漢魏南北朝墓誌集釋》7/78a，《新編》3/3/189。

《國立北平圖書館藏碑目》13b，《新編》3/36/255上。

《六朝墓誌檢要》（修訂本）170 頁。

《碑帖鑒定》208 頁。

《漢魏六朝碑刻校注・總目提要》編號 2493。

《北朝隋代墓誌所在綜合目錄》編號 1146。

大象 025

韋孝寬妻賀蘭（鄭）毗羅墓誌

大象二年（580）十二月九日。1990 年長安縣韋曲鎮北原出土。誌云，本姓鄭氏，魏末改為賀蘭。遷葬而刻的墓誌。

碑目題跋著錄：

《漢魏六朝碑刻校注・總目提要》編號 2491。

《北朝隋代墓誌所在綜合目錄》編號 1148。

論文：

戴應新：《韋孝寬墓誌》，《文博》1991 年第 5 期。

戴應新：《北周韋孝寬夫婦合葬墓》，《故宮文物月刊》第 16 卷第 9 期，1998 年 12 月。

大象 026

宇文逌墓誌

大象二年（580）十二月廿一日卒於京第，以其月廿七日葬於京兆萬年縣。陝西西安出土。誌高、寬均 39.5 釐米。文 6 行，滿行 15 字，正書。首題：大周故滕國閱公墓誌。

著錄：

《秦晉豫新出墓誌蒐佚續編》1 冊 162 頁。（圖）

《新見北朝墓誌集釋》195—197 頁。（圖、文、跋）

《北京大學圖書館藏歷代墓誌拓片目錄》編號 00713。（目）

論文：

牛敬飛：《北周宇文逌墓誌考釋》，《唐史論叢》第 18 輯，2014 年。

牛敬飛：《楊堅誅五王史實補考—從〈大周故滕國閱公墓誌〉說起》，《中國中古史集刊》第一輯，2015 年。

備考：宇文逌，《周書》卷一三、《北史》卷五八有傳。

大象 027

石難陀磚誌

又作"石難陀磚誌"。大象二年（580）。日本太田氏舊藏，今存日本書道博物館。正書。

碑目題跋著錄：

《石刻名彙》12/207b，《新編》2/2/1131 下。

《蒿里遺文目錄續編·甎誌徵存》12b，《新編》3/37/542 下。

《海外貞珉錄》5b，《新編》4/1/245 上。

《漢魏六朝碑刻校注·總目提要》編號 2495。

《北朝隋代墓誌所在總合目錄》編號 1150。

大象 028

韋孝寬碑

大象二年（580）立。西安萬年縣。

碑目題跋著錄：

《集古錄目》4/5a，《新編》1/24/17963 上。

《寶刻叢編》8/1a，《新編》1/24/18218 上。

《金石彙目分編》12（1）/23b，《新編》1/28/21288 上。

《石刻題跋索引》37 頁左，《新編》1/30/22375。

《六藝之一錄》60/16a，《新編》4/5/105 下。

備考：韋孝寬，《周書》卷三一、《北史》卷六四有傳。

大象 029

朱林橋墓誌

大象二年（580）。1985 年山東省博興縣馬家村出土，今存山東省博興縣博物館。誌圓柱狀，高 23、寬 22 釐米，隸書。

碑目著錄：

《齊魯碑刻墓誌研究》"附表"367 頁。

《漢魏六朝碑刻校注·總目提要》編號 2494。

《北朝隋代墓誌所在總合目錄》編號 1149。

大象 030

于仲文紀功碑

又名：後周大像碑。大象二年（580）立。

碑目題跋著錄：

《集古錄跋尾》4/19b，《新編》1/24/17873 上。

《集古錄目》4/5a，《新編》1/24/17963 上。

《寶刻叢編》5/15a–b，《新編》1/24/18150 上。

《金石彙目分編》9（2）/34a，《新編》1/28/20970 下。

《石刻題跋索引》37 頁左，《新編》1/30/22375。

《佩文齋書畫譜·金石》62/14b 上，《新編》3/2/58 上。

《六藝之一錄》60/21b，《新編》4/5/108 上。

備考：于仲文，《北史》卷二三、《隋書》卷六〇有傳。

大象 031

後周立秦始皇（嬴政）碑

大象二年（580）立。在登州文登縣。一說在嘉興縣，一說在淮安府。《天下金石志》載碑高十一丈八尺，廣五丈，厚八尺三寸。1 行，11 字。

碑目題跋著錄：

《寶刻叢編》1/38a，《新編》1/24/18098 下。

《輿地碑記目·嘉興府碑記》1/2b，《新編》1/24/18523 下。

《金石彙目分編》10（3）/57b，《新編》1/28/21207 上。

《石刻題跋索引》37 頁左，《新編》1/30/22375。

《天下金石志》2/11、10/3，《新編》2/2/811 上、858 上。

《佩文齋書畫譜·金石》61/1b 上，《新編》3/2/30 上。

《金石備攷》，《新編》4/1/16 上、40 上。

《六藝之一錄》60/21b，《新編》4/5/108 上。

大象 032

李府君妻祖氏墓誌

河清二年（563）七月八日卒於吉遷里，大象三年（581）正月四日葬於栢仁城西南廿里史村之西。1958 年隆堯縣史村出土，誌石現藏隆堯縣文物保管所，誌蓋砌於隆堯縣中學防空洞內。誌高 52、寬 52、厚 8 釐米。文 23 行，滿行 23 字，正書。蓋失拓。首題：大齊故濟南太守李府君妻祖夫人墓誌銘并序。

著錄：

《新中國出土墓誌·河北〔壹〕》上冊 36 頁（圖）、下冊 28 頁（文）。

《漢魏六朝碑刻校注》10 冊 359—360 頁。（圖、文）

《全後周文補遺》52—53 頁。（文）

《河北金石輯錄》431 頁。（目）

《漢魏六朝碑刻校注·總目提要》編號 2496。（目）

《北朝隋代墓誌所在總合目錄》編號 1151。（目）

北周無年號

無年號 001

寇嶠妻梁氏墓誌

別名：夫人梁氏殘墓誌。無年月，或以為東魏，施蟄存則以為北齊時碑，或以為北周時期，暫從北周（557—581）。1922 年洛陽城東北攔駕溝村東北嶺出土，曾歸三原于右任，今石存西安碑林博物館。誌四周殘缺，呈三角形，高、寬均約 18 釐米。殘存 6 行半，行 4 至 7 字不等，正書。首題：（上缺）夫人梁氏墓誌。

圖版著錄：

《漢魏南北朝墓誌集釋》圖版三五八，《新編》3/4/31。

《鴛鴦七誌齋藏石》圖 141。

《漢魏六朝碑刻校注》7 冊 107 頁。

錄文著錄：

《漢魏南北朝墓誌彙編》508 頁。

《漢魏六朝碑刻校注》7 冊 108 頁。

《全後周文補遺》53 頁。

《全北魏東魏西魏文補遺》413 頁。

碑目題跋著錄：

《石刻題跋索引》153 頁左。《新編》1/30/22491。

《石刻名彙》2/20b,《新編》2/2/1034 下。

《蒿里遺文目錄》2（1）/4a,《新編》2/20/14945 下。

《漢魏南北朝墓誌集釋》7/77b–78a,《新編》3/3/188–189。

《國立北平圖書館藏碑目》12a,《新編》3/36/254 下。

《墓誌徵存目錄》卷 1,《羅振玉學術論著集》第五集,578、582 頁。

《北山集古錄》卷三"殘石題跋",《北山金石錄》上冊 428 頁。

《六朝墓誌檢要》（修訂本）147、171 頁。

《洛陽出土石刻時地記》北周 003,48 頁。

《漢魏六朝碑刻校注·總目提要》編號 1803、2499。

《北朝隋代墓誌所在總合目錄》編號 1156、1169。

《北京大學圖書館藏歷代墓誌拓片目錄》編號 00714。

無年號 002

刺史豆盧公德政碑

北周（557—581）。在襄陽縣東三里。

碑目題跋著錄：

（民國）《湖北通志·金石志》3/26a–b,《新編》1/16/11986 下。

《寶刻叢編》3/6b,《新編》1/24/18116 下。

《金石彙目分編》14/19b,《新編》1/28/21392 上。

《石刻題跋索引》37 頁右,《新編》1/30/22375。

無年號 003

襄州司馬陳府君德政碑

北周（557—581）。在襄陽縣西五里。

碑目題跋著錄：

（民國）《湖北通志·金石志》3/26b,《新編》1/16/11986 下。

《寶刻叢編》3/6b,《新編》1/24/18116 下。

《金石彙目分編》14/19b,《新編》1/28/21392 上。

《石刻題跋索引》37 頁右,《新編》1/30/22375。

無年號 004

魏君神道字

北周（557—581）。在鄧城縣南十二里張相公墓前。

碑目題跋著錄：

（民國）《湖北通志·金石志》3/26b，《新編》1/16/11986 下。

《寶刻叢編》3/7a，《新編》1/24/18117 上。

《金石彙目分編》14/19b，《新編》1/28/21392 上。

《石刻題跋索引》37 頁右，《新編》1/30/22375。

無年號 005

宇文貴紀功碑

又名：栗坂紀績碑。北周（557—581）。在岷縣，今佚。

碑目題跋著錄：

《隴右金石錄》1/41a，《新編》1/21/15973 上。

《諸史碑銘錄目·周書》，《新編》3/37/333 下。

備考：宇文貴，《周書》卷一九、《北史》卷六〇有傳。

無年號 006

宇文憲頌德碑

又名：摠管大學碑。北周（557—581）。在成都府華陽縣。

碑目題跋著錄：

《輿地碑記目·成都府碑記》4/3a，《新編》1/24/18561 上。

《墨華通考》卷 11，《新編》2/6/4422 下、4423 上。

（嘉慶）《四川通志·輿地志》58/11b，《新編》3/14/478 上。

（同治）《重修成都縣志·輿地志》2/6a，《新編》3/14/551 下。

（嘉慶）《華陽縣志·金石》41/4a，《新編》3/14/566 下。

《燕庭金石叢稿》，《新編》3/32/473 上。

《諸史碑銘錄目·周書》，《新編》3/37/333 下。

備考：宇文憲，《周書》卷一二、《北史》卷五八有傳。

無年號 007

宇文泰紀功碑

北周（557—581）。在成都府簡州。

碑目題跋著錄：

《輿地碑記目·簡州碑記》4/5b，《新編》1/24/18562 上。

《金石彙目分編》16（1）/24b，《新編》1/28/21460 下。

《墨華通考》卷11，《新編》2/6/4423 上。

《佩文齋書畫譜·金石》62/14a 下，《新編》3/2/58 上。

（嘉慶）《四川通志·輿地志》58/20a，《新編》3/14/482 下。

（咸豐）《簡州志·碑目》3/12b，《新編》3/15/51 上。

《蜀碑記》1/5b，《新編》3/16/314 上。

《燕庭金石叢稿》，《新編》3/32/491 上。

備考：宇文泰，《周書》卷一、二，《北史》卷九有本紀。

無年號 008

益州刺史尉遲迥頌德碑

北周（557—581）。在成都府。

碑目題跋著錄：

《金石彙目分編》16（1）/4a，《新編》1/28/21450 下。

《燕庭金石叢稿》，《新編》3/32/473 上。

《諸史碑銘錄目·周書》，《新編》3/37/333 下—334 上。

備考：尉遲迥，《周書》卷二一、《北史》卷六二有傳。

無年號 009

田使君德政碑

年代不詳，《石刻題跋索引》附北周（557—581），暫從。在登州府蓬萊縣。

碑目題跋著錄：

《寶刻叢編》1/38a，《新編》1/24/18098 下。

《金石彙目分編》10（3）/54b，《新編》1/28/21205 下。

《石刻題跋索引》37 頁右，《新編》1/30/22375。

無年號 010

折克行墓碑

北周（557—581）。在府谷縣西。

碑目題跋著錄：

《佩文齋書畫譜·金石》62/6b 上、14b 下，《新編》3/2/43 下、58 上。

《金石備攷·延安府》，《新編》4/1/38 上。

《六藝之一錄》60/16a，《新編》4/5/105 下。

無年號 011

太傅燕文公于謹碑銘

北周（557—581）。王褒撰。

錄文著錄：

《藝文類聚》卷 46，上冊 825—826 頁。

《全後周文》7/8a – b，《全文》4 冊 3917 下。

《王司空集》17b – 19b，《漢魏六朝百三名家集》5 冊 536 下—537 下。

碑目題跋著錄：

《漢魏六朝墓銘纂例》4/13b – 14a，《新編》3/40/465 上—下。

備考：于謹，《周書》卷一五、《北史》卷二三有傳。

無年號 012

陝州刺史馮章碑

北周（557—581）。王褒撰。

錄文著錄：

《藝文類聚》卷 50，上冊 897 頁。

《全後周文》7/9b，《全文》4 冊 3918 上。

《王司空集》22a，《漢魏六朝百三名家集》5 冊 539 上。

碑目題跋著錄：

《漢魏六朝墓銘纂例》4/14a，《新編》3/40/465 下。

無年號 013

太子太保中都公陸逞碑銘

北周（557—581）。王褒撰。

錄文著錄：

《藝文類聚》卷46，上冊828—829頁。

《全後周文》7/7b，《全文》4冊3917上。

《王司空集》21a–b，《漢魏六朝百三名家集》5冊538下。

碑目題跋著錄：

《漢魏六朝墓銘纂例》4/14a，《新編》3/40/465下。

備考：陸逞，《周書》卷三二，《北史》卷六九有傳。

無年號014

後周王君墓碑

北周（557—581）。絳州稷山縣西北十里。額題：王君之墓。

碑目題跋著錄：

《金石彙目分編》11/52a，《新編》1/28/21253下。

無年號015

蕭君墓誌

北周（557—581）。正書。

碑目題跋著錄：

《石刻名彙》2/21b，《新編》2/2/1035上。

《崇雅堂碑錄補》1/12a，《新編》2/6/4556下。

無年號016

杜歡墓誌

北周（557—581）。1953年出土於陝西省咸陽底張灣。誌方形。未見圖版。

碑目著錄：

《北朝隋代墓誌所在總合目錄》編號1168。

論文：

夏鼐：《清理發掘和考古研究——全國基建中出土文物展覽會參觀記》，《文物參考資料》1954年第9期。

無年號017

王君墓誌

北周（557—581）。正書。

碑目著錄：

《石刻名彙》2/21b，《新編》2/2/1035 上。

無年號 018

陸勝巴蜀紀績碑

又名：上庸公陸勝勒功碑。北周（557—581）。王褒撰。

錄文著錄：

《藝文類聚》卷 52，上冊 947—948 頁。

《全後周文》7/9a–b，《全文》4 冊 3918 上。

碑目題跋著錄：

《諸史碑銘錄目·周書》，《新編》3/37/334 下。

無年號 019

瑋禪師碑

北周（557—581）。庾信撰。節錄原碑文的 8 字。

錄文著錄：

《全後周文補遺》引《庾子山集注》附錄，7 頁。（節文）

無年號 020

宇文盛墓誌

北周（557—581）。庾信撰。節錄原碑文的 20 字。

錄文著錄：

《全後周文補遺》引《庾子山集注》附錄，7 頁。（節文）

備考：宇文盛，《周書》卷一三、《北史》卷五八有傳。

北朝無年號

北朝無年號 001

任榮祖妻宋愛姿磚誌

無年月，暫附北朝（386—581）。日本太田氏舊藏。正書。

碑目題跋著錄：

《石刻名彙》12/207b,《新編》2/2/1131下。

《蒿里遺文目錄續編·甎誌徵存》12b,《新編》3/37/542下。

《海外貞珉錄》5b,《新編》4/1/245上。

北朝無年號 002

安德縣等字墓記磚

北朝（386—581）。磚高35、寬12釐米。文正書，2行，行6至9字。

著錄：

《中國磚銘》圖版下冊963頁。（圖）

《中國古代磚刻銘文集》上、下冊編號1068。（圖、文）

北朝無年號 003

杜羅侯墓記磚

北朝（386—581）。磚高30、寬15釐米。文正書，1行4字。

著錄：

《中國古代磚刻銘文集》上、下冊編號1069。（圖、文）

《北朝隋代墓誌所在總合目錄》編號1207。（目）

《北京大學圖書館藏歷代墓誌拓片目錄》編號00715。（目）

北朝無年號 004

孫休延墓銘磚

北朝（386—581）。近年河北出土，磚藏河北正定縣墨香閣。磚高32.5、寬16.5、厚7.5釐米。文正書，2行，行4或9字。

著錄：

《中國古代磚刻銘文集》上、下冊編號1072。（圖、文）

《北朝隋代墓誌所在總合目錄》編號1211。（目）

《北京大學圖書館藏歷代墓誌拓片目錄》編號00717。（目）

論文：

趙生泉、史瑞英：《河北北朝墓誌札記（七則）》,《文物春秋》2006年第2期。

北朝無年號 005
韋咸妻苟氏墓誌

北朝（386—581），1986 年出土於陝西省長安縣韋曲鎮北塬的北朝墓葬中。

碑目題跋著錄：

《漢魏六朝碑刻校注·總目提要》編號 2501。

《北朝隋代墓誌所在綜合目錄》編號 1175。

論文：

陝西省考古研究所：《長安縣北朝墓葬清理簡報》，《考古與文物》1990 年第 5 期。

北朝無年號 006
田子桀妻高氏磚誌

北朝（386—581）。未見圖版，文正書，3 行，行字不等。

錄文著錄：

《漢魏南北朝墓誌彙編》505 頁。

碑目著錄：

《漢魏六朝碑刻校注·總目提要》編號 2505。

北朝無年號 007
□□殘墓誌

時間不詳，暫附北朝（386—581）。六日葬於洛陽之西崗。錄文僅存後半部分。首行存"所謂義結君子"等字。

錄文著錄：

《漢魏南北朝墓誌彙編》508 頁。

《全北魏東魏西魏文補遺》413 頁。

北朝無年號 008
高仲磚誌

太□元年八月，暫附北朝（386—581）。磚長八寸五分，厚一寸三分。8 字

著錄：

《八瓊室金石札記》4/20a,《新編》1/8/6184 下。(文、跋)

北朝無年號 009

苟大亮磚誌

北朝（386—581）。南皮張仁蠡舊藏，又歸北京大學文科研究所，1952 年後移交文化部社管局。磚長 11、寬 4 釐米。正書，1 行 3 字：苟大亮。

著錄：

《中國古代磚刻銘文集》上、下冊編號 1070。(圖、文)

《北朝隋代墓誌所在總合目錄》編號 1208。(目)

北朝無年號 010

朱阿買夫婦墓銘磚

北朝（386—581）。民國年間河南洛陽出土。磚長 29.5、寬 16 釐米。文正書，1 行 6 字：朱阿買夫婦銘。

著錄：

《中國磚銘》圖版下冊 968 頁。(圖)

《邙洛碑誌三百種》31 頁。(圖)

《中國古代磚刻銘文集》上、下冊編號 1073。(圖、文)

《北朝隋代墓誌所在總合目錄》編號 1210。(目)

北朝無年號 011

董元負墓銘

北朝（386—581）□和□年三月。1985—1995 年在河南省三門峽市西北部發掘出土。磚長 16、寬 18、厚 6 釐米。文 3 行，首行存 6 字，2 行存 3 字，末行 1 字，正書。

論文：

三門峽市文物考古研究所：《河南三門峽市北朝和隋代墓葬清理簡報》，《華夏考古》2009 年第 4 期。(圖 10—1、文)

北朝無年號 012

□君妻呂相姬墓記磚二種

北朝（386—581）。1985—1995 年在河南省三門峽市西北部發掘出土。一磚殘長15、寬9、厚5釐米。一磚長20、寬18、厚6釐米。文皆2行5字，正書。

論文：

三門峽市文物考古研究所：《河南三門峽市北朝和隋代墓葬清理簡報》，《華夏考古》2009年第4期。（圖10—2、圖11—2、文）

北朝無年號013

張元妮墓記

北朝（386—581）。1985—1995年在河南省三門峽市西北部發掘出土。磚殘長22、寬16、厚6釐米。文1行3字，正書。

發掘報告：

三門峽市文物考古研究所：《河南三門峽市北朝和隋代墓葬清理簡報》，《華夏考古》2009年第4期。（圖10—3、文）

北朝無年號014

阿陽縣令李君墓銘

隋以前，暫附北朝（386—581）。隋開皇初年有人於齊州禹城縣阿陽故城側掘古冢得之。銘云：阿陽縣令李君之墓。

著錄：

《太平寰宇記碑錄》編號46，《北山金石錄》上冊267頁。（文、跋）

《金石彙目分編》10（1）/20b－21a，《新編》1/28/21110下—21111上。（目）

隋

開　皇

開皇 001

□光墓誌

開皇元年（581）六月十三日卒於洛陽永康之里，以其年六月十八日葬張夫人橋西北二里。2000年河南省洛陽市出土。誌高、寬均30釐米。文6行，滿行11字，隸書。首題：隋故冠軍將軍□君墓銘。

著錄：

《河洛墓刻拾零》上冊45頁。（圖）

《北朝隋代墓誌所在總合目錄》編號1213。（目）

論文：

王其禕、王慶衛：《〈隋代墓誌銘彙考〉補》，《碑林集刊》第13輯，2008年。（文）

開皇 002

普屯威神道碑

又名：辛威神道碑。開皇元年（581）七月反葬於河州金城郡之苑川鄉。庾信撰。在臨洮縣境。今佚。

錄文著錄：

《隴右金石錄》1/55a－57a，《新編》1/21/15980上—15981上。

（光緒）《甘肅新通志·藝文志》92/6a－7b，《新編》3/32/179

上一下。

《文苑英華》911/1a-4a，6 冊 4794 上—4795 下。

《全後周文》15/1a-3a，《全文》4 冊 3955 上—3956 上。

《庾子山集注》14/879-891。

《庾開府集》1/115b-120a，《漢魏六朝百三名家集》5 冊 446 下—449 上。

《庾子山集》14/13b-17b，《四部叢刊初編》第 101 冊。

《庾開府集箋注》9/17a-25b，景印文淵閣《四庫全書》1064 冊 235 下—239 下。

《庾子山集》14/42a-55b，景印文淵閣《四庫全書》1064 冊 696 上—702 下。

碑目題跋著錄：

《隴右金石錄》1/57b，《新編》1/21/15981 上。

《金石彙目分編》13/1a，《新編》1/28/21373 上。

（光緒）《甘肅新通志・藝文志》92/7b，《新編》3/32/179 下。

《漢魏六朝志墓金石例》2/18b、3/4a，《新編》3/40/412 下、416 下。

《漢魏六朝墓銘纂例》4/14a-b。《新編》3/40/465 下。

備考：普屯威，本姓辛，即辛威，《周書》卷二七、《北史》卷六五有傳。

開皇 003

源使君碑

開皇元年（581）。

碑目題跋著錄：

《金石錄》3/4a，《新編》1/12/8813 下。

《通志・金石略》卷中/2a，《新編》1/24/18038 下。

《寶刻叢編》20/29a，《新編》1/24/18387 上。

《石刻題跋索引》37 頁右，《新編》1/30/22375。

《佩文齋書畫譜・金石》62/14b 下，《新編》3/2/58 上。

《六藝之一錄》62/3b，《新編》4/5/122 上。

開皇 004

華端墓誌并蓋

大隋之初（581）薨於家堂，乃窆於大興縣小陵之原。2009 年陝西省西安市南郊長安區出土，2012 年入藏西安碑林博物館。誌高、寬均 44、厚 8.5 釐米。蓋高 45、寬 43、厚 5.8 釐米；盝頂高 34.8、寬 35 釐米。文正書，23 行，滿行 24 字。蓋篆書，3 行，行 3 字。蓋題：大隋華使君之墓誌銘；首題：大隋華使君之墓誌。

著錄：

《西安碑林博物館新藏墓誌續編》上冊 18—20 頁。（圖、文）

論文：

王其褘、周曉薇：《長安地區新出隋代墓誌銘十種集釋》，《碑林集刊》第 19 輯，2013 年。

開皇 005

梁暄墓誌

開皇二年（582）正月丙午朔薨於家，其月廿八日葬於長安縣堺族正李端下、高官灃水之南。2004 年五月西安市長安縣灃水南岸出土，今石存西安交通大學藝術館。誌高 42、寬 42.5 釐米。文 18 行，滿行 18 字，正書。首題：大隋使持節儀同大將軍邵州刺史梁君墓誌。

著錄：

《隋代墓誌銘彙考》1 冊 1—5 頁。（圖、文、跋）

《北朝隋代墓誌所在總合目錄》編號 1212。（目）

論文：

周曉薇：《長安灃水南岸發現隋代梁暄墓誌銘》，《碑林集刊》第 11 輯，2005 年。

開皇 006

高潭墓誌并蓋

《衡水出土墓誌》誤作"高譚墓誌"。大象二年（580）九月十三日終於官寺，開皇二年（582）二月廿二日葬於冀州渤海郡條縣南之西卅里。1973 年出土於河北省景縣野林莊鄉大高義村，石存河北省文物研究所。蓋高57、寬57、厚8釐米。誌高58、寬57、厚9釐米。文24行，滿行24字，隸書。蓋篆書，4行，行4字。蓋題：故周殄寇將軍益州陽安令高君墓誌銘；首題：故周殄寇將軍益州陽安縣令高君墓誌銘。

著錄：

《隋唐五代墓誌匯編·河北卷》1頁。（圖）

《隋代墓誌銘彙考》1冊6—10頁。（圖、文、跋）

《衡水出土墓誌》18—19頁。（圖、文）

《河北金石輯錄》250—251頁。（圖、文、跋）

《全隋文補遺》2/81下—82上。（文）

《新出魏晉南北朝墓誌疏證》（修訂本）303—305頁。（文、跋）

《碑帖敘錄》140—141頁。（跋）

《北朝隋代墓誌所在總合目錄》編號1214。（目）

論文：

河北省文管處：《河北景縣北魏高氏墓發掘簡報》，《文物》1979年第3期。

開皇007

李令穆磚誌

開皇二年（582）三月十六日。2003—2004年固原南塬漢唐墓出土，現藏寧夏文物考古研究所。磚長34、寬17、厚5.5釐米。文正書，3行，行4至13字不等。

著錄：

《固原歷代碑刻選編》83頁。（图、文）

備考：《固原歷代碑刻選編》作"孝令穆"，據圖版，"孝"當為"李"。

開皇008

北周武帝皇后阿史那氏墓誌并蓋

又名：北周武德皇后墓誌。開皇二年（582）四月廿三日卒，其月廿九日合葬於孝陵。1993年出土於陝西省咸陽市底張鎮陳馬村東南，石存咸陽市文物保護中心。誌、蓋長、寬均48釐米，厚9釐米。文7行，滿行 7 字，正書。蓋 3 行，滿行 3 字，篆書。蓋題：周武德皇后誌銘。

著錄：

《咸陽碑刻》上冊 13 頁、下冊 390 頁。（誌圖、文）

《隋代墓誌銘彙考》1 冊 14—17 頁。（圖、文、跋）

《新出魏晉南北朝墓誌疏證》（修訂本）307—308 頁。（文、跋）

《北朝隋代墓誌所在總合目錄》編號 1216。（目）

論文：

馬先登：《北周武德皇后墓誌》，《文物天地》1995 年第 2 期。

曹發展：《北周武帝陵誌、后誌、后璽考》，《中國文物報》1996 年 8 月 11 日；又載於《陝西歷史博物館館刊》第 7 輯，2000 年。

陝西省考古研究所：《北周武帝孝陵發掘簡報》，《考古與文物》1997 年第 2 期。

侯養民、穆渭生：《北周武帝孝陵三題》，《文博》2000 年第 6 期。

朱振宏：《北周武德皇后墓誌考釋研究》，《唐史論叢》第 20 輯，2015 年。

備考：阿史那氏，《周書》卷九有傳。

開皇 009

茹洪墓誌并蓋

大象二年（580）八月一日卒於邠州，開皇二年（582）七月十八日葬於咸陽之耨原。2001 年陝西省咸陽市出土，石藏西安碑林博物館。誌并蓋均長 43、寬 42 釐米。蓋 3 行，行 3 字，篆書。誌文 26 行，滿行 26 字，正書。蓋題：大隋成忠公故茹君誌；首題：周故使持節開府儀同純永二州刺史成忠縣開國公茹君墓誌銘"。

著錄：

《西安碑林博物館新藏墓誌彙編》上冊 33—36 頁。（圖、文）

《隋代墓誌銘彙考》1 冊 18—22 頁。（圖、文、跋）

《全隋文補遺》2/83 下—84 下。（文）

《北朝隋代墓誌所在總合目錄》編號 1217。（目）

論文：

李志傑：《新見隋〈茹洪墓誌〉考釋》，《碑林集刊》第 10 輯，2004 年。

開皇 010

呂龜碑

開皇二年（582）十一月。

碑目題跋著錄：

《金石錄》3/4b，《新編》1/12/8813 下。

《通志·金石略》卷中/2a，《新編》1/24/18038 下。

《寶刻叢編》20/29a，《新編》1/24/18387 上。

《石刻題跋索引》37 頁右，《新編》1/30/22375。

《佩文齋書畫譜·金石》62/14b 下，《新編》3/2/58 上。

《六藝之一錄》62/3b，《新編》4/5/122 上。

開皇 011

楊元伯妻邱脃脃磚誌

又名：楊元伯妻邵葬專。開皇二年（582）十二月六日。陝西藍田縣出土，端方舊藏，又歸南皮張仁蠡，後歸北京大學文科研究所，1952 年後藏故宮博物院。磚高 26、寬 13、厚 4.7 釐米。文 2 行，行 7 或 9 字，正書。

圖版著錄：

《俟堂專文雜集》156 頁。

《隋唐五代墓誌匯編·北京大學卷》1 冊 2 頁。

《中國磚銘》圖版下冊 1017 頁左。

《隋代墓誌銘彙考》1 冊 23 頁。

《中國古代磚刻銘文集》上冊編號 1104。

錄文著錄：

《匋齋藏石記》15/1a，《新編》1/11/8119 上。

《雪堂專錄·專誌徵存》11b，《羅雪堂先生全集》五編 3 冊 1286 頁。

《全隋文補遺》2/84 下。

《隋代墓誌銘彙考》1 冊 24 頁。

《中國古代磚刻銘文集》下冊編號1104。

碑目題跋：

《匋齋藏石記》15/1a，《新編》1/11/8119上。

《石刻題跋索引》685頁右，《新編》1/30/23023。

《石刻名彙》12/208a、第一編"誌銘類補遺"2a，《新編》2/2/1132上、1136下。

《蒿里遺文目錄》3上/5b，《新編》2/20/14983上。

《古誌彙目》1/11a，《新編》3/37/25。

《俟堂專文雜集》目錄編號171。

《北朝隋代墓誌所在總合目錄》編號1218。

《北京大學圖書館藏歷代墓誌拓片目錄》編號00728。

開皇012

辛韶墓誌并蓋

開皇二年（582）十二月十四日葬。陝西藍田縣出土，河北正定墨香閣藏石。誌高、寬均50釐米。文26行，滿行26字，正書。蓋3行，行3字，篆書。首題：大隋使持節車騎大將軍儀同三司硤州使君之墓誌銘；蓋題：大隋儀同辛君墓誌銘。

著錄：

《墨香閣藏北朝墓誌》202—203頁。（誌圖、文）

《新見北朝墓誌集釋》185—187頁。（圖、文、跋）

《北京大學圖書館藏歷代墓誌拓片目錄》編號00729。（目）

備考：辛韶，事見《周書》卷六、《北史》卷一〇《武帝本紀》，《周書》卷三五、《北史》卷三六《薛慎傳》。

開皇013

李君妻崔芷繁墓誌

開皇二年（582）十二月二十六日葬。20世紀末河北省正定縣出土，石藏河北省正定縣墨香閣。誌高81、寬82釐米。文30行，滿行30字，正書。首題：維大隋開皇二年歲次壬寅十二月辛未朔廿六日丙申齊故侍中開府儀同三司吏部尚書殷州刺史李公夫人崔氏墓誌銘。

著錄：

《隋代墓誌銘彙考》1 冊 31—33 頁（圖、文、跋）。

《墨香閣藏北朝墓誌》204—205 頁。（圖、文）

《北朝隋代墓誌所在總合目錄》編號 1220。（目）

《北京大學圖書館藏歷代墓誌拓片目錄》編號 00730。（目）

開皇 014

李和墓誌并蓋

開皇二年（582）四月十五日卒於家，其年十二月二十六日葬於馮翊郡華池縣萬壽原。1956 年（一說 1964 年）陝西三原縣陵前鄉雙盛村出土，現藏西安碑林博物館。誌及蓋高、寬均 86 釐米。誌 33 行，滿行 34 字，正書；蓋 4 行，行 4 字，篆書。蓋題：大隋上柱國德廣肅公李史君之墓誌銘；首題：大隋使持節上柱國德廣郡開國公李史君之墓誌銘。

圖版、錄文著錄：

《隋唐五代墓誌匯編・陝西卷》1 冊 1 頁。（誌圖）

《中國西北地區歷代石刻匯編》1 冊 99 頁。（誌圖）

《西安碑林全集》67/1073 - 1081。（圖）

《新中國出土墓誌・陝西（貳）》上冊 7 頁（誌圖）、下冊 4—5 頁（文）。

《隋代墓誌銘彙考》1 冊 25—29 頁。（圖、文）

《全隋文補遺》2/85 上—86 上。（文）

《新出魏晉南北朝墓誌疏證》（修訂本）309—310 頁。（文）

碑目題跋著錄：

《六朝墓誌檢要》（修訂本）172 頁。

《碑帖鑒定》208—209 頁。

《碑帖敘錄》71 頁。

《隋代墓誌銘彙考》1 冊 29—30 頁。

《新出魏晉南北朝墓誌疏證》（修訂本）310—313 頁。

《北朝隋代墓誌所在總合目錄》編號 1219。

論文：

陝西省文物管理委員會：《陝西省三原縣雙盛村隋李和墓清理簡報》，《文物》1966年第1期。

賀華：《〈李和墓誌銘〉考補》，《文博》1998年第4期。

王去非、王昕：《隋李和墓誌綜考》，《宿白先生八秩華誕紀年文集》，文物出版社2002年版，第217—229頁。

付珺：《隋李和墓研究》，碩士論文，中央民族大學，2013年。

備考：李和，《周書》卷二九、《北史》卷六六有傳。

開皇015

渭州刺史張崇妻王氏墓誌

開皇二年（582）卒，葬於車道之北，邙山之陽。在甘肅清水縣東三十里車道溝。

著錄：

《隴右金石錄》1/57b－58a，《新編》1/21/15981 上—下。（文、跋）

（光緒）《甘肅新通志·藝文志》92/7b－8a，《新編》3/32/179 下—180 上。（文、跋）

《隋代墓誌銘彙考·存疑》6冊65—66頁。（文、跋）

《金石彙目分編》13/10a，《新編》1/28/21377 下。（目）

《北朝隋代墓誌所在總合目錄》編號1221。（目）

開皇016

楊忠碑

又名"武元皇帝紀功碑"。開皇二年（582）。在太原縣象山。

碑目題跋著錄：

《金石彙目分編》11/5a，《新編》1/28/21230 上。

《天下金石志》4/1，《新編》2/2/820 上。

《墨華通考》卷9，《新編》2/6/4398 上。

《佩文齋書畫譜·金石》62/14b 下，《新編》3/2/58 上。

（光緒）《山西通志·金石記二》90/28b，《新編》3/30/345 下。

《寒山堂金石林時地攷》卷上/9b，《新編》3/34/494 上。

《金石備攷·太原府》，《新編》4/1/51 上。

《古今書刻》下編/36a,《新編》4/1/152 下。
《六藝之一錄》60/16a,《新編》4/5/105 下。
《太平寰宇記碑錄》編號 69,《北山金石錄》上冊 273 頁。
備考：楊忠,《周書》卷一九有傳。

開皇 017

齊州刺史唐恭墓誌

開皇二年（582）。清人於山東歷城龍山鎮東南掘地得之。

碑目題跋著錄：

《石刻名彙》3/22a,《新編》2/2/1036 上。
《崇雅堂碑錄補》1/12b,《新編》2/6/4556 下。
（宣統）《山東通志・藝文志》卷 152,《新編》2/12/9324 下。
《濟南金石志》2/6a,《新編》2/13/9800 下。
（乾隆）《歷城縣志・金石考一》23/6a-b,《新編》3/25/339 下。
《齊魯碑刻墓誌研究》"附表" 367 頁。
《隋代墓誌銘彙考・存目》6 冊 85 頁。
《北朝隋代墓誌所在總合目錄》編號 1222。

開皇 018

神武肅公紇豆陵（竇毅）墓誌

開皇二年（582）卒。陝西禮泉縣出土。岑仲勉《金石論叢》考為"竇毅"。

碑目題跋著錄：

《寶刻叢編》9/1a,《新編》1/24/18243 上。
《金石彙目分編》12（1）/110b,《新編》1/28/21331 下。
《石刻題跋索引》163 頁右,《新編》1/30/22501。
《六朝墓誌檢要》（修訂本）248 頁。
《金石論叢》"貞石證史・隋神武肅公紇豆陵墓誌",92 頁。
《隋代墓誌銘彙考・存目》6 冊 86 頁。
《北朝隋代墓誌所在總合目錄》編號 1892。
備考：竇毅,《周書》卷三〇、《北史》卷六一有傳。

開皇 019

鄧玄秀妻辛輝蘭墓誌并蓋

開皇二年（582）十一月卅日卒於河東郡，以開皇三年（583）正月廿日葬於雍州北原。據云陝西省西安市出土。誌高、寬均 40.5 釐米。文 17 行，滿行 17 字，正書。蓋高、寬均 43.5 釐米。蓋 3 行，行 3 字，篆書。蓋題：大隋昌樂郡君辛氏誌。首題：使持節車騎將軍儀同三司河東郡太守長平縣開國子鄧玄秀妻昌樂郡君故辛氏墓銘。

圖版著錄：

《秦晉豫新出墓誌蒐佚續編》1 冊 163—164 頁。

開皇 020

賀蘭祥妻劉氏墓誌并蓋

又名：涼國景公夫人劉氏墓誌。開皇二年（582）十二月十二日薨於長安第，三年（583）二月十五日葬於咸陽洪渡原。1965 年咸陽市秦都區周陵鄉賀家村出土，現藏咸陽市博物館。誌及蓋高、寬均 56 釐米，誌厚 11 釐米，蓋厚 7 釐米。誌文 24 行，滿行 24 字，正書。蓋 4 行，行 4 字，篆書。蓋題：大隋太師涼國景公夫人劉氏之墓誌銘；首題：大隋太師上柱國涼國景公夫人劉氏墓誌銘。

著錄：

《隋唐五代墓誌匯編·陝西卷》3 冊 1 頁。（圖）

《中國西北地區歷代石刻匯編》1 冊 100 頁。（圖）

《新中國出土墓誌·陝西（壹）》上冊 22 頁（圖）、下冊 18—19 頁（文）。

《咸陽碑石》15—17 頁。（圖、文、跋）

《隋代墓誌銘彙考》1 冊 34—37 頁。（圖、文、跋）

《新出魏晉南北朝墓誌疏證》（修訂本）314—316 頁。（文、跋）

《全隋文補遺》2/88 上—下。（文）

《北朝隋代墓誌所在總合目錄》編號 1224。（目）

論文：

蘇小華：《讀隋代墓誌札記》，《唐史論叢》第 18 輯，2014 年。

開皇 021

張叔墓誌

又名"張士仁墓誌"。卒於芒阜，開皇三年（583）二月十五日葬於魏郡豹祠之南安仁里。河南臨漳縣出土，一說河南安陽縣安豐鄉南豐村一帶出土。誌拓片高、寬均37釐米。文15行，滿行15字，隸書。

著錄：

《金石拓本題跋集萃》69頁。（圖）

《隋代墓誌銘彙考》1冊44—46頁。（圖、文、跋）

《文化安豐》241—242頁。（圖、文）

《北朝隋代墓誌所在總合目錄》編號1225。（目）

《北京大學圖書館藏歷代墓誌拓片目錄》編號00731。（目）

開皇 022

封忠簡妻王楚英墓誌并蓋、陰

又名"封子繪妻王楚英墓誌"。開皇元年（581）十二月廿八日終於渤海條縣新安里第，開皇三年（583）二月十五日合葬於舊塋。1948年出土於河北省景縣安陵區前村鄉十八亂冢封氏墓群，今存中國國家博物館。誌高57、寬56釐米。蓋高45、寬44、厚8釐米。兩面刻，陽面25行，行25字；陰15行，滿行24字，隸書。蓋4行，行4字，篆書。首題：齊驃騎大將軍開府儀同三司尚書右僕射冀州刺史安德郡開國公忠簡封公妻太原王夫人墓誌銘并序；蓋題：齊故僕射冀州使君夫人王氏墓誌之銘。

著錄：

《北京圖書館藏中國歷代石刻拓本匯編》9冊6—7頁。（圖）

《隋唐五代墓誌匯編·北京卷附遼寧卷》1冊1—2頁。（圖）

《河北金石輯錄》252—253頁。（圖、文、跋）

《隋代墓誌銘彙考》1冊38—43頁。（圖、文、跋）

《中國國家博物館館藏文物研究叢書·墓誌卷》30—33頁。（圖、文）

《衡水出土墓誌》20—21頁。（圖、文）

《全隋文補遺》2/86下—87下。（文）

《新出魏晉南北朝墓誌疏證》（修訂本）317—320頁。（文、跋）

《六朝墓誌檢要》（修訂本）172 頁。（目）

《北朝隋代墓誌所在総合目錄》編號 1223。（目）

論文：

張季：《河北景縣封氏墓群調查記》，《考古通訊》1957 年第 3 期。

周錚：《北齊封子繪及夫人王楚英墓誌釋文與箋證》，《中國歷史博物館館刊》1994 年第 2 期。

趙超：《中國國家博物館藏北朝封氏諸墓誌匯考》，《中國歷史文物》2007 年第 2 期。

開皇 023

寧州刺史王季族墓誌并蓋

開皇三年（583）二月十五日卒，葬於廣陽城東北七里平原之上。1998 年 10 月在山西省昔陽縣沾尚鎮瓦窯足村出土。誌及蓋高、寬均 53 釐米，厚 12 釐米。文 19 行，滿行 19 字，正書。蓋 3 行，行 3 字，正書。蓋題：寧州刺史王季族墓誌。

著錄：

《滄海遺珍》101—104 頁（誌圖、節文、跋）。

《北朝隋代墓誌所在総合目錄》編號 1226。（目）

論文：

翟盛榮、晉華：《昔陽縣沾尚鎮瓦窯足村發現隋寧州刺史王季族墓葬》，石金鳴主編：《三晉考古》第 3 輯，2006 年。（圖、文）

開皇 024

孫高墓誌并蓋

開皇三年（583）六月六日卒於家，以其月九日葬於汲郡城東北四里。1949 年后河南浚縣出土，石今存河南濬縣博物館。誌高 28、寬 35、厚 6 釐米。蓋高 27、寬 34 釐米。文 14 行，滿行 14 字，正書。蓋 2 行、行 2 字，篆書。蓋題：孫君墓銘。

著錄：

《隋唐五代墓誌匯編・河南卷》1 頁。（誌圖）

《新中國出土墓誌・河南（壹）》上冊 107 頁（誌圖）、下冊 96—97

頁（文）。

《隋代墓誌銘彙考》1 冊 47—49 頁。（圖、文、跋）

《全隋文補遺》2/89 上。（文）

《新出魏晉南北朝墓誌疏證》（修訂本）321 頁。（文、跋）

《北朝隋代墓誌所在總合目錄》編號 1227。（目）

《北京大學圖書館藏歷代墓誌拓片目錄》編號 00732。（目）

開皇 025

申貴墓誌銘記

開皇三年（583）九月廿三日。天津王氏舊藏。正書。

碑目題跋著錄：

《石刻名彙》3/22a，《新編》2/2/1036 上。

《崇雅堂碑錄補》1/12b，《新編》2/6/4556 下。

《古誌新目初編》1/14b，《新編》2/18/13698 下。

《蒿里遺文目錄》2（1）/5b，《新編》2/20/14946 上。

《墓誌徵存目錄》卷 1，《羅振玉學術論著集》第五集，582 頁。

《六朝墓誌檢要》（修訂本）172 頁。

《隋代墓誌銘彙考・存目》6 冊 87 頁。

《北朝隋代墓誌所在總合目錄》編號 1228。

開皇 026

銀青光祿劉歸墓誌并蓋

齊天保三年（552）十月一日以疾薨於鄴城廣明里，開皇三年（583）十月七日遷葬於相州城西，與夫人侯氏合葬於靈泉里。1997 年 6 月出土於安陽果園新區電纜公司 M267。誌高、寬均 44 釐米，厚 8 釐米。蓋篆書，3 行，行 3 字。誌正書，19 行，滿行 19 字。蓋題：齊故銀青光祿劉君銘。

著錄：

《安陽墓誌選編》12 頁（圖）、170 頁（文）。

開皇 027

羽林監北番副使張顏墓誌

開皇三年（583）七月廿六日卒於崇信里，以十月八日葬於張方橋西北二里。洛陽市郊區白馬寺鎮朱村北約三百米出土，石存洛陽市第二文物工作隊。誌高 43.6、寬 43.4、厚 7.5 釐米。文正書，21 行，滿行 20 字。首題：隋故羽林監北番副使張君墓誌銘。

著錄：

《洛陽新獲墓誌續編》11 頁（圖）、314 頁（文、跋）。

《隋代墓誌銘彙考》1 冊 50—51 頁。（文、跋）

《北朝隋代墓誌所在總合目錄》編號 1229。（目）

開皇 028

驃騎大將軍□靜（字迴樂）墓誌

又名：王靜墓誌銘。開皇三年（583）五月二十五日卒於上黨郡卿（或作"鄉"）義里，其年十月十九日合葬於潞州城東南五里。山西長治襄垣縣出土，羅振玉舊藏。誌高 42.3、寬 45.5 釐米。文隸書雜篆書，20 行，滿行 19 字。

圖版著錄：

《漢魏南北朝墓誌集釋》圖版三六四，《新編》3/4/41。

《北京圖書館藏中國歷代石刻拓本匯編》9 冊 12 頁。

《隋唐五代墓誌匯編·北京大學卷》1 冊 3 頁。

《隋代墓誌銘彙考》1 冊 69 頁。

錄文著錄：

《山右冢墓遺文補遺》1a–b，《新編》1/21/15918 上。

《魯迅輯校石刻手稿·墓誌》下冊 149—150 頁。

《全隋文補遺》2/89 下—90 上。

《隋代墓誌銘彙考》1 冊 70—71 頁。

碑目題跋著錄：

《石刻題跋索引》153 頁左，《新編》1/30/22491。

《石刻名彙》3/22a，《新編》2/2/1036 上。

《崇雅堂碑錄補》1/12b，《新編》2/6/4556 下。

《蒿里遺文目錄》2（1）/5b，《新編》2/20/14946 上。

《漢魏南北朝墓誌集釋》8/79b，《新編》3/3/192。

《古誌彙目》1/11a，《新編》3/37/25。

《墓誌徵存目錄》卷1，《羅振玉學術論著集》第五集，582頁。

《增補校碑隨筆》（修訂本）274頁。

《碑帖鑒定》209頁。

《隋代墓誌銘彙考》1冊71—72頁。

《北朝隋代墓誌所在總合目錄》編號1231。

《北京大學圖書館藏歷代墓誌拓片目錄》編號00736。

備考：《石刻名彙》將《驃騎大將軍□靜墓誌》和"王靜墓誌"分別著錄為"開皇二年"十月和"開皇三年"十月，二誌實為同一方墓誌。

開皇029

寇熾妻姜敬親墓誌并蓋

開皇元年（581）十二月九日卒於廣州宅，開皇三年（583）十月十九日葬於洛陽城西邙山。寇仕章撰。1925年洛陽城東北欄駕溝村北出土，一說洛陽馬溝村西出土，于右任舊藏，現藏西安碑林博物館。誌、蓋長、寬均57釐米。蓋正書，3行，行4字；誌文正書，24行，滿行24字。首題：魏故廣州長史襄城順陽二郡太守寇府君夫人昌平郡君姜氏墓誌銘；蓋陽及陰皆題：故襄城府君寇公夫人姜氏銘。

圖版著錄：

《漢魏南北朝墓誌集釋》圖版三五七，《新編》3/4/29－30。

《北京圖書館藏中國歷代石刻拓本彙編》9冊11頁。

《隋唐五代墓誌匯編·洛陽卷》1冊3頁。（誌）

《鴛鴦七誌齋藏石》圖167。

《洛陽出土歷代墓誌輯繩》55頁。

《西安碑林全集》67/1100－1107。（誌）

《隋代墓誌銘彙考》1冊52—54頁。

錄文著錄：

《全隋文補遺》1/22上—下。

《隋代墓誌銘彙考》1冊55—56頁。

碑目題跋著錄：

《石刻題跋索引》153 頁左，《新編》1/30/22491。

《石刻名彙》3/22b，《新編》2/2/1036 上。

《崇雅堂碑錄補》1/12b，《新編》2/6/4556 下。

《古誌新目初編》1/14b，《新編》2/18/13698 下。

《定庵題跋》61b–62a，《新編》2/19/14316 上—下。

《蒿里遺文目錄補遺》1b，《新編》2/20/14996 上。

《漢魏南北朝墓誌集釋》7/77b，《新編》3/3/188。

《國立北平圖書館藏碑目》14a，《新編》3/36/255 下。

《墓誌徵存目錄》卷 1，《羅振玉學術論著集》第五集，582 頁。

《洛陽出土石刻時地記》隋代開皇 001，49 頁。

《歷代墓誌銘拓片目錄》38 頁。

《六朝墓誌檢要》（修訂本）172—173 頁。

《碑帖鑒定》209 頁。

《隋代墓誌銘彙考》1 冊 57 頁。

《北朝隋代墓誌所在總合目錄》編號 1230。

《北京大學圖書館藏歷代墓誌拓片目錄》編號 00735。

開皇 030

寇奉叔墓誌并蓋

開皇二年（582）三月十八日薨於第，開皇三年（583）十月十九日返葬於河陰縣之芒山。洛陽城東北攔駕溝村北出土，河南圖書館舊藏，今石藏河南博物院。誌高 65.6、寬 66.2 釐米；蓋拓片高、寬均 54 釐米。蓋 4 行，行 4 字；文 38 行，滿行 38 字，均正書。蓋題：隋故儀同亳州刺史昌國公寇使君墓誌；首題：隋故使持節儀同大將軍昌國惠公墓誌銘。

圖版著錄：

《漢魏南北朝墓誌集釋》圖版三六二，《新編》3/4/37–38。

《北京圖書館藏中國歷代石刻拓本匯編》9 冊 9 頁。

《隋唐五代墓誌匯編·洛陽卷》1 冊 1 頁。（誌）

《隋代墓誌銘彙考》1 冊 58—59 頁。

錄文著錄：

《芒洛冢墓遺文續編》4a–6b，《新編》1/19/14058下—14059下。
《魯迅輯校石刻手稿・墓誌》下冊157—163頁。
《全隋文補遺》2/90上—91下。
《隋代墓誌銘彙考》1冊60—62頁。
碑目題跋著錄：
《續補寰宇訪碑錄》8/5b，《新編》1/27/20347上。
《石刻題跋索引》153頁左，《新編》1/30/22491。
《石刻名彙》3/22a，《新編》2/2/1036上。
《古誌新目初編》1/14b，《新編》2/18/13698下。
《蒿里遺文目錄》2（1）/5b，《新編》2/20/14946上。
《夢碧簃石言》4/20b，《新編》3/2/208下。
《漢魏南北朝墓誌集釋》8/79a–b，《新編》3/3/191–192。
《河南圖書館藏石目》1b，《新編》3/36/125下。
《國立北平圖書館藏碑目》13b，《新編》3/36/255上。
《古誌彙目》1/11a，《新編》3/37/25。
《雪堂金石文字跋尾》3/17b，《新編》3/38/312上。
《墓誌徵存目錄》卷1，《羅振玉學術論著集》第五集，582頁。
《洛陽出土石刻時地記》隋代開皇002，49頁。
《金石論叢》"貞石證史・寇奉叔等祖孫兄弟誌"，85—87頁。
《歷代墓誌銘拓片目錄》38頁。
《增補校碑隨筆》（修訂本）274—275頁。
《六朝墓誌檢要》（修訂本）173—174頁。
《碑帖鑒定》209頁。
《隋代墓誌銘彙考》1冊65頁。
淑德大學《中國石刻拓本目錄》"墓誌"編號268。
《北朝隋代墓誌所在總合目錄》編號1232。
《北京大學圖書館藏歷代墓誌拓片目錄》編號00733。
　　備考：寇奉叔，《周書》卷三七、《北史》卷二七附《寇儁傳》。史傳作"寇奉"。

開皇 031

寇遵考墓誌并蓋

開皇三年（583）七月六日薨於京，十月十九日葬於洛陽之北邙。洛陽城東北攔駕溝村北出土，河南圖書館舊藏，今藏河南博物院。誌高、寬均57.2釐米；蓋拓片高44、寬43釐米。蓋3行，行3字；文33行，滿行33字；均正書。蓋題：隋故濩澤公寇府君銘；首題：隋翊師大將軍儀同三司大內史大納言扶風郡太守濩澤公之墓誌銘。

圖版著錄：

《漢魏南北朝墓誌集釋》圖版三六三，《新編》3/4/39–40。

《北京圖書館藏中國歷代石刻拓本匯編》9冊10頁。

《隋唐五代墓誌匯編·洛陽卷》1冊2頁。（誌）

《隋代墓誌銘彙考》1冊73—74頁。

錄文著錄：

《芒洛冢墓遺文續編》卷上/6b–8b，《新編》1/19/14059下—14060下。

《魯迅輯校石刻手稿·墓誌》下冊151—156頁。

《全隋文補遺》2/92上—93下。

《隋代墓誌銘彙考》1冊75—77頁。

碑目題跋著錄：

《石刻題跋索引》153頁左，《新編》1/30/22491。

《石刻名彙》3/22a，《新編》2/2/1036上。

《古誌新目初編》1/14b，《新編》2/18/13698下。

《蒿里遺文目錄》2（1）/5b，《新編》2/20/14946上。

《夢碧簃石言》4/20b，《新編》3/2/208下。

《漢魏南北朝墓誌集釋》8/79b，《新編》3/3/192。

《河南圖書館藏石目》1b，《新編》3/36/125下。

《國立北平圖書館藏碑目》14a，《新編》3/36/255下。

《雪堂金石文字跋尾》3/17b–19a，《新編》3/38/312上—313上。

《墓誌徵存目錄》卷1，《羅振玉學術論著集》第五集，582頁。

《洛陽出土石刻時地記》隋代開皇003，50頁。

《歷代墓誌銘拓片目錄》38 頁。

《六朝墓誌檢要》（修訂本）173 頁。

《金石論叢》"貞石證史·寇奉叔等祖孫兄弟誌"，85—87 頁。

《隋代墓誌銘彙考》1 冊 79 頁。

淑德大學《中國石刻拓本目錄》"墓誌"編號 267。

《北朝隋代墓誌所在總合目錄》編號 1233。

《北京大學圖書館藏歷代墓誌拓片目錄》編號 00734。

備考：寇遵考，其父寇儁《周書》卷三七、《北史》卷二七有傳，寇遵考史傳作"寇顒"，當是其名。

開皇 032

劉鑒墓誌

開皇二年（582）四月二日終於家，三年（583）十月十九日葬於舊鎮之所。房導書。1994 年出土於江蘇省徐州市銅山縣茅村鄉花馬莊村，現存徐州市博物館。誌高 91.5、寬 52、厚 12 釐米。文 29 行，滿行 22 字，正書。首題：齊故郡功曹州主簿墓誌銘。

著錄：

《隋代墓誌銘彙考》1 冊 66—68 頁。（圖、文、跋）

《全隋文補遺》2 冊 96 上—下。（文）

《新出魏晉南北朝墓誌疏證》（修訂本）322—323 頁。（文、跋）

《北朝隋代墓誌所在總合目錄》編號 1234。（目）

論文：

梁勇：《江蘇徐州市茅村隋開皇三年劉鑒墓》，《考古》1998 年第 9 期。

開皇 033

梁坦暨妻杜氏墓誌并蓋

梁天監十四年（515）薨於私第，夫人杜氏隋開皇三年（583）九月廿日終於洛川，以其年十月廿日合葬芒嶺之陽，洛城之北。1930 年洛陽城東北朱家倉村東，保莊村西北一里處出土，于右任舊藏，今石藏西安碑林博物館。誌及蓋均高 52、寬 52.5 釐米。誌文 25 行，滿行 25 字，隸書。蓋2行，行2字，篆書。蓋題：梁君墓誌。首題：魏故使持節征虜將軍東豫州大都督梁朝同州刺史梁君之銘。

圖版著錄：

《漢魏南北朝墓誌集釋》圖版三六五，《新編》3/4/42－43。

《北京圖書館藏中國歷代石刻拓本匯編》9冊13頁。

《隋唐五代墓誌匯編·洛陽卷》1冊4頁。

《鴛鴦七誌齋藏石》圖168。

《西安碑林全集》67/1082－1090。

《隋代墓誌銘彙考》1冊85—86頁。

錄文著錄：

《全隋文補遺》2/93下—94下。

《隋代墓誌銘彙考》1冊87—88頁。

碑目題跋著錄：

《石刻題跋索引》153頁左，《新編》1/30/22491。

《漢魏南北朝墓誌集釋》8/80a，《新編》3/3/193。

《國立北平圖書館藏碑目》14a，《新編》3/36/255下。

《墓誌徵存目錄》卷1，《羅振玉學術論著集》第五集，582頁。

《洛陽出土石刻時地記》隋代開皇004，50頁。

《歷代墓誌銘拓片目錄》38頁。

《六朝墓誌檢要》（修訂本）173頁。

《隋代墓誌銘彙考》1冊89頁。

《北朝隋代墓誌所在總合目錄》編號1235。

《北京大學圖書館藏歷代墓誌拓片目錄》編號00737。

備考：梁坦，事見《魏書》卷四下《世祖太武帝本紀》、卷九七《劉義隆傳》。

開皇034

梁邕墓誌并蓋

開皇三年（583）五月十四日卒於洛城首陽鄉陳留里，以其年十月二十日葬於洛城之北邙阜之陽。1931年洛陽城東北邙山上朱家倉村東出土，于右任舊藏，今藏西安碑林博物館。誌高50.8、寬52釐米。文正書，28行，滿行28字。蓋篆書，3行，行3字。首題：魏故奉朝請梁君之墓誌。蓋題：大隋奉朝請梁君墓誌。

圖版著錄：

《漢魏南北朝墓誌集釋》圖版三六六，《新編》3/4/44。（誌）

《隋唐五代墓誌匯編·洛陽卷》1冊5頁。（誌）

《鴛鴦七誌齋藏石》圖169。

《西安碑林全集》67/1091－1099。

《隋代墓誌銘彙考》1冊80—81頁。

錄文著錄：

《全隋文補遺》2/94下—95下。

《隋代墓誌銘彙考》1冊82—83頁。

碑目題跋著錄：

《石刻題跋索引》153頁左，《新編》1/30/22491。

《漢魏南北朝墓誌集釋》8/80a，《新編》3/3/193。

《墓誌徵存目錄》卷1，《羅振玉學術論著集》第五集，582頁。

《洛陽出土石刻時地記》隋代開皇005，50頁。

《六朝墓誌檢要》（修訂本）173頁。

《隋代墓誌銘彙考》1冊84頁。

《北朝隋代墓誌所在總合目錄》編號1236。

開皇035

王軌暨妻馮氏墓誌

王軌天保七年（556）六月終，夫人馮氏開皇元年（581）五月卒於相州，以開皇三年（583）十一月十四日合葬於瀛洲城東五十里王□村西舊塋。1949年後出土，具體出土地點、時間不詳，1987年河北省河間縣尊祖莊徵集，現藏河間市文物保管所。誌高、寬均39.5釐米，厚8釐米。文21行，滿行21字，隸書。首題：齊故章武郡主簿王君墓誌銘。

著錄：

《隋唐五代墓誌匯編·河北卷》2頁。（圖）

《新中國出土墓誌·河北〔壹〕》上冊 37 頁（圖）、下冊 29 頁（文）。

《滄州出土墓誌》22—23 頁。（圖、文）

《隋代墓誌銘彙考》1 冊 90—92 頁。（圖、文、跋）

《全隋文補遺》2/97 上—下。（文）

《新出魏晉南北朝墓誌疏證》（修訂本）324—325 頁。（文、跋）

《北朝隋代墓誌所在總合目錄》編號 1237。（目）

開皇 036

源剛墓誌

武定五年（547）十一月十四日卒於城安縣崇仁里，以其月權葬於鄴城之北二里，隋開皇三年（583）十一月十四日遷葬於洛陽河南。河南洛陽出土。拓片高 45、寬 44.5 釐米。文 19 行，滿行 19 字，正書。首題：魏京畿府司馬源君誌銘。

著錄：

《隋代墓誌銘彙考》1 冊 101—103 頁。（圖、文、跋）

《洛陽新獲七朝墓誌》42 頁。（圖）

《北朝隋代墓誌所在總合目錄》編號 1240。（目）

《北京大學圖書館藏歷代墓誌拓片目錄》編號 00738。（目）

開皇 037

皇甫光墓誌并蓋

薨於家，開皇三年（583）十一月十四日與夫人辛氏合葬於京兆郡杜縣高陽原胄貴里。2006 年 1 月 21 日出土於陝西師範大學後勤基地工地一四六號墓。誌高 42.5、廣 41、厚 6 釐米。文正書，24 行，滿行 24 字。蓋 3 行，行 3 字，篆書。首題：大隋雍州從事京尹主簿穎州贊治新陽章武二郡太守驃騎將軍平恩縣開國子皇甫光墓銘。蓋題：大隋大都督皇甫光銘。

著錄：

《長安高陽原新出土隋唐墓誌》2—5 頁。（圖、文、跋）

開皇 038

張崇訓墓誌

東魏武定五年（547）十月六日卒於龍泉里，以武定七年（549）三月廿三日葬於幽州固之陽；夫人高氏，以隋開皇元年（581）五月廿九日卒於尖山里，以開皇三年（583）十一月十四日祔葬先塋。2012年6月山東省青州市文物執法大隊聯合青州市文物局在王墳鎮喬家莊村徵集。誌高68、寬94、厚10釐米。文33行，滿行24字，正書。首題：青州故主簿張君墓誌銘。

論文：

劉華國、姜建成：《山東青州新出土隋張崇訓墓誌》，《文物》2015年第2期。（圖、文）

周陽：《〈張崇訓墓誌〉釋文校補》，《重慶文理學院學報》2016年第6期。

開皇 039

王士良墓誌并蓋

開皇三年（583）六月廿六日薨於私第，以其年十一月十四日遷葬涇陽縣洪瀆川。1988年出土於陝西省咸陽市底張灣飛機場候機樓基址，石存陝西省考古研究所。誌并蓋均高65、寬68釐米。文40行，滿行37字，正書。蓋4行，行3字，篆書。蓋題：大隋上大將軍廣昌肅公墓誌；首題：大隋使持節上大將軍本州并州曹滄許鄭五州刺史行臺三總管廣昌肅公王使君墓誌。

著錄：

《中國北周珍貴文物》126—130頁。（圖、文、跋）

《隋代墓誌銘彙考》1冊93—98頁。（圖、文、跋）

《新出魏晉南北朝墓誌疏證》（修訂本）326—329頁。（文、跋）

《全隋文補遺》2/99上—101上。（文）

《北朝隋代墓誌所在總合目錄》編號1238。（目）

論文：

蘇小華：《讀隋代墓誌札記》，《唐史論叢》第18輯，2014年。

備考：王士良，《周書》卷三六、《北史》卷六七有傳。

開皇 040

羅暎墓誌

開皇三年（583）十一月十四日遷葬於匡山之里，黃山之陽。1997年山東省淄博市臨淄區出土，今存不詳。誌高54、寬35釐米。文14行，滿行17字，正書。額題：故人蕩寇將軍羅君之銘。

著錄：

《山東石刻分類全集·歷代墓誌》82頁。（圖、文）

《隋代墓誌銘彙考》1冊99—100頁。（文、跋）

《齊魯碑刻墓誌研究》320—323、367頁。（文、跋、目）

《北朝隋代墓誌所在總合目錄》編號1239。（目）

開皇 041

邵咸磚誌

開皇三年（583）十一月十七日葬於長州。山東無棣吳氏舊藏。誌高、寬均30.5釐米。文14行，滿行16字，正書。首題：隨故邵府君墓誌銘并序。

圖版、錄文著錄：

《漢魏南北朝墓誌集釋》圖版三六七，《新編》3/4/45。（圖）

《隋代墓誌銘彙考》1冊104—105頁。（圖、文）

《中國古代磚刻銘文集》上、下冊編號1105。（圖、文）

《吳中冢墓遺文補遺》1a–b，《新編》1/13/10169上。（文）

《全隋文補遺》2/98下—99上。（文）

碑目題跋著錄：

《石刻題跋索引》153頁左，《新編》1/30/22491。

《石刻名彙》3/22a、12/208a，《新編》2/2/1036上、1132上。

《崇雅堂碑錄》2/1a，《新編》2/6/4500上。

《漢魏南北朝墓誌集釋》8/80a，《新編》3/3/193。

《古誌彙目》1/11a，《新編》3/37/25。

《墓誌徵存目錄》卷1，《羅振玉學術論著集》第五集，582頁。

《歷代墓誌銘拓片目錄》38 頁。

《六朝墓誌檢要》(修訂本) 174 頁。

《隋代墓誌銘彙考》1 冊 106 頁。

《北朝隋代墓誌所在總合目錄》編號 1241。

開皇 042

張靜(字僧泰)墓誌

開皇三年(583)十一月廿二日。1984 年出土於安徽合肥乳品廠、啤酒廠聯合工地,現存安徽省博物館。誌高 25.5、寬 58 釐米。文 20 行,行字數不等,正書。首題:□開皇三年歲次癸卯十一月丙申朔廿二□□清河張氏墓誌序。

著錄:

《隋代墓誌銘彙考》1 冊 107—109 頁。(圖、文、跋)

《全隋文補遺》2/98 上—下。(文)

《新出魏晉南北朝墓誌疏證》(修訂本)330—331 頁。(文、跋)

《北朝隋代墓誌所在總合目錄》編號 1242。(目)

論文:

安徽省博物館:《合肥隋開皇三年張靜墓》,《文物》1988 年第 1 期。

開皇 043

陰壽墓誌并蓋

開皇三年(583)五月廿日遘疾薨於幽州,其年十一月廿五日返葬於京兆郡長安縣□□鄉□□里。2003 年初於西安市長安縣郭杜鎮出土,石存西安市文物保護考古所。誌及蓋均高、寬 70.5 釐米,誌厚 9.5 釐米,蓋厚 10 釐米。文 39 行,滿行 40 字,正書。蓋 4 行,行 4 字,篆書。蓋題:大隋柱國司空公趙武公陰使君墓誌銘。首題:大隋使持節柱國司空公趙郡武公陰使君墓誌銘。

著錄:

《隋代墓誌銘彙考》1 冊 110—115 頁。(圖、文、跋)

《北朝隋代墓誌所在總合目錄》編號 1243。(目)

論文:

楊宏毅：《隋〈陰雲墓誌〉考》，《碑林集刊》第 13 輯，2008 年。

韓昇：《從〈陰雲墓誌〉論周隋之際的政局》，《碑林集刊》第 15 輯，2010 年。

開皇 044
薛舒墓誌

開皇三年（583）十一月十一日寢疾卒於大興里舍，開皇三年閏十二月十五日厝於小陵原。2011 年初在西安南郊長安區少陵原畔出土。誌拓本高 51、寬 50 釐米。文 27 行，滿行 26 字，正書。首題：大隋故儀同三司樂寧縣開國侯薛君墓誌銘。

論文：

周曉薇、王其禕：《〈薛舒墓誌〉與隋代聘陳使主》，《片石千秋：隋代墓誌銘與隋代歷史文化》，第 281—284 頁。（文、跋）

備考：薛舒，《周書》卷三八、《北史》卷三六附《薛憕傳》。

開皇 045
李貴暨妻王氏墓誌并蓋

李貴卒於洛陽，夫人王氏先卒於臨漳，開皇三年（583）閏十二月十五日卜兆於洛陽城西南十里蘇村西北合葬。2003 年河南省洛陽市孟津縣北邙山出土，旋歸劉氏，又歸孫氏。誌拓片長、寬均 48 釐米。蓋拓片長 46.5、寬 46.2 釐米。文 22 行，滿行 22 字，隸書。蓋 4 行，行 4 字，篆書。蓋題：齊故趙郡王國常侍李君王夫人等墓誌。

著錄：

《隋代墓誌銘彙考》1 冊 116—119 頁。（圖、文、跋）

《河洛墓刻拾零》上冊 46—47 頁。（圖）

《北朝隋代墓誌所在總合目錄》編號 1245。（目）

開皇 046
劉偉暨妻李氏墓誌

北周保定四年（564）卒，李氏開皇三年（583）卒，閏十二月葬。1956 年 4 月河南陝縣會興鎮劉家渠出土。未見圖版和完整錄文。

碑目題跋著錄：

《隋代墓誌銘彙考·存目》6 冊 88 頁。
《北朝隋代墓誌所在總合目錄》編號 1244。

論文：

黄河水庫考古工作隊：《1956 年河南陝縣劉家渠漢唐墓葬發掘簡報》，《考古通訊》1957 年第 4 期。（節文）

開皇 047

崔大苟墓誌

開皇三年（583）。山西漳濱出土。

碑目題跋著錄：

《漢魏南北朝墓誌集釋·編例》1b，《新編》3/3/4。

《隋代墓誌銘彙考·存目》6 冊 89 頁。

《北朝隋代墓誌所在總合目錄》編號 1246。

開皇 048

楊居墓誌并蓋

開皇三年（583）十二月廿九日卒，四年（584）三月十日葬於村西北二百步。1949 年前河南洛陽出土，羅振玉舊藏，今存遼寧省博物館。拓片誌長 48 釐米，寬 49 釐米；蓋長 37 釐米，寬 50 釐米。蓋 2 行，行 7 字；文 21 行，滿行 20 字；均正書。蓋左右題：大隋前潘城錄事參軍楊公之墓誌。

圖版著錄：

《古石抱守錄》，《新編》3/1/318－321。

《漢魏南北朝墓誌集釋》圖版三六八，《新編》3/4/46－47。

《北京圖書館藏中國歷代石刻拓本匯編》9 冊 14 頁。

《隋唐五代墓誌匯編·洛陽卷》1 冊 6 頁。

《隋代墓誌銘彙考》1 冊 120—121 頁。

《遼寧省博物館藏碑誌精粹》118 頁。（誌）

錄文著錄：

《芒洛冢墓遺文四編》1/52b－53b，《新編》1/19/14174 下—14175 上。

《滿洲金石志別錄》卷下/20a－21a，《新編》1/23/17436 下—

17437 上。

《誌石文錄續編》9b–10a，《新編》2/19/13781 上—下。

《全隋文補遺》2/102 上—下。

《遼寧省博物館藏碑誌精粹》118 頁。

《隋代墓誌銘彙考》1 冊 122—123 頁。

碑目題跋著錄：

《滿洲金石志別錄》卷下/21a，《新編》1/23/17437 上。

《石刻題跋索引》153 頁右，《新編》1/30/22491。

《石刻名彙》3/22b，《新編》2/2/1036 上。

《古誌新目初編》1/14b，《新編》2/18/13698 下。

《蒿里遺文目錄》2（1）/5b，《新編》2/20/14946 上。

《漢魏南北朝墓誌集釋》8/80a，《新編》3/3/193。

《國立北平圖書館藏碑目》14a，《新編》3/36/255 下。

《墓誌徵存目錄》卷 1，《羅振玉學術論著集》第五集，582 頁。

《歷代墓誌銘拓片目錄》38 頁。

《六朝墓誌檢要》（修訂本）174 頁。

《碑帖鑒定》210 頁。

《遼寧省博物館藏碑誌精粹》119 頁。

《隋代墓誌銘彙考》1 冊 124 頁。

《北朝隋代墓誌所在總合目錄》編號 1247。

《北京大學圖書館藏歷代墓誌拓片目錄》編號 00739。

開皇 049

韓貴和墓誌并蓋

開皇四年（584）三月廿八日薨，葬在晉州降川彰壁上韓村北三百步。1999 年出土於山西省沁源縣郭道鎮東村。石存山西省考古研究所。誌、蓋均長 40.5、寬 38、厚 8 釐米。文 14 行，滿行 13 字，正書。蓋 1 行 5 字，正書。蓋題：韓貴和墓誌。

著錄：

《隋代墓誌銘彙考》1 冊 125—128 頁。（圖、文、跋）

《新出魏晉南北朝墓誌疏證》（修訂本）332—334 頁。（文、跋）

《北朝隋代墓誌所在總合目錄》編號 1248。（目）

論文：

郎保利、楊林中：《山西沁源隋代韓貴和墓》，《文物》2003 年第 8 期。

開皇 050

王君妻張氏墓誌

開皇四年（584）九月五日卒，其年十月三日葬。江蘇嘉定錢氏舊藏。正書。首題：隋故王府君夫人張氏墓誌銘。

錄文著錄：

《古誌石華》4/1a，《新編》2/2/1179 上。

《金石文鈔》2/63a，《新編》2/7/5135 上。

《全隋文補遺》2/103 上。

《隋代墓誌銘彙考》1 冊 129 頁。

碑目題跋著錄：

《潛研堂金石文字目錄》1/14a，《新編》1/25/19013 下。

《寰宇訪碑錄》2/28a，《新編》1/26/19874 下。

《石刻題跋索引》153 頁右，《新編》1/30/22491。

《石刻名彙》3/22b，《新編》2/2/1036 上。

《崇雅堂碑錄補》1/12b，《新編》2/6/4556 下。

《金石文鈔》2/63b，《新編》2/7/5135 上。

《古墨齋金石跋》2/23a，《新編》2/19/14093 上。

《古誌彙目》1/11a，《新編》3/37/25。

《金石萃編補目》1/7a，《新編》3/37/487 上。

《六朝墓誌檢要》（修訂本）174—175 頁。

《隋代墓誌銘彙考》1 冊 130 頁。

《北朝隋代墓誌所在總合目錄》編號 1249。

開皇 051

涂敏行墓誌并蓋

開皇四年（584）五月十七日卒，妻陽氏以十月十四日終，合葬英山西南儀同公墳之東北十步。1976 年出土於山東省嘉祥縣滿硐公社楊樓大隊"英山一號"隋墓，今存山東省博物館。誌高、寬均 58 釐米。蓋 3 行，行 3 字，篆書。文 26 行，行 25 字，正書。首題：故駕部侍郎徐君墓誌；蓋題：故駕部郎徐敏行墓銘。

著錄：

《隋代墓誌銘彙考》1 冊 131—134 頁。（圖、文、跋）

《山東石刻分類全集·歷代墓誌》85—86 頁。（圖、文）

《全隋文補遺》2/103 下—104 上。（文）

《新出魏晉南北朝墓誌疏證》（修訂本）342—344 頁。（文、跋）

《六朝墓誌檢要》（修訂本）174 頁。（目）

《齊魯碑刻墓誌研究》273—276、367 頁。（跋、目）

《北朝隋代墓誌所在總合目錄》編號 1250。（目）

論文：

山東省博物館：《山東嘉祥英山一號隋墓清理簡報》，《文物》1981 年第 4 期。

陳昊：《墓誌所見南北朝醫術世家的身份認同與宗教信仰——以丹陽徐氏為中心》，《文史》2008 年第 2 輯。

開皇 052

黎陽縣令妻田簡眉墓誌

開皇四年（584）十一月三日。碑存寧夏固原博物館。誌文 3 行，行字不等，計 20 字。

著錄：

《隋代墓誌銘彙考》1 冊 135 頁。（文、跋）

《北朝隋代墓誌所在總合目錄》編號 1251。（目）

開皇 053

涂之範墓誌并蓋

開皇四年（584）四月廿六日卒於晉陽縣宅，十二月二日還葬金鄉縣都鄉節義里英山之西。1976 年在嘉祥縣英山腳下出土，現藏於山東省石刻藝術博物館。誌及蓋長、寬均 80 釐米。文 38 行，滿行 38 字，正書。

蓋3行，行4字，篆書。首題：隋儀同三司徐公墓誌；蓋題：隋故儀同西陽王徐之範墓銘。

著錄：

《隋唐五代墓誌匯編·江蘇山東卷》2頁。（圖）

《濟寧歷代墓誌銘》圖版3、23—25頁。（圖、文）

《隋代墓誌銘彙考》1冊136—141頁。（圖、文、跋）

《山東石刻分類全集·歷代墓誌》83—84頁。（圖、文）

《全隋文補遺》2/104下—106上。（文）

《新出魏晉南北朝墓誌疏證》（修訂本）335—341頁。（文、跋）

《齊魯碑刻墓誌研究》268—272、367頁。（跋、目）

淑德大學《中國石刻拓本目錄》"墓誌"編號269。（目）

《北朝隋代墓誌所在總合目錄》編號1252。（目）

《北京大學圖書館藏歷代墓誌拓片目錄》00740。（目）

論文：

嘉祥縣文物管理所：《山東嘉祥英山二號隋墓清理簡報》，《文物》1987年第11期。

陳昊：《墓誌所見南北朝醫術世家的身份認同與宗教信仰——以丹陽徐氏為中心》，《文史》2008年第2輯。

蘇小華：《讀隋代墓誌札記》，《唐史論叢》第18輯，2014年。

備考：徐之範，《北齊書》卷三三、《北史》卷九〇有傳。

開皇054

柳晉墓誌

開皇四年（584）十二月三日卒，五年（585）正月二十七日葬。近年陝西商洛市出土。誌拓片高40、寬60釐米。文20行，滿行19字，正書。首題：輔國將軍柳晉墓誌銘。

碑目著錄：

《隋代墓誌銘彙考·存目》6冊90頁。

《北朝隋代墓誌所在總合目錄》編號1255。

《北京大學圖書館藏歷代墓誌拓片目錄》編號00741。

備考：《北史》卷八三、《隋書》卷五八有《柳䛒傳》，未見墓誌錄文，是否誌主，待考。

開皇 055

崔仲方妻李麗儀墓誌并蓋

周天和六年（571）五月十七日卒於京師之第，以隋開皇五年（585）二月十九日改葬靈壽縣脩仁里臨山之大墓。1998 年出土於河北省平山縣兩河鄉西嶽村北，石存河北省平山縣博物館。誌長 60、寬 63、厚 8.5 釐米。蓋長 61、寬 61.5、厚 6.8 釐米。文 29 行，滿行 28 字，正書。蓋 3 行，行 3 字，篆書。蓋題：范陽公故妻李氏誌銘；首題：隋使持節儀同三司鴻臚司農二少卿周內史司成二大夫范陽縣開國公崔仲方故妻李夫人墓誌銘。

著錄：

《隋代墓誌銘彙考》1 冊 142—146 頁。（圖、文、跋）

《新出魏晉南北朝墓誌疏證》（修訂本）345—348 頁。（文、跋）

《北朝隋代墓誌所在總合目錄》編號 1256。（目）

論文：

河北省文物研究所、平山縣博物館：《河北平山縣西嶽村隋唐崔氏墓》，《考古》2001 年第 2 期。

蘇小華：《讀隋代墓誌札記》，《唐史論叢》第 18 輯，2014 年。

開皇 056

元儉墓誌并蓋

開皇四年（584）八月廿一日卒，開皇五年（585）二月廿二日與兩夫人合葬於洛陽河南縣之北原。2005 年春河南洛陽孟津縣出土。誌長 57.5、寬 57 釐米。蓋長、寬均 46 釐米。文 21 行，滿行 21 字，正書。蓋篆書，3 行，行 3 字。蓋題：隋故溫州使君元公銘。

圖版著錄：

《河洛墓刻拾零》48—49 頁。

《洛陽新獲七朝墓誌》43 頁。

碑目著錄：

《北朝隋代墓誌所在總合目錄》編號1257。

《北京大學圖書館藏歷代墓誌拓片目錄》編號00742。

論文：

王其禕、王慶衛：《〈隋代墓誌銘彙考〉補》，《碑林集刊》第13輯，2008年。（文）

開皇057

元英暨妻崔麝香墓誌并蓋

又名"元洪儁墓誌并蓋"。卒於黃白村，開皇五年（585）七月一日合葬噎奚嶺。端方舊藏，今誌蓋存北京故宮博物院。誌高42.7、寬43.5釐米。蓋漢白玉，高44.5、寬44釐米。誌文18行，滿行18字，正書。蓋3行，行6至8字不等，正書。蓋題：故潁州別駕元洪儁墓誌大隨開皇五年七月一日合葬。

圖版著錄：

《漢魏南北朝墓誌集釋》圖版六五，《新編》3/3/354–355。

《北京圖書館藏中國歷代石刻拓本匯編》9冊22頁。

《隋唐五代墓誌匯編·北京大學卷》1冊4頁。（誌）

《隋代墓誌銘彙考》1冊147—148頁。

《故宮博物院藏歷代墓誌彙編》1冊83頁。（蓋）

錄文著錄：

《匋齋藏石記》15/2b–3b，《新編》1/11/8119下—8120上。

《魯迅輯校石刻手稿·墓誌》下冊145—146頁。

《全隋文補遺》2/107上—下。

《隋代墓誌銘彙考》1冊149—150頁。

《故宮博物院藏歷代墓誌彙編》1冊82頁。（蓋）

碑目題跋著錄：

《匋齋藏石記》15/3b–4a，《新編》1/11/8120上—下。

《再續寰宇訪碑錄校勘記》7a，《新編》1/27/20463上。

《石刻題跋索引》153頁右，《新編》1/30/22491。

《石刻名彙》3/22b，《新編》2/2/1036上。

《語石》4/10a、4/13b,《新編》2/16/11922 下、11924 上。

《蒿里遺文目錄》2（1）/6a,《新編》2/20/14946 下。

《漢魏南北朝墓誌集釋》3/16a-b,《新編》3/3/65-66。

《國立北平圖書館藏碑目》14a,《新編》3/36/255 下。

《古誌彙目》1/11a,《新編》3/37/25。

《再續寰宇訪碑錄》卷上,《羅振玉學術論著集》第五集,443 頁。

《墓誌徵存目錄》卷1,《羅振玉學術論著集》第五集,583 頁。

《面城精舍雜文乙編》,《羅振玉學術論著集》第九集,84 頁。

《歷代墓誌銘拓片目錄》39 頁。

《增補校碑隨筆》（修訂本）275 頁。

《隋代墓誌銘彙考》1 冊 151 頁。

《六朝墓誌檢要》（修訂本）175 頁。

《碑帖鑒定》210 頁。

淑德大學《中國石刻拓本目錄》"墓誌"編號 266、270。

《北朝隋代墓誌所在總合目錄》編號 1258。

《北京大學圖書館藏歷代墓誌拓片目錄》編號 00743。

備考:《魯迅輯校石刻手稿》作"開皇三年",從圖版看當為"五年"。

開皇 058

武騎常侍王通（字紹仙）墓誌并蓋

開皇五年（585）七月九日卒,其月十五日葬於河陰縣里。河南孟津出土。拓片誌高 32 釐米,寬 39 釐米;蓋高 28 釐米,寬 35 釐米。蓋 3 行,行 2 字;文 16 行,滿行 13 字;均正書。首題:故武騎常侍王紹仙墓誌;蓋題:故王君墓誌銘。

圖版著錄:

《漢魏南北朝墓誌集釋》圖版五九八,《新編》3/4/357-358。

《北京圖書館藏中國歷代石刻拓本匯編》9 冊 24 頁。

《隋唐五代墓誌匯編·洛陽卷》1 冊 7 頁。

《隋代墓誌銘彙考》1 冊 152—153 頁。

錄文著錄：

《全隋文補遺》2/107 下—108 上。

《隋代墓誌銘彙考》1 冊 154—155 頁。

碑目題跋著錄：

《石刻題跋索引》153 頁右，《新編》1/30/22491。

《古誌新目初編》1/14b，《新編》2/18/13698 下。

《漢魏南北朝墓誌集釋》11/117a，《新編》3/3/267。

《國立北平圖書館藏碑目》14a，《新編》3/36/255 下。

《墓誌徵存目錄》卷 1，《羅振玉學術論著集》第五集，583 頁。

《洛陽出土石刻時地記》隋代開皇 007，50 頁。

《隋代墓誌銘彙考》1 冊 155 頁。

《六朝墓誌檢要》（修訂本）175 頁。

《北京大學圖書館藏歷代墓誌拓片目錄》編號 00744。

《北朝隋代墓誌所在總合目錄》編號 1259。

開皇 059

宋胡墓誌并蓋

又名：宋虎墓誌。開皇五年（585）四月卒於杜化，八月十二日葬於高陽原。2004 年四月八日長安縣郭杜鎮康都村西北大學新校區出土，石存陝西省考古研究所。誌、蓋高、寬均 47 釐米，蓋厚 10 釐米，誌厚 7 釐米。文正書，26 行，滿行 26 字。蓋篆書，4 行，行 4 字。蓋題：大隋儀同新太縣開國伯宋虎之墓誌記。首題：大隋開皇五年歲次乙巳八月乙酉朔十二日丙申葬於城南高陽源使持節儀同三司內常侍故宋虎墓誌。

著錄：

《隋代墓誌銘彙考》1 冊 156—160 頁。（圖、文、跋）

《長安高陽原新出土隋唐墓誌》6—9 頁。（圖、文、跋）

《北朝隋代墓誌所在總合目錄》編號 1260。（目）

論文：

劉呆運、李明：《西安南郊新出土的三方隋代墓誌》，《碑林集刊》第

11 輯，2005 年。

開皇 060

裴子休墓誌

開皇五年（585）四月六日終於家，其年九月十九日厝於汾絪原。1992 年九月八日在山西運城地區徵集，石存山西運城河東博物館。誌高 68、寬 67、厚 7.5 釐米。文 30 行，滿行 30 字，正書。首題：隋故儀同三司懷戎子裴公墓誌銘。

著錄：

《隋代墓誌銘彙考》1 冊 187—189 頁。（文、跋）

《新出魏晉南北朝墓誌疏證》（修訂本）349—351 頁。（文、跋）

《北朝隋代墓誌所在總合目錄》編號 1261。（目）

論文：

楊明珠、楊高雲：《北齊裴子誕兄弟三人墓誌略探》，《北朝研究》1993 年第 3 期；又題為《晉南發現北齊裴子誕兄弟墓誌》，收入《山西省考古學會論文集》（二），第 222—229 頁。（圖、文）

運城地區河東博物館：《晉南發現北齊裴子誕兄弟墓誌》，《考古》1994 年第 4 期。

衛文革：《唐以前河東裴氏墓誌叢札》，《山西師範大學學報》2009 年第 2 期。

開皇 061

郭貴賓妻吳小妃磚誌

開皇五年（585）十月一日。河北出土，磚藏河北正定墨香閣。磚高 29、寬 15 釐米。文正書，3 行，行 8 至 9 字不等。

著錄：

《墨香閣藏北朝墓誌》273 頁。（圖、文）

《北京大學圖書館藏歷代墓誌拓片目錄》編號 00745。（目）

開皇 062

橋紹墓誌

又名：喬紹墓誌。開皇二年（582）六月卒於洛城西景平里，五年

(585）十月廿三日葬於邙山之陽。1928年洛陽城東北三里橋附近出土，于右任舊藏，今石藏西安碑林博物館。誌高36、寬35.5釐米。文隸書，15行，滿行16字。首題：隋故橋大夫墓誌銘。

圖版著錄：

《漢魏南北朝墓誌集釋》圖版三六九，《新編》3/4/48。

《北京圖書館藏中國歷代石刻拓本匯編》9冊27頁。

《隋唐五代墓誌匯編·洛陽卷》1冊8頁。

《鴛鴦七誌齋藏石》圖171。

《西安碑林全集》67/1108–1113。

《隋代墓誌銘彙考》1冊161頁。

錄文著錄：

《全隋文補遺》2/108下—109上。

《隋代墓誌銘彙考》1冊162—163頁。

碑目題跋著錄：

《石刻題跋索引》153頁右，《新編》1/30/22491。

《古誌新目初編》1/14b，《新編》2/18/13698下。

《漢魏南北朝墓誌集釋》8/80a，《新編》3/3/193。

《國立北平圖書館藏碑目》14a，《新編》3/36/255下。

《墓誌徵存目錄》卷1，《羅振玉學術論著集》第五集，583頁。

《洛陽出土石刻時地記》隋代開皇008，50頁。

《歷代墓誌銘拓片目錄》39頁。

《碑帖鑒定》210—211頁。

《六朝墓誌檢要》（修訂本）175頁。

《隋代墓誌銘彙考》1冊163頁。

《北朝隋代墓誌所在總合目錄》編號1262。

《北京大學圖書館藏歷代墓誌拓片目錄》編號00746。

開皇063

王珍墓誌

開皇五年（585）三月三日卒於合川鎮，其年十月廿六日合葬於長安縣之北原。陝西省咸陽市渭城區出土，2012 年入藏西安碑林博物館。誌高、寬均 50、厚 8 釐米。文正書，23 行，滿行 23 字。首題：隋故上開府南梁郡開國公王公墓誌。

著錄：

《西安碑林博物館新藏墓誌續編》上冊 21—22 頁。（圖、文）

論文：

王其禕、周曉薇：《長安地區新出隋代墓誌銘十種集釋》，《碑林集刊》第 19 輯，2013 年。

開皇 064

爾（尒）朱敞碑

隋開皇五年（585）十月。薛道衡書。

碑目題跋著錄：

《金石錄》3/4b，《新編》1/12/8813 下。

《集古錄跋尾》5/1b－2a，《新編》1/24/17874 上—下。

《通志・金石略》卷中/2a，《新編》1/24/18038 下。

《石刻題跋索引》37 頁右，《新編》1/30/22375。

《石墨考異》卷上，《新編》2/16/11639 下。

《古今碑帖考》13a，《新編》2/18/13169 上。

《佩文齋書畫譜・金石》62/15a 上，《新編》3/2/58 下。

《金石備攷》附錄，《新編》4/1/87 下、98 下。

《六藝之一錄》62/3a，《新編》4/5/122 上。

《墨池篇》6/8a，《新編》4/9/670 下。

備考：爾朱敞，《北史》卷四八、《隋書》卷五五有傳，史傳作"尒朱敞"

開皇 065

皇甫謙墓誌并蓋

開皇四年（584）八月七日薨於位，五年（585）十一月廿日葬於長安縣之洪固鄉思臺里。2005 年十二月二十八日出土於陝西師範大學後勤基地工地，誌及蓋均高、廣 42 釐米，盝頂蓋厚 6 釐米，誌厚 6.5 釐米。

文正書，25 行，滿行 26 字。蓋篆書，3 行，行 3 字。首題：大隋上儀同永州刺史皇甫公墓誌銘；蓋題：大隋上儀同皇甫公誌。

著錄：

《長安高陽原新出土隋唐墓誌》10—13 頁。（圖、文、跋）

開皇 066

王振磚誌

開皇五年（585）十一月廿八日葬於武都郡西、渭水南五里。甘肅武都出土。磚高 38、寬 20.5 釐米。文 7 行，滿行 17 字，正書。

著錄：

《隋唐五代墓誌匯編·北京大學卷》1 冊 5 頁。（圖）
《中國西北地區歷代石刻匯編》1 冊 102 頁。（圖）
《中國古代磚刻銘文集》上、下冊編號 1106。（圖、文）
《隋代墓誌銘彙考》1 冊 164—165 頁。（圖、文、跋）
《北朝隋代墓誌所在總合目錄》編號 1263。（目）
《北京大學圖書館藏歷代墓誌拓片目錄》編號 00747。（目）

開皇 067

皇甫九會墓誌并蓋

又名：皇甫道愛墓誌。開皇五年乙巳（585）廿日葬於長安縣之洪固鄉思臺里。2005 年十二月二十八日出土於陝西師範大學後勤基地工地。誌、蓋高、廣均 33 釐米，蓋厚 6 釐米，誌厚 7 釐米。文正書，23 行，滿行 23 字。蓋正書，3 行，行 3 字。首題：大隋樂昌鎮司馬都督皇甫公世子墓誌銘。蓋題：大隋皇甫九會之墓誌。

著錄：

《長安高陽原新出土隋唐墓誌》14—17 頁。（圖、文、跋）

開皇 068

李惠暨妻華氏墓誌

華氏景明三年（502）卒於第，開皇六年（586）正月九日合葬於齊州西南、寶公山北。1978 年三月二十四日於濟南市馬鞍山北麓王家莊出土，石存濟南市博物館。誌長 38、寬 68 釐米。文 22 行，滿行 13 字，正書。

著錄：

《隋代墓誌銘彙考》1 冊 166—168 頁。（圖、文、跋）

《山東石刻分類全集·歷代墓誌》87 頁。（圖、文）

《濟南歷代墓誌銘》12—13 頁（文、跋）。

《齊魯碑刻墓誌研究》323—326 頁（跋），368 頁（目）。

《北朝隋代墓誌所在總合目錄》編號 1264。（目）

開皇 069

李敬族墓誌并蓋

武定五年（547）十一月十四日薨於鄴城之宅，十二月廿一日安厝舊里，開皇六年（586）正月卅日改葬於饒陽縣城之東五里敬信鄉。李德林撰序，陸開明撰銘。1963 年春河北饒陽縣城南五公鄉王橋村出土，現藏饒陽縣文化館。誌及蓋高、寬均 51 釐米，誌厚 9 釐米，蓋厚 5 釐米。蓋兩面刻字，一面為蓋文，3 行，滿行 7 字；一面續刻誌文後段，正書。誌文 28 行，滿行 28 字，蓋續刻者 21 行，滿行 19 字，均正書。首題：隋故使持節開府儀同三司定瀛恒易四州諸軍事定州刺史安平李孝公墓誌銘；蓋題：隋故開府儀同三司定州刺史安平李孝公墓誌銘。

著錄：

《隋唐五代墓誌匯編·河北卷》3—4 頁。（圖）

《新中國出土墓誌·河北〔壹〕》上冊 38 頁（圖）、下冊 29—30 頁（文）。

《河北金石輯錄》253—255 頁。（誌圖、文、跋）

《隋代墓誌銘彙考》1 冊 169—175 頁。（圖、文、跋）

《衡水出土墓誌》22—25 頁。（圖、文）

《全隋文補遺》1/16 上—17 上、1/51 下—52 上。（文）

《新出魏晉南北朝墓誌疏證》（修訂本）352—355 頁。（文、跋）

《碑帖敘錄》74 頁。（跋）

《碑帖鑒定》211 頁。（跋）

《六朝墓誌檢要》（修訂本）175—176 頁。（目）

《北朝隋代墓誌所在總合目錄》編號1265。（目）

論文：

劉玉晃：《饒陽縣王橋村隋墓清理簡報》，《文物》1964年第10期。

李浩：《唐代士族轉型的新案例——以趙郡李氏漢中房支三方墓誌銘爲重點的闡釋》，《中華文史論叢》2016年第3期。

備考：李敬族，其事見《北史》卷七二、《隋書》卷四二《李德林傳》。《全隋文補遺》將墓誌與墓銘分開著錄。

開皇070

李敬族妻趙蘭姿墓誌

齊武平二年（571）二月五日終於鄴城之宅，五月三日安厝舊里，隋開皇六年（586）正月卅日改葬。李德林撰序，古道子撰銘。1963年3月河北省饒陽縣城南五公鄉王橋村西南李敬族墓出土，現藏饒陽縣文化館。誌高45、寬45、厚8釐米。文23行，滿行23字，正書。蓋佚。首題：隋故開府儀同三司定州刺史安平孝公夫人趙氏墓誌銘。

著錄：

《隋唐五代墓誌匯編·河北卷》5頁。（圖）

《新中國出土墓誌·河北〔壹〕》上冊39頁（圖）、下冊31頁（文）。

《河北金石輯錄》255—256頁。（圖、文、跋）

《隋代墓誌銘彙考》1冊176—179頁。（圖、文、跋）

《衡水出土墓誌》26—27頁。（圖、文）

《全隋文補遺》1/52下—53上。（文）

《新出魏晉南北朝墓誌疏證》（修訂本）356—357頁。（文、跋）

《碑帖敘錄》74頁。（目）

《碑帖鑒定》211頁。（目）

《六朝墓誌檢要》（修訂本）175—176頁。（目）

《北朝隋代墓誌所在總合目錄》編號1266。（目）

論文：

劉玉晃：《饒陽縣王橋村隋墓清理簡報》，《文物》1964年第10期。

李浩：《唐代士族轉型的新案例——以趙郡李氏漢中房支三方墓誌銘

為重點的闡釋》,《中華文史論叢》2016年第3期。

備考:李敬族,其事見《北史》卷七二、《隋書》卷四二《李德林傳》。

開皇071

李伯憲墓誌并蓋

天統元年(565)十一月廿二日遘疾終於鄴城東北隅宣化里,隋開皇六年(586)正月卅日移窆野馬崗東北、豹祠南一千餘步。尺寸不詳。文21行,滿行21字,隸書。蓋3行,行3字,篆書。蓋題:(模糊不清)。

著錄:

《文化安豐》289—290頁。(圖、文)

《北朝隋代墓誌所在總合目錄》編號1268。(目)

開皇072

侯明墓誌并蓋

又名:侯子欽墓誌。開皇四年(584)十一月九日薨於大興都邑,六年(586)四月廿九日葬於韋曲東北。1991年五月西安市長安縣南里王村西南出土,石存陝西省考古研究所。誌及蓋均高48.5、寬47.5釐米。文21行,滿行21字,正書。蓋3行,行3字,篆書。蓋題:東平公侯君之墓誌銘。

著錄:

《中國北周珍貴文物》153—155頁。(圖、文、跋)

《隋代墓誌銘彙考》1冊180—183頁。(圖、文、跋)

《新出魏晉南北朝墓誌疏證》(修訂本)358—359頁。(文、跋)

《全隋文補遺》2/110上—下。(文)

《北朝隋代墓誌所在總合目錄》編號1269。(目)

論文:

李磊:《〈侯子欽墓誌〉釋考》,《古籍整理研究學刊》2005年第5期。

備考:侯子欽,事見《北齊書》卷一九《尉摽傳》,《周書》卷六、《北史》卷一〇《高祖武帝紀》,《北史》卷五三《尉相貴傳》,《北史》

卷七六、《隋書》卷六〇《段文振傳》，《北史》卷一〇〇《虔仲舉傳》，《陳書》卷一、《南史》卷九《陳霸先本紀》。

開皇 073

田達（字伽兒）墓誌

開皇三年（583）六月廿日卒於家，開皇六年（586）五月十日葬於洛陽城東、他山之西、芒山之南、顯安坊北。2000年河南省洛陽市出土。誌高40、寬40.5釐米。文19行，滿行19字，隸書。

著錄：

《邙洛碑誌三百種》34頁。（圖）

《隋代墓誌銘彙考》1冊184—186頁。（圖、文、跋）

《北朝隋代墓誌所在總合目錄》編號1270。（目）

開皇 074

任恭墓誌

武平五年（574）八月廿二日卒於鄴都，十一月廿八日葬於鄴；夫人楊氏，隋開皇三年（583）七月六日卒於河內，開皇六年（586）五月廿日改葬，與任恭合葬於州縣南鄉五郡里。2009年春河南省安陽市出土，存民間。誌高、寬均38.5釐米。正、反兩面刻字，正面18行，滿行18字；背面10行，滿行10字。首題：齊故驃騎大將軍任君墓誌銘。

著錄：

《秦晉豫新出墓誌蒐佚》1冊77—78頁。（圖）

《北朝隋代墓誌所在總合目錄》編號1271。（目）

開皇 075

伏波將軍□君墓誌

開皇六年（586）十月二日葬。1973年安徽合肥市杏花村五里崗出土。文18行，前後3行滿行23字，中間12行滿行29字，正書。發掘報告中的圖版模糊不清。

著錄：

《全隋文補遺》2/112上。（文）

《隋代墓誌銘彙考》1冊190頁。（文、跋）

《北朝隋代墓誌所在綜合目錄》編號1272。（目）

論文：

安徽省展覽、博物館：《合肥西郊隋墓》，《考古》1976年第2期。（圖）

開皇076

□子監墓誌

開皇六年（586）十月十三日。正書。

碑目著錄：

《歷代墓誌銘拓片目錄》39頁。

《隋代墓誌銘彙考·存目》6冊91頁。

《北朝隋代墓誌所在綜合目錄》編號1273。

開皇077

周威墓誌并蓋

開皇六年（586）十月十三日葬。河南洛陽出土。誌拓片高44、寬44.5釐米；蓋拓片高、寬均44釐米。文隸書，18行，滿行18字；蓋篆書，3行，行3字。蓋題：故青信士周君之銘。

碑目著錄：

《北京大學圖書館藏歷代墓誌拓片目錄》編號00748。

開皇078

郁久間伏仁磚誌

開皇元年（581）十月四日卒於私第，開皇六年（586）十月廿二日葬於長安城西六里杜村西。陝西西安出土。誌高32.8、寬32.5釐米。文16行，行17字至24字不等，正書。首題：□□□□□左親衛郁久間伏仁墓誌銘。

圖版著錄：

《漢魏南北朝墓誌集釋》圖版五九九，《新編》3/4/359。

《北京圖書館藏中國歷代石刻拓本匯編》9冊31頁。

《隋唐五代墓誌匯編·北京卷附遼寧卷》1冊3頁。

《中國磚銘》圖版下冊1019頁。

《隋代墓誌銘彙考》1冊191頁。
《中國古代磚刻銘文集》上冊編號1107。
錄文著錄：
《全隋文補遺》2/110下—111上。
《隋代墓誌銘彙考》1冊192頁。
《中國古代磚刻銘文集》下冊編號1107。
碑目題跋著錄：
《石刻題跋索引》153頁右，《新編》1/30/22491。
《漢魏南北朝墓誌集釋》11/117a，《新編》3/3/267。
《國立北平圖書館藏碑目》14a，《新編》3/36/255下。
《六朝墓誌檢要》（修訂本）176頁。
《隋代墓誌銘彙考》1冊193—194頁。
《北朝隋代墓誌所在總合目錄》編號1274。
論文：
王萌、杜漢超：《隋代〈郁久閭伏仁墓誌〉考釋》，《草原文物》2017年第1期。

開皇079
□邊墓誌并蓋

又名：大隋故懷化君墓誌。開皇三年（583）十月十九日卒於洛陽修仁里，以六年（586）十月廿五日合葬於邙山之陽。河南洛陽出土，石存洛陽古代藝術館。誌高46.5、寬49.5釐米。文21行，滿行20字，正書。蓋3行，行3字，正書。蓋題：大隋故懷化君墓誌銘。

著錄：
《隋唐五代墓誌匯編·洛陽卷》1冊9頁。（誌圖）
《洛陽出土歷代墓誌輯繩》57頁。（圖）
《隋代墓誌銘彙考》1冊195—198頁。（圖、文、跋）
《新出魏晉南北朝墓誌疏證》（修訂本）360—361頁。（文、跋）
《全隋文補遺》2/111下—112上。（文）
《北朝隋代墓誌所在總合目錄》編號1275。（目）

開皇 080

王乾緒墓誌

開皇五年（585）七月十二日卒於相州成安縣界，開皇六年（586）十月廿五日遷葬於靈芝縣靈芝園南五里。河北臨漳縣出土，石存河北省正定縣龍興寺。誌高、寬均 50.5 釐米。文 25 行，滿行 25 字，隸書。首題：隋故臨澧子王君之墓誌。

著錄：

《隋代墓誌銘彙考》1 冊 199—201 頁。（圖、文、跋）

《文化安豐》390 頁。（圖）

《北京大學圖書館藏歷代墓誌拓片目錄》編號 00749。（目）

《北朝隋代墓誌所在總合目錄》編號 1277。（目）

開皇 081

朱神達墓誌

開皇四年（584）七月七日卒於洹汰里，六年（586）十月廿五日葬於廣固城之南、函霞山之左。1974 年山東青州雲峽河回族自治鄉井亭村西修黑虎山水庫主幹渠出土，石存青州市博物館。誌高 115、寬 55 釐米。文 20 行，滿行 35 字，正書。額題：故朱府君墓誌銘；首題：故樂陵郡功曹兼荊州長史朱君墓誌。

著錄：

《隋代墓誌銘彙考》1 冊 202—204 頁。（圖、文、跋）

《青州博物館》210—212 頁。（圖、文、跋）

《山東石刻分類全集·歷代墓誌》88—89 頁。（圖、文）

《齊魯碑刻墓誌研究》326—328、368 頁。（跋、目）

《北朝隋代墓誌所在總合目錄》編號 1276。（目）

論文：

李森：《考釋青州出土的兩通隋代墓誌》，《華夏考古》2009 年第 3 期。

陳英傑：《〈考釋青州出土的兩通隋代墓誌〉補議》，《華夏考古》2014 年第 2 期。

開皇 082

馬會之墓誌

天保三年（552）五月卒於郡館，夫人辛氏，大象元年（579）八月卒，隋開皇六年（586）十一月七日合葬於洛陽城東北芒山。2007年春河南省洛陽市北邙山出土，存洛陽民間。誌高70.5、寬72、厚12.5釐米。文27行，滿行29字、正書。首題：齊故懷州刺史扶風馬公墓誌銘。

著錄：

《秦晉豫新出墓誌蒐佚》1冊79頁。（圖）

《北朝隋代墓誌所在總合目錄》編號1280。（目）

開皇 083

韓祐墓誌

又稱"韓祐墓誌"。開皇六年（586）五月六日卒於第，其年十一月七日葬於長子城南十里堯山之東麓。清乾隆二十一年山西長子縣韓坊村出土，曾歸長白端方，今存北京故宮博物院。誌高、廣均60.5釐米。文27行，滿行27字，正書。首題：故開府儀同墓誌。

圖版著錄：

《漢魏南北朝墓誌集釋》圖版三七〇，《新編》3/4/49。

《隋唐五代墓誌匯編·北京大學卷》1冊6頁。

《隋代墓誌銘彙考》1冊205頁。

《故宮博物院藏歷代墓誌彙編》1冊85頁。

錄文著錄：

《山右冢墓遺文補遺》1b–3a，《新編》1/21/15918上—15919上。

（光緒）《長子縣志·金石志》7/1b–3b，《新編》3/31/95上—96上。

《全隋文補遺》2/112下—113下。

《隋代墓誌銘彙考》1冊206—207頁。

《故宮博物院藏歷代墓誌彙編》1冊84頁。

碑目題跋著錄：

《授堂金石三跋·一跋》4/5a–b，《新編》1/25/19111上。

《寰宇訪碑錄》2/28b，《新編》1/26/19874下。

《金石彙目分編》11/59a，《新編》1/28/21257 上。

《石刻題跋索引》153 頁右，《新編》1/30/22491。

《石刻名彙》3/22b，《新編》2/2/1036 上。

《崇雅堂碑錄》2/1b，《新編》2/6/4500 上。

《山右金石錄》"目錄" 1b，《新編》2/12/9029 上。

《蒿里遺文目錄》2（1）/6a，《新編》2/20/14946 下。

《漢魏南北朝墓誌集釋》8/80a－b，《新編》3/3/193－194。

（光緒）《山西通志·金石記二》90/28b－29a，《新編》3/30/345 下—346 上。

《山右訪碑記》3a，《新編》3/30/567 上。

（光緒）《長子縣志·金石志》7/3b－4a，《新編》3/31/96 上—下。

《古誌彙目》1/11a，《新編》3/37/25。

《墓誌徵存目錄》卷1，《羅振玉學術論著集》第五集，583 頁。

《增補校碑隨筆》（修訂本）275—276 頁。

《六朝墓誌檢要》（修訂本）176 頁。

《隋代墓誌銘彙考》1 冊 209 頁。

《碑帖鑒定》211 頁。

《北朝隋代墓誌所在總合目錄》編號1278。

《北京大學圖書館藏歷代墓誌拓片目錄》編號00750。

開皇084

于寬墓誌并蓋

開皇年間卒於京師，開皇六年（586）十一月七日葬於長安之高陽原。藏大唐西市博物館。誌高42、寬42、厚8 釐米。盝頂蓋，蓋高38.5、寬39.5、厚6 釐米。誌文29 行，滿行29 字，正書。蓋3 行，行3 字，篆書。首題：大隋使持節開府儀同大□□清河公于使君之墓誌；蓋題：大隋開府清河公墓誌。

著錄：

《大唐西市博物館藏墓誌》上冊20—21 頁。（圖、文）

《北朝隋代墓誌所在總合目錄》編號1281。（目）

開皇 085

□孝沂墓誌

河清四年（565）五月十八日卒於鄴里，開皇六年（586）十一月七日葬於博野縣東南廿五里。河北衡水出土，阜城縣高樓村高得勝藏石。誌高 39、寬 39、厚 10 釐米。文 19 行，滿行 19 字，正書。

著錄：

《衡水出土墓誌》28—29 頁。（圖、文）

《北朝隋代墓誌所在總合目錄》編號 1279。（目）

開皇 086

劉俠墓誌并蓋

開皇元年（581）二月廿四日卒於官所，六年（586）十一月十九日葬於長安縣高陽原司臺里。2004 年三月西安市長安縣郭杜鎮康都村西北大學新校區出土，石存陝西省考古研究所。誌及蓋高、廣均 38 釐米，蓋厚 8 釐米，誌厚 7 釐米。誌文隸書，25 行，滿行 25 字。蓋正書，3 行，行 3 字。蓋題：襄州別駕平舒公墓誌；首題：大隋驃騎將軍右光祿襄州別駕治長史平舒子劉公墓誌。

著錄：

《隋代墓誌銘彙考》1 冊 210—213 頁。（圖、文）

《長安高陽原新出土隋唐墓誌》18—21 頁。（圖、文）

《北朝隋代墓誌所在總合目錄》編號 1282。（目）

論文：

劉呆運、李明：《西安南郊新出土的三方隋代墓誌》，《碑林集刊》第 11 輯，2005 年。

開皇 087

伊穆暨妻沮渠氏墓誌

與夫人沮渠氏開皇六年（586）十一月廿日合葬，地據三川，側望澠闕。洛陽市孟津縣送莊鄉出土，原歸洛陽張赫坤，後轉陳氏，一說今存洛陽市考古研究所。誌高 42、寬 45 釐米。文 16 行，滿行 14 字，正書。首題：大隋開皇六年歲次癸丑十一月戊寅朔丁酉日。

著錄：

《邙洛碑誌三百種》35 頁。（圖）

《隋代墓誌銘彙考》1 冊 214—216 頁。（圖、文、跋）

《洛陽新獲墓誌續編》12 頁（圖）、314—315 頁（文、跋）。

《北朝隋代墓誌所在總合目錄》編號 1283。（目）

開皇 088

劉穆墓誌

開皇四年（584）卒，六年（586）十一月葬，1956 年 4 月河南陝縣會興鎮劉家渠出土。未見圖版和完整錄文。

碑目著錄：

《隋代墓誌銘彙考·存目》6 冊 92 頁。

《北朝隋代墓誌所在總合目錄》編號 1284。

論文：

黃河水庫考古工作隊：《1956 年河南陝縣劉家渠漢唐墓葬發掘簡報》，《考古通訊》1957 年第 4 期。（節文）

開皇 089

李禮之墓誌

天保六年（555）七月十一日卒於并州樂平郡樂平縣，其年九月八日葬於鄴城北十里候東北二里，開皇六年（586）十二月三日葬於鄴西南廿里。邢劭撰。墓誌近年出土於河南省安陽市。誌正、側刻字，正面 23 行，滿行 23 字；左側有字 4 行，但局部殘泐。首題：齊故輕車將軍司徒府騎兵參軍李君墓誌。未見拓本。

錄文（僅銘文）著錄：

《全北齊文》3/10b，《全文》4 冊 3843 下。

《邢特進集》22b，《漢魏六朝百三名家集》5 冊 341 上。

碑目題跋著錄：

《漢魏六朝墓銘纂例》4/9b。《新編》3/40/463 上。

《漢魏六朝碑刻校注·總目提要》編號 2354。

《北朝隋代墓誌所在總合目錄》編號 1165。

論文：

張同利：《新見北齊李禮之、李倩之墓誌及相關問題考論》，《蘭臺世界》2016 年第 10 期。（文）

備考：李禮之，《北史》卷一〇〇有傳。

開皇 090

李倩之墓誌

天保九年（558）七月廿日終於鄴城，開皇六年（586）十二月三日葬於鄴縣西南廿里。近年河南安陽出土，具體時地不詳。文 30 行，滿行 30 字。未見拓本，尺寸不詳。

論文：

張同利：《新見北齊李禮之、李倩之墓誌及相關問題考論》，《蘭臺世界》2016 年第 10 期。（文）

備考：李倩之，《北史》卷一〇〇有傳，史傳作"蒨之"。

開皇 091

田悅暨妻趙氏誌并蓋

建德五年（576）五月十日卒於長安之宅，開皇六年（586）十二月十四日葬於大興城西南十餘里高陽原之所。2002 年八月西安市長安縣郭杜鎮岔道口村陝西師範大學長安校區工地出土，今存陝西省考古研究所。誌及蓋高、廣均 41 釐米，蓋厚 7 釐米，誌厚 7.5 釐米。誌文隸書，16 行，滿行 16 字。蓋 2 行，行 2 字，篆書。蓋題：田君墓誌。

著錄：

《隋代墓誌銘彙考》1 冊 217—220 頁。（圖、文、跋）

《長安高陽原新出土隋唐墓誌》22—23 頁。（圖、文）

《北朝隋代墓誌所在總合目錄》編號 1285。（目）

論文：

劉呆運、李明：《西安南郊新出土的三方隋代墓誌》，《碑林集刊》第 11 輯，2005 年。

開皇 092

鈐珍墓誌

開皇六年（586）葬岫山之西。早年山東歷城出土。隸書。

碑目題跋著錄：

《石刻名彙》3/22b，《新編》2/2/1036 上。

（宣統）《山東通志・藝文志》卷 152，《新編》2/12/9324 下。

《濟南金石志》2/6a，《新編》2/13/9800 下。

《齊魯碑刻墓誌研究》"附表" 368 頁。

《隋代墓誌銘彙考・存目》6 冊 93 頁。

《北朝隋代墓誌所在總合目錄》編號 1286。

開皇 093

臨漳令趙君清德頌

開皇六年（586）。在彰德府臨漳縣。

碑目題跋著錄：

《金石錄》3/4b，《新編》1/12/8813 下。

《中州金石考》4/7b，《新編》1/18/13695 上。

《通志・金石略》卷中/2b，《新編》1/24/18038 下。

《寶刻叢編》6/30b，《新編》1/24/18178 下。

《金石彙目分編》9（2）/14b，《新編》1/28/20960 下。

《石刻題跋索引》37 頁右，《新編》1/30/22375。

《中州金石目錄》2/21b，《新編》2/20/14702 上。

《佩文齋書畫譜・金石》62/15a 上，《新編》3/2/58 下。

《六藝之一錄》62/3b，《新編》4/5/122 上。

開皇 094

韋壽妻史世貴墓誌并蓋

開皇五年（585）六月十六日卒於毛州之官舍，六年（586）權瘞於大興縣小陵南洪固鄉。1989 年陝西省西安市長安縣少陵原上出土。誌方形，邊長 43 釐米。蓋篆書，3 行，行 3 字。誌文 23 行，滿行 23 字。蓋題：大隋滑國夫人之墓銘。首題：大隋使節上開府毛州諸軍事毛州刺史滑國公韋壽妻滑國夫人史氏之墓誌；

碑目著錄：

《隋代墓誌銘彙考‧存目》6 冊 198 頁。

《北朝隋代墓誌所在總合目錄》編號 1287。

論文：

戴應新：《隋韋諶墓和韋壽夫婦合葬墓的出土文物》，《故宮文物月刊》第 18 卷第 4 期，2000 年。（節文、跋）

開皇 095

吳素暨妻樊氏墓誌

開皇六年（586）十月廿三日卒於洛川鄉，夫人樊氏，以其年其月廿四日卒於家第，以開皇七年（587）正月九日合葬於洛邑城西南十里洛水之北。河南洛陽出土，石歸洛陽魏氏。誌高 41、寬 43.5 釐米。文 20 行，滿行 19 字，隸書。首題：隋故武連縣令吳君墓誌。

著錄：

《隋代墓誌銘彙考》1 冊 221—223 頁。（圖、文、跋）

《邙洛碑誌三百種》36 頁。（圖）

《北朝隋代墓誌所在總合目錄》編號 1288。（目）

《北京大學圖書館藏歷代墓誌拓片目錄》編號 00751。（目）

開皇 096

孫居士塔誌銘

開皇七年（587）正月廿九日。光緒間洛陽出土，端方得之於滬上，送藏金山玉鑑堂。文 15 行，行 14 字，正書。首題：故孫居士塔誌銘并序。

著錄：

（民國）《丹徒縣志摭餘‧碑碣》2/44a、卷 3，《新編》3/5/143 上、166-167。（圖、跋）

《求恕齋碑錄》，《新編》3/2/526 下。（目）

開皇 097

李君妻馬希孃磚誌

開皇七年（587）四月三日記。尺寸不詳。文 3 行，滿行 6 字，正書。

著錄：

《中國磚銘》圖版下冊 1020 頁。（圖）

《隋代墓誌銘彙考》1 冊 224—225 頁。（圖、文、跋）

《中古古代磚刻銘文集》上、下冊編號 1108。（圖、文）

《北朝隋代墓誌所在總合目錄》編號 1289。（目）

開皇 098

韓邕墓誌

開皇七年（587）卒於相州零泉縣界，八月十一日葬於環璵鄉清化里，南臨大阜，北峙安陽，東帶環璵，西依葛萬。1975 年河南安陽縣活水村出土，現藏安陽市博物館。誌高 45、寬 45、厚 8.5 釐米。文 24 行，滿行 24 字，正書。蓋佚。蓋題：韓君墓誌。

著錄：

《隋唐五代墓誌匯編·河南卷》2 頁。（圖）

《秦晉豫新出墓誌蒐佚續編》1 冊 165 頁。（圖）

《新中國出土墓誌·河南（壹）》上冊 2 頁（圖）、下冊 1—2 頁（文）。

《隋代墓誌銘彙考》1 冊 226—228 頁。（圖、文、跋）

《全隋文補遺》2/114 上—115 上。（文）

《新出魏晉南北朝墓誌疏證》（修訂本）362—364 頁。（文、跋）

《北朝隋代墓誌所在總合目錄》編號 1290。（目）

論文：

安陽市博物館：《安陽活水村隋墓清理簡報》，《中原文物》1986 年第 3 期。

蘇小華：《讀隋代墓誌札記》，《唐史論叢》第 18 輯，2014 年。

開皇 099

楊文志墓誌并蓋

開皇七年（587）十月八日葬。河南洛陽出土，石存河南新安千唐誌齋博物館。誌及蓋拓片高、寬均 40.5 釐米。誌文正書，25 行，滿行 27 字。蓋篆書，3 行，行 3 字。首題：周大都督楊文志之墓誌；蓋題：周大都督楊君之墓誌。

碑目著錄：

《隋代墓誌銘彙考·存目》6 冊 94 頁。

《北京大學圖書館藏歷代墓誌拓片目錄》編號 00753。

《洛陽出土墓誌目錄》43 頁。

《北朝隋代墓誌所在總合目錄》編號 1292。

開皇 100

楊寬妻韋始華墓誌

開皇七年（587）八月廿五日薨於內寢，以其年十月八日合葬於元公之墓。陝西華陰縣出土，石存河南新安縣千唐誌齋博物館。誌高、寬均 40 釐米。文 23 行，滿行 22 字，正書。首題：周大將軍小冢宰大御正華陝虞洛上五州諸軍事華州刺史華山郡開國公楊元公夫人韋氏之墓誌。

著錄：

《隋代墓誌銘彙考》1 冊 229—231 頁。（圖、文、跋）

《全唐文補遺·千唐誌齋新藏專輯》447 頁。（文）

《北朝隋代墓誌所在總合目錄》編號 1291。（目）

《北京大學圖書館藏歷代墓誌拓片目錄》編號 00752。（目）

開皇 101

董琳墓誌并蓋

開皇七年（587）五月九日卒於第，以其年十月廿日合葬於大興縣之小陵原。由葬地推測出土地當在西安東南郊之少陵原上，或傳誌石已入藏大唐西市博物館。盝頂蓋，高 31.5、寬 31 釐米。誌高、寬均 37.5 釐米。蓋 3 行，行 3 字，正書。誌文 31 行，滿行 31 字，正書。蓋題：大隋儀同故董琳銘誌。

論文：

王其禕：《西安新出隋〈董琳暨妻魏氏墓誌〉小識》，《陝西歷史博物館館刊》第 23 輯，2016 年。（圖、文）

開皇 102

王懋暨妻賀拔二孃墓誌

開皇七年（587）八月廿七日薨於長安第，其年十一月十一日祔葬舊塋。2002 年於西安地區徵集，石存西安市文物保護研究所。誌高、寬均 60 釐米，厚 9.5 釐米。文 29 行，滿行 30 字，正書。首題：大周使持節大將軍安寧郡公夫人賀拔氏之墓誌銘。

著錄：

《隋代墓誌銘彙考》1 冊 232—235 頁。（圖、文、跋）

《北朝隋代墓誌所在總合目錄》編號 1293。（目）

論文：

楊宏毅、賀達炘：《隋〈王懋暨妻賀拔氏墓誌〉考》，《碑林集刊》第 11 輯，2005 年。

備考：王懋，事見《周書》卷二〇、《北史》卷六一《王盟傳》。

開皇 103

梁睿紀功碑

又名：梁公堰紀功碑。開皇七年（587）。在河陰縣西二十里。

碑目題跋著錄：

《中州金石考》1/15b，《新編》1/18/13676 上。

《寶刻叢編》5/22a，《新編》1/24/18153 下。

《金石彙目分編》9（1）/23a，《新編》1/28/20935 上。

《石刻題跋索引》512 頁右，《新編》1/30/22850。

《中州金石目錄》2/21b，《新編》2/20/14702 上。

《六藝之一錄》62/38a，《新編》4/5/139 下。

備考：梁睿，《北史》卷五九、《隋書》卷三七有傳。

開皇 104

陳遵墓誌并陰、側

開皇八年（588）正月十五日葬於歷城之南、函山之北。山東濟南市八里洼小區出土，石存濟南市博物館。碑形墓誌，誌通高 53、寬 26、厚 8.5 釐米。誌石兩面及左側刻字，正面 10 行，滿行 13 字；背面 10 行，滿行 12 字；左側 3 行，滿行 9 字；皆正書。額題：陳君之銘。

著錄：

《濟南歷代墓誌銘》圖版 4—5 頁、14—15 頁。（圖、文、跋）

《隋代墓誌銘彙考》1 冊 236—239 頁。（圖、文、跋）

《山東石刻分類全集·歷代墓誌》90—91 頁。（圖、文）

《齊魯碑刻墓誌研究》"附表" 368 頁。（目）

《北朝隋代墓誌所在綜合目錄》編號 1294。（目）

開皇 105

是云俱妻賀拔定妃墓誌并蓋

開皇六年（586）六月廿七日卒於待賢里，八年（588）三月十五日與夫合葬，2007 年春陝西西安出土，存大唐西市博物館。盝頂蓋，蓋高 44.5、寬 42.5、厚 8.5 釐米。誌高 43.5、寬 43.5、厚 8.5 釐米。誌文 20 行，滿行 20 字，正書。蓋 3 行，行 3 字，篆書。蓋題：大隋洞城公夫人墓誌；首題：大隋使持節開府儀同三司洞城公妻昌城郡君賀拔夫人之墓誌銘。

著錄：

《秦晉豫新出墓誌蒐佚》1 冊 80—81 頁。（圖）

《大唐西市博物館藏墓誌》上冊 22—23 頁。（圖、文）

《北朝隋代墓誌所在綜合目錄》編號 1295。（目）

《北京大學圖書館藏歷代墓誌拓片目錄》編號 00754。（目）

論文：

周偉洲：《大唐西市博物館入藏北朝胡族墓誌考》，《大唐西市博物館藏墓誌研究》（續一），第 5—20 頁。

李鴻賓：《北周是云俱及夫人賀拔定妃墓誌考釋》，《大唐西市博物館藏墓誌研究》（續一），第 39—53 頁。

開皇 106

侯紹磚誌

開皇八年（588）五月十四日葬於洛城西北張方橋北四里。據云出土於河南省洛陽市白馬寺朱村，旋歸洛陽王少武。磚高、寬均 42 釐米。文

6 行，滿行 9 字，正書。

圖版著錄：

《秦晉豫新出墓誌蒐佚續編》1 冊 166 頁。

開皇 107

呂杏洛息妻路蘭磚誌

開皇八年（588）五月廿日記。河北省正定縣出土，石存河北省正定縣墨香閣。磚高 29.5、寬 14.5、厚 5.5 釐米。文 3 行，行 3、7、9 字不等，正書。

著錄：

《隋代墓誌銘彙考》1 冊 240—241 頁。（圖、文、跋）

《中國古代磚刻銘文集》上、下冊編號 1109。（圖、文）

《墨香閣藏北朝墓誌》274 頁。（圖、文）

《北朝隋代墓誌所在總合目錄》編號 1296。（目）

《北京大學圖書館藏歷代墓誌拓片目錄》編號 00755。（目）

開皇 108

楊暢墓誌并蓋

開皇八年（588）六月廿三日卒於本第，八年七月十七日葬於洛城之西。1928 年洛陽城東北大馬村出土，于右任舊藏，今石藏西安碑林博物館。誌及蓋均高 49、寬 50 釐米。誌文 19 行，滿行 19 字，隸書。蓋 3 行，行 3 字，篆書。蓋題：隋宗衛長史楊君墓誌；首題：大隋開皇八年歲次戊申七月戊辰朔十七日甲申故渡遼將軍上柱國普安公司兵參軍事洛州宗衛長史楊君墓誌銘。

圖版著錄：

《漢魏南北朝墓誌集釋》圖版三七一，《新編》3/4/50–51。

《北京圖書館藏中國歷代石刻拓本匯編》9 冊 42 頁。

《隋唐五代墓誌匯編》洛陽卷 1 冊 10 頁。

《鴛鴦七齋誌藏石》圖 172。

《西安碑林全集》67/1114–1121。

《隋代墓誌銘彙考》1 冊 242—243 頁。

錄文著錄：

《全隋文補遺》2/116下—117上。

《隋代墓誌銘彙考》1冊244—245頁。

碑目題跋著錄：

《石刻題跋索引》153頁右，《新編》1/30/22491。

《古誌新目初編》1/14b–15a，《新編》2/18/13698下—13699上。

《漢魏南北朝墓誌集釋》8/80b，《新編》3/3/194。

《國立北平圖書館藏碑目》14a，《新編》3/36/255下。

《墓誌徵存目錄》卷1，《羅振玉學術論著集》第五集，583頁。

《洛陽出土石刻時地記》隋代開皇009，50頁。

《六朝墓誌檢要》（修訂本）176頁。

《隋代墓誌銘彙考》1冊245頁。

淑德大學《中國石刻拓本目錄》"墓誌"編號271—272。

《北朝隋代墓誌所在總合目錄》編號1297。

《北京大學圖書館藏歷代墓誌拓片目錄》編號00756。

開皇109

□子建墓誌

開皇七年（587）四月終於雍州，以八年（588）十一月七日歸祔相州鄴城西南廿里。河南安陽縣出土。誌高44、寬42釐米。文16行，滿行17字，隸書。

著錄：

《文化安豐》391—392頁。（圖、文）

《金石拓本題跋集萃》70頁。（圖）

《北朝隋代墓誌所在總合目錄》編號1299。（目）

《北京大學圖書館藏歷代墓誌拓片目錄》編號00757。（目）

論文：

王其禕、周曉薇：《洛陽新見隋代墓誌銘輯釋三種》，《華夏考古》2011年第4期。

開皇 110

呂瑞墓誌

開皇年間卒，開皇八年（588）十一月七日葬於伯陽縣界蘭渠鄉三陽里。清光緒二十二年（1896）甘肅天水豐盛川出土。首題：大隋車騎大將軍左金紫光祿都督左八軍屬民復襄如二縣令襄州鹿門縣開國男呂公之墓誌。

著錄：

《隴右金石錄》1/58b–59b，《新編》1/21/15981 下—15982 上。附《天水縣誌》。（文、跋）

《隋代墓誌銘彙考》1 冊 246—247 頁。（文、跋）

《北朝隋代墓誌所在總合目錄》編號 1298。（目）

開皇 111

崔昂後妻鄭仲華墓誌

開皇七年（587）六月二日薨於蒲吾縣郭蘇川之舊宅，以開皇八年（588）十一月八日祔於舊塋。1968 年春平山縣三汲鄉上三汲村南 300 米處崔昂墓出土，原存河北省平山縣文化館，今存河北省博物院。誌石高 62、寬 62、厚 9.5 釐米。文 24 行，滿行 24 字，正書。

著錄：

《隋唐五代墓誌匯編·河北卷》6 頁。（圖）

《新中國出土墓誌·河北〔壹〕》上冊 40 頁（圖）、下冊 31—32 頁（文）。

《隋代墓誌銘彙考》1 冊 248—251 頁。（圖、文、跋）

《全隋文補遺》2/118 下—119 上。（文）

《新出魏晉南北朝墓誌疏證》（修訂本）365—366 頁。（文、跋）

《碑帖敘錄》155 頁。（跋）

《六朝墓誌檢要》（修訂本）177 頁。（目）

《碑帖鑒定》212 頁。（目）

《北朝隋代墓誌所在總合目錄》編號 1300。（目）

論文：

河北省博物館、文物管理處：《河北平山北齊崔昂墓調查報告》，《文物》1973 年第 11 期。

李建麗：《崔昂墓誌考》，《書法叢刊》2001 年第 2 期。

開皇 112

□光墓誌

又稱"文成王光墓誌"。開皇七年（587）十月卒，開皇八年（588）十一月八日葬。洛陽出土。誌高、寬均 68.5 釐米。文 30 行，滿行 30 字。

碑目著錄：

《洛陽出土墓誌目錄》第 338 號。

《隋代墓誌銘彙考·存目》6 冊 95 頁。

《北朝隋代墓誌所在總合目錄》編號 1301。

開皇 113

孫化墓誌并蓋

開皇七年（587）正月喪於逸民鄉嘉德里，開皇八年（588）十一月廿日合葬於相州安陽城之西北隅十有五里。誌方形，高、寬均 49 釐米，厚 8 釐米。誌文 24 行，行 24 字，正書。蓋篆書，2 行，行 2 字。蓋題：孫君墓銘。

著錄：

《安陽墓誌選編》13 頁（圖）、170 頁（文）。

開皇 114

任顯暨妻張氏墓誌并蓋

又名：德明墓誌。天保七年（556）五月十七日終於私第，夫人張氏開皇八年（588）九月三日卒，其年十一月廿日合葬安陽城西北十里。河南安陽縣出土，安陽古物保存所藏。誌高 44.5、寬 56 釐米。蓋 2 行，行 2 字，篆書。文 18 行，滿行 17 字，隸書。蓋題：任君誌銘。《隋代墓誌銘彙考·存目》"附考"以為：《鄴下冢墓遺文二編》、《六朝墓誌檢要》皆誤作大業八年十一月，"蓋誤記年號耳"。

圖版著錄：

《漢魏南北朝墓誌集釋》圖版三七三，《新編》3/4/53－54。

《北京圖書館藏中國歷代石刻拓本匯編》9 冊 46 頁。

《隋唐五代墓誌匯編·河南卷》3 頁。

《中國金石集萃》9 函 1 輯編號 1。（誌）
《隋代墓誌銘彙考》1 冊 252—253 頁。
《文化安豐》243 頁。（誌）

錄文著錄：

《誌石文錄》卷上/53a－b,《新編》2/19/13768 上。
《魯迅輯校石刻手稿·墓誌》下冊 172—173 頁。
《全隋文補遺》2/117 上—下。
《隋代墓誌銘彙考》1 冊 254—255 頁。
《文化安豐》243—244 頁。

碑目著錄：

《石刻題跋索引》153 頁右、160 頁左,《新編》1/30/22491、22498。
《石刻名彙》3/22b,《新編》2/2/1036 上。
《崇雅堂碑錄》2/2a,《新編》2/6/4500 下。
《河朔訪古新錄》2/1b,《新編》2/12/8894 上。
《河朔金石目》2/4b－5a,《新編》2/12/8961 下—8962 上。
《古誌新目初編》1/15a,《新編》2/18/13699 上。
《蒿里遺文目錄》2（1）/6a,《新編》2/20/14946 下。
《漢魏南北朝墓誌集釋》8/81a,《新編》3/3/195。
《河朔新碑目》上卷/5a、中卷/5a,《新編》3/35/558 上、573 上。
《國立北平圖書館藏碑目》14a,《新編》3/36/255 下。
《墓誌徵存目錄》卷 1,《羅振玉學術論著集》第五集, 583 頁。
《歷代墓誌銘拓片目錄》39 頁。
《六朝墓誌檢要》（修訂本）177、219 頁。
《隋代墓誌銘彙考》1 冊 255 頁、6 冊 160 頁"存目"。
淑德大學《中國石刻拓本目錄》"墓誌"編號 273。
《北朝隋代墓誌所在總合目錄》編號 1302。
《北京大學圖書館藏歷代墓誌拓片目錄》編號 00758。

開皇 115

淳于儉墓誌

開皇八年（588）十一月廿日與妻孟氏合葬於磐陽城西南、黃山東北孝水裏。清道光末年山東淄川出土，舊藏山東淄川（今淄博）縣學。誌高95、寬40釐米。文13行，滿行21字，正書。誌額題：淳于儉墓誌銘。

圖版著錄：

《漢魏南北朝墓誌集釋》圖版三七二，《新編》3/4/52。

《北京圖書館藏中國歷代石刻拓本匯編》9冊47頁。

《隋唐五代墓誌匯編·北京卷附遼寧卷》1冊4頁。

《隋代墓誌銘彙考》1冊256頁。

《山東石刻分類全集·歷代墓誌》93頁。

錄文著錄：

《山左冢墓遺文》10b–11a，《新編》1/20/14902下—14903上。

（宣統）《山東通志·藝文志》卷149，《新編》2/12/9201上—下。

《誌石文錄續編》10a–b，《新編》2/19/13781下。

《魯迅輯校石刻手稿·墓誌》下冊169—170頁。

《全隋文補遺》2/117下—118上。

《隋代墓誌銘彙考》1冊257—258頁。

《山東石刻分類全集·歷代墓誌》92頁。

碑目題跋著錄：

《集古求真續編》2/13a，《新編》1/11/8727上。

《藝風堂金石文字目》18/3a，《新編》1/26/19815上。

《再續寰宇訪碑錄校勘記》7b，《新編》1/27/20463上。

《金石彙目分編》10（補遺）/4a。《新編》1/28/21215下。

《石刻題跋索引》153頁右，《新編》1/30/22491。

《石刻名彙》3/22b，《新編》2/2/1036上。

《崇雅堂碑錄補》1/12b，《新編》2/6/4556下。

（光緒）《畿輔通志·金石十一》148/52a，《新編》2/11/8533下。

《山左訪碑錄》1/15a，《新編》2/12/9062上。

（宣統）《山東通志·藝文志》卷149，《新編》2/12/9201下。

《寰宇貞石圖目錄》卷上/8a，《新編》2/20/14675上。

《畿輔碑目》卷上/4b，《新編》2/20/14780下。

《山左南北朝石刻存目》7a，《新編》2/20/14888上。

《蒿里遺文目錄》2（1）/6a，《新編》2/20/14946 下。

《漢魏南北朝墓誌集釋》8/80b – 81a，《新編》3/3/194 – 195。附《奇觚廎文集》中、《藝風堂文集》六、《九鐘精舍金石跋尾甲編》。

（光緒）《重修廣平府志·金石略下》36/6a，《新編》3/25/132 下。

《古誌彙目》1/11b，《新編》3/37/26。

《再續寰宇訪碑錄》卷上，《羅振玉學術論著集》第五集，444 頁。

《墓誌徵存目錄》卷 1，《羅振玉學術論著集》第五集，583 頁。

《魯迅輯校石刻手稿·墓誌》下冊 171 頁。附李泰源記。

《歷代墓誌銘拓片目錄》39 頁。

《六朝墓誌檢要》（修訂本）177 頁。

《齊魯碑刻墓誌研究》"附表" 368 頁。

《隋代墓誌銘彙考》1 冊 261 頁。

《碑帖敘錄》162 頁。

《北朝隋代墓誌所在總合目錄》編號 1303。

《北京大學圖書館藏歷代墓誌拓片目錄》編號 00759。

開皇 116

朱幹墓誌

天和五年（570）十一月十一日卒於戎事，天和六年（571）二月四日葬於萬年縣軹道鄉，開皇八年（588）十一月廿日移墳涇陽縣鴻川鄉誠義里。2006 年冬陝西省出土，存洛陽民間。誌高、寬均 55.8 釐米。文 34 行，滿行 34 字，正書。首題：周故司成大夫楊州刺史朱使君墓誌。

著錄：

《秦晉豫新出墓誌蒐佚》1 冊 82 頁。（圖）

《北朝隋代墓誌所在總合目錄》編號 1304。（目）

論文：

周曉薇、王其禕：《流寓周隋的南朝士人交往圖卷——新出隋開皇八年〈朱幹墓誌〉箋證》，《陝西師範大學學報》2014 年第 4 期。

開皇 117

韋略墓誌

武平三年（572）四月廿六日卒，開皇八年（588）十二月十四日招魂葬。

鄭子信撰。江蘇省銅山出土，一說河南許昌出土。誌高77、寬68釐米，文正書。26行，行30至31字不等，正書。首題：故行臺侍郎韋君墓誌并序。

圖版著錄：

《漢魏南北朝墓誌集釋》圖版三七四，《新編》3/4/55。

《北京圖書館藏中國歷代石刻拓本匯編》9冊48頁。

《隋唐五代墓誌匯編·北京大學卷》1冊7頁。

《隋代墓誌銘彙考》1冊262頁。

錄文著錄：

《江蘇金石志》3/23b-25a，《新編》1/13/9510上—9511上。

《誌石文錄》卷上/53b-54b，《新編》2/19/13768上—下。

《全隋文補遺》1/42下—43下。

《隋代墓誌銘彙考》1冊263—264頁。

碑目題跋著錄：

《江蘇金石志》3/25a-b，《新編》1/13/9511上。

《石刻題跋索引》154頁左，《新編》1/30/22492。

《石刻名彙》3/22b，《新編》2/2/1036上。

《崇雅堂碑錄補》1/12b，《新編》2/6/4556下。

《古誌新目初編》1/14a、15a，《新編》2/18/13698下、13699上。

《蒿里遺文目錄》2（1）/6a，《新編》2/20/14946下。

《漢魏南北朝墓誌集釋》8/81a-b，《新編》3/3/195-196。

《國立北平圖書館藏碑目》14a，《新編》3/36/255下。

《墓誌徵存目錄》卷1，《羅振玉學術論著集》第五集，583頁。

《歷代墓誌銘拓片目錄》39頁。

《六朝墓誌檢要》（修訂本）177—178頁。

《隋代墓誌銘彙考》1冊266頁。

《北朝隋代墓誌所在總合目錄》編號1305。

《北京大學圖書館藏歷代墓誌拓片目錄》編號00760。

開皇118

韓□碑

開皇八年（588）。廣平府永年縣。

碑目題跋著錄：

《寶刻叢編》6/52a－b，《新編》1/24/18189 下。

《金石彙目分編》3（2）/70a，《新編》1/27/20727 下。

（光緒）《畿輔通志·金石十一》148/17b－18a，《新編》2/11/8516 上—下。

《京畿金石考》卷下/34a，《新編》2/12/8784 下。

《畿輔待訪碑目》卷上/4a，《新編》2/20/14802 下。

開皇 119

後魏廣平王開府參軍事李士謙墓碑

開皇八年（588）卒。在趙州。

碑目題跋著錄：

《金石彙目分編》3（2）/39a，《新編》1/27/20712 上。

（光緒）《畿輔通志·金石十四》151/37a－b，《新編》2/11/8633 上。附《明一統志》。

備考：李士謙，《北史》卷三三、《隋書》卷七七有傳。

開皇 120

宋忻暨妻韋胡磨墓誌并蓋

開皇七年（587）四月一日薨於私第，以九年（589）正月廿日葬於小陵原，夫人韋氏葬於大城西，今遷合葬。1992 年二月初西安市長安縣韋曲鎮東街原磚廠北崖出土，石存陝西省考古研究所。誌高 60.5、寬 61.5、厚 11 釐米；蓋高、寬均 62 釐米。誌文 38 行，滿行 37 字，正書。蓋 4 行，行 4 字，篆書。蓋題：大隋使持節上開府潞州刺史宜遷公銘；首題：大隋使持節上開府幽州總管潞州諸軍事潞州刺史宜遷縣開國公宋史君之墓誌銘。

著錄：

《隋代墓誌銘彙考》1 冊 267—272 頁。（圖、文、跋）

《全隋文補遺》2/119 下—121 上。（文）

《新出魏晉南北朝墓誌疏證》（修訂本）367—370 頁。（文、跋）

《北朝隋代墓誌所在總合目錄》編號 1306。（目）

論文：

陝西省考古研究所：《陝西長安隋宋忻夫婦合葬墓清理簡報》，《考古與文物》1994年第1期。

王京陽：《新出土七方墓誌釋文商兌》，《考古與文物》2000年第2期。

蘇小華：《讀隋代墓誌札記》，《唐史論叢》第18輯，2014年。

開皇121

封延之妻崔長暉墓誌并蓋

又名：封祖業妻崔長暉墓誌。開皇七年（587）十一月廿九日薨於里舍，以九年（589）二月廿六日葬於舊塋。1948年出土於河北省景縣安陵區前村鄉十八亂塚，石存中國國家博物館。誌高48、寬49釐米；蓋高40、寬39、厚7釐米。文21行，滿行20字，隸書。蓋篆書，2行，行4字。蓋題：封氏崔夫人之墓誌。首題：夫人崔氏墓誌銘。

著錄：

《北京圖書館藏中國歷代石刻拓本匯編》9冊50頁。（圖）

《隋唐五代墓誌匯編·北京附遼寧卷》1冊5頁。（圖）

《河北金石輯錄》256—257頁。（圖、文）

《隋代墓誌銘彙考》1冊273—276頁。（圖、文、跋）

《中國國家博物館館藏文物研究叢書·墓誌卷》34—35頁。（圖、文）

《衡水出土墓誌》30—31頁。（圖、文）

《全隋文補遺》2/121下—122上。（文）

《新出魏晉南北朝墓誌疏證》（修訂本）371—372頁。（文、跋）

《六朝墓誌檢要》（修訂本）178頁。（目）

《北朝隋代墓誌所在總合目錄》編號1307。（目）

論文：

張季：《河北景縣封氏墓群調查記》，《考古通訊》1957年第3期。

趙超：《中國國家博物館藏北朝封氏諸墓誌匯考》，《中國歷史文物》

2007 年第 2 期。

備考：封延之，字祖業，《魏書》卷三二、《北史》卷二四附《封懿傳》，《北齊書》卷二一附《封隆之傳》。

開皇 122

楊叉墓誌

大統十三年（547）九月卒於金城郡，開皇九年（589）三月廿一日遷葬於華州之華陰縣潼鄉通靈里。2000 年陝西華陰縣出土，同年六月洛陽文博城徵集，現藏河南新安千唐誌齋博物館。誌高、寬均 57.5 釐米。文 31 行，滿行 32 字，正書。

著錄：

《新中國出土墓誌・河南〔叁〕》（千唐誌齋・壹）上冊 4 頁（圖）、下冊 2—3 頁（文）。

《隋代墓誌銘彙考》1 冊 277—280 頁。（圖、文、跋）

《全唐文補遺・千唐誌齋新藏專輯》448—449 頁。（文）

《北朝隋代墓誌所在總合目錄》編號 1308。（目）

《北京大學圖書館藏歷代墓誌拓片目錄》編號 00761。（目）

論文：

王玉來：《隋〈楊叉墓誌〉釋證》，《碑林集刊》第 15 輯，2010 年。

開皇 123

楊君妻吳女英墓誌

建德三年（574）五月十五日薨於秦州，權殯於略陽里，以隋開皇九年（589）三月廿一日遷葬於華州華陰東原通靈鄉通靈里。2000 年 7 月陝西華陰縣出土，旋歸洛陽豫深文博城周氏。誌高 56、寬 57 釐米。文 23 行，滿行 23 字，正書。

著錄：

《隋代墓誌銘彙考》1 冊 281—283 頁。（圖、文、跋）

《龍門區系石刻文萃》432 頁。（圖）

《秦晉豫新出墓誌蒐佚》1 冊 83 頁。（圖）

《北朝隋代墓誌所在總合目錄》編號 1309。（目）

論文：

張京華：《新出〈隋吳女英墓誌銘〉初探》，《湖南省博物館館刊》第 7 輯，2010 年。

王慶衛：《隋代女性貞節問題初探—從隋開皇九年〈吳女英誌〉說起》，《紀念西安碑林九百二十周年華誕國際學術研討會論文集》，第 179—198 頁。

開皇 124

庾君墓誌

開皇九年（589）五月十九日。四川成都出土，現藏成都市郫縣文物保護管理所。誌陶質，高 47.5、寬 47、厚 7.6 釐米。文 18 行，滿行 20 字，正書。首題：大隋開皇九年歲次己酉五月癸亥朔十九日辛巳（下缺）。

著錄：

《成都出土歷代墓銘券文圖錄綜釋》11—12 頁。（圖、文）

《北朝隋代墓誌所在總合目錄》編號 1310。（目）

開皇 125

羊烈墓誌并蓋

開皇六年（586）二月十六日薨於沙丘里舍，九年（589）八月十一日遷葬於宮山之陽。1993 年出土於山東省新泰市羊流鎮，誌現存新泰市博物館。誌及蓋均高 87、寬 78、厚 10 釐米。文 31 行，滿行 27 字，隸書。首題：太中大夫□光祿少卿義州使君羊公墓誌；蓋題：義州羊使君墓誌之銘。

著錄：

《隋代墓誌銘彙考》1 冊 284—288 頁。（圖、文、跋）

《山東石刻分類全集·歷代墓誌》94—95 頁。（圖、文）

《全隋文補遺》2/122 下—123 下。（文）

《新出魏晉南北朝墓誌疏證》（修訂本）373—375 頁。（文、跋）

《齊魯碑刻墓誌研究》244—247 頁（跋），368 頁（目）。

《北朝隋代墓誌所在總合目錄》編號 1311。（目）

論文：

周郢：《新發現的羊氏家族墓誌考略》，載《周郢文史論文集》46—80頁；又載於《岱宗學刊》1997年第3期。

孫英林：《羊烈夫婦墓誌考略》，《南方文物》2006年第3期。

備考：羊烈，《北齊書》卷四三、《北史》卷三九有傳。

開皇126

賈崧墓誌

開皇九年（589）八月廿三日葬於恆州城北三里安樂鄉。近年河北省正定縣出土，石存河北省正定縣。碑形墓誌，高59、寬32、厚10釐米。文12行，滿行21字，正書。蓋2行6字，正書。蓋題：賈府君之神碑。

著錄：

《隋代墓誌銘彙考》1冊289—293頁。（圖、文、跋）

《北京大學圖書館藏歷代墓誌拓片目錄》編號00762。（目）

《北朝隋代墓誌所在總合目錄》編號1312。（目）

論文：

許萬順：《新發現隋開皇九年〈賈府君之神碑〉》，《中國書法》2006年第7期。

開皇127

楊紹碑

北周建德元年（572）卒於豳州，《全隋文補遺》考證，碑作於開皇九年（589）八月楊雄任司空後不久。薛道衡撰。

錄文著錄：

《全隋文補遺》引《文館詞林》，1/24上—25下。

備考：楊紹，《周書》卷二九、《北史》卷六八有傳。

開皇128

李道慶妻魏女位磚誌

開皇九年（589）九月三十日。陝西省鳳翔市南郊墓地出土。磚殘長24.6、寬16.6、厚5.2釐米。文3行，行5至8字不等，正書。

著錄：

《陝西鳳翔隋唐墓：1983—1990年田野考古發掘報告》圖168，圖版102（2），245頁（文）。

《北朝隋代墓誌所在總合目錄》編號1313。（目）

開皇129

趙羅墓誌并蓋

又名：□羅墓誌。開皇八年（588）三月十三日卒於私第，開皇九年（589）十月一日葬於河陰鳳鶖鄉鳳鶖里。2008年河南洛陽孟津縣送莊鄉出土。誌高、寬均50釐米。文21行，滿行21字，隸書。蓋篆書，3行，行3字。蓋題：故河陰功曹趙君之銘。

圖版著錄：

《洛陽新獲七朝墓誌》44頁。

《秦晉豫新出墓誌蒐佚》1冊84頁。（誌）

碑目著錄：

《北京大學圖書館藏歷代墓誌拓片目錄》編號00764。

《北朝隋代墓誌所在總合目錄》編號1315。

論文：

王其禕、周曉薇：《洛陽新見隋代墓誌銘輯釋三種》，《華夏考古》2011年第4期。

開皇130

來和墓誌

又名：□和墓誌，□公靜墓誌、耒和墓誌。天保四年（553）十月廿六日薨於私第，開皇九年（589）十月一日葬於河陰鳳凰鄉鳳凰里。1927年洛陽城北鳳凰臺村北出土，于右任舊藏，今藏西安碑林博物館。誌高53.4、寬53.8釐米。文隸書，26行，滿行26字。

圖版著錄：

《漢魏南北朝墓誌集釋》圖版三七六，《新編》3/4/58。

《北京圖書館藏中國歷代石刻拓本匯編》9冊54頁。

《隋唐五代墓誌匯編·洛陽卷》1冊11頁。

《鴛鴦七齋誌藏石》圖 173。
《西安碑林全集》67/1131－1138。
《隋代墓誌銘彙考》1 冊 294 頁。

錄文著錄：
《全隋文補遺》2/125 上—126 上。
《隋代墓誌銘彙考》1 冊 295—296 頁。

碑目題跋著錄：
《石刻題跋索引》154 頁左，《新編》1/30/22492。
《古誌新目初編》1/15a，《新編》2/18/13699 上。
《漢魏南北朝墓誌集釋》8/81b－82a，《新編》3/3/196－197。
《國立北平圖書館藏碑目》14a，《新編》3/36/255 下。
《墓誌徵存目錄》卷 1，《羅振玉學術論著集》第五集，583 頁。
《洛陽出土石刻時地記》隋代開皇 010，50—51 頁。
《六朝墓誌檢要》（修訂本）178 頁。
《隋代墓誌銘彙考》1 冊 297 頁。
《北朝隋代墓誌所在總合目錄》編號 1314。
《北京大學圖書館藏歷代墓誌拓片目錄》編號 00763。

開皇 131

德□□塔記

卒於京師興寧坊，開皇九年（589）十月十一日在雍城大興縣老界福化盤內，建立十級浮圖。出土於西安市東五路。

錄文著錄：
《全隋文補遺》2/130 上。

論文：
鄭洪春：《西安東郊隋舍利墓清理簡報》，《考古與文物》1988 年第 1 期。

開皇 132

王仕恭墓誌并蓋

北周大象元年（579）六月十八日卒於豐州，開皇九年（589）

十月十三日遷葬。2005年九月陝西省涇陽縣永樂鎮出土，石存西安碑林博物館。誌及蓋高、寬均27釐米。蓋3行，行3字，篆書。誌文10行，滿行9字，正書。首題：周蒙縣男仕恭墓誌；蓋題：周蒙縣開國男之墓誌。

著錄：

《西安碑林博物館新藏墓誌彙編》上冊37—39頁。（圖、文）

《隋代墓誌銘彙考》1冊307—310頁。（圖、文、跋）

《北朝隋代墓誌所在總合目錄》編號1319。（目）

開皇133

王昌（字進昌）墓誌

北周建德二年（573）十月卒，隋開皇九年（589）十月十三日遷葬於義成鄉孝曲里之東原。1997年八、九月間西安市灞橋區洪慶街道辦事處教委住宅樓工地出土，石存陝西省考古研究所。誌高、寬均41釐米，厚8釐米。文22行，滿行24字，正書。首題：周故使持節儀同三司王府君墓誌銘；蓋題：大周儀同王使君墓誌。

著錄：

《隋代墓誌銘彙考》1冊301—303頁。（圖、文、跋）

《北朝隋代墓誌所在總合目錄》編號1318。（目）

論文：

陝西省考古研究所：《西安洪慶北朝、隋家族遷葬墓地》，《文物》2005年第10期。

崔世平：《王昌父子墓誌與北周京兆王氏》，《考古與文物》2009年第2期。

開皇134

郁久閭思盈墓誌

開皇八年（588）二月卒，九年（589）十月十三日葬。2006年河南省衛輝市出土。

碑目著錄：

《隋代墓誌銘彙考·存目》96頁。

《北朝隋代墓誌所在総合目録》編號 1320。

開皇 135

王瑱墓誌

天和五年（570）四月六日卒於私第，以開皇九年（589）十月十三日改葬霸城之東塋。1997年八、九月間西安市灞橋區洪慶街道辦事處教委住宅樓工地出土，石存陝西省考古研究所。誌高、寬均 41.5 釐米，厚 8 釐米。誌文 15 行，滿行 31 字，正書。蓋題：儀同豐陽公世子墓誌；首題：儀同三司豐陽縣開國公王君世子之銘。

著錄：

《隋代墓誌銘彙考》1 冊 304—306 頁。（圖、文、跋）

《北朝隋代墓誌所在総合目録》編號 1317。（目）

論文：

陝西省考古研究所：《西安洪慶北朝、隋家族遷葬墓地》，《文物》2005 年第 10 期。

崔世平：《王昌父子墓誌與北周京兆王氏》，《考古與文物》2009 年第 2 期。

開皇 136

宋湑墓誌

開皇九年（589）十月五日薨於木場村第，以其月十三日葬於清德鄉豹祠西北一里。1971 年河南省安陽縣安豐公社北豐村西土圪嶺出土。誌石高、寬均 38 釐米，厚 6.5 釐米。誌文 19 行，滿行 18 字，隸書。蓋 2 行，行 2 字，篆書。蓋題：宋君墓銘；首題：隋故驃騎將軍遂州使君宋君墓誌銘。

著錄：

《隋代墓誌銘彙考》1 冊 298—300 頁。（誌圖、文、跋）

《文化安豐》392—393 頁。（圖、文）

《全隋文補遺》2/129 上—下。（文）

《新出魏晉南北朝墓誌疏證》（修訂本）376—378 頁。（文、跋）

《北朝隋代墓誌所在総合目録》編號 1316。（目）

論文：

安陽縣文教局：《河南安陽隋墓清理簡記》，《考古》1973年第4期。

中國社會科學院考古研究所安陽工作隊：《安陽隋墓發掘報告》，《考古學報》1981年第3期。

開皇137

安備墓誌

開皇九年（589）十月廿四日葬於瀔水之南、長（張）分橋側。石藏大唐西市博物館。誌高36、寬36、厚10釐米。文18行，行18字，正書。首題：故開府長兼行參軍安君墓誌銘。

著錄：

《大唐西市博物館藏墓誌》上冊24—25頁。（圖、文）

《北朝隋代墓誌所在總合目錄》編號1330。（目）

論文：

葛承雍：《祆教聖火藝術的新發現——隋代安備墓文物初探》，《美術研究》2009年第3期。

毛陽光：《洛陽新出土隋〈安備墓誌〉考釋》，《考古與文物》2011年第5期。

毛陽光：《大唐西市博物館隋〈安備墓誌〉考釋》，《大唐西市博物館藏墓誌研究》，第1—9頁。

高美林：《近出兩方隋唐墓誌札記》，《欽州學院學報》2013年第3期。

張海艷：《〈考古與文物〉近年公佈五篇墓誌釋文校正》，《古籍整理研究學刊》2015年第5期。

開皇138

尒朱彥伯墓誌并蓋

遘疾薨於洛陽，開皇九年（589）十月廿四日遷葬洛城西北靈山之南。二十世紀九十年代河南洛陽出土，現藏河南新安縣千唐誌齋博物館。盝頂蓋，誌并蓋高、寬均40釐米。蓋3行，行3字，篆書。誌文18行，滿行19字，隸書。蓋題：司徒公故尒朱墓之銘。

著錄：

《新中國出土墓誌·河南〔叁〕》（千唐誌齋·壹）上冊 5 頁（圖）、下冊 3—4 頁（文）。

《隋代墓誌銘彙考》1 冊 337—340 頁。（圖、文、跋）

《全唐文補遺·千唐誌齋新藏專輯》449 頁。（文）

《北朝隋代墓誌所在總合目錄》編號 1329。（目）

《北京大學圖書館藏歷代墓誌拓片目錄》編號 00769。（目）

論文：

王靜：《尒朱氏墓誌所見隋唐帝國形成中尒朱家族浮沉》，碩士論文，南京大學，2014 年。

備考：尒朱彥伯，《魏書》卷七五、《北史》卷四八有傳。

開皇 139

趙洪磚誌

開皇九年（589）十月廿四日葬。清宣統元年（1909）河南安陽出土，羅振玉唐風樓舊藏，後歸日本大西氏，今存不詳。誌高一尺二寸八分，廣六寸一分。文 5 行，行 12、13 字不等，正書。

錄文著錄：

《雪堂專錄·專誌徵存》11b – 12a，《羅雪堂先生全集》五編 3 冊 1286—1287 頁。

《全隋文補遺》2/129 上。

《隋代墓誌銘彙考》1 冊 335 頁。

碑目題跋著錄：

《石刻題跋索引》685 頁右，《新編》1/30/23023。

《石刻名彙》12/208a，《新編》2/2/1132 上。

《蒿里遺文目錄》3 上/5b，《新編》2/20/14983 上。

《雪堂金石文字跋尾》3/19b – 20b，《新編》3/38/313 上—下。

《海外貞珉錄》6a，《新編》4/1/245 下。

《隋代墓誌銘彙考》1 冊 336 頁。

《北朝隋代墓誌所在總合目錄》編號 1325。

開皇 140

成備墓誌并蓋

開皇七年（587）四月三日卒於營州，開皇九年（589）十月廿四日葬於雍州大興縣小陵原。藏大唐西市博物館。誌高57.5、寬59、厚9釐米。盝頂蓋，高57.5、寬57、厚7釐米。誌文37行，行37字，隸書。蓋5行，行5字，篆書。蓋題：大隋開府儀同三司營州總管陽洛縣開國公成史君墓誌之銘；首題：大隋使持節開府儀同三司營州總管陽洛縣開國公成史君墓誌銘。

著錄：

《大唐西市博物館藏墓誌》上冊26—27頁。（圖、文）

《北朝隋代墓誌所在総合目録》編號1332。（目）

論文：

蒙海亮：《成備墓誌所見周隋地方經營——兼對北朝後期軍功家族興衰的思考》，《碑林集刊》第22輯，2016年。

開皇 141

裴鴻墓誌并蓋

身陷虜庭，絕食而卒，隋開皇九年（589）十月廿四日葬於正平高梁東原之陽。山西省新絳縣出土，誌石長、寬均57.2釐米，誌蓋頂長46.5、寬48.1釐米。誌文32行，滿行32字，正書。蓋5行，行5字，篆書。首題：大周開府儀同大將軍熊鄀豐遂資五州諸軍事五州刺史高邑侯裴公墓誌；蓋題：大周使持節開府儀同民部熊鄀豐遂資五州刺史高邑侯墓誌。

著錄：

《隋代墓誌銘彙考》1冊341—345頁。（圖、文、跋）

《北朝隋代墓誌所在総合目録》編號1328。（目）

論文：

藏中進：《隋使裴世清の周辺——付、裴鴻墓誌のこと》，《大阪市立大學文學部創立五十周年記念國語國文學論集》，大阪和泉書院，1999年，第1頁。

備考：裴鴻，《周書》卷三四、《北史》卷三八有傳。

開皇 142

□盆墓誌

又名：思穆墓誌。開皇九年（589）七月三日卒，以十月廿四日葬塵壁山之南，黃山之北。1982 年山東省青州市代家莊出土，石存青州市博物館。誌石碑形圭首，高 56 釐米，寬 38.5 釐米。文 16 行，滿行 17 字，正書。碑座殘損。

著錄：

《隋代墓誌銘彙考》1 冊 346—348 頁。（圖、文、跋）

《山東石刻分類全集·歷代墓誌》96—97 頁。（圖、文）

《齊魯碑刻墓誌研究》"附表" 368 頁。（目）

《北朝隋代墓誌所在總合目錄》編號 1326。（目）

論文：

李森：《考釋青州出土的兩通隋代墓誌》，《華夏考古》2009 年第 3 期。

陳英傑：《〈考釋青州出土的兩通隋代墓誌〉補議》，《華夏考古》2014 年第 2 期。

備考：《隋代墓誌銘彙考》圖版稍顯模糊，其著錄為"□丘墓誌"，按《山東石刻分類全集》及論文中的圖版，當為"□盆墓誌"。

開皇 143

史岡墓誌

大統八年（542）十月九日卒於官，權葬渭南縣之廣鄉原新豐里，以開皇九年（589）十月廿四日葬於雍州大興縣之小陵原。2011 年出土於西安市南郊杜陵附近，拓本高、寬均 46 釐米。文 30 行，滿行 30 字，隸書。首題：大隋使持節車騎大將軍儀同三司平州諸軍事平州刺史陽洛縣開國伯史君墓誌銘。

論文：

王其禕、周曉薇：《長安地區新出隋代墓誌銘十種集釋》，《碑林集刊》第 19 輯，2013 年。（圖、文）

開皇 144

楊景墓誌并蓋

保定五年（565）十二月十三日卒於家，夫人梁氏開皇九年（589）五月廿日卒，以其年十月廿四日合葬於華陰東原鄉通靈里。2003 年秋（一說 20 世紀末），陝西省華陰縣出土，旋歸洛陽張氏。蓋高 45、寬 44 釐米；誌高 55.5、寬 56.5 釐米。誌文 25 行，行 25 字，正書。蓋 3 行，行 3 字，篆書。蓋題：大隋楊府君之墓誌銘。首題：大隋故五華太守楊府君之墓誌。

著錄：

《隋代墓誌銘彙考》1 冊 320—323 頁。（圖、文、跋）

《洛陽新見墓誌》13 頁。（圖）

《洛陽新獲七朝墓誌》45 頁。（圖）

《秦晉豫新出墓誌蒐佚》1 冊 85—86 頁。（圖）

《北朝隋代墓誌所在總合目錄》編號 1331。（目）

論文：

王慶衛、王煊：《隋代弘農楊氏續考——以墓誌銘為中心》，《碑林集刊》第 12 輯，2006 年。

開皇 145

張禮暨妻羅氏墓誌并蓋

開皇八年（588）八月薨於里第，九年（589）十月廿四日合葬張方橋北二里。1929 年洛陽城東北大馬村東，下黃村北出土，于右任舊藏，今石藏西安碑林博物館。誌高 31、寬 39 釐米；蓋頂高 27、寬 35 釐米。誌文 19 行，滿行 14 字，正書。蓋 3 行，行 3 字，篆書。蓋題：大隋故參軍張公誌銘。

圖版著錄：

《漢魏南北朝墓誌集釋》圖版三七七，《新編》3/4/59–60。

《北京圖書館藏中國歷代石刻拓本匯編》9 冊 57 頁。

《隋唐五代墓誌匯編·洛陽卷》1 冊 13 頁。

《鴛鴦七誌齋藏石》圖 175。

《西安碑林全集》67/1148－1152。

《隋代墓誌銘彙考》1 冊 311—312 頁。

錄文著錄：

《全隋文補遺》2/127 上—下。

《隋代墓誌銘彙考》1 冊 313—314 頁。

碑目題跋著錄：

《石刻題跋索引》154 頁左，《新編》1/30/22492。

《古誌新目初編》1/15a，《新編》2/18/13699 上。

《漢魏南北朝墓誌集釋》8/82a，《新編》3/3/197。

《國立北平圖書館藏碑目》14b，《新編》3/36/255 下。

《蒿里遺文目錄續編·墓誌徵存》3b，《新編》3/37/538 上。

《墓誌徵存目錄》卷 1，《羅振玉學術論著集》第五集，583 頁。

《洛陽出土石刻時地記》隋代開皇 011，51 頁。

《歷代墓誌銘拓片目錄》39 頁。

《六朝墓誌檢要》（修訂本）179 頁。

《隋代墓誌銘彙考》1 冊 314 頁。

《北朝隋代墓誌所在總合目錄》編號 1324。

《北京大學圖書館藏歷代墓誌拓片目錄》編號 00767。

開皇 146

張僧殷暨子張潘慶墓誌

又名：張僧殷墓誌、張潘慶墓誌。開皇九年（589）十月廿四日，葬於武安縣東南一里。河北武安出土，端方、羅振玉遞藏，今存遼寧省博物館。誌高、寬均 21.7 釐米。文 7 行，滿行 7 字，隸書。

圖版著錄：

《漢魏南北朝墓誌集釋》圖版三七九，《新編》3/4/63。

《北京圖書館藏中國歷代石刻拓本匯編》9 冊 56 頁。

《隋代墓誌銘彙考》1 冊 332 頁。

《隋唐五代墓誌匯編》北京卷附遼寧卷 3 冊 177 頁。

《遼寧省博物館藏碑誌精粹》120 頁。

錄文著錄：

《匋齋藏石記》15/5b，《新編》1/11/8121 上。

《魯迅輯校石刻手稿·墓誌》下冊 176 頁。

《全隋文補遺》2/124 上。

《隋代墓誌銘彙考》1 冊 333 頁。

《遼寧省博物館藏碑誌精粹》120 頁。

碑目題跋著錄：

《匋齋藏石記》15/5b，《新編》1/11/8121 上。

《藝風堂金石文字目》18/3a，《新編》1/26/19815 上。

《續補寰宇訪碑錄》8/6a，《新編》1/27/20347 下。

《石刻題跋索引》154 頁左，《新編》1/30/22492。

《石刻名彙》3/22b，《新編》2/2/1036 上。

《河朔金石待訪目》7b，《新編》2/12/9016 上。

《蒿里遺文目錄》2（1）/6a，《新編》2/20/14946 下。

《漢魏南北朝墓誌集釋》8/82a，《新編》3/3/197。

《國立北平圖書館藏碑目》14b，《新編》3/36/255 下。

《古誌彙目》1/11b，《新編》3/37/26。

《石交錄》3/15b，《新編》4/6/470 上。

《墓誌徵存目錄》卷1，《羅振玉學術論著集》第五集，583 頁。

《歷代墓誌銘拓片目錄》39 頁。

《增補校碑隨筆》（修訂本）278 頁。

《碑帖鑒定》213 頁。

《六朝墓誌檢要》（修訂本）178 頁。

《隋代墓誌銘彙考》1 冊 334 頁。

淑德大學《中國石刻拓本目錄》"墓誌"編號 274。

《遼寧省博物館藏碑誌精粹》121 頁。

《北朝隋代墓誌所在總合目錄》編號 1321。

《北京大學圖書館藏歷代墓誌拓片目錄》編號 00766。

備考：端方認為是父子合葬，然魯迅疑其有誤，暫從父子合葬墓誌。

開皇 147

暴永墓誌并蓋

開皇九年（589）七月三日薨於第，其年十月廿四日葬壺關城西十有五里慈澤鄉行義里。山西省壺關縣出土，曾歸北平楊氏，今存不詳。誌高、寬均 47.2 釐米，蓋盝頂高、寬均 37 釐米。誌文 18 行，滿行 18 字，隸書。蓋 3 行，行 4 字，篆書。蓋題：隋故定州刺史暴君之墓誌銘。

圖版著錄：

《漢魏南北朝墓誌集釋》圖版三七八，《新編》3/4/61-62。

《北京圖書館藏中國歷代石刻拓本匯編》9 冊 58 頁。

《隋唐五代墓誌匯編·山西卷》1 頁。

《隋代墓誌銘彙考》1 冊 324—325 頁。

錄文著錄：

《山右冢墓遺文》卷上/2b-3b，《新編》1/21/15877 下—15878 上。

《魯迅輯校石刻手稿·墓誌》下冊 174—175 頁。

《全隋文補遺》2/124 下—125 上。

《隋代墓誌銘彙考》1 冊 326—327 頁。

碑目題跋著錄：

《續補寰宇訪碑錄》8/6a，《新編》1/27/20347 下。

《石刻題跋索引》154 頁左，《新編》1/30/22492。

《石刻名彙》3/22b，《新編》2/2/1036 上。

《崇雅堂碑錄補》1/12b，《新編》2/6/4556 下。

《古誌新目初編》1/15a，《新編》2/18/13699 上。

《蒿里遺文目錄》2（1）/6a，《新編》2/20/14946 下。

《漢魏南北朝墓誌集釋》8/82a，《新編》3/3/197。

《國立北平圖書館藏碑目》14b，《新編》3/36/255 下。

《墓誌徵存目錄》卷 1，《羅振玉學術論著集》第五集，583 頁。

《歷代墓誌銘拓片目錄》39 頁。

《六朝墓誌檢要》（修訂本）178—179 頁。

《隋代墓誌銘彙考》1 冊 327 頁。

《北朝隋代墓誌所在總合目録》編號1322。
《北京大學圖書館藏歷代墓誌拓片目録》編號00768。

開皇148

元範妻鄭令妃墓誌并蓋

又名：濟北府君鄭夫人墓誌。開皇九年（589）七月十一日終於洛陽欽政里，以其年十月廿四日葬於邙山之陽。1925年洛陽城東北馬溝村東北出土，于右任舊藏，石今存西安碑林博物館。誌高、寬均54釐米，蓋盝頂高、寬均49釐米。誌文21行，行21字，隸書。蓋3行，行3字，篆書。蓋題：故濟北府君鄭夫人銘。首題：故鄭夫人墓誌。

圖版著録：

《漢魏南北朝墓誌集釋》圖版一二二，《新編》3/3/421-422。

《北京圖書館藏中國歷代石刻拓本匯編》9冊55頁。

《隋唐五代墓誌匯編‧洛陽卷》1冊12頁。

《鴛鴦七誌齋藏石》圖174。

《西安碑林全集》67/1122-1130。

《隋代墓誌銘彙考》1冊328—329頁。

録文著録：

《全隋文補遺》2/126上—下。

《隋代墓誌銘彙考》1冊330—331頁。

碑目題跋著録：

《石刻題跋索引》154頁左，《新編》1/30/22492。

《石刻名彙》3/22b，《新編》2/2/1036上。

《崇雅堂碑録補》1/12b，《新編》2/6/4556下。

《古誌新目初編》1/15a，《新編》2/18/13699上。

《蒿里遺文目録補遺》1b，《新編》2/20/14996上。

《漢魏南北朝墓誌集釋》4/27a，《新編》3/3/87。

《國立北平圖書館藏碑目》14b，《新編》3/36/255下。

《墓誌徵存目録》卷1，《羅振玉學術論著集》第五集，583頁。

《洛陽出土石刻時地記》隋代開皇012，51頁。

《歷代墓誌銘拓片目錄》39 頁。

《六朝墓誌檢要》（修訂本）179 頁。

《隋代墓誌銘彙考》1 册 331 頁。

《北朝隋代墓誌所在總合目錄》編號 1323。

《北京大學圖書館藏歷代墓誌拓片目錄》編號 00765。

開皇 149

張茂墓誌并蓋

開皇九年（589）正月八日卒於平樂鄉第，以其年十月廿四日葬於芒山之陽，穀水之陰，王村之北二里。2002 年春洛陽市孟津縣送莊鄉出土。誌石長、寬均 71 釐米，蓋盝頂長、寬均 50 釐米。誌文 23 行，滿行 23 字，隸書。蓋 3 行，行 3 字，篆書。蓋題：故輕車將軍張君墓銘；首題：隋故輕車將軍開府騎兵參軍張君墓誌。

著錄：

《隋代墓誌銘彙考》1 册 315—319 頁。（圖、文、跋）

《邙洛碑誌三百種》37—38 頁。（圖）

《北朝隋代墓誌所在總合目錄》編號 1327。（目）

開皇 150

關明墓誌并蓋

開皇七年（587）七月卒於第，葬洛城之西，其地左帶皇宮，前臨州市，面洛背芒。開皇九年（589）十月廿五日記。1925 年洛陽城東北馬溝村出土，曾歸三原于右任，今石存西安碑林博物館。誌高 48.5 釐米，寬 49.2 釐米，蓋盝頂高、寬均 41 釐米。誌文隸書，19 行，滿行 19 字。蓋 3 行，行 3 字，篆書。首題：大隋開皇九年歲次己酉十月辛酉朔廿五日乙酉故曜武將軍虎賁內郎將關君墓誌銘；蓋題：故虎賁郎將關君墓誌。

圖版著錄：

《漢魏南北朝墓誌集釋》圖版三七五，《新編》3/4/56－57。

《北京圖書館藏中國歷代石刻拓本匯編》9 册 59 頁。

《隋唐五代墓誌匯編·洛陽卷》1 册 14 頁。

《鴛鴦七誌齋藏石》圖版 176。

《西安碑林全集》67/1139－1147。

《隋代墓誌銘彙考》1冊349—350頁。

錄文著錄：

《全隋文補遺》2/127下—128上。

《隋代墓誌銘彙考》1冊351—352頁。

碑目題跋著錄：

《石刻題跋索引》154頁左，《新編》1/30/22492。

《石刻名彙》第一編"誌銘類"續補2a，《新編》2/2/1139上。

《古誌新目初編》1/15a，《新編》2/18/13699上。

《漢魏南北朝墓誌集釋》8/81b，《新編》3/3/196。

《國立北平圖書館藏碑目》14b，《新編》3/36/255下。

《蒿里遺文目錄續編補遺·墓誌徵存》1b，《新編》3/37/545上。

《墓誌徵存目錄》卷1，《羅振玉學術論著集》第五集，583頁。

《洛陽出土石刻時地記》隋代開皇013，51頁。

《歷代墓誌銘拓片目錄》39頁。

《六朝墓誌檢要》（修訂本）179—180頁。

《隋代墓誌銘彙考》1冊352頁。

《北朝隋代墓誌所在綜合目錄》編號1333。

《北京大學圖書館藏歷代墓誌拓片目錄》編號00770。

開皇151

元叡（字伯達）墓誌并蓋

卒於沂州費縣第，開皇九年（589）十月廿五日葬於邙山之陽。2006年冬河南省孟津縣出土，旋歸洛陽古玩城程氏。蓋高38、寬37.5釐米；誌高51、寬50釐米。誌文26行，滿行27字，正書。蓋3行，滿行3字，正書。蓋題：大隋故元公墓誌銘。

著錄：

《秦晉豫新出墓誌蒐佚》1冊87—88頁。（圖）

《北朝隋代墓誌所在綜合目錄》編號1334。（目）

《北京大學圖書館藏歷代墓誌拓片目錄》編號00772。（目）

開皇 152

楊渙墓誌并蓋

開皇七年（587）七月卒於京第，開皇九年（589）十月廿五日葬。陝西西安出土。誌高、寬均 45.5 釐米；蓋高、寬均 35 釐米。誌文 30 行，滿行 30 字，正書。蓋 3 行，行 3 字，篆書。蓋題：大隋內侍中楊君墓誌。首題：大隋大都督內侍中尹楊府君墓誌。

圖版著錄：

《秦晉豫新出墓誌蒐佚續編》1 冊 167—168 頁。

碑目著錄：

《北京大學圖書館藏歷代墓誌拓片目錄》編號 00771。

論文：

王其禕、周曉薇：《長安地區新出隋代墓誌銘十種集釋》，《碑林集刊》第 19 輯，2013 年。

開皇 153

北齊徐州張長史碑

開皇九年（589）十月。

碑目題跋著錄：

《金石錄》3/5a，《新編》1/12/8814 上。

《寶刻叢編》20/29b，《新編》1/24/18387 上。

《石刻題跋索引》37 頁右，《新編》1/30/22375。

《佩文齋書畫譜·金石》62/14a 上，《新編》3/2/58 上。

《六藝之一錄》62/3b，《新編》4/5/122 上。

開皇 154

趙愼墓誌并蓋

卒於零坡里，開皇九年（589）十一月七日葬於沃野鄉。誌長 48 釐米，寬 48.5 釐米，蓋長、寬均 51 釐米。誌文 24 行，滿行 24 字，正書。蓋 3 行，行 3 字，篆書。蓋題：大隋儀同趙使君墓誌；首題：周故儀同趙使君之墓誌。

著錄：

《隋代墓誌銘彙考》1 冊 353—356 頁。（圖、文、跋）
《全隋文補遺》2/130 下—131 上。（文）
《北朝隋代墓誌所在綜合目錄》編號 1335。（目）

開皇 155

皇甫忍墓誌并蓋

開皇八年（588）十月卒於任，九年（589）十一月十九日葬於長安縣布政鄉延侏里。2005 年六月西安市長安縣郭杜鎮出土，石存西安市長安縣博物館。誌高、寬均 38.2 釐米，蓋高、寬均 40 釐米。誌文 24 行，滿行 24 字，正書。蓋 3 行，行 3 字，篆書。蓋題：隋降州使君皇甫公誌；首題：大隨開皇九年歲次己酉十一月庚寅朔十九日戊申熊州長史皇甫公墓誌銘。

著錄：

《隋代墓誌銘彙考》1 冊 357—360 頁。（圖、文、跋）

《長安新出墓誌》14—15 頁。（圖、文）

《北朝隋代墓誌所在綜合目錄》編號 1336。（目）

《北京大學圖書館藏歷代墓誌拓片目錄》編號 00773。（目）

論文：

魏立安：《隋皇甫忍墓誌銘相關問題考釋》，《唐史論叢》第 25 輯，2017 年。

開皇 156

索叡墓誌

開皇六年（586）八月廿九日卒於相州洹水縣大通里舍，九年（589）十一月十九日葬於零芝縣東北紫陌橋北四里。河南安陽出土。誌高、寬均 45 釐米。誌文 24 行，滿行 24 字，正書。首題：大隋故驃騎大將軍襄城郡守肥陽縣開國伯索府君墓誌。

圖版著錄：

《秦晉豫新出墓誌蒐佚續編》1 冊 169 頁。

論文：

王其禕、周曉薇：《安陽出土隋代索氏家族五兄弟墓誌集釋》，《唐史論叢》第 23 輯，2016 年。

開皇 157

索欣墓誌

武平六年（575）八月十三日遘疾，卒於鄴城弘仁里舍，以開皇九年（589）十一月十九日葬於零芝縣東北紫陌橋北四里。河南安陽出土，石藏河北省正定縣墨香閣。誌高、寬均 45 釐米。文 20 行，滿行 21 字，正書。首題：大隋故踰岷將軍奉朝請索府君墓誌銘。

著錄：

《文化安豐》397 頁。（圖）

《墨香閣藏北朝墓誌》206—207 頁。（圖、文）

《北朝隋代墓誌所在總合目錄》編號 1338。（目）

論文：

王其禕、周曉薇：《安陽出土隋代索氏家族五兄弟墓誌集釋》，《唐史論叢》第 23 輯，2016 年。

開皇 158

索昉墓誌

宣政二年（579）九月廿三日卒鄴城弘仁里舍，以開皇九年（589）十一月十九日葬於紫陌橋北。河南安陽出土，石藏河北省正定縣墨香閣。誌高、寬均 40 釐米。文 18 行，滿行 18 字，正書。首題：大隋故大都督索府君墓誌銘。

著錄：

《文化安豐》387—388 頁。（圖）

《墨香閣藏北朝墓誌》208—209 頁。（圖、文）

《北朝隋代墓誌所在總合目錄》編號 1337。（目）

論文：

王其禕、周曉薇：《安陽出土隋代索氏家族五兄弟墓誌集釋》，《唐史論叢》第 23 輯，2016 年。

開皇 159

索雄墓誌

開皇八年（588）十二月廿九日遘疾卒於齊州武強縣芳德里舍，以九年（589）十一月十九日歸葬於相州零芝縣紫陌橋北四里。河南安陽出土，石藏河北省正定縣墨香閣。誌高44、寬45釐米。文20行，滿行20字，正書。首題：大隋故翊軍將軍開府主簿索府君墓誌銘。

著錄：

《文化安豐》398頁。（圖）

《墨香閣藏北朝墓誌》210—211頁。（圖、文）

《北朝隋代墓誌所在總合目錄》編號1339。（目）

論文：

王其禕、周曉薇：《安陽出土隋代索氏家族五兄弟墓誌集釋》，《唐史論叢》第23輯，2016年。

開皇160

王慈墓誌并蓋

武定六年（548）三月十日卒在鄜邑，叔壽開皇九年（589）四月二日薨於雍州，其年十一月廿日合葬於鄜城北二里逺東。誌長44.5、高41釐米。蓋底長、高均43.5釐米，頂長37、高37.5釐米。文正書，14行，滿行14字。蓋篆書，2行，行2字。蓋題：王君墓誌。

著錄：

《北朝藝術研究院藏品圖錄·墓誌》200—201頁。（圖、文）

備考：王慈，字叔仁，墓誌文中的"叔壽"，當其兄弟。

開皇161

韓智墓誌并蓋

卒於燕署之内，開皇九年（589）十一月廿日。1949年後北京房山區出土，石存北京房山區文物管理所。盝頂蓋，誌石正方形，誌蓋邊長48.5釐米，厚10釐米；誌座邊長49釐米，厚8釐米。蓋文2行，滿行2字，篆書。誌文22行，滿行23字，正書。蓋題：韓君墓誌。

著錄：

《新中國出土墓誌·北京〔壹〕》上冊1頁（圖）、下冊1頁（文）。

《房山墓誌》1—3頁。（圖、文）

《隋代墓誌銘彙考》1冊361—364頁。（圖、文、跋）

《北朝隋代墓誌所在總合目錄》編號 1340。（目）

開皇 162

王孝深墓誌

開皇九年（589）三月廿七日卒於鄴城，十一月二十日葬於滏陽縣。2007 年河北磁縣出土，一說河南安陽出土，存洛陽民間。誌石高 43.5、寬 47.5 釐米。誌文 26 行，滿行 24 字，正書。首題：故齊開府儀同三司武衛將軍王公墓誌銘。

著錄：

《洛陽新獲七朝墓誌》46 頁。（圖）

《秦晉豫新出墓誌蒐佚》1 冊 89 頁。（圖）

《北朝隋代墓誌所在總合目錄》編號 1341。（目）

《北京大學圖書館藏歷代墓誌拓片目錄》編號 00774。（目）

開皇 163

楊陁羅墓誌

又作"楊陀羅墓誌"。開皇三年（583）三月廿五日卒於定州宅，權葬於毋極縣界，開皇九年（589）十一月廿日改葬於華陰縣。2008 年冬陝西省華陰市出土，石藏河北正定墨香閣。誌高、寬均 49 釐米。文 20 行，滿行 25 字，正書。首題：齊故司空內郎驃騎大將軍楊君之墓誌。

著錄：

《秦晉豫新出墓誌蒐佚》1 冊 90 頁。（圖）

《墨香閣藏北朝墓誌》212—213 頁。（圖、文）

《北朝隋代墓誌所在總合目錄》編號 1342。（目）

《北京大學圖書館藏歷代墓誌拓片目錄》00775。（目）

開皇 164

田彪墓誌

開皇九年（589）三月七日卒於第，夫人張氏以齊武平七年（576）正月終於家，十二月遷厝於鄴城東北十餘里，九年十二月一日遷田彪就夫人墳塋。石藏河北省正定縣墨香閣。誌高 44、寬 47 釐米。文 21 行，滿行 21 字，隸書。首題：□□征虜將軍內散大夫田君墓志銘。

著錄：

《新出土墓誌精粹》（隋唐卷）12—13 頁。（圖、跋）

《墨香閣藏北朝墓誌》214—215 頁。（圖、文）

開皇 165

田閭墓誌

卒於戰陣，以開皇九年（589）十二月十三日葬於高陽之原。2011 年出土於西安市南郊郭杜鎮一帶。拓本高 42.5、寬 43 釐米。文 22 行，滿行 22 字，正書。首題：大隋儀同三司故田君墓誌銘。

論文：

王其禕、周曉薇：《長安地區新出隋代墓誌銘十種集釋》，《碑林集刊》第 19 輯，2013 年。（圖、文）

開皇 166

楊真暨妻王氏墓誌

又名：隋□真墓誌、□真暨妻王氏墓誌。夫人王氏以開皇九年（589）十二月十日卒於洛川，其月廿五日權葬邙山之陽。1929 年洛陽城東北廿里後營村出土，于右任鴛鴦七誌齋藏石，今石存西安碑林博物館。誌高 42、寬 41 釐米，稍損。誌文 15 行，滿行 15 字，隸書。

圖版著錄：

《漢魏南北朝墓誌集釋》圖版三八〇，《新編》3/4/64。

《北京圖書館藏中國歷代石刻拓本匯編》9 冊 60 頁。

《隋唐五代墓誌匯編·洛陽卷》1 冊 15 頁。

《鴛鴦七誌齋藏石》圖 177。

《西安碑林全集》67/1153－1158。

《隋代墓誌銘彙考》1 冊 365 頁。

錄文著錄：

《全隋文補遺》2/128 下。

《隋代墓誌銘彙考》1 冊 366 頁。

碑目題跋著錄：

《石刻題跋索引》154 頁左，《新編》1/30/22492。

《古誌新目初編》1/15a,《新編》2/18/13699 上。

《漢魏南北朝墓誌集釋》8/82a,《新編》3/3/197。

《國立北平圖書館藏碑目》14b,《新編》3/36/255 下。

《洛陽出土石刻時地記》隋代開皇 014，51 頁。

《六朝墓誌檢要》（修訂本）180 頁。

《隋代墓誌銘彙考》1 冊 367 頁。

《北朝隋代墓誌所在總合目錄》編號 1343。

《北京大學圖書館藏歷代墓誌拓片目錄》編號 00776。

開皇 167

中領軍魯廣達墓銘

據正史為開皇九年（589）。江總撰，一說江淹撰。首題：侍中中領軍魯廣達墓銘。

著錄：

《全隋文》11/7a,《全文》4 冊 4076 上。（文）

《江令君集》2/14b–15a,《漢魏六朝百三名家集》5 冊 244 上—下。（文）

《隋代墓誌銘彙考》1 冊 368 頁。（文、跋）

《漢魏六朝墓銘纂例》3/18a,《新編》3/40/458 下。（目）

《北朝隋代墓誌所在總合目錄》編號 1344。（目）

備考：魯廣達，《陳書》卷三一、《南史》卷六七有傳。

開皇 168

郡安王廟碑

開皇九年（589）。樂山縣。

碑目題跋著錄：

《輿地碑記目·嘉定府碑記》4/6b,《新編》1/24/18562 下。

（嘉慶）《四川通志·輿地志》59/23a,《新編》3/14/507 上。

開皇 169

廣業郡守鄭君碑

開皇九年（589）。韋霈書。

碑目題跋著錄：

《金石錄》3/5a，《新編》1/12/8814 上。

《通志·金石略》卷中/2b，《新編》1/24/18038 下。

《寶刻類編》1/17b，《新編》1/24/18415 上。

《金石彙目分編》12（1）/23b，《新編》1/28/21288 上。

《古今碑帖考》13a，《新編》2/18/13169 上。

《六藝之一錄》62/3b，《新編》4/5/122 上。

《墨池篇》6/8a，《新編》4/9/670 下。

開皇 170

道政法師支提塔記

開皇十年（590）正月，《校碑隨筆》作"二月"。河南安陽寶山。文正書，上 2 行，滿行 4 字；下 3 行，滿行 6 字。

碑目題跋著錄：

《石刻名彙》3/23a，《新編》2/2/1036 下。

《崇雅堂碑錄》2/2a，《新編》2/6/4500 下。

《河朔訪古新錄》2/8a，《新編》2/12/8897 下。

《河朔金石目》2/5a，《新編》2/12/8962 上。

《河朔新碑目》中卷/7b，《新編》3/35/574 上。

《增補校碑隨筆》（修訂本）242 頁。

開皇 171

王夫人殘墓誌

開皇十年（590）二月二十七日。正書。

碑目著錄：

《歷代墓誌銘拓片目錄》39 頁。

《隋代墓誌銘彙考·存目》6 冊 97 頁。

《北朝隋代墓誌所在總合目錄》編號 1346。

開皇 172

高熲母齊國太夫人楊李姜墓誌

又名：齊國太夫人楊氏墓誌。開皇十年（590）三月（一說"二月"）。

碑目題跋著錄：

《金石錄》3/5a、22/10b，《新編》1/12/8814 上、8932 下。

《金石錄補續跋》5/10a-b，《新編》1/12/9171 下。

《通志·金石略》卷中/2b，《新編》1/24/18038 下。

《寶刻叢編》20/29b，《新編》1/24/18387 上。

《石刻題跋索引》154 頁左，《新編》1/30/22492。

《石刻名彙》3/23a，《新編》2/2/1036 下。

《金石錄續跋》66-67，《新編》2/18/13227 下—13228 上。

《佩文齋書畫譜·金石》62/15a 下，《新編》3/2/58 下。

《古誌彙目》1/11b，《新編》3/37/26。

《六藝之一錄》62/13b，《新編》4/5/127 上。

《六朝墓誌檢要》（修訂本）180 頁。

《隋代墓誌銘彙考·存目》98 頁。

《北朝隋代墓誌所在總合目錄》編號 1345。

備考：楊季姜，高熲之母，其事見《隋書》卷四一《高熲傳》。

開皇 173

于儀暨妻廣寧公主墓誌

開皇九年（589）八月廿二日薨於京師之正寢，夫人以十年（590）四月廿五日薨於私第，四月廿七日合葬於華池之陽渠里。誌石高、寬均 82 釐米。文 44 行，滿行 44 字，隸書。首題：大隋使持節大將軍趙州諸軍事趙州刺史安平郡開國謚曰平公并夫人廣寧公主元氏合葬墓誌銘。

著錄：

《珍稀墓誌百品》26—28 頁。（圖、文）

開皇 174

□君磚誌

開皇十年（590）四月。1966 年至 1975 年間河南安陽梅園莊北地出土。磚長 31.5、寬 16、厚 5.4 釐米。蓋長 29、寬 15、厚 4.5 釐米。文 3 行，共約 40 字，墨書。

著錄：

《隋代墓誌銘彙考》1 冊 369 頁。（文、跋）

《北朝隋代墓誌所在總合目錄》編號 1347。（目）

論文：

中國社會科學院考古研究所安陽工作隊：《安陽隋墓發掘報告》，《考古學報》1981 年第 3 期。

開皇 175

王曜墓誌并蓋

開皇十年（590）八月六日卒於常山鄉之別舍，以其月十七日葬於安陽西北白素曲。河南安陽縣出土，曾歸安陽金石保存所，今存不詳。誌高、寬均 41.5 釐米，蓋盝頂高 29、寬 31 釐米。誌文 20 行，滿行 20 字，正書。蓋 2 行，行 2 字，篆書。首題：隋故平西將軍浮陽郡守王府君墓銘；篆書蓋題：王府君銘。

圖版著錄：

《漢魏南北朝墓誌集釋》圖版三八一，《新編》3/4/65－66。

《北京圖書館藏中國歷代石刻拓本匯編》9 冊 65 頁。

《隋唐五代墓誌匯編·河南卷》4 頁。

《隋代墓誌銘彙考》1 冊 370—371 頁。

《文化安豐》399—400 頁。

錄文著錄：

《誌石文錄》卷上/54b－55a，《新編》2/19/13768 下—13769 上。

《魯迅輯校石刻手稿·墓誌》下冊 177—179 頁。

《全隋文補遺》2/132 上—下。

《隋代墓誌銘彙考》1 冊 372—373 頁。

《文化安豐》399—400 頁。

碑目題跋著錄：

《續補寰宇訪碑錄》8/6a，《新編》1/27/20347 下。

《石刻題跋索引》154 頁左，《新編》1/30/22492。

《石刻名彙》3/23a，《新編》2/2/1036 下。

《崇雅堂碑錄》2/2b，《新編》2/6/4500 下。

《河朔訪古新錄》2/1b,《新編》2/12/8894 上。

《河朔金石目》2/5a,《新編》2/12/8962 上。

《古誌新目初編》1/15a,《新編》2/18/13699 上。

《蒿里遺文目錄》2（1）/6a,《新編》2/20/14946 下。

《漢魏南北朝墓誌集釋》8/82a–b,《新編》3/3/197–198。

《河朔新碑目》上卷/5a、中卷/5a,《新編》3/35/558 上、573 上。

《國立北平圖書館藏碑目》14b,《新編》3/36/255 下。

《墓誌徵存目錄》卷 1,《羅振玉學術論著集》第五集,584 頁。

《歷代墓誌銘拓片目錄》39 頁。

《六朝墓誌檢要》（修訂本）180 頁。

《隋代墓誌銘彙考》1 冊 373—374 頁。

淑德大學《中國石刻拓本目錄》"墓誌"編號 275。

《北朝隋代墓誌所在綜合目錄》編號 1348。

《北京大學圖書館藏歷代墓誌拓片目錄》編號 00777。

開皇 176

耿雄墓誌并蓋

卒於長安，開皇十年（590）十月卅日葬於大興縣南小陵原高平鄉通明里。藏大唐西市博物館。誌高 73、寬 73、厚 11.5 釐米。盝頂蓋，蓋高 73、寬 72、厚 11 釐米。誌文 38 行，滿行 41 字，正書。蓋 5 行，行 5 字，篆書。蓋題：大隋使持節上大將軍肆州捌鎮諸軍事蘭州刺史海安公誌銘；首題：大隋使持節上大將軍四州八鎮諸軍事蘭州刺史海安公之墓誌。

著錄：

《大唐西市博物館藏墓誌》上冊 28—30 頁。（圖、文）

《北朝隋代墓誌所在綜合目錄》編號 1349。（目）

備考：耿雄，事見《周書》卷二九、《北史》卷六六《耿豪傳》。

開皇 177

潞州□□（辛彥之？）頌德碑

開皇十年（590）十一月。在潞安府長治縣。

碑目題跋著錄：

《金石錄》3/5a，《新編》1/12/8814 上。

《通志·金石略》卷中/2b，《新編》1/24/18038 下。

《金石彙目分編》11/56b，《新編》1/28/21255 下。

《墨華通考》卷9，《新編》2/6/4402 上。

《佩文齋書畫譜·金石》62/15a 下，《新編》3/2/58 下。

（光緒）《山西通志·金石記二》90/29b，《新編》3/30/346 上。

《六藝之一錄》62/38a，《新編》4/5/139 下。

備考：《山西通志》考證，可能為辛彥之頌德而立。辛彥之，《北史》卷八二、《隋書》卷七五有傳。

開皇178

元仁宗墓誌

開皇十年（590）十一月卒於長安縣歸化鄉弘德坊宅，以其年十二月二日權葬於大興縣洪固鄉永壽里李村東。陝西長安縣出土，曾歸漢陽葉氏平安館，今存不詳。誌高、寬均28.4釐米。文11行，滿行13字，正書。首題：大隋東宮右親衛元君墓誌。

圖版著錄：

《漢魏南北朝墓誌集釋》圖版六三，《新編》3/3/351。

《隋代墓誌銘彙考》1 冊 375 頁。

錄文著錄：

《全隋文補遺》2/133 上。

《隋代墓誌銘彙考》1 冊 376 頁。

碑目題跋著錄：

《陝西金石志》7/4a，《新編》1/22/16446 下。

《補寰宇訪碑錄》2/20a，《新編》1/27/20215 下。

《補寰宇訪碑錄校勘記》1/10a，《新編》1/27/20290 下。

《金石彙目分編》12（補遺）/1b，《新編》1/28/21365 上。

《石刻題跋索引》154 頁左，《新編》1/30/22492。

《石刻名彙》3/23a，《新編》2/2/1036 下。

《崇雅堂碑錄》2/2a，《新編》2/6/4500 下。

《關中金石文字存逸考》3/12b–13a、11/12a,《新編》2/14/10425下—10426上、10625下。

《蒿里遺文目錄補遺》1b,《新編》2/20/14996上。

《漢魏南北朝墓誌集釋》3/16a,《新編》3/3/65。

(民國)《咸寧長安兩縣續志·金石考下》13/7b–8a,《新編》3/31/543上—下。

《古誌彙目》1/11b,《新編》3/37/26。

《墓誌徵存目錄》卷1,《羅振玉學術論著集》第五集,584頁。

《貞松老人外集》,《羅振玉學術論著集》第十集下,829—830頁。

《六朝墓誌檢要》(修訂本)181頁。

《善本碑帖錄》2/88。

《碑帖鑒定》213頁。

《隋代墓誌銘彙考》1冊377—378頁。

《北朝隋代墓誌所在總合目錄》編號1350。

開皇179

梁菀磚誌

開皇十年(590)□月三日。1990年西安市西郊熱電廠基建工地出土,現存西安市文物保護保護考古所。誌高、寬均17釐米,厚6釐米,殘為半截。

著錄:

《隋代墓誌銘彙考》1冊379頁。(文、跋)

《北朝隋代墓誌所在總合目錄》編號1352。(目)

發掘簡報:

西安市文物管理處:《西安西郊熱電廠基建工地隋唐墓葬清理簡報》,《考古與文物》1991年第4期。

開皇180

寧遠將軍裴文基墓誌

開皇十年(590)。陝西長安縣出土。

碑目題跋著錄:

《寶刻叢編》7/19a，《新編》1/24/18206 上。

《金石彙目分編》12（1）/23b，《新編》1/28/21288 上。

《石刻題跋索引》154 頁左，《新編》1/30/22492。

《古誌彙目》1/11b，《新編》3/37/26。

《六藝之一錄》62/13a，《新編》4/5/127 上。

《六朝墓誌檢要》（修訂本）180—181 頁。

《隋代墓誌銘彙考·存目》99 頁。

《北朝隋代墓誌所在總合目錄》編號 1351。

開皇 181

張景略墓誌

開皇十一年（591）正月六日卒，以其月二十六日遷窆於相州安陽河北白素曲。清乾隆三十九年河南安陽出土，舊藏安陽縣學，後存安陽金石保存所，今存不詳。誌高、寬均 42.6 釐米。文 17 行，滿行 17 字，隸書。首題：大隋車騎秘書郎張君之銘。

圖版著錄：

《漢魏南北朝墓誌集釋》圖版三八二，《新編》3/4/67。

《北京圖書館藏中國歷代石刻拓本匯編》9 冊 66 頁。

《隋唐五代墓誌匯編·河南卷》5 頁。

《隋代墓誌銘彙考》1 冊 380 頁。

錄文著錄：

《金石萃編》38/26b－27b，《新編》1/1/656 下—657 上。

《安陽縣金石錄》2/18b－19a，《新編》1/18/13837 下—13838 上。

《古誌石華》4/1a－2a，《新編》2/2/1179 上—下。

（嘉慶）《安陽縣志·金石錄》2/10b－11a，《新編》3/28/476 下—477 上。

《碑版廣例》7/27b－29a，《新編》3/40/327 上—下。

《續古文苑》16/23b－24a，《新編》4/2/249 上—下。

《全隋文》29/5a－b，《全文》4 冊 4194 上。

《魯迅輯校石刻手稿·墓誌》下冊 180—181 頁。

《隋代墓誌銘彙考》1 冊 381—382 頁。

碑目題跋著錄：

《金石萃編》38/28b－30a，《新編》1/1/657 下—658 下。

《八瓊室金石補正》25/1a，《新編》1/6/4386 上。

《集古求真續編》2/13b，《新編》1/11/8727 上。

《安陽縣金石錄》2/19b－20a，《新編》1/18/13838 上—下。

《授堂金石三跋·一跋》4/6a，《新編》1/25/19111 下。

《平津讀碑記》3/16b－17a，《新編》1/26/19381 下—19382 上。

《藝風堂金石文字目》18/3a，《新編》1/26/19815 上。

《寰宇訪碑錄》2/29a－b，《新編》1/26/19875 上。

《寰宇訪碑錄校勘記》3/5a－b，《新編》1/27/20118 上。

《金石彙目分編》9（2）/2a，《新編》1/28/20954 下。

《石刻題跋索引》154 頁左—右，《新編》1/30/22492。

《石刻名彙》3/23a，《新編》2/2/1036 下。

《古誌石華》4/2a－b，《新編》2/2/1179 下。

《平津館金石萃編》6/12a，《新編》2/4/2492 下。

《崇雅堂碑錄》2/2b，《新編》2/6/4500 下。

《河朔金石目》2/5a－b，《新編》2/12/8962 上。

《金石萃編校字記》14b，《新編》2/17/12331 下。

《平安館藏碑目》，《新編》2/18/13424 下。

《竹崦盦金石目錄》26a，《新編》2/20/14559 下。

《中州金石目錄》2/22a，《新編》2/20/14702 下。

《蒿里遺文目錄》2（1）/6a，《新編》2/20/14946 下。

《漢魏南北朝墓誌集釋》8/82b，《新編》3/3/198。附《獨笑齋金石考略》四。

（嘉慶）《安陽縣志·金石錄》2/11a－b，《新編》3/28/477 下。

《河朔新碑目》中卷/5a，《新編》3/35/573 上。

《河南古物調查表證誤》2a，《新編》3/35/592 下。

《中州金石目》2/6b，《新編》3/36/154 下。

《國立北平圖書館藏碑目》14b，《新編》3/36/255 下。

《古誌彙目》1/11b，《新編》3/37/26。

《竹崦盦金石目錄》1/31b，《新編》3/37/355 上。

《碑帖跋》68 頁，《新編》3/38/216、4/7/431 下。

《漢魏六朝墓銘纂例》4/14b。《新編》3/40/465 下。

《碑版廣例》7/27a-b，《新編》3/40/327 上。

《雪堂所藏金石文字簿錄》92b，《新編》4/7/415 下。

《墓誌徵存目錄》卷 1，《羅振玉學術論著集》第五集，584 頁。

《歷代墓誌銘拓片目錄》40 頁。

《增補校碑隨筆》（修訂本）279 頁。

《六朝墓誌檢要》（修訂本）181 頁。

《碑帖敍錄》172 頁。

《碑帖鑒定》213 頁。

《隋代墓誌銘彙考》1 冊 386 頁。

淑德大學《中國石刻拓本目錄》"墓誌"編號 276。

《北朝隋代墓誌所在總合目錄》編號 1353。

《北京大學圖書館藏歷代墓誌拓片目錄》編號 00778。

開皇 182

九門令李康清德頌

又名：李康成清德頌碑。開皇十一年（591）二月立。碑在廢九門縣城中。首題：大隋冠軍將軍太中帥都督恒州九門縣令隴西李君清德之頌。

碑目題跋著錄：

《金石錄》3/5a，《新編》1/12/8814 上。

《集古錄跋尾》5/2b-3a，《新編》1/24/17874 下—17875 上。

《集古錄目》4/6b，《新編》1/24/17963 下。

《通志・金石略》卷中/1b，《新編》1/24/18038 上。

《寶刻叢編》6/22b，《新編》1/24/18174 下。

《金石彙目分編》3（2）/34a，《新編》1/27/20709 下。

《石刻題跋索引》37 頁右—38 頁左，《新編》1/30/22375-22376。

《天下金石志》1/7，《新編》2/2/804 下。

（光緒）《畿輔通志·金石九》146/45a－46a,《新編》2/11/8468上—下。

《京畿金石考》卷下/10b,《新編》2/12/8772下。

《古今碑帖考》13a,《新編》2/18/13169上。

《畿輔待訪碑目》卷上/4a,《新編》2/20/14802下。

《佩文齋書畫譜·金石》62/15a下,《新編》3/2/58下。

《河朔訪古記》卷上/22b,《新編》3/25/156下。

《金石備攷·真定府》,《新編》4/1/8上。

《六藝之一錄》62/4a,《新編》4/5/122下。

《墨池篇》6/8a《新編》4/9/670下。

開皇183

韓景墓誌

開皇九年（589）十二月十日薨於私第，即以十一年（591）三月二日葬於始平原。1980年出土於陝西省咸陽市渭城區渭城鄉龔家灣村南，曾存渭城鄉政府院內，1981年佚。首題：大隋相州臨漳縣令韓使君之墓誌。

著錄：

《全隋文補遺》2/133下—134上。（文）

《咸陽碑石》17—18頁。（文）

《隋代墓誌銘彙考》2冊1—2頁。（文、跋）

《新出魏晉南北朝墓誌疏證》（修訂本）379—380頁。（文、跋）

《北朝隋代墓誌所在總合目錄》編號1354。（目）

開皇184

李士謙妻盧氏浮圖銘

開皇十一年（591）五月八日刻。拓片高32釐米，寬161釐米。文隸書，50行，滿行10字。

圖版著錄：

《北京圖書館藏中國歷代石刻拓本匯編》9冊67頁。

備考：盧氏，事見《北史》卷三三《李士謙傳》、卷八八《崔廓傳》。

開皇185

□君磚誌

開皇十一年（591）七月十四日。1966年至1975年間河南省安陽地區梅園莊北地出土。磚長38、寬17釐米，蓋長38、寬18釐米。誌文3行，行字數不等。

著錄：

《隋代墓誌銘彙考》2冊3頁。（文、跋）

《北朝隋代墓誌所在總合目錄》編號1355。（目）

論文：

中國社會科學院考古研究所安陽工作隊：《安陽隋墓發掘報告》，《考古學報》1981年第3期。

開皇186

寇奉叔妻辛憐墓誌并蓋

開皇六年（586）九月十八日卒於第，開皇十一年（591）八月十二日與夫合葬。河南洛陽出土，石歸洛陽張氏。誌高、寬均51釐米。蓋盝頂高44、寬46釐米。誌文22行，滿行22字，正書。蓋4行，行4字，正書。蓋題：隋故惠公寇君夫人繁昌縣君辛氏墓誌；首題：隋故使持節儀同三司通直散騎常侍亳州諸軍事亳州刺史昌國惠公寇君夫人繁昌縣君辛氏墓誌。

著錄：

《邙洛碑誌三百種》39—40頁。（圖）

《隋代墓誌銘彙考》2冊4—7頁。（圖、文、跋）

《洛陽新見墓誌》14頁。（圖）

《洛陽新獲七朝墓誌》47頁。（圖）

《龍門區系石刻文萃》433頁。（誌圖）

《北朝隋代墓誌所在總合目錄》編號1356。（目）

開皇187

郝丘妻趙氏墓銘磚

開皇十一年（591）九月廿日葬。石藏河北省正定縣墨香閣。磚高

28、寬 14 釐米。文 3 行，行 8 或 10 字，正書。

著錄：

《墨香閣藏北朝墓誌》275 頁。（圖、文）

開皇 188

梁衍墓誌銘

開皇十一年（591）六月三日卒於官舍，夫人韓氏大象二年（580）四月廿八日卒於京第，以開皇十一年十月廿五日遷葬於雍州大興縣高望原。2014 年於民間獲得，據悉近年出土於西安市南郊長安區，誌藏民間。拓本高 57、寬 57 釐米；盝頂蓋，高 45、寬 44.5 釐米。文 32 行，滿行 31 字，正書。蓋 4 行，行 4 字，篆書。蓋題：大隋故上開府宜陽郡公梁使君之墓誌。首題：大隋故上開府儀同三司宜陽郡公梁君墓誌銘。

論文：

周曉薇、王其褘：《枕上浮生：長安新出隋代梁衍墓誌銘與枕銘疏證》，《唐史論叢》第 21 輯，2015 年。（圖、文）

附：梁衍枕銘

開皇十一年（591）六月卒於官，以十月廿五日葬於大興縣南高望原。2014 年於民間獲得，據悉近年出土於西安市南郊長安區，誌藏民間。拓本高 23、寬 38.5 釐米，厚度不詳。文 25 行，滿行 14 字，正書。首題：大隋故使持節上開府儀同三司澤州諸軍事澤州刺史宜陽郡開國公梁君枕銘。枕銘是墓誌銘的縮寫。

論文：

周曉薇、王其褘：《枕上浮生：長安新出隋代梁衍墓誌銘與枕銘疏證》，《唐史論叢》第 21 輯，2015 年。（圖、文）

開皇 189

寇郁墓誌

開皇十一年（591）十一月六日從葰安改葬。河南洛陽出土。誌高 36.5、寬 37 釐米。文 5 行，滿行 12 字，正書。首題：梁州史君寇儁之長子。

著錄：

《邙洛碑誌三百種》41頁。（圖）

《隋代墓誌銘彙考》2冊8—9頁。（圖、文、跋）

《北朝隋代墓誌所在總合目錄》編號1357。（目）

《北京大學圖書館藏歷代墓誌拓片目錄》編號00779。（目）

開皇190

元威墓誌并蓋

開皇十年（590）四月十五日薨於壽州，以開皇十一年（591）十一月七日葬於大興之小陵原，其地原接終南。2010年1月在咸陽市底張鎮布里村隋元威夫婦墓發掘出土。盝頂蓋，方形，邊長52釐米，厚7釐米，剎面寬5釐米。誌邊長50、厚9釐米。蓋3行，行3字，篆書。文33行，滿行33字，正書。蓋題：大隋元使君之墓誌銘。首題：大隋使持節儀同三司潞縣公元使君之墓誌。

碑目著錄：

《北朝隋代墓誌所在總合目錄》編號1359。

論文：

陝西省考古研究院等：《隋元威夫婦墓發掘簡報》，《考古與文物》2012年第1期。（圖、文）

王靜：《咸陽出土隋元威夫婦墓誌考說》，《碑林集刊》第19輯，2013年。

開皇191

裴遺業墓誌并蓋

開皇十年（590）八月廿七日卒於豐義里，十一年（591）十一月七日葬。陝西西安長安區郭杜鎮出土，2012年入藏西安碑林博物館。誌高43.5、寬45.2、厚18釐米；蓋高43.7、寬46、厚11.5釐米。誌文分刻兩石，文正書，共37行，滿行19字。首題：齊故員外散騎常侍裴君墓誌銘。

著錄：

《西安碑林博物館新藏墓誌續編》上冊23—26頁。（圖、文）

《秦晉豫新出墓誌蒐佚續編》1冊170—172頁。（圖）

《北朝隋代墓誌所在總合目錄》編號1360。（目）
《北京大學圖書館藏歷代墓誌拓片目錄》編號00780。（目）

論文：

王其禕、周曉薇：《新出北齊聘高麗使主〈裴遺業墓誌〉疏證》，《北方文物》2012年第2期。

周曉薇、王其禕：《新見北齊聘高麗使主〈裴遺業墓誌〉》，《片石千秋：隋代墓誌銘與隋代歷史文化》275—280頁。

開皇192
裴子通墓誌

開皇十年（590）四月廿六日薨於陽城鄉之豐義里，以十一年（591）十一月七日合葬於汾亘舊塋。1992年9月8日在山西省運城地區徵集，石存運城河東博物館。誌高、寬均58釐米，厚10釐米。誌兩面刻，陽面26行，陰面26行，滿行均26字，正書。蓋題：裴君墓銘；首題：齊驃騎大將軍太中大夫裴君墓誌銘。

著錄：

《隋代墓誌銘彙考》2冊10—14頁。（圖、文、跋）
《全隋文補遺》2冊135上—136下。（文）
《新出魏晉南北朝墓誌疏證》（修訂本）381—383頁。（文、跋）
《北朝隋代墓誌所在總合目錄》編號1358。（目）

論文：

運城地區河東博物館：《晉南發現北齊裴子誕兄弟墓誌》，《考古》1994年第4期。

楊明珠、楊高雲：《北齊裴子誕兄弟三人墓誌略探》，《北朝研究》1993年第3期；又題為《晉南發現北齊裴子誕兄弟墓誌》，收入《山西省考古學會論文集》（二），第222—229頁。

衛文革：《唐以前河東裴氏墓誌叢札》，《山西師範大學學報》2009年第2期。

開皇193
趙惠墓誌并蓋

又名：趙世摸誌并蓋。開皇十年（590）十月廿九日薨於陽州所，開皇十一年（591）十一月廿四日葬於雍州大興縣界洪固鄉所。2004年4月西安市長安縣韋曲東洪固原出土，石存西安市長安縣博物館。誌拓片高43、寬42釐米，蓋拓片高44、寬44.5釐米。誌文23行，滿行25字，正書。蓋4行，行4字，正書。蓋題：大隋上開府樂安縣開國伯趙世摸墓誌。首題：隋故上開府樂安縣開國伯趙君墓誌。

著錄：

《隋代墓誌銘彙考》2冊25—37頁。（圖、文、跋）

《長安新出墓誌》16—17頁。（圖、文）

《北朝隋代墓誌所在總合目錄》編號1364。（目）

《北京大學圖書館藏歷代墓誌拓片目錄》編號00783。（目）

論文：

王其褘：《西安新出土隋代上開府樂安縣開國伯趙世摸墓誌疏證》，《出土文獻研究》第7輯，2005年。

［日］平田陽一郎：《〈隋趙世模墓誌〉の訳注と考察》，《昭津工業高等專門學校研究報告》第47號，2013年。

開皇194

楊胐墓誌

又名：楊腓墓誌。開皇十年（590）八月廿四日薨於第，以十一年（591）十一月廿四日葬於華陰東原。陝西華陰縣出土，石存河南省新安縣千唐誌齋博物館。誌拓片高、寬均47釐米。文22行，滿行23字，正書。首題：隋使持節儀同三司義興縣開國公楊公墓誌銘。

著錄：

《隋代墓誌銘彙考》2冊22—24頁。（圖、文、跋）

《秦晉豫新出墓誌蒐佚》1冊91頁。（圖）

《全唐文補遺·千唐志齋新藏專輯》450—451頁。（文）

《新出魏晉南北朝墓誌疏證》（修訂本）384—385頁。（文、跋）

《北朝隋代墓誌所在總合目錄》編號1363。（目）

《北京大學圖書館藏歷代墓誌拓片目錄》編號00785。（目）

論文：

李獻奇、周錚：《北周、隋五方楊氏家族墓誌綜考》，《碑林集刊》第7輯，2001年。

開皇 195

楊飀墓誌

建德六年（577）五月十八日薨於京師，以隋開皇十一年（591）十一月廿四日歸葬於華陰縣東原。陝西華陰縣出土，石存河南省新安縣千唐誌齋博物館。誌拓片長52、寬51.2釐米。文22行，滿行22字，正書。首題：周故開府儀同三司膳部大夫楊公墓誌銘。

著錄：

《隋代墓誌銘彙考》2冊43—45頁。（圖、文、跋）

《全唐文補遺・千唐誌齋新藏專輯》450頁。（文）

《北朝隋代墓誌所在總合目錄》編號1365。（目）

《北京大學圖書館藏歷代墓誌拓片目錄》編號00784。（目）

開皇 196

爾朱敞墓誌并蓋

開皇十年（590）四月廿九日薨於懷州智津里第，以開皇十一年（591）十一月廿四日葬於靈山。1930年洛陽城北卅里張凹村東出土，曾歸三原于右任，今石存西安碑林博物館。誌并蓋均高71、寬70釐米。文32行，滿行32字，隸書。蓋4行，行4字，篆書。首題：大隋故上開府徐州總管邊城郡開國公爾朱公墓誌銘；蓋題：隋徐州總管邊城郡開國公爾朱公墓誌。

圖版著錄：

《漢魏南北朝墓誌集釋》圖版三八三，《新編》3/4/68。（誌）

《北京圖書館藏中國歷代石刻拓本匯編》9冊72頁。（誌）

《隋唐五代墓誌匯編・洛陽卷》1冊16頁。（誌）

《鴛鴦七誌齋藏石》圖178。

《西安碑林全集》67/1159–1172。

《隋代墓誌銘彙考》2冊15—16頁。

錄文著錄：

《全隋文補遺》2/137 上—138 上。

《隋代墓誌銘彙考》2 冊 17—19 頁。

碑目題跋著錄：

《石刻題跋索引》154 頁右，《新編》1/30/22492。

《古誌新目初編》1/15a，《新編》2/18/13699 上。

《漢魏南北朝墓誌集釋》8/83a–b，《新編》3/3/199–200。

《國立北平圖書館藏碑目》14b，《新編》3/36/255 下。

《墓誌徵存目錄》卷 1，《羅振玉學術論著集》第五集，584 頁。

《六朝墓誌檢要》（修訂本）181—182 頁。

《洛陽出土石刻時地記》隋代開皇 015，51 頁。

《碑帖敘錄》213—214 頁。

《隋代墓誌銘彙考》2 冊 21 頁。

淑德大學《中國石刻拓本目錄》"墓誌"編號 277—278。

《北朝隋代墓誌所在総合目錄》編號 1361。

《北京大學圖書館藏歷代墓誌拓片目錄》編號 00782。

論文：

王靜：《爾朱氏墓誌所見隋唐帝國形成中爾朱家族浮沉》，碩士論文，南京大學，2014 年。

備考：爾朱敞，《北史》卷四八、《隋書》卷五五有傳，史傳作"尒朱敞"

開皇 197

爾朱端墓誌并蓋

隋開皇十一年（591）正月薨於京師靜安里，以其年十一月廿四日遷葬於河陰舊塋。1930 年洛陽城北卅里張凹村東地出土，石存河南省新安千唐誌齋博物館。誌高 44、寬 43.5 釐米。誌蓋盝頂高、寬均 38 釐米。誌文 25 行，滿行 25 字，隸書。蓋 4 行，行 4 字，篆書。蓋題：隋故車騎歸化郡開國公爾朱公墓誌銘。

圖版著錄：

《漢魏南北朝墓誌集釋》圖版三八四，《新編》3/4/69–70。

《北京圖書館藏中國歷代石刻拓本匯編》9 冊 73 頁。
《千唐誌齋藏誌》5 頁。
《隋唐五代墓誌匯編・洛陽卷》1 冊 17 頁。
《隋代墓誌銘彙考》2 冊 38—39 頁。
錄文著錄：
《全隋文補遺》2/138 下—139 下。
《隋代墓誌銘彙考》2 冊 40—41 頁。
碑目題跋著錄：
《石刻題跋索引》154 頁右，《新編》1/30/22492。
《崇雅堂碑錄》2/3a，《新編》2/6/4501 上。
《漢魏南北朝墓誌集釋》8/83b，《新編》3/3/200。
《國立北平圖書館藏碑目》14b，《新編》3/36/255 下。
《墓誌徵存目錄》卷 1，《羅振玉學術論著集》第五集，584 頁。
《洛陽出土石刻時地記》隋代開皇 016，51 頁。
《歷代墓誌銘拓片目錄》40 頁。
《六朝墓誌檢要》（修訂本）182 頁。
《隋代墓誌銘彙考》2 冊 42 頁。
《北朝隋代墓誌所在總合目錄》編號 1362。
《北京大學圖書館藏歷代墓誌拓片目錄》編號 00781。
論文：
王靜：《爾朱氏墓誌所見隋唐帝國形成中爾朱家族浮沉》，碩士論文，南京大學，2014 年。

開皇 198

王猛墓誌并蓋

開皇十年（590）十一月七日卒於鎮所，開皇十一年（591）十一月廿八日葬於大興縣高陽原。2005 年五月於西安市長安縣郭杜鎮楊村出土，石存西安市長安縣博物館。誌高 34、寬 34.5 釐米，蓋高、寬均 34.5 釐米。誌文 25 行，滿行 25 字，正書。蓋篆書，3 行，行 3 字。蓋題：大隋開府安定公墓誌；首題：大隋開府儀同三司安定公王君之墓誌。

著錄：

《隋代墓誌銘彙考》2 册 46—50 頁。（圖、文、跋）

《長安新出墓誌》18—19 頁。（圖、文）

《北朝隋代墓誌所在總合目録》編號 1366。（目）

《北京大學圖書館藏歷代墓誌拓片目録》編號 00786。（目）

論文：

王其禕：《長安縣郭杜鎮新出土隋代墓誌銘四種》，《碑林集刊》第 11 輯，2005 年。

開皇 199

劉世清墓誌

又名：劉玄墓誌。開皇十年（590）十二月十三日薨於第，十一年（591）閏十二月七日葬於大興縣高陽原。2006 年三月十六日出土於陝西師範大學後勤基地工地。誌石今存陝西省考古研究院。誌并蓋高、廣均 66 釐米，蓋厚 15 釐米，誌厚 16 釐米。文隸書，23 行，滿行 23 字。蓋 3 行，行 3 字，篆書。蓋題：大隋開府劉君墓誌銘。

著錄：

《長安高陽原新出土隋唐墓誌》24—27 頁。（圖、文、跋）

論文：

王其禕、周曉薇：《讀長安新出隋代墓誌札記三題》，《陝西歷史博物館館刊》第 24 輯，2017 年。

備考：劉世清，《北齊書》卷二〇有傳。

開皇 200

鄭道宵墓誌并蓋

又名：鄭君殘墓誌并蓋。開皇十一年（591）閏十二月九日薨於私第，歲次玄枵月廿六日與夫人劉氏合葬於滎陽之山。河南河陰出土，誌石久佚。誌并蓋高 56、寬 55 釐米。誌文 21 行，滿行 24 字，正書。蓋 4 行，行 4 字，篆書。蓋題：儀同大將軍臨渠二州刺史鄭君之神銘。

圖版著錄：

《漢魏南北朝墓誌集釋》圖版三八七，《新編》3/4/74-75。

《北京圖書館藏中國歷代石刻拓本匯編》9冊74頁。

《隋唐五代墓誌匯編·河南卷》6頁。

《隋代墓誌銘彙考》2冊51—52頁。

錄文著錄：

《中州冢墓遺文》6a-7a，《新編》3/30/271下—272上。

《全隋文補遺》2/148上—下。

《隋代墓誌銘彙考》2冊53—54頁。

碑目題跋著錄：

《石刻題跋索引》154頁右，《新編》1/30/22492。

《古誌新目初編》1/15a，《新編》2/18/13699上。

《蒿里遺文目錄》2（1）/6a，《新編》2/20/14946下。

《夢碧簃石言》4/22b-23a，《新編》3/2/209下—210上。

《漢魏南北朝墓誌集釋》8/84a，《新編》3/3/201。

《中國金石學講義·正編》23b，《新編》3/39/164。

《墓誌徵存目錄》卷1，《羅振玉學術論著集》第五集，584頁。

《歷代墓誌銘拓片目錄》40頁。

《六朝墓誌檢要》（修訂本）182頁。

《金石論叢》"貞石證史·隋鄭君誌即鄭大仕"，92—93頁。

《隋代墓誌銘彙考》2冊55頁。

《北朝隋代墓誌所在總合目錄》編號1367。

《北京大學圖書館藏歷代墓誌拓片目錄》編號00790。

備考：鄭道育，《魏書》卷五六附《鄭嚴祖傳》。

開皇201

郊君殘誌

開皇十一年（591）閏十二月。陝西長安出土，舊藏湖北漢陽葉氏，今存不詳。正書。

碑目題跋著錄：

《石刻名彙》3/23a，《新編》2/2/1036下。

《崇雅堂碑錄補》1/13a，《新編》2/6/4557 上。

開皇 202

息州刺史梁洋德政碑

開皇十一年（591）。在蔡州新息縣。

碑目題跋著錄：

《中州金石考》8/19a，《新編》1/18/13744 上。

《集古錄跋尾》5/3a，《新編》1/24/17875 上。

《集古錄目》4/6a-b，《新編》1/24/17963 下。

《寶刻叢編》5/29b，《新編》1/24/18157 上。

《金石彙目分編》9（4）/77b，《新編》1/28/21074 上。

《石刻題跋索引》38 頁左，《新編》1/30/22376。

《天下金石志》5/15，《新編》2/2/830 上。

《古今碑帖考》13a，《新編》2/18/13169 上。

《中州金石目錄》2/22a，《新編》2/20/14702 下。

《佩文齋書畫譜・金石》62/15b 上，《新編》3/2/58 下。

（康熙）《息縣志・外紀下・坵墓》8/8b，《新編》3/30/263 下。

《金石備攷・汝寧府》，《新編》4/1/63 上。

《六藝之一錄》62/10a，《新編》4/5/125 下。

《墨池篇》6/8a，《新編》4/9/670 下。

備考：梁洋，《北史》卷五九、《隋書》卷三七附《梁睿傳》，然史傳云其"官歷嵩、徐二州刺史、武賁郎將"，未言"息州刺史"一事，待考。

開皇 203

楊濟墓誌

《河洛墓刻拾零》作：呂濟墓誌。卒於懷德里，以開皇十二年（592）正月十五日葬於黃門橋西、洛水之北，東眺嵩山，南望石嶺。2003 年河南省洛陽市白馬鎮出土，旋歸洛陽古玩城李氏。誌高 38.5、寬 39.5 釐米。文 18 行，滿行 18 字，隸書。

著錄：

《隋代墓誌銘彙考》2 冊 60—62 頁。（圖、文、跋）

《河洛墓刻拾零》上冊 50 頁。（圖）

《北朝隋代墓誌所在總合目錄》編號 1369、1370。（目）

論文：

李獻奇、周錚：《北周、隋五方楊氏家族墓誌綜考》，《碑林集刊》第 7 輯，2001 年。

開皇 204

呂思禮暨妻辛氏墓誌

呂思禮大統四年（538）正月薨於蒲州蒲坂里，夫人辛氏大統五年（539）九月薨於長安清德里第，以開皇十二年（592）正月十五日合葬於高陽原。2003 年 3 月西安市長安縣郭杜鎮羊村南三百米呂思禮墓出土，石存陝西省考古研究所。誌高、寬均 52 釐米，厚 9 釐米，蓋高 53、寬 52、厚 7 釐米，蓋盝頂高 44、寬 43 釐米。首題：魏故七兵尚書汶陽呂侯墓誌。

著錄：

《隋代墓誌銘彙考》2 冊 56—59 頁。（圖、文、跋）

《長安高陽原新出土隋唐墓誌》28—32 頁。（圖、文、跋）

《北朝隋代墓誌所在總合目錄》編號 1368。（目）

論文：

陝西省考古研究所：《隋呂思禮夫婦合葬墓清理簡報》，《考古與文物》2004 年第 6 期。

樊英民：《呂思禮墓誌錄文校正》，《考古與文物》2006 年第 3 期。

備考：呂思禮，《周書》卷三八、《北史》卷七〇有傳。

開皇 205

郁久閭可婆頭誌并蓋

開皇十年（590）二月廿二日遘疾薨於幽州邸舍，以開皇十二年（592）正月廿六日遷葬於京兆之高陽原。2005 年 12 月 23 日出土於陝西師範大學後勤基地工地，石存陝西省考古研究所。誌并蓋高、廣均 52 釐米，誌、蓋均厚 7 釐米。誌文正書，25 行，滿行 25 字。蓋 3 行，行 3

字，篆書。首題：隋故大將軍九隴公郁久閭公墓誌銘。蓋題：隋大將軍郁久閭公銘。

著錄：

《隋代墓誌銘彙考》2 冊 63—68 頁。（圖、文、跋）

《長安高陽原新出土隋唐墓誌》32—35 頁。（圖、文、跋）

《北朝隋代墓誌所在總合目錄》編號 1371。（目）

論文：

陝西省考古研究院：《長安高陽原隋郁文閭可婆頭墓發掘簡報》，《文博》2018 年第 4 期。

開皇 206

田景申葬磚

開皇十二年（592）二月六日（一作二日）葬。磚高 20.5、寬 10.5 釐米。文正書，2 行，行 5 或 9 字。

著錄：

《草隸存》卷 4，《新編》4/3/145。（圖）

《中國古代磚刻銘文集》上、下冊編號 1111。（圖、文）

《蒿里遺文目錄》3 上/5b，《新編》2/20/14983 上。（目）

《隋代墓誌銘彙考·存目》6 冊 100 頁。（目）

《北朝隋代墓誌所在總合目錄》編號 1373。（目）

開皇 207

侯惠阪妻李始妃墓銘磚

開皇十二年（592）二月六日。1987 年北京市懷柔縣出土，藏懷柔縣文物管理所。磚高 28.7、寬 14 釐米。文正書，3 行，行 8 至 9 字。

著錄：

《中國古代磚刻銘文集》上、下冊編號 1110。（圖、文）

《北朝隋代墓誌所在總合目錄》編號 1372。（目）

開皇 208

呂道貴墓誌

夫人魏氏薨於第，以大隋開皇十二年（592）二月八日與前妻張氏葬於歷城西南寶公山北。2001年12月山東省濟南市經八路緯四路匯苑小區出土，石存濟南市考古研究所。誌并蓋高、寬均57釐米，厚13釐米。首題：儀同三司濟南郡守呂道貴墓銘。

著錄：

《隋代墓誌銘彙考》2冊69—71頁。（圖、文、跋）

《山東石刻分類全集·歷代墓誌》98—99頁。（圖、文）

《濟南歷代墓誌銘》16—18頁。（文、跋）

《齊魯碑刻墓誌研究》"附表"368頁。（目）

《北朝隋代墓誌所在總合目錄》編號1374。（目）

論文：

郭俊峰等：《濟南發現一隋墓》，《中國文物報》2002年2月22日。

濟南市考古研究所：《濟南隋代呂道貴兄弟墓》，《文物》2005年第1期。

備考：呂道貴，《北史》卷八〇、《隋書》卷七九有傳。

開皇209

呂倉墓誌

開皇十二年（592）二月八日與妻高氏合葬於歷城西南寶公山北。2001年3月山東省濟南市經八路緯四路匯苑小區出土，石存濟南市考古研究所。誌并蓋均高36、寬31、厚9釐米。

著錄：

《隋代墓誌銘彙考》2冊72—74頁。（圖、文、跋）

《山東石刻分類全集·歷代墓誌》100—101頁。（圖、文）

《濟南歷代墓誌銘》19頁。（文、跋）

《齊魯碑刻墓誌研究》"附表"368頁。（目）

《北朝隋代墓誌所在總合目錄》編號1375。（目）

論文：

郭俊峰等：《濟南發現一隋墓》，《中國文物報》2002年2月22日。

濟南市考古研究所：《濟南隋代呂道貴兄弟墓》，《文物》2005年第1期。

開皇 210

董明府清德頌

開皇十二年（592）三月。

碑目題跋著錄：

《金石錄》3/5b，《新編》1/12/8814 上。

《通志·金石略》卷中/3a，《新編》1/24/18039 上。

《寶刻叢編》20/29b，《新編》1/24/18387 上。

《石刻題跋索引》38 頁左，《新編》1/30/22376。

《佩文齋書畫譜·金石》62/15b 上，《新編》3/2/58 下。

《六藝之一錄》62/4b，《新編》4/5/122 下。

開皇 211

苟舜才墓誌

開皇十二年（592）四月五日暴終里舍，以其年與夫人劉氏合葬於平昌縣之西南廿五里。1988 年（一說 1989 年）山東省臨沂縣翟家鄉前後于村出土，石存臨沂縣文物保管所。誌高、寬均 48 釐米，厚 17 釐米。文 20 行，滿行 20 字，左側面刻 2 行，行 16 字，正書。首題：大隋逸士苟君之銘。

著錄：

《隋唐五代墓誌匯編·江蘇山東卷》3 頁。（圖）

《隋代墓誌銘彙考》2 冊 75—77 頁。（圖、文、跋）

《山東石刻分類全集·歷代墓誌》104—105 頁。（圖、文）

《新出魏晉南北朝墓誌疏證》（修訂本）397—398 頁。（文、跋）

《全隋文補遺》2/141 上—下。（文）

《齊魯碑刻墓誌研究》328—329、368 頁。（跋、目）

《北朝隋代墓誌所在總合目錄》編號 1376。（目）

開皇 212

薛貴珍墓誌并蓋

卒於開皇年間，以開皇十二年（592）七月十七日與夫人紇骨氏合葬於雍州長安縣之高陽原。蓋邊長 50 釐米，厚 9 釐米。誌方形，邊長 50 釐米，厚10釐米。誌文正書，26行，滿行27字。蓋篆書，4行，行4字。蓋題：大隋使持節大將軍建興公薛使君墓誌。首題：大隋使持節大將軍建興公薛使君墓誌銘。

著錄：

《西安新獲墓誌集萃》23—25頁。（圖、文）

開皇213

僧璨大士塔銘磚

又名：僧璨皖公山塔記、璨大士塔銘。開皇十二年（592）七月卒於舒之皖公山。道信撰。清代記錄出土於安徽潛山，合肥龔氏舊藏；後1982年4月出土於浙江省杭州市，今藏浙江省博物館。塔三面刻，長15.5、寬11.4、厚3.6釐米。正面塔記5行，滿行6字；左側紀年一行8字；陽文正書。

圖版著錄：

（民國）《安徽通志稿·金石古物存真》，《新編》3/11/501。

《北京圖書館藏中國歷代石刻拓本匯編》9冊78頁。

《中國磚銘》圖版下冊1022頁左—1023頁。

錄文著錄：

《匋齋藏石記》15/6b，《新編》1/11/8121下。

（民國）《安徽通志稿·金石古物考一》76a－b，《新編》3/11/63下。

《全隋文補遺》1/53下。

碑目題跋著錄：

《匋齋藏石記》15/6b－8a，《新編》1/11/8121下—8122下。

《石刻題跋索引》685頁右，《新編》1/30/23023。

《石刻名彙》3/23a，《新編》2/2/1036下。

《古誌彙目》1/11b，《新編》3/37/26。

《北朝隋代墓誌所在總合目錄》編號1377。（目）

論文：

陳浩：《隋禪宗三祖僧璨塔銘磚》，《文物》1985年第4期。

樊波：《〈隋僧璨磚塔銘〉跋》，《碑林集刊》第 13 輯，2008 年。

樊波：《浙江杭州出土〈僧璨磚塔銘〉刊刻年代獻疑》，《考古與文物》2012 年第 3 期。

開皇 214

張盛（字僧賢）墓誌并蓋

卒於洛陽，開皇十二年（592）九月十二日葬於芒山之南、漲分橋之北、遊豫園西、馬安山東、馮村西北一里。2003 年河南省洛陽市孟津縣出土，旋歸北京劉氏，又歸洛陽孫氏。誌高、寬均 41 釐米。文 16 行，滿行 16 字，正書。蓋 3 行，行 3 字，篆書。蓋題：陝州大中正張君墓誌；首題：維大隋開皇十二年歲次壬子九月甲辰朔十二日己卯故陝州大中正張君墓誌。

著錄：

《河洛墓刻拾零》上冊 51 頁。（誌圖）

《洛陽新見墓誌》15 頁。（圖）

《洛陽新獲七朝墓誌》48 頁。（圖）

《北朝隋代墓誌所在總合目錄》編號 1378。（目）

論文：

王其禕、王慶衛：《〈隋代墓誌銘彙考〉補》，《碑林集刊》第 13 輯，2008 年。

開皇 215

趙齡墓誌并蓋

北齊天保九年（558）十月十三日薨於漁陽郡之官舍，夫人郭氏以隋開皇八年（588）三月六日終於鄴縣，以開皇十二年（592）九月廿一日合葬於洛陽縣北邙山信義鄉信義里。河南洛陽出土。誌高 48 釐米，寬 47 釐米；蓋盝頂高 38 釐米，寬 37 釐米。誌文正書，26 行，滿行 28 字。蓋篆書，3 行，行 3 字。蓋題：齊漢陽公趙君墓誌銘。

著錄：

《北京圖書館藏中國歷代石刻拓本匯編》9 冊 80 頁。（圖）

《隋唐五代墓誌匯編·洛陽卷》1 冊 18 頁。（誌圖）

《隋代墓誌銘彙考》2 冊 78—81 頁。（誌圖、文、跋）

《全隋文補遺》2/142 上—143 上。（文）

《新出魏晉南北朝墓誌疏證》（修訂本）386—388 頁。（文、跋）

《北朝隋代墓誌所在總合目錄》編號 1379。（目）

開皇 216

裴使君墓誌

開皇十二年（592）十月十二日。誌高、寬均 50.5 釐米。文 7 行，滿行 7 字，正書。

著錄：

《珍稀墓誌百品》30—31 頁。（圖、文）

開皇 217

長孫懿墓誌并蓋

開皇十二年（592）三月十八日終於家，以十月十二日葬於大興縣崇義鄉之㴲源里。據云出土於陝西省西安市。誌高、寬均 49 釐米。蓋高 50.5、寬 52.5 釐米。誌文 32 行，滿行 32 字，正書。蓋 5 行，行 5 字，篆書。蓋題：大隋使持節儀同三司鄶國公蔡羅二州刺史長孫使君墓誌銘。首題：大隋儀同三司蔡羅二州刺史鄶國公長孫使君墓誌。

圖版著錄：

《秦晉豫新出墓誌蒐佚續編》1 冊 173—174 頁。

開皇 218

羊烈妻長孫敬顏墓誌

開皇十一年（591）閏十二月廿二日薨於兗州太陽里，十二年（592）十月卅日葬於宮山之陽。1993 年六月出土於山東省新泰市羊流鎮，石存新泰市博物館。誌并蓋高、寬均 59 釐米，厚 9 釐米。文 18 行，滿行 18 字，隸書。蓋陰面刻子女名諱，17 行，行字不等，隸書。首題：齊義州羊使君長孫夫人墓誌銘。

著錄：

《隋代墓誌銘彙考》2 冊 82—85 頁。（圖、文、跋）

《山東石刻分類全集·歷代墓誌》102—103 頁。（圖、文）

《全隋文補遺》2/144 上—下。（文）

《新出魏晉南北朝墓誌疏證》（修訂本）389—390 頁。（文、跋）

《齊魯碑刻墓誌研究》247—248、368 頁。（跋、目）

《北朝隋代墓誌所在總合目錄》編號 1380。（目）

論文：

周郢：《新發現的羊氏家族墓誌考略》，載《周郢文史論文集》，第 46—80 頁；又載於《岱宗學刊》1997 年第 3 期。

孫英林：《羊烈夫婦墓誌考略》，《南方文物》2006 年第 3 期。

開皇 219

李則墓誌并蓋

開皇十一年（591）卒於家，開皇十二年（592）十一月七日葬於安平城西北常安鄉仁義里。河北安平縣出土，曾歸安平縣河槽村魏氏宗祠、貴筑黃彭年、常熟宗舜年，今存不詳。誌高、寬均 42.7 釐米，蓋盝頂高、寬均 22 釐米。誌文 19 行，滿行 19 字，正書。蓋 3 行，行 3 字，正書。蓋題：故蘄州刺史李君墓誌。

圖版著錄：

《漢魏南北朝墓誌集釋》圖版三八五，《新編》3/4/71-72。

《北京圖書館藏中國歷代石刻拓本匯編》9 冊 81 頁。

《隋唐五代墓誌匯編·河北卷》7 頁。

《隋代墓誌銘彙考》2 冊 86—87 頁。

錄文著錄：

《京畿冢墓遺文》卷上/13a-b，《新編》1/18/13615 上。

《誌石文錄續編》10b-11a，《新編》2/19/13781 下—13782 上。

（同治）《深州風土記·金石》11 上/8b-9b，《新編》3/24/518 下—519 上。

《魯迅輯校石刻手稿·墓誌》下冊 188—189 頁。

《全隋文補遺》2/145 上—下。

《隋代墓誌銘彙考》2 冊 88—89 頁。

碑目題跋著錄：

《藝風堂金石文字目》18/3b，《新編》1/26/19815 上。

《再續寰宇訪碑錄校勘記》7b，《新編》1/27/20463 上。

《金石彙目分編》3（補遺）/26a，《新編》1/27/20749 下。

《石刻題跋索引》154 頁右，《新編》1/30/22492。

《石刻名彙》3/23a，《新編》2/2/1036 下。

（光緒）《畿輔通志·金石十五》152/44a－b，《新編》2/11/8665 下。附《求是齋藏碑目》。

《語石》2/3b、4/3a、4/8b、10/22b，《新編》2/16/11877 上、11919 上、11921 下、12030 下。

《寶鴨齋題跋》卷中/20a，《新編》2/19/14356 下。

《寰宇貞石圖目錄》卷下/5b，《新編》2/20/14679 下。

《蒿里遺文目錄》2（1）/6a，《新編》2/20/14946 下。

《漢魏南北朝墓誌集釋》8/83b，《新編》3/3/200。

（同治）《深州風土記·金石》11 上/9b－11a，《新編》3/24/519 上—520 上。

《國立北平圖書館藏碑目》14b，《新編》3/36/255 下。

《古誌彙目》1/11b，《新編》3/37/26。

《再續寰宇訪碑錄》卷上，《羅振玉學術論著集》第五集，444 頁。

《墓誌徵存目錄》卷 1，《羅振玉學術論著集》第五集，584 頁。

《歷代墓誌銘拓片目錄》40 頁。

《增補校碑隨筆》（修訂本）279—280 頁。

《六朝墓誌檢要》（修訂本）182 頁、

《隋代墓誌銘彙考》2 冊 91 頁。

《碑帖鑒定》214 頁。

淑德大學《中國石刻拓本目錄》"墓誌"編號 279—280。

《北朝隋代墓誌所在總合目錄》編號 1381。

《北京大學圖書館藏歷代墓誌拓片目錄》編號 00787。

開皇 220

李嗣（字紹祖）墓誌

河清元年（562）十月廿九日卒於家庭，開皇十二年（592）十一月七日葬。河北衡水出土，武強縣滏西村劉連強藏石。誌高46、寬31、厚15釐米。文21行，滿行16字，正書。首題：大隋開皇十二年歲次壬子十一月癸卯朔七日己酉威遠將軍員外騎都尉又除楊烈將軍員外羽林監驃騎大將軍晉州鎮城李紹祖之銘。

著錄：

《衡水出土墓誌》32—33頁。（圖、文）

《北朝隋代墓誌所在總合目錄》編號1382。（目）

開皇221

劉衆墓誌

又名：劉市僧墓誌。大隋壬子年（開皇十二年，592）終於家，開皇十二年十一月十八日葬。2000年冬河北省清苑縣白團村西南出土，石存河北省清苑縣檔案館。誌高、寬均40釐米，厚10釐米。文18行，滿行18字，正書。尾題：大隋開皇十二年歲次壬子十一月癸卯朔十八日庚申劉市僧墓誌。

著錄：

《隋代墓誌銘彙考》2冊92—94頁。（圖、文、跋）

《北朝隋代墓誌所在總合目錄》編號1385。（目）

論文：

吳磐軍：《隋劉衆墓誌簡說》，《文物春秋》2004年第1期。

開皇222

虞弘墓誌并蓋

薨於并第，以開皇十二年（592）十一月十八日葬於唐叔虞墳東三里。1999年7月山西省太原市晉源區王郭村出土，石存山西省博物館。誌并蓋高、寬均73釐米，厚7.5釐米。誌文25行，滿行26字，隸書。蓋3行，行3字，篆書。蓋題：大隋故儀同虞公墓誌。

著錄：

《隋代墓誌銘彙考》2冊95—98頁。（圖、文、跋）

《全隋文補遺》2/147上—下。（文）

《新出魏晉南北朝墓誌疏證》（修訂本）391—393頁。（文、跋）

《北朝隋代墓誌所在總合目錄》編號1384。(目)

論文:

山西省考古研究所等:《太原隋代虞弘墓清理簡報》,《文物》2001年第1期。

張慶捷:《〈虞弘墓誌〉中的幾個問題》,《文物》2001年第1期。

榮新江:《隋及唐初并州的薩保府與粟特聚落》,《文物》2001年第4期。

張慶捷:《虞弘墓誌考釋》,《唐研究》第7卷,2001年;又載於張慶捷:《民族匯聚與文明互動:北朝社會的考古學觀察》,第570—603頁。

林梅村:《稽胡史迹考——太原新出隋代虞弘墓誌的幾個問題》,《中國史研究》2002年第1期。

羅豐:《一件關於柔然民族的重要史料——隋〈虞弘墓誌〉考》,《文物》2002年第6期;又載於羅豐:《胡漢之間——"絲綢之路"與西北歷史考古》,405—422頁。

周偉洲:《隋虞弘墓誌釋證》,見《中外關係史:新史料與新問題》,科學出版社2004年版,第247—257頁。

楊曉春:《隋〈虞弘墓誌〉所見史事繫年考證》,《文物》2004年第9期。

山西省考古所等編著:《太原隋虞弘墓》,第86—93頁。

齊東方:《讀〈太原隋虞弘墓〉》,《中國文物報》2006年5月3日。

郭平梁:《〈虞弘墓誌〉新考》,《民族研究》2006年第4期。

羅新:《虞弘墓誌所見的柔然官制》,《北大史學》第12輯,2007年。

楊曉春:《隋〈虞弘墓誌〉所見"魚國"、"尉紇驎城"考》,《西域研究》2007年第2期。

麥超美:《從〈隋虞弘墓誌〉看府兵制度的發展》,《西南大學學報》2008年第1期。

ソグド人墓誌研究ゼミナール《ソグド人漢文墓誌訳注(8)太原出土〈虞弘墓誌〉(隋・開皇十二年)》,《史滴》33,2011年12月。

張金龍：《隋代虞弘族屬及其祆教信仰管窺》，《文史哲》2016年第2期。

［日］石見清裕：《太原出土〈虞弘墓誌〉》，載於石見清裕編著：《ソグド人墓誌研究》第Ⅰ部"北朝末期のソグド人墓誌"第五章。

開皇223

呂武暨妻宇文氏墓誌并蓋

開皇十二年（592）奉詔使外，薨於行所，以其年十一月十九日與夫人宇文氏合葬大興縣寧安鄉。1956年至1957年間出土於陝西省西安市東郊韓森寨，石存中國社會科學院考古研究所西安研究室。誌高、寬均45釐米；蓋高43、寬45釐米，厚10釐米。誌文28行，滿行29字，正書。蓋4行，行4字，篆書。蓋題：大隋大都督左親衛車騎將軍呂君墓誌；首題：大隋大都督左親衛車騎將軍呂使君之墓誌。

著錄：

《隋唐五代墓誌匯編·陝西卷》3冊2頁。（圖）

《中國西北地區歷代石刻匯編》1冊109頁。（圖）

《隋代墓誌銘彙考》2冊99—104頁。（圖、文、跋）

《全隋文補遺》2/145下—146下。（文）

《新出魏晉南北朝墓誌疏證》（修訂本）394—396頁。（文、跋）

《北朝隋代墓誌所在總合目錄》編號1386。（目）

論文：

中國科學院考古研究所：《西安郊區隋唐墓》，第106—107、93頁。

開皇224

李欽暨妻張氏墓誌

別名：文安墓誌。李欽天平二年（535）十月七日終於陰灌里第，夫人張氏以隋開皇十二年（592）十二月十三日合葬於先君塋西二里。河南洛陽出土，于右任舊藏，今藏西安碑林博物館。誌高、寬均43釐米。誌文16行，滿行16字，正書。

圖版著錄：

《漢魏南北朝墓誌集釋》圖版三八六，《新編》3/4/73。

《北京圖書館藏中國歷代石刻拓本匯編》9 冊 82 頁。

《隋唐五代墓誌匯編・洛陽卷》1 冊 19 頁。

《鴛鴦七誌齋藏石》圖 179。

《西安碑林全集》67/1173–1174。

《隋代墓誌銘彙考》2 冊 105 頁。

錄文著錄：

《全隋文補遺》2/149 上。

《隋代墓誌銘彙考》2 冊 106—107 頁。

碑目題跋著錄：

《石刻題跋索引》154 頁右，《新編》1/30/22492。

《石刻名彙》3/23a，《新編》2/2/1036 下。

《崇雅堂碑錄補》1/13a，《新編》2/6/4557 上。

《古誌新目初編》1/15a，《新編》2/18/13699 上。

《漢魏南北朝墓誌集釋》8/84a，《新編》3/3/201。

《國立北平圖書館藏碑目》14b，《新編》3/36/255 下。

《洛陽出土石刻時地記》隋代開皇 017，51—52 頁。

《歷代墓誌銘拓片目錄》40 頁。

《六朝墓誌檢要》（修訂本）183 頁。

《隋代墓誌銘彙考》2 冊 107 頁。

淑德大學《中國石刻拓本目錄》"墓誌"編號 281。

《北朝隋代墓誌所在總合目錄》編號 1387。

《北京大學圖書館藏歷代墓誌拓片目錄》編號 00788。

開皇 225

□遷墓誌

開皇十二年（592）十一月十七日薨於靜□鄉寧化里，十二月十四日葬。河北靈壽縣出土。拓片高 67、寬 57 釐米。文殘存 13 行，行字數不等，正書。首題：大隋故授□州刺史慈義公□遷之（下缺）。

著錄：

《隋代墓誌銘彙考》2 冊 108—109 頁。（圖、文、跋）

《北朝隋代墓誌所在総合目録》編號1383。（目）
《北京大學圖書館藏歷代墓誌拓片目錄》編號00789。（目）

開皇226

蘇巖墓誌

開皇十二年（592）十一月十六日終於相州相縣靜民鄉之第，以十三年（593）二月十四日遷於相州北十里鄴縣白素鄉。河南安陽出土。曾歸張氏柳風堂，今存北京故宮博物院。誌高41.5、寬42釐米。文17行，滿行17字，隸書。首題：隋故參軍事蘇君之銘。

著錄：

《隋唐五代墓誌匯編·北京大學卷》1冊8頁。（圖）
《隋代墓誌銘彙考》2冊110—112頁。（圖、文、跋）
《故宮博物院藏歷代墓誌彙編》1冊86—87頁。（圖、文）
《新出魏晉南北朝墓誌疏證》（修訂本）399—400。（文、跋）
《歷代墓誌銘拓片目錄》40頁。（目）
《六朝墓誌檢要》（修訂本）183頁。（目）
《北朝隋代墓誌所在総合目録》編號1388。（目）
《北京大學圖書館藏歷代墓誌拓片目錄》編號00791。（目）

開皇227

諸葛子恆紀功碑并陰

又名：諸葛子恆平陳頌、諸葛子恆造像碑。開皇十三年（593）四月十五日。碑在山東蘭山右軍祠，道光七年（1827）在山東泰安普照寺出土。拓片碑陽高113、寬71釐米；陰高73、寬72釐米。文正書，22行，滿行32字。首題名3行共15字。陰4列，6行、12行至24行不等。

圖版著錄：

《北京圖書館藏中國歷代石刻拓本匯編》9冊84—85頁。

錄文著錄：

《宜祿堂收藏金石記》卷15，《新編》2/5/3491下—3492上。（碑陽）
《中國金石學講義·正編》34a–b，《新編》3/39/185–186。（碑陽）

碑目題跋著錄：

《集古求真》3/16b,《新編》1/11/8509 下。

《藝風堂金石文字目》2/42b-43a,《新編》1/26/19554 下—19555 上。

《補寰宇訪碑錄》2/20b,《新編》1/27/20215 下。

《補寰宇訪碑錄校勘記》1/10a-b,《新編》1/27/20290 下。

《金石彙目分編》10（2）/66b,《新編》1/28/21173 下。

《石刻題跋索引》38 頁左,《新編》1/30/22376。

《宜祿堂收藏金石記》卷 15,《新編》2/5/3492 上。

《宜祿堂金石記》2/14b,《新編》2/6/4224 下。

（宣統）《山東通志·藝文志》卷 152,《新編》2/12/9363 上。

《平安館藏碑目》,《新編》2/18/13425 上。

《求恕齋碑錄》,《新編》3/2/526 下。

《雪堂所藏金石文字簿錄》92a-b,《新編》4/7/415 下。

《增補校碑隨筆》（修訂本）280 頁。

《碑帖鑒定》214 頁。

《善本碑帖錄》2/89。

《碑帖敍錄》220 頁。

開皇 228

劉弘墓誌

開皇十一年（591）十二月九日城陷而卒，十三年（593）五月十六日葬於本鄉之舊兆。薛道衡撰。2009 年冬江蘇省徐州市高速公路建設中出土，石藏江蘇師範大學漢文化研究院。誌高 83、寬 68.3、厚 8 釐米。文 33 行，滿行 29 字，正書。首題：隋故使持節上儀同三司泉州刺史劉君墓誌。未見拓本。

碑目著錄：

《北朝隋代墓誌所在總合目錄》編號 1389。

論文：

朱滸：《徐州出土薛道衡所撰隋代劉弘墓誌考釋及研究》,《文獻》2012 年第 1 期。（文）

備考：劉弘,《北史》卷八五、《隋書》卷七一有傳。

開皇229
都督叱奴輝墓誌

又名：叱奴延輝墓誌。開皇十三年（593）十一月十三日，遷葬於砂地南山之陽，西北去夏州統萬城十里埋穴，妻賀遂氏周天和之年夭逝，權斂水□南原，今移就合葬同墳。20世紀90年底出土於陝西省榆林市靖邊縣紅墩界鄉圪坨河大隊華家窪林場耳德井村，石存榆林市文物管理委員會。一誌二石，二石均高32、寬31.5釐米，厚10釐米。一石9行，滿行10字；一石10行，滿行10字，均正書。首題：維大隋開皇十三年歲次癸丑十一月丁酉朔十三日己酉故都督叱奴輝墓誌。

著錄：

《新中國出土墓誌·陝西〔叄〕》上冊8頁（圖）、下冊4頁（文）。

《榆林碑石》20頁（圖）、206頁（文）。

《隋代墓誌銘彙考》2冊113—116頁。（圖、文、跋）

《新出魏晉南北朝墓誌疏證》（修訂本）401—402頁。（文、跋）

《北朝隋代墓誌所在總合目錄》編號1390。（目）

開皇230
梁脩之墓誌

開皇十三年（593）六月九日薨於位，以其年十一月廿四日葬於小陵原零泉鄉黃渠里。誌高57、寬60釐米。文36行，滿行35字。首題：隋故使持節柱國相州刺史華陽襄公梁史君墓誌銘。

著錄：

《珍稀墓誌百品》32—34頁。（圖、文）

備考：梁脩之，字彥光，《北史·循吏傳》和《隋書·循吏傳》有傳，史傳作"脩芝"。

開皇231
李椿墓誌并蓋

開皇十三年（593）正月廿七日薨於京師之永吉里第，以開皇十（三）年十二月六日葬於孝義里地。1984年九月西安市東郊慶華廠出土，石存陝西省考古研究所。誌并蓋均高70、寬71釐米。文41行，滿行40

字，正書。蓋 3 行、行 3 字，篆書。首題：大隋驃騎將軍開府儀同三司河東郡開國公故李公墓誌銘；蓋題：大隋開府河東公墓誌。

著錄：

《隋唐五代墓誌匯編》陝西卷 3 冊 3 頁。（圖）

《中國西北地區歷代石刻匯編》1 冊 110 頁。（圖）

《隋代墓誌銘彙考》2 冊 117—122 頁。（圖、文、跋）

《全隋文補遺》2/150 上—152 上。（文）

《新出魏晉南北朝墓誌疏證》（修訂本）403—407 頁。（文、跋）

《北朝隋代墓誌所在總合目錄》編號 1391。（目）

論文：

桑紹華：《西安市東郊隋李椿夫婦墓清理簡報》，《考古與文物》1986 年第 3 期。

備考：李椿，其事附《周書》卷一五、《北史》卷六〇《李標傳》。

開皇 232

輔顯袟妻賈氏磚誌

開皇十三年（593）十二月六日。近年河北省定縣出土，磚歸河北省正定縣墨香閣。磚高 29、寬 14、厚 6 釐米。文 3 行，行 3、7 或 11 字，正書。

著錄：

《隋代墓誌銘彙考》2 冊 123—124 頁。（圖、文、跋）

《中國古代磚刻銘文集》上、下冊編號 1112。（圖、文）

《墨香閣藏北朝墓誌》276 頁。（圖、文）

《北朝隋代墓誌所在總合目錄》編號 1392。（目）

《北京大學圖書館藏歷代墓誌拓片目錄》編號 00792。（目）

開皇 233

陳思王曹植廟碑

又名：曹植廟碑、曹子建碑、東阿王廟碑。曹魏太和五年（231）卒，隋開皇十三年（593）刻。碑在山東東阿。拓片高 170、寬 102 釐米。文正書兼篆隸，22 行，滿行 43 字。

圖版著錄：

《金石索》石索五，下冊1703—1709頁。

《北京圖書館藏中國歷代石刻拓本匯編》9冊89頁。

錄文著錄：

《金石萃編》39/1a－4a，《新編》1/1/663上—664下。

《山左金石志》10/31b－33a，《新編》1/19/14488上—14489上。

《宜祿堂收藏金石記》卷16，《新編》2/5/3493下—3494上。

《金石續鈔》1/13a－15b，《新編》2/7/5370下—5371下。

（宣統）《山東通志·藝文志》卷149，《新編》2/12/9219下—9220下。

《全隋文》29/9a－10b，《全文》4冊4196上—下。

《魯迅輯校石刻手稿·碑銘》下冊259—263頁。

碑目題跋著錄：

《金石萃編》39/6b－7b，《新編》1/1/665下—666上。

《集古求真》3/16b－17a，《新編》1/11/8509下—8510上。

《山左金石志》10/33a－b，《新編》1/19/14489上。

《潛研堂金石文跋尾》3/20b－21b，《新編》1/25/18772下—19773上。

《潛研堂金石文字目錄》1/14a，《新編》1/25/19013下。

《授堂金石文字續跋》2/11a－12a，《新編》1/25/19181上—下。

《平津讀碑記》3/17b－18a，《新編》1/26/19382上—下。

《藝風堂金石文字目》2/43a，《新編》1/26/19555上。

《寰宇訪碑錄》2/30a，《新編》1/26/19875下。

《寰宇訪碑錄校勘記》3/6a，《新編》1/27/20118下。

《金石彙目分編》10（1）/66a，《新編》1/28/21133下。

《石刻題跋索引》511頁左，《新編》1/30/22849。

《平津館金石萃編》6/13a，《新編》2/4/2493上。

《宜祿堂收藏金石記》16/4b，《新編》2/5/3494下。

《宜祿堂金石記》2/14b，《新編》2/6/4224下。

《崇雅堂碑錄》2/3a，《新編》2/6/4501上。

《金石續鈔》1/15b–16a，《新編》2/7/5371 下—5372 上。

《山左訪碑錄》3/14b，《新編》2/12/9078 上。

（宣統）《山東通志·藝文志》卷 149，《新編》2/12/9220 下—9221 上。

《語石》4/2b、6/7a、9/5b、9/7b，《新編》2/16/11918 下、11966 上、12013 上、12014 上。

《金石萃編校字記》15a，《新編》2/17/12332 上。

《平安館藏碑目》，《新編》2/18/13425 上。

《古墨齋金石跋》2/23b–24a，《新編》2/19/14093 上—下。

《定庵題跋》31a，《新編》2/19/14301 上。

《竹崦盦金石目錄》26b，《新編》2/20/14559 下。

《寰宇貞石圖目錄》卷上/8a、卷下/5b，《新編》2/20/14675 上、14679 下。

《山左碑目》1/34a，《新編》2/20/14834 上。

《山左南北朝石刻存目》7b，《新編》2/20/14888 上。

（道光）《東阿縣志·古蹟·金石》4/15a，《新編》3/27/3 下。

《石目》，《新編》3/36/46 下。

《竹崦盦金石目錄》1/32a，《新編》3/37/355 下。

《中國金石學講義·正編》5a，《新編》3/39/127。

《碑版廣例》7/29a–b，《新編》3/40/328 上。

《漢魏六朝志墓金石例》2/22a–b，《新編》3/40/414 下。

《漢魏六朝墓銘纂例》4/14b–15a。《新編》3/40/465 下—466 上。

《寫禮廎讀碑記》21b–22b，《新編》3/40/555 上—下。

《激素飛清閣平碑記》卷 2，《新編》4/1/205 下。

《雪堂所藏金石文字簿錄》92b，《新編》4/7/415 下。

《金石索》石索五，下冊 1709—1710 頁。

《增補校碑隨筆》（修訂本）280—281 頁。

《碑帖鑒定》214 頁。

《碑帖敘錄》152 頁。

《善本碑帖錄》2/89。

淑德大學《中國石刻拓本目錄》"碑碣等刻石" 編號 551。

開皇 234

大融法師支提塔記

隋開皇十三年（593）葬。河南安陽寶山出土。誌高、寬均 20 釐米。文正書，5 行，滿行 4 字。

圖版著錄：

《北京圖書館藏中國歷代石刻拓本匯編》9 冊 88 頁。

《隋唐五代墓誌匯編·北京卷附遼寧卷》1 冊 6 頁。

碑目題跋著錄：

《石刻名彙》3/23a，《新編》2/2/1036 下。

《崇雅堂碑錄補》1/13a，《新編》2/6/4557 上。

《河朔訪古新錄》2/8a，《新編》2/12/8897 下。

《河朔金石目》2/5b，《新編》2/12/8962 上。

《語石》4/17b，《新編》2/16/11926 上。

《河朔新碑目》中卷/7b，《新編》3/35/574 上。

開皇 235

薛寶墓誌并蓋

開皇九年（589）後卒於安州治下，十三年（593）十月屍柩至家，十四年（594）正月十四日葬於長安縣豐浩鄉浩碑里。誌高、寬均 42 釐米。蓋高 44、寬 43 釐米。文 20 行，滿行 20 字，正書。蓋 3 行，行 3 字，正書。蓋題：大隋大都督薛府君銘。

著錄：

《珍稀墓誌百品》36—37 頁。（圖、文）

開皇 236

陶蠻朗墓誌

開皇十年（590）十二月廿六日卒於宅，開皇十四年（594）正月廿五日遷葬溉凌之野、仙嶺之東。1995 年安徽省淮南市賴山集出土。誌高 69、寬 38 釐米。文 18 行，滿行 32 字，正書。首題：故齊戎招將軍袁水溉池二縣平越將軍墓誌銘并序。

著錄：

《隋代墓誌銘彙考》2 冊 125—127 頁。（圖、文、跋）

《新出魏晉南北朝墓誌疏證》（修訂本）408—410 頁。（文、跋）

《北朝隋代墓誌所在總合目錄》編號 1393。（目）

論文：

江德珠：《介紹淮南出土的隋〈陶蠻朗墓誌〉》，《書法》1998 年第 2 期。

開皇 237

辛瑾墓誌

辛公度撰。開皇十一年（591）十月十七日卒於戰場，十四年（594）正月廿六日葬於雍州長安縣合交鄉高陽原。陝西西安出土，石藏河北省正定縣墨香閣。誌高、寬均 57 釐米。文正書，29 行，滿行 29 字。首題：大隋大將軍弘農辛公之墓誌銘。

著錄：

《秦晉豫新出墓誌蒐佚續編》1 冊 175 頁。（圖）

《北京大學圖書館新藏金石拓本菁華 1996—2012》127 頁。（圖）

《墨香閣藏北朝墓誌》216—217 頁。（圖、文）

《北朝隋代墓誌所在總合目錄》編號 1394。（目）

《北京大學圖書館藏歷代墓誌拓片目錄》編號 00793。（目）

論文：

李宗俊：《隋大將軍辛瑾墓誌考釋》，《唐史論叢》第 18 輯，2014 年。

開皇 238

信行禪師碑

又名：信行禪師塔銘碑。開皇十四年（594）正月。在陝西長安縣。正書。

碑目題跋著錄：

《金石錄》3/5b，《新編》1/12/8814 上。

《陝西金石志》7/4b，《新編》1/22/16446 下。

《通志·金石略》卷中/3a，《新編》1/24/18039 上。

《補寰宇訪碑錄》2/21a,《新編》1/27/20216 上。

《金石彙目分編》12（1）/23b、12（補遺）/1b,《新編》1/28/21288 上、21365 上。

《石刻題跋索引》38 頁左,《新編》1/30/22376。

《關中金石文字存逸考》1/7a、11/1b,《新編》2/14/10359 上、10620 上。

《佩文齋書畫譜·金石》62/15b 下,《新編》3/2/58 下。

（民國）《咸寧長安兩縣續志·金石考下》13/8a,《新編》3/31/543 下。

《古誌彙目》1/12a,《新編》3/37/27。

《金石萃編補目》1/7b,《新編》3/37/487 上。

《六藝之一錄》62/36a,《新編》4/5/138 下。

淑德大學《中國石刻拓本目錄》"碑碣等刻石" 編號552。

開皇239
信行禪師銘塔記

又名：信行禪師塔誌、信行禪師塔銘碑。開皇十四年（594）正月卒於真寂寺。在河南湯陰縣西北二十里西石林村東法隆寺門中。石高八尺，廣三尺七寸五分。文正書，29 行，行 47 字。額 3 行，行 3 字，篆書。碑側有貞元二十年重修塔記。額題：故大信行禪師銘塔碑。《循園金石文字跋尾》認為，湯陰蓋是信行昔游之地。

錄文著錄：

《魯迅輯校石刻手稿·碑銘》下冊 271—277 頁。

碑目題跋著錄：

《石刻名彙》3/23b,《新編》2/2/1036 下。

《崇雅堂碑錄補》1/13a,《新編》2/6/4557 上。

《河朔訪古隨筆》卷下/10b–11a,《新編》2/12/8879 下—8880 上。

《河朔訪古新祿》3/4a,《新編》2/12/8901 下。

《河朔金石目》3/1a,《新編》2/12/8971 上。

《循園金石文字跋尾》卷下/7a–b,《新編》2/20/14477 下。

《綴學堂河朔碑刻跋尾》6a,《新編》2/20/14485 上。

《河朔新碑目》上卷/5a,《新編》3/35/558 上。

《蒿里遺文目錄續編·墓碑徵存下》1b,《新編》3/37/537 上。

備考:《河朔訪古記》認為,湯陰之信行禪師與傳法碑之信行禪師為一人無疑。從貞元二十年重修題記來看,實則其與長安之《信行禪師碑》內容當一致,可能一碑多刻。因其地點與西安不同,故單列。

開皇 240

信行禪師傳法碑

開皇十四年(594)正月。僧法琳撰。在陝西長安縣。

碑目題跋著錄:

《寶刻叢編》7/19b,《新編》1/24/18206 上。

《金石彙目分編》12(1)/23b,《新編》1/28/21288 上。

《六藝之一錄》62/36a,《新編》4/5/138 下。

備考:《金石彙目分編》懷疑,開皇年間的《信行禪師碑》和《信行禪師傳法碑》為同一方碑文,因為時間、地點一致。但是因為唐代武后時期曾有越王李貞撰《唐信行禪師碑》和《唐信行禪師興教碑》二碑,前碑張廷珪書,後碑薛稷書,故單列。

開皇 241

郡功曹劉君墓銘

開皇十四年(594)二月四日終於相州相縣之別宅,即以其年二月七日權葬於相縣西南十里。誌高 40、寬 41 釐米。文 15 行,滿行 15 字,隸書。首題:隋故郡功曹劉君墓銘。

著錄:

《安陽墓誌選編》14(圖)、171 頁(文)。

開皇 242

庫狄士文墓誌

開皇十四年(594)正月卅日卒於京師之第,其年三月十二日葬於杜陵之南三里。石藏大唐西市博物館。誌高、寬均 53.5 釐米,厚 9.5 釐米。文 28 行,滿行 28 字,正書。首題:大隋上開府三州刺史雍州長史湖陂公庫狄士文墓誌。

著錄：

《大唐西市博物館藏墓誌》上冊 32—33 頁。（圖、文）

《北朝隋代墓誌所在總合目錄》編號 1396。（目）

論文：

杜鎮：《從燕代到兩京：北朝隋唐時期的庫狄氏——以隋開皇十四年〈庫狄士文墓誌〉為切入點》，《唐史論叢》第 20 輯，2015 年。

備考：庫狄士文，《北齊書》卷一五、《北史》卷五四、《隋書》卷七四有傳，史傳作"厙狄士文"。

開皇 243

惠雲法師墓誌

又名：賈法師墓誌。開皇十四年（594）三月十二日卒於內侍省。法論撰。陝西西安出土，曾歸諸城劉喜海，今佚。誌高 49.5、寬 48.8 釐米。文 28 行，滿行 27 字，側刻 1 行 12 字，正書。首題：大隋太尉晉王慧日道場故惠雲法師墓。

圖版著錄：

《漢魏南北朝墓誌集釋》圖版三八八，《新編》3/4/76。

《隋唐五代墓誌匯編·江蘇山東卷》4 頁。

《隋代墓誌銘彙考》2 冊 128 頁。

錄文著錄：

《八瓊室金石補正》25/17a–19a，《新編》1/6/4394 上—4395 上。

《關中石刻文字新編》3/1b–2b，《新編》1/22/17006–17008。

《古誌石華續編》1/3a–4b，《新編》2/2/1420 上—下。

《誌石文錄續編》11a–12a，《新編》2/19/13782 上—下。

《中州冢墓遺文》7a–8b，《新編》3/30/272 上—下。

《全隋文補遺》1/27 下—28 下。

《隋代墓誌銘彙考》2 冊 129—131 頁。

碑目題跋著錄：

《八瓊室金石補正》25/19a–20b，《新編》1/6/4395 上—下。

《陝西金石志》7/4a,《新編》1/22/16446 下。

《藝風堂金石文字目》18/3b,《新編》1/26/19815 上。

《補寰宇訪碑錄》2/21a,《新編》1/27/20216 上。

《金石彙目分編》10（3）/50a,《新編》1/28/21203 下。

《石刻題跋索引》154 頁右,《新編》1/30/22492。

《石刻名彙》3/23b,《新編》2/2/1036 下。

《崇雅堂碑錄》2/3a,《新編》2/6/4501 上。

《關中金石文字存逸考》3/13a－b、11/12a,《新編》2/14/10426 上、10625 下。

《平安館藏碑目》,《新編》2/18/13424 上。

《蒿里遺文目錄》5/1a,《新編》2/20/14991 上。

《漢魏南北朝墓誌集釋》8/84a－b,《新編》3/3/201－202。

（民國）《咸寧長安兩縣續志·金石考下》13/8a,《新編》3/31/543 下。

《石目》,《新編》3/36/73 下。

《古誌彙目》1/11b,《新編》3/37/26。

《墓誌徵存目錄》卷 1,《羅振玉學術論著集》第五集,584 頁。

《增補校碑隨筆》（修訂本）281 頁。

《六朝墓誌檢要》（修訂本）183 頁。

《善本碑帖錄》2/89。

《碑帖鑒定》214 頁。

《隋代墓誌銘彙考》2 冊 135 頁。

《北朝隋代墓誌所在總合目錄》編號 1395。

《北京大學圖書館藏歷代墓誌拓片目錄》編號 00794。

備考:《陳書》卷二六、《南史》卷六二《徐陵傳》有惠（慧）雲法師,是否誌主,待考。

開皇 244

王臺墓誌

薨於京邑,開皇十四年（594）三月十五日葬於義成鄉北原。西安市長安縣出土,館藏不詳。誌拓片高、寬均 51 釐米。文 28 行,滿行 29 字,正書。首題：隋故車騎將軍儀同三司左領軍府長史王君墓誌銘。

著錄：

《隋代墓誌銘彙考》2 冊 136—139 頁。（圖、文、跋）

《北朝隋代墓誌所在總合目錄》編號 1397。（目）

論文

王京陽、楊之昉：《隋車騎將軍〈王臺墓誌銘〉略考》，《碑林集刊》第 11 輯，2005 年。

開皇 245

梁龕磚誌

開皇十四年（594）四月十五日刻。陝西西安市長安縣出土，今存西安碑林博物館。磚高 34 釐米，寬 18 釐米。文 4 行，滿行 12 字，正書。

著錄：

《北京圖書館藏中國歷代石刻拓本匯編》9 冊 90 頁。（圖）

《西安碑林全集》67/1175 – 1176。（圖）

《隋代墓誌銘彙考》2 冊 140—141 頁。（圖、文、跋）

《中國古代磚刻銘文集》上、下冊編號 1113。（圖、文）

《全隋文補遺》2/152 上。（文）

《蒿里遺文目錄》3 上/5b，《新編》2/20/14983 上。（目）

《北朝隋代墓誌所在總合目錄》編號 1398。（目）

開皇 246

董李祿妻郝令磚銘

開皇十四年（594）五月廿日卒。1988 年 4 月 24 日河北省邢臺地區隆堯縣西董磚廠出土，石存河北省隆堯縣文物保管所。磚高 29、寬 15、厚 5.4 釐米。文 3 行，行 9 至 11 字不等，正書。

著錄：

《隋唐五代墓誌匯編·河北卷》8 頁。（圖）

《新中國出土墓誌·河北〔壹〕》上冊 41 頁（圖）、下冊 32 頁（文）。

《隋代墓誌銘彙考》2 冊 142—143 頁。（圖、文、跋）

《中國古代磚刻銘文集》上、下冊編號1114。(圖、文)

《全隋文補遺》2/152下。(文)

《新出魏晉南北朝墓誌疏證》(修訂本)411頁。(文、跋)

《北朝隋代墓誌所在總合目錄》編號1399。(目)

開皇247

侯肇暨妻古氏墓誌

侯肇薨於河南之宅，夫人古氏建德六年（577）先終於本第，開皇十四年（594）十月廿三日合葬於洛城西北一十三里。1926年洛陽城北前海資村出土，曾歸三原于右任，今存西安碑林博物館。誌高42、寬43釐米。文21行，滿行21字，隸書。首題：大隋開皇十四年十月廿三日息州梁安郡守侯公銘。

圖版著錄：

《漢魏南北朝墓誌集釋》圖版三八九，《新編》3/4/77。

《北京圖書館藏中國歷代石刻拓本匯編》9冊92頁。

《隋唐五代墓誌匯編·洛陽卷》1冊20頁。

《鴛鴦七誌齋藏石》圖180。

《西安碑林全集》67/1177-1184。

《隋代墓誌銘彙考》2冊144頁。

錄文著錄：

《全隋文補遺》3/152下—153上。

《隋代墓誌銘彙考》2冊145—146頁。

碑目題跋著錄：

《石刻題跋索引》154頁右，《新編》1/30/22492。

《古誌新目初編》1/15b，《新編》2/18/13699上。

《漢魏南北朝墓誌集釋》8/84b-85a，《新編》3/3/202-203。

《國立北平圖書館藏碑目》14b，《新編》3/36/255下。

《六朝墓誌檢要》(修訂本) 183頁。

《洛陽出土石刻時地記》隋代開皇019，52頁。

《隋代墓誌銘彙考》2冊146—147頁。

《北朝隋代墓誌所在總合目錄》編號1400。

開皇248
□敬暨妻董氏墓誌

天保八載（557）卒於鄴縣，夫人董氏開皇七年（587）終於本宅，以十四年（594）十一月十二日合葬於洛城之西五里。2002年春河南省洛陽市白馬寺鎮某村出土，石歸潞澤文博城某氏。誌高50、寬51、厚7.5釐米。文20行，滿行20字，隸書。

著錄：

《邙洛碑誌三百種》42頁。（圖）

《隋代墓誌銘彙考》2冊148—150頁。（圖、文、跋）

《龍門區系石刻文萃》434頁。（圖）

《北朝隋代墓誌所在總合目錄》編號1401。（目）

《北京大學圖書館藏歷代墓誌拓片目錄》編號00795。（目）

開皇249
城皋公扈志碑

開皇十四年（594）二月十九日卒於京師宏政鄉敬仁里，以其年十一月十二日葬於大興城西南合郊鄉脩福里。清道光初年陝西西安咸寧縣南鄉出土。拓片高156、寬84釐米。文正書，28行，滿行57字。額篆書，3行，行4字，額題：大隋上開府城皋公扈使君碑。

圖版著錄：

《北京圖書館藏中國歷代石刻拓本匯編》9冊93頁。

《中國西北地區歷代石刻匯編》1冊111頁。

錄文著錄：

《關中石刻文字新編》1/22b–24b，《新編》1/22/16900–16904。

《金石萃編補遺》1/51a–54b，《新編》2/2/1520上—1521下。

《石交錄》3/27a–30a，《新編》4/6/476上—477下。

《全隋文補遺》2/69上—71上。

碑目題跋著錄：

《陝西金石志》7/4b，《新編》1/22/16446下。

《關中石刻文字新編》1/24b,《新編》1/22/16904。

《藝風堂金石文字目》2/43a,《新編》1/26/19555 上。

《金石彙目分編》12（1）/2a,《新編》1/28/21277 下。

《石刻題跋索引》38 頁左,《新編》1/30/22376。

《金石萃編補遺》1/54b,《新編》2/2/1521 下。

《關中金石文字存逸考》5/4b－10a、11/19a,《新編》2/14/10470 下—10473 下、10629 上。

《平安館藏碑目》,《新編》2/18/13424 下。

《蒿里遺文目錄》1 上/4b,《新編》2/20/14939 上。

（民國）《咸寧長安兩縣續志・金石考上》12/6b－7a,《新編》3/31/517 下—518 上。

《石目》,《新編》3/36/47 上。

《中國金石學講義・正編》5a,《新編》3/39/127。

《石交錄》3/27a,《新編》4/6/476 上。

《雪堂所藏金石文字簿錄》92b－93a,《新編》4/7/415 下—416 上。

《增補校碑隨筆》（修訂本）281 頁。

《碑帖鑒定》215 頁。

《善本碑帖錄》2/89。

開皇 250

尉粲妃叱列氏墓誌并蓋

開皇九年（589）五月廿四日遘疾薨於定州恆陽縣高平鄉之大宅，至十四年（594）十一月十二日式祔文成王之塋。山西大同北朝藝術研究藏誌。誌長 77、高 73 釐米。蓋底長 77、高 72 釐米，頂長 45.5、高 44.5 釐米。誌文 28 行，行 26 字，隸書。蓋 2 行，行 3 字，隸書。蓋題：叱列太妃墓誌。

著錄：

《北朝藝術研究院藏品圖錄・墓誌》202—204 頁。（圖、文）

開皇 251

鳬忠墓誌并蓋

開皇十四年（594）二月十九日卒於京師，以其年十一月十三日葬於大興城西南一十五里。大唐西市博物館藏誌。誌高59、寬59、厚10.5釐米。盝頂蓋，蓋高58、寬60、厚10釐米。誌文31行，滿行31字，正書，蓋3行，行3字，篆書。蓋題：大隋上開府扈君墓誌；首題：隋故上開府鄭商二州刺史城皋郡開國公扈使君墓誌銘。

著錄：

《大唐西市博物館藏墓誌》上冊34—35頁。（圖、文）

《北朝隋代墓誌所在總合目錄》編號1402。（目）

開皇252

元世壽墓誌并蓋

開皇十四年（594）十一月廿二日卒於大興縣之私第，其月廿八日葬於縣之厶鄉永壽里。誌高33.5、寬34.5釐米。文21行，滿行20字，正書。蓋3行，行3字，篆書。蓋題：隋廣平公世子之墓誌；首題：大隋廣平公世子元公子之墓誌。

圖版著錄：

《洛陽新見墓誌》16頁。

《洛陽新獲七朝墓誌》49頁。

《秦晉豫新出墓誌蒐佚續編》1冊176頁。（誌）

碑目著錄：

《北朝隋代墓誌所在總合目錄》編號1403。

開皇253

趙□墓誌

別名：趙君殘誌。武平五年（574）七月廿日卒，葬於長子城西北十里，開皇十四年（594）十二月十九日記。山西長子縣出土，曾歸定海方若。誌高43、寬42釐米。文15行，滿行15字，正書。

圖版著錄：

《漢魏南北朝墓誌集釋》圖版三九〇，《新編》3/4/78。

《隋唐五代墓誌匯編·北京大學卷》1冊9頁。

《隋代墓誌銘彙考》2冊151頁。

錄文著錄：

《山右冢墓遺文》卷上/3b-4a,《新編》1/21/15878 上—下。

《魯迅輯校石刻手稿・墓誌》下冊 194—195 頁。

《全隋文補遺》3/153 下—154 上。

《隋代墓誌銘彙考》2 冊 152 頁。

碑目題跋著錄：

《石刻題跋索引》154 頁右,《新編》1/30/22492。

《石刻名彙》3/23b,《新編》2/2/1036 下。

《崇雅堂碑錄補》1/13a,《新編》2/6/4557 上。

《漢魏南北朝墓誌集釋》8/85a,《新編》3/3/203。

《古誌彙目》1/12a,《新編》3/37/27。

《增補校碑隨筆》（修訂本）281 頁。

《六朝墓誌檢要》（修訂本）184 頁。

《隋代墓誌銘彙考》2 冊 153 頁。

《北朝隋代墓誌所在總合目錄》編號 1404。

《北京大學圖書館藏歷代墓誌拓片目錄》編號 00796。

開皇 254

劉仁恩墓誌并蓋

開皇十四年（594）九月廿九日卒於嶺表，以其年十二月十九日還葬長安縣高陽原。2009 年入藏大唐西市博物館。誌高 50、寬 50、厚 9 釐米。盝頂蓋，蓋高 50、寬 50.5、厚 9 釐米。誌文 27 行，滿行 28 字，隸書。蓋 3 行，行 3 字，篆書。蓋題：大隋大將軍劉君墓誌。首題：隋前大將軍信州總管梁郡公劉使君墓誌。

著錄：

《大唐西市博物館藏墓誌》上冊 36—37 頁。（圖、文）

《北朝隋代墓誌所在總合目錄》編號 1405。（目）

論文：

周曉薇：《史傳"事行闕落"與墓銘"徽音永播"——隋代〈劉仁恩墓誌〉與〈郭均墓誌〉疏證》,《唐史論叢》第 24 輯，第 2017 年。

備考：劉仁恩,《北史》卷七五、《隋書》卷四六有傳。

開皇 255

金紫光祿大夫趙芬碑

開皇某年二月十二日卒於京師太平里第，開皇十四年（594）刻。薛道衡撰。清初出土，碑原在陝西西安長安縣中兆村，今存西安碑林博物館。殘高82、寬76、厚23釐米。文正書，石存上大半，又中裂為二，一存13行，滿行30字；一存12行，滿行29字。

圖版著錄：

《古石抱守錄》，《新編》3/1/383－384。

《北京圖書館藏中國歷代石刻拓本匯編》9冊94頁。

《西安碑林全集》3/288－290。

錄文著錄：

《金石萃編》38/22a－24a，《新編》1/1/654下—655下。

《宜祿堂收藏金石記》卷15，《新編》2/5/3480下—3481上。

《全隋文》30/1a－b，《全文》4冊4197上。

《魯迅輯校石刻手稿·碑銘》下冊265—268頁。

碑目題跋著錄：

《金石萃編》38/24b－26a，《新編》1/1/655下—656下。

《八瓊室金石補正》24/36a－b、37a，《新編》1/6/4384下、4385上。

《集古求真》3/16a－b，《新編》1/11/8509下。

《陝西金石志》7/3a，《新編》1/22/16446上。

《雍州金石記》1/9b，《新編》1/23/17130上。

《潛研堂金石文跋尾》3/17a－b，《新編》1/25/18771上。

《潛研堂金石文字目錄》1/14a，《新編》1/25/19013下。

《平津讀碑記》3/15b－16a，《新編》1/26/19381上—下。

《藝風堂金石文字目》2/44a，《新編》1/26/19555下。

《寰宇訪碑錄》2/28a，《新編》1/26/19874下。

《寰宇訪碑錄刊謬》4b，《新編》1/26/20086下。

《寰宇訪碑錄校勘記》3/4b，《新編》1/27/20117下。

《金石彙目分編》12（1）/2a，《新編》1/28/21277下。

《石刻題跋索引》37 頁右，《新編》1/30/22375。

《平津館金石萃編》6/7b，《新編》2/4/2490。

《宜祿堂金石記》2/12b，《新編》2/6/4223 下。

《崇雅堂碑錄》2/1b，《新編》2/6/4500 上。

《關中金石文字存逸考》5/4a、11/19a，《新編》2/14/10470 下、10629 上。

《關中金石記》1/9，《新編》2/14/10666 上。

《語石》4/2b、6/2a，《新編》2/16/11918 下、11963 下。

《平安館藏碑目》，《新編》2/18/13424 上。

《古墨齋金石跋》2/25a-b，《新編》2/19/14094 上。

《竹崦盦金石目錄》25b，《新編》2/20/14559 上。

《寰宇貞石圖目錄》卷上/8a，《新編》2/20/14675 上。

《古林金石表》13a，《新編》2/20/14900 上。

《蒿里遺文目錄》1 上/4b，《新編》2/20/14939 上。

（乾隆）《西安府志·金石志》72/16a，《新編》3/31/478 下。

（嘉慶）《咸寧縣志·金石志》16/3a，《新編》3/31/504 上。

《石目》，《新編》3/36/46 下。

《竹崦盦金石目錄》1/31a，《新編》3/37/355 上。

《雪堂金石文字跋尾》3/20b-21a，《新編》3/38/313 下—314 上。

《漢魏六朝墓銘纂例》4/17a，《新編》3/40/467 上。

《激素飛清閣平碑記》卷2，《新編》4/1/205 下。

《雪堂所藏金石文字簿錄》87a-88a，《新編》4/7/413 上—下。

《讀碑小箋》，《羅振玉學術論著集》第三集，44—45 頁。

《增補校碑隨筆》（修訂本）275 頁。

《碑帖鑒定》210 頁。

《碑帖敘錄》212 頁。

《善本碑帖錄》2/87。

淑德大學《中國石刻拓本目錄》"碑碣等刻石"編號553。

論文：

樊波：《隋趙芬家族世系及相關問題考補》，《文博》2012 年第 2 期。

樊波：《西安碑林藏〈隋趙芬殘碑〉復原》，《紀念西安碑林九百二十周年華誕國際學術研討會論文集》，第535—543頁。

備考：趙芬，《北史》卷七五、《隋書》卷四六有傳。

開皇256

靜證法師塔記磚并陰

又名：靜澄法師碎身塔記。開皇十四年（594）葬。河南安陽寶山出土，磚高30.3、寬16釐米。文并陰均2行，行4字，隸書。

圖版著錄：

《漢魏南北朝墓誌集釋》圖版六〇〇，《新編》3/4/360。

《北京圖書館藏中國歷代石刻拓本匯編》9冊95頁。

《隋唐五代墓誌匯編·北京卷附遼寧卷》1冊7頁。

《中國磚銘》圖版下冊1024頁。

錄文著錄：

《安陽縣金石錄》2/20a–b，《新編》1/18/13838下。

（嘉慶）《安陽縣志·金石錄》2/11b，《新編》3/28/477上。

碑目題跋著錄：

《金石彙目分編》9（2）/2a，《新編》1/28/20954下。

《石刻題跋索引》38頁左、154頁右，《新編》1/30/22376、22492。

《石刻名彙》3/23b，《新編》2/2/1036下。

《崇雅堂碑錄補》1/13a，《新編》2/6/4557上。

《河朔訪古新錄》2/8a，《新編》2/12/8897下。

《河朔金石目》2/5b，《新編》2/12/8962上。

《中州金石目錄》2/22a，《新編》2/20/14702下。

《蒿里遺文目錄》5/1a，《新編》2/20/14991上。

《漢魏南北朝墓誌集釋》11/117a，《新編》3/3/267。

《河朔新碑目》中卷/8a，《新編》3/35/574下。

《古誌彙目》1/12a，《新編》3/37/27。

《墓誌徵存目錄》卷1，《羅振玉學術論著集》第五集，584頁。

《增補校碑隨筆》（修訂本）242頁。

《六朝墓誌檢要》（修訂本）184 頁。

《北朝隋代墓誌所在總合目錄》編號 1406。

論文：

嚴耀中：《跋隋〈故靜證法師碎身塔〉》，《文物》2003 年第 8 期。

開皇 257

□□殘墓誌

開皇十四年（594）。正書。

碑目題跋著錄：

《蒿里遺文目錄》2（1）/6b，《新編》2/20/14946 下。

《墓誌徵存目錄》卷 1，《羅振玉學術論著集》第五集，584 頁。

開皇 258

郭均墓誌并蓋

開皇十四（594）年卒，十五年（595）正月十四日歸葬於長安之高陽原。石藏大唐西市博物館。誌高、寬均 74 釐米，厚 16 釐米。盝頂蓋，高 73.5、寬 73、厚 13.5 釐米。誌文 35 行，滿行 35 字，正書。蓋 3 行，行 5 字，篆書。蓋題：大隋故使持節上儀同三司淅州刺史固安公郭使君之墓誌銘；首題：大隋故上儀同兵部尚書淅州刺史固安公郭使君墓誌銘。

著錄：

《大唐西市博物館藏墓誌》上冊 38—40 頁。（圖、文）

《北朝隋代墓誌所在總合目錄》編號 1407。（目）

論文：

周曉薇：《史傳"事行闕落"與墓銘"徽音永播"——隋代〈劉仁恩墓誌〉與〈郭均墓誌〉疏證》，《唐史論叢》第 24 輯，第 2017 年。

備考：郭均，《北史》卷七五、《隋書》卷四六有傳。

開皇 259

崔大善墓誌并蓋

開皇七年（587）十二月十日卒於陝州之境，以開皇八年（588）二月廿日權殯於平原鄉士望里，開皇十五年（595）二月七日遷葬於舊塋。1998 年六月河北平山縣兩河鄉西嶽村北出土，石存河北平山縣博物館。

誌高 57、寬 58、厚 11 釐米。蓋高 58、寬 59、厚 15.5 釐米。誌文 23 行，滿行 22 字，隸書。蓋 2 行，行 2 字，正書。蓋題：崔君之銘；首題：大隋伯陽縣開國男崔君墓誌銘并序。

著錄：

《隋代墓誌銘彙考》2 冊 154—157 頁。（圖、文、跋）

《新出魏晉南北朝墓誌疏證》（修訂本）412—414 頁。（文、跋）

《北朝隋代墓誌所在總合目錄》編號 1408。（目）

論文：

河北省文物研究所等：《河北平山縣西嶽村隋唐崔氏墓》，《考古》2001 年第 2 期。

開皇 260

王節墓誌

開皇十五年（595）二月二十日葬於洛城之西張方橋北清風鄉。近年洛陽邙山出土。拓本尺寸未詳，文隸書，20 行，滿行 20 字。蓋 3 行，行 3 字，篆書。蓋題：齊梁州別駕王君墓銘。首題：齊梁州故別駕王君墓誌銘。

碑目著錄：

《隋代墓誌銘彙考·存目》6 冊 101 頁。

《北朝隋代墓誌所在總合目錄》編號 1409。

論文：

王其褘、周曉薇：《洛陽新見隋代墓誌銘輯釋三種》，《華夏考古》2011 年第 4 期。（圖、文）

周曉薇、王其褘：《偽刻為北魏墓誌的〈王節墓誌〉》，《片石千秋：隋代墓誌銘與隋代歷史文化》，第 99—102 頁。（圖、文）

開皇 261

驃騎將軍楊端墓誌

開皇十五年（595）三月。

碑目題跋著錄：

《金石錄》3/5b，《新編》1/12/8814 上。

《通志·金石略》卷中/3b，《新編》1/24/18039 上。

《石刻名彙》3/23b，《新編》2/2/1036 下。

《佩文齋書畫譜・金石》62/15b 下，《新編》3/2/58 下。

《古誌彙目》1/12a，《新編》3/37/27。

《六藝之一錄》62/13a，《新編》4/5/127 上。

《隋代墓誌銘彙考・存目》102 頁。

《北朝隋代墓誌所在總合目錄》編號 1423。

備考：楊端，《周書》卷四四、《北史》卷六六附《楊乾運傳》。

開皇 262

顏智孫墓誌并蓋

又名：韻智孫墓誌。開皇十四年（594）九月八日卒於儒林鄉，開皇十五年（595）八月廿日葬于洛城西北青風鄉。2000 年 7 月河南省洛陽市出土。誌高 44、寬 43.8 釐米。蓋拓片高 44.5、寬 44.8 釐米。誌文 18 行，滿行 18 字，正書。蓋 3 行，行 3 字，篆書。蓋題：故常侍顏（或作"韻"）君墓誌之銘。

著錄：

《邙洛碑誌三百種》43—44 頁。（圖）

《洛陽新見墓誌》17 頁。（圖）

《洛陽新獲七朝墓誌》50 頁。（圖）

《龍門區系石刻文萃》435 頁。（圖）

《隋代墓誌銘彙考》2 冊 158—161 頁。（圖、文、跋）

《北朝隋代墓誌所在總合目錄》編號 1410。（目）

開皇 263

梅淵墓誌并蓋

開皇十五年（595）八月廿三日與夫人李氏合葬。1989 年出土於山西省汾陽縣城關鎮北關村，石存山西省汾陽縣博物館。誌并蓋高、寬均 52 釐米，蓋厚 10 釐米，誌厚 12 釐米。誌文 19 行，滿行 19 字，隸書。蓋 2 行，行 2 字，篆書。蓋題：梅君墓誌；首題：大隋隰城處士梅君墓誌。

著錄：

《隋唐五代墓誌匯編・山西卷》2 頁。（圖）

《隋代墓誌銘彙考》2 冊 162—165 頁。（圖、文、跋）

《全隋文補遺》3/154 上—下。（文）

《新出魏晉南北朝墓誌疏證》（修訂本）415—416 頁。（文、跋）

《北朝隋代墓誌所在總合目錄》編號 1411。（目）

論文：

山西省博物館等：《山西汾陽北關隋梅淵墓清理簡報》，《文物》1992 年第 10 期。

開皇 264

鹿善墓誌并蓋

卒於并州之陣。夫人劉氏，開皇十三年（593）十月十五日卒於大興縣廣福里第，以十五年（595）十月廿一日合葬於洪瀆原。2009 年出土於陝西省咸陽市渭城區北杜鎮邊方村東北 1100 米處。蓋高 67、寬 70、厚 8.5 釐米。誌高 66、寬 69、厚 8.5 釐米。蓋 4 行，行 4 字，篆書。文正書，31 行，滿行 30 字。蓋題：周故上大將軍河內國鹿壯公之墓誌銘。首題：周故上大將軍河內鹿壯公墓誌銘。

論文：

陝西省考古研究院等：《陝西咸陽隋鹿善夫婦墓發掘簡報》，《考古與文物》2013 年第 4 期。（圖、文）

張海艷：《〈考古與文物〉近年公佈五篇墓誌釋文校正》，《古籍整理研究學刊》2015 年第 5 期。

王其禕、周曉薇：《讀長安新出隋代墓誌札記三題》，《陝西歷史博物館館刊》第 24 輯，2017 年。

開皇 265

尉永墓誌

開皇十五年（595）九月十五日卒於豐邑里，十五年十月廿一日遷葬於涇陽縣照狸。陝西涇陽縣出土。誌高、寬均 49 釐米。文正書，24 行，滿行 24 字。首題：隋故開府儀同三司淮州刺史安寧尉公墓誌銘并序。

著錄：

《北京大學圖書館新藏金石拓本菁華 1996—2012》128 頁。（圖）

《秦晉豫新出墓誌蒐佚續編》1 冊 177 頁。（圖）

《北朝隋代墓誌所在總合目錄》編號 1412。（目）

《北京大學圖書館藏歷代墓誌拓片目錄》編號 00797。（目）

論文：

周曉薇、王其禕：《咸陽新出隋開皇十五年〈尉永墓誌〉釋證》，《乾陵文化研究》第 8 輯，2014 年。

開皇 266

張君磚誌二

開皇十五年（595）十月二十四日崇福鄉招信里人。二磚民國時期在無極縣東羅尚村同時出土，收存在無極縣文獻委員會。《隋代墓誌銘彙考》認為當為同一墓主。一磚 8 字，一磚 21 字。

著錄：

（民國）《重修無極縣志·金石志》16/2b，《新編》3/24/181 下。（文）

《隋代墓誌銘彙考》2 冊 201—202 頁。（文、跋）

《北朝隋代墓誌所在總合目錄》編號 1418。（目）

開皇 267

謝岳暨妻關氏墓誌并蓋

開皇三年（583）薨於胡公里，以開皇十五年（595）十月廿四日與夫人關氏合葬邙山之陽。河南洛陽出土，石存西安碑林博物館。誌并蓋均高 48、寬 49 釐米。誌文 20 行，滿行 20 字，隸書。蓋 4 行，行 4 字，篆書。蓋題：大隋故建州平安郡守謝府君墓誌之銘。

圖版著錄：

《漢魏南北朝墓誌集釋》圖版六〇一，《新編》3/4/361－362。

《北京圖書館藏中國歷代石刻拓本匯編》9 冊 105 頁。

《隋唐五代墓誌匯編·洛陽卷》1 冊 21 頁。

《西安碑林全集》68/1200－1207。（誌）

《隋代墓誌銘彙考》2 冊 179—180 頁。

錄文著錄：

《全隋文補遺》3/156 下—157 上。

《新出魏晉南北朝墓誌疏證》（修訂本）417 頁。

《隋代墓誌銘彙考》2 冊 181—182 頁。

碑目題跋著錄：

《石刻題跋索引》155 頁右，《新編》1/30/22493。

《古誌新目初編》1/15b，《新編》2/18/13699 上。

《漢魏南北朝墓誌集釋》11/117a，《新編》3/3/267。

《國立北平圖書館藏碑目》15a，《新編》3/36/256 上。

《墓誌徵存目錄》卷 1，《羅振玉學術論著集》第五集，584 頁。

《洛陽出土石刻時地記》隋代開皇 020，52 頁。

《歷代墓誌銘拓片目錄》40 頁。

《六朝墓誌檢要》（修訂本）184—185 頁。

《新出魏晉南北朝墓誌疏證》（修訂本）417—418 頁。

《隋代墓誌銘彙考》2 冊 182 頁。

《北朝隋代墓誌所在總合目錄》編號 1415。

開皇 268

比丘尼脩梵石室誌

開皇十三年（593）八月廿三日卒於俗宅，十五年（595）十月廿四日葬於石室。吉子撰。清乾隆年間山東益都出土，諸城李文世舊藏。今存山東濰坊市博物館。誌高、寬均 46 釐米。文 17 行，滿行 17 字，正書。首題：故比丘尼釋脩梵石室誌銘并序。

圖版著錄：

《漢魏南北朝墓誌集釋》圖版三九三，《新編》3/4/81。

《北京圖書館藏中國歷代石刻拓本匯編》9 冊 102 頁。

《隋唐五代墓誌匯編·江蘇山東卷》5 頁。

《隋代墓誌銘彙考》2 冊 183 頁。

《山東石刻分類全集·歷代墓誌》106 頁。

錄文著錄：

《金石續編》3/10a–b，《新編》1/4/3054 下。

《八瓊室金石補正》25/33a–34a，《新編》1/6/4402 上—下。

《山左金石志》10/33b–34a，《新編》1/19/14489 上—下。

《益都金石記》1/又 22b–23b，《新編》1/20/14822 下—14823 上。

《山左冢墓遺文》11a–12a，《新編》1/20/14903 上—下。

《古誌石華》4/5a–6a，《新編》2/2/1181 上—下。

《平津館金石萃編》6/15a–16a，《新編》2/4/2494 上—下。

(光緒)《益都縣圖志·金石志上》26/38b–39a，《新編》3/27/430 上—下。

《中國金石學講義·正編》21b–22a，《新編》3/39/159–160。

《全隋文補遺》3/159 上—下。

《隋代墓誌銘彙考》2 冊 184—185 頁。

《山東石刻分類全集·歷代墓誌》106 頁。

碑目題跋著錄：

《金石續編》3/13a–b，《新編》1/4/3056 上。

《八瓊室金石補正》25/38a–b，《新編》1/6/4404 下。附《筠清館金石記》。

《山左金石志》10/34b，《新編》1/19/14489 下。

《益都金石記》1/23b–24a，《新編》1/20/14823 上—下。

《平津讀碑記》3/18b–19a，《新編》1/26/19382 下—19383 上。

《寰宇訪碑錄》2/30a，《新編》1/26/19875 下。

《金石彙目分編》10（3）/24a，《新編》1/28/21190 下。

《石刻題跋索引》155 頁左—右，《新編》1/30/22493。

《石刻名彙》3/23b，《新編》2/2/1036 下。

《古泉山館金石文編殘稿》1/13b–15b，《新編》2/3/1631 上—1632 上。

《崇雅堂碑錄》2/3b，《新編》2/6/4501 上。

(宣統)《山東通志·藝文志》卷 152，《新編》2/12/9383 上。

《語石》4/17a，《新編》2/16/11926 上。

《平安館藏碑目》，《新編》2/18/13424 上。

《懷岷精舍金石跋尾》5a，《新編》2/19/14203 上。

《山左碑目》4/2a，《新編》2/20/14864 下。

《山左南北朝石刻存目》8a，《新編》2/20/14888 下。

《蒿里遺文目錄》5/1a，《新編》2/20/14991 上。

《漢魏南北朝墓誌集釋》8/86a，《新編》3/3/205。

（光緒）《益都縣圖志·金石志上》26/39a–b，《新編》3/27/430 下。

《古誌彙目》1/12a，《新編》3/37/27。

《竹崦盦金石目錄》1/32a，《新編》3/37/355 下。

《金石萃編補目》1/7a，《新編》3/37/487 上。

《漢石經室金石跋尾》，《新編》3/38/267 上。

《漢魏六朝墓銘纂例》4/15b，《新編》3/40/466 上。

《墓誌徵存目錄》卷1，《羅振玉學術論著集》第五集，584 頁。

《增補校碑隨筆》（修訂本）282 頁。

《六朝墓誌檢要》（修訂本）184 頁。

《齊魯碑刻墓誌研究》"附表" 368 頁。

《隋代墓誌銘彙考》2 冊 191 頁。

《北朝隋代墓誌所在総合目錄》編號 1417。

《北京大學圖書館藏歷代墓誌拓片目錄》編號 00798。

開皇 269

段威暨妻劉妙容墓誌并蓋

建德四年（575）七月十七日薨於長安城之私第，夫人劉氏卒於開皇十年（590）四月十三日，以十五年（595）十月廿四日合葬於洪瀆川奉賢鄉大和里。1953 年出土於陝西省咸陽市底張灣，曾藏西北歷史博物館，現藏中國國家博物館。誌并蓋均高 70、寬 70 釐米。蓋 6 行，滿行 6 字，篆書。誌文 29 行，滿行 29 字，正書。蓋題：周故使持節驃騎大將軍開府儀同三司甘河洮三州諸軍事三州刺史新陽公段君之墓誌。首題：周故開府儀同三司洮甘二州刺史新陽段公墓誌銘。

著錄：

《北京圖書館藏中國歷代石刻拓本匯編》9 冊 101 頁。（圖）

《隋唐五代墓誌匯編·陝西卷》1 冊 2 頁。（圖）

《中國西北地區歷代石刻匯編》1 冊 112 頁。（圖）

《西安碑林全集》67/1185－1199。（圖）

《新中國出土墓誌·陝西（貳）》上冊 8 頁（圖）、下冊 6 頁（文）。

《隋代墓誌銘彙考》2 冊 196—200 頁。（圖、文、跋）

《全隋文補遺》3/155 上—156 上。（文）

《新出魏晉南北朝墓誌疏證》（修訂本）419—421 頁。（文、跋）

《碑帖敘錄》117 頁。（跋）

淑德大學《中國石刻拓本目錄》"墓誌"編號 282—283。（目）

《北朝隋代墓誌所在總合目錄》編號 1413。（目）

備考：段威，《北史》卷七六、《隋書》卷六〇附《段文振傳》。

開皇 270

驃騎將軍鞏賓墓誌

又名：驃騎將軍鞏客卿墓誌。北周天和四年（569）十二月薨於京第，夫人陳氏卒於北周保定元年（561），開皇十五年（595）十月廿四日葬於雍州始平縣孝義鄉永豐里。陝西武功縣南鄉出土，清嘉慶二十四年四月段嘉謨訪得，曾在陝西武功縣署，後移西安，後又曾歸渭南趙乾生、長白端方，今存北京故宮博物院。誌高 54、廣 53 釐米。誌文 32 行，滿行 32 字，正書。蓋 3 行，行 3 字，篆書。蓋題：周驃騎將軍鞏君墓誌。首題：周驃騎將軍右光祿大夫雲陽縣開國男鞏君墓誌銘。

圖版著錄：

《漢魏南北朝墓誌集釋》圖版三九二，《新編》3/4/80。

《北京圖書館藏中國歷代石刻拓本匯編》9 冊 103 頁。

《隋唐五代墓誌匯編·北京大學卷》1 冊 10 頁。

《中國西北地區歷代石刻匯編》1 冊 113 頁。

《隋代墓誌銘彙考》2 冊 166 頁。

《故宮博物院藏歷代墓誌彙編》1 冊 89 頁。

錄文著錄：

《金石續編》3/3a－5a，《新編》1/4/3051上—3052上。

《金石萃編補略》1/22a－24a，《新編》1/5/3566下—3567下。

《八瓊室金石補正》25/23a－25b，《新編》1/6/4397上—4398上。

《匋齋藏石記》15/9b－11b，《新編》1/11/8123上—8124上。

《古誌石華》4/2b－4b，《新編》2/2/1179下—1180下。

《宜祿堂收藏金石記》卷16，《新編》2/5/3495下—3496下。

《隋唐石刻拾遺》卷上，《新編》2/14/10301下—10302下。

《魯迅輯校石刻手稿·墓誌》下冊196—200頁。

《全隋文補遺》3/157下—159上。

《隋代墓誌銘彙考》2冊167—169頁。

《故宮博物院藏歷代墓誌彙編》1冊88頁。

碑目題跋：

《金石續編》3/8b－10a，《新編》1/4/3053下—3054下。

《金石萃編補略》1/24a－25a附吳光榮跋，《新編》1/5/3567下—3568上。

《八瓊室金石補正》25/25b、30b－32a，《新編》1/6/4398上、4400下—4401下。

《匋齋藏石記》15/16a－17b，《新編》1/11/8126下—8127上。

《集古求真》1/19a，《新編》1/11/8487上。

《陝西金石志》7/4b，《新編》1/22/16446下。

《平津讀碑記再續》7a－b，《新編》1/26/19465上。

《藝風堂金石文字目》18/3b，《新編》1/26/19815上。

《補寰宇訪碑錄》2/21a－b，《新編》1/27/20216上。

《補寰宇訪碑錄刊誤》5a，《新編》1/27/20273上。

《補寰宇訪碑錄校勘記》1/10b，《新編》1/27/20290下。

《金石彙目分編》12（2）/33b，《新編》1/28/21352上。

《石刻題跋索引》154頁右—155頁左，《新編》1/30/22492－22493。

《石刻名彙》3/23b，《新編》2/2/1036下。

《古誌石華》4/5a，《新編》2/2/1181上。

《古泉山館金石文編殘稿》1/15b－18a，《新編》2/3/1632上—1633下。

《宜祿堂收藏金石記》卷16，《新編》2/5/3496下。

《宜祿堂金石記》2/14b-15a，《新編》2/6/4224下—4225上。

《崇雅堂碑錄》2/3a，《新編》2/6/4501上。

《隋唐石刻拾遺》卷上，《新編》2/14/10302下。

《關中金石文字存逸考》1/7a-b、11/1b，《新編》2/14/10359上、10620上。

《語石》4/3a，《新編》2/16/11919上。

《平安館藏碑目》，《新編》2/18/13425上。

《寰宇貞石圖目錄》卷下/5b，《新編》2/20/14679下。

《蒿里遺文目錄》2（1）/6b，《新編》2/20/14946下。

《漢魏南北朝墓誌集釋》8/85a、86a，《新編》3/3/203、205。附《金石一隅錄》《獨笑齋金石考略》四。

《石目》，《新編》3/36/73下。

《國立北平圖書館藏碑目》15a，《新編》3/36/256上。

《古誌彙目》1/12a，《新編》3/37/27。

《金石萃編補目》1/7b，《新編》3/37/487上。

《碑帖跋》75頁，《新編》3/38/223、4/7/433下。

《漢魏六朝墓銘纂例》4/15a，《新編》3/40/466上。

《墓誌徵存目錄》卷1，《羅振玉學術論著集》第五集，584頁。

《歷代墓誌銘拓片目錄》40頁。

《增補校碑隨筆》（修訂本）281—282頁。

《六朝墓誌檢要》（修訂本）185頁。

《善本碑帖錄》2/90。

《隋代墓誌銘彙考》2冊178頁。

《碑帖敘錄》221頁。

《碑帖鑒定》215頁。

淑德大學《中國石刻拓本目錄》"墓誌"編號284。

《北朝隋代墓誌所在総合目錄》編號1416。

《北京大學圖書館藏歷代墓誌拓片目錄》編號00799。

開皇 271

燕孝禮墓誌

又誤作"邵孝禮墓誌"。開皇十四年（594）卒於城陽鄉澠川里，開皇十五年（595）十月廿四日葬於霞山之北州城之南。山東益都出土，曾歸濰縣郭氏，今佚。誌高 60.5 釐米，寬 35 釐米。文 12 行，滿行 21 字，正書。

圖版著錄：

《漢魏南北朝墓誌集釋》圖版三九一，《新編》3/4/79。

《北京圖書館藏中國歷代石刻拓本匯編》9 冊 104 頁。

《隋代墓誌銘彙考》2 冊 192 頁。

錄文著錄：

《八瓊室金石補正》25/32a – 33a，《新編》1/6/4401 下—4402 上。

（光緒）《益都縣圖志·金石志上》26/32a – b，《新編》3/27/427 上。

《魯迅輯校石刻手稿·墓誌》下冊 202—203 頁。

《全隋文補遺》3/156 上—下。

《隋代墓誌銘彙考》2 冊 193 頁。

碑目題跋著錄：

《八瓊室金石補正》25/33a，《新編》1/6/4402 上。

《金石彙目分編》10（3）/24a、10（補遺）/27a，《新編》1/28/21190 下、21227 上。

《石刻題跋索引》155 頁左，《新編》1/30/22493。

《石刻名彙》3/23b，《新編》2/2/1036 下。

《崇雅堂碑錄補》1/13a，《新編》2/6/4557 上。

（宣統）《山東通志·藝文志》卷 151，《新編》2/12/9317 下。

《山左碑目》4/9b，《新編》2/20/14868 上。

《蒿里遺文目錄》2（1）/6b，《新編》2/20/14946 下。

《漢魏南北朝墓誌集釋》8/85a，《新編》3/3/203。

《國立北平圖書館藏碑目》15a，《新編》3/36/256 上。

《古誌彙目》1/12a，《新編》3/37/27。

《再續寰宇訪碑錄》卷上,《羅振玉學術論著集》第五集, 444 頁。
《墓誌徵存目錄》卷 1,《羅振玉學術論著集》第五集, 584 頁。
《歷代墓誌銘拓片目錄》40 頁。
《增補校碑隨筆》(修訂本) 282 頁。
《六朝墓誌檢要》(修訂本) 185 頁。
《碑帖鑒定》215 頁。
《齊魯碑刻墓誌研究》"附表" 368 頁。
《隋代墓誌銘彙考》2 冊 195 頁。
《北朝隋代墓誌所在總合目錄》編號 1414。
《北京大學圖書館藏歷代墓誌拓片目錄》編號 00800。

開皇 272

元綸墓誌并蓋

開皇十四年（594）三月廿三日卒於大興縣之邸，夫人高氏以十年（590）十二月先卒，以十五年（595）十月廿四日合葬於大興縣之小陵原洪原鄉延信里。蓋方形，邊長 51 釐米。誌高 50、寬 49 釐米。蓋 4 行，行 4 字，篆書。文 30 行，滿行 31 字，正書。蓋題：大隋大都督河州長史故元府君之墓銘。

碑目著錄：

《北朝隋代墓誌所在總合目錄》編號 1419。

論文：

魏秋萍：《長安新出隋開皇十五年〈元綸墓誌〉釋讀》，《考古與文物》2012 年第 6 期。(圖、文)

開皇 273

上柱國韓擒虎碑

開皇十五年（595）十月。河南府新安縣。

碑目題跋著錄：

《金石錄》3/6a,《新編》1/12/8814 下。

《中州金石考》7/24b,《新編》1/18/13730 下。

《集古錄跋尾》5/3a－b,《新編》1/24/17875 上。

《通志·金石略》卷中/3b，《新編》1/24/18039 上。

《金石彙目分編》9（2）/34b、9（4）/49a，《新編》1/28/20970 下、21060 上。

《石刻題跋索引》38 頁左，《新編》1/30/22376。

《墨華通考》2/1b，《新編》2/6/4303 上。

《石墨考異》卷上，《新編》2/16/11639 下。

《古今碑帖考》13b，《新編》2/18/13169 上。

《中州金石目錄》2/23a，《新編》2/20/14703 上。

《佩文齋書畫譜·金石》62/15b 下，《新編》3/2/58 下。

（乾隆）《河南府志·金石志》111/2a-b，《新編》3/28/152 下。

（民國）《重修滑縣志·金石》1/14a-b，《新編》3/29/26 下。

《金石備攷》附錄，《新編》4/1/87 下。

《古今書刻》下編/4a，《新編》4/1/136 下。

《六藝之一錄》62/4b，《新編》4/5/122 下。

《墨池篇》6/8b，《新編》4/9/670 下。

備考：韓擒虎，《北史》卷六八、《隋書》卷五二有傳，史傳作"韓擒"。《墨華通考》《古今書刻》著錄有"韓擒虎壘碑"，薛道衡文，不知是否此碑，暫附此。

開皇 274

盧貴墓誌

開皇十年（590）卒，十五年（595）十一月十日葬。河北涿縣出土。拓片高、寬均 42 釐米。文 20 行，滿行 20 字，隸書。首題：隋故驃騎大將軍北豫州司馬盧公墓誌銘并序。

著錄：

《隋唐五代墓誌匯編·北京大學卷》1 冊 11 頁。（圖）

《隋代墓誌銘彙考》2 冊 203—205 頁。（圖、文、跋）

《六朝墓誌檢要》（修訂本）185 頁。（目）

《北朝隋代墓誌所在總合目錄》編號 1420。（目）

《北京大學圖書館藏歷代墓誌拓片目錄》編號 00801。（目）

開皇 275

張盛（字永興）墓誌

開皇十四年（594）正月十五日終於相州安陽縣脩仁鄉之第，夫人王氏開皇六年（586）亡於靈泉縣西斗山之第，開皇十五年（595）十一月十八日與先君同葬於相州安陽城北五里白素鄉。1959 年五月河南省安陽市豫北紗廠附近出土，現存河南省博物院。誌高、寬均 48 釐米，厚 10 釐米。蓋高、寬均 49、厚 10 釐米。誌文 20 行，滿行 20 字，隸書。蓋 2 行，行 2 字，篆書。蓋題：張君之銘；首題：隋故征虜將軍中散大夫張君之銘。

著錄：

《隋唐五代墓誌匯編·河南卷》8 頁。（圖）

《新中國出土墓誌·河南（壹）》上冊 3 頁（圖）、下冊 2 頁（文）。

《隋代墓誌銘彙考》2 冊 206—208 頁。（圖、文、跋）

《全隋文補遺》3/159 下—160 上。（文）

《新出魏晉南北朝墓誌疏證》（修訂本）422—423 頁。（文、跋）

《六朝墓誌檢要》（修訂本）186 頁。（目）

《北朝隋代墓誌所在總合目錄》編號 1421。（目）

論文：

考古研究所安陽發掘隊：《安陽隋張盛墓發掘記》，《考古》1959 年第 10 期。

中國社會科學院考古研究所安陽工作隊：《安陽隋墓發掘報告》，《考古學報》1981 年第 3 期。

容軒：《張盛墓誌》，《書法》2016 年第 1 期。

開皇 276

隋開府儀同三司崔弘安（一作宏安）墓誌

開皇十五年（595）。陝西咸陽縣出土。

碑目題跋著錄：

《寶刻叢編》8/42b，《新編》1/24/18238 下。

《金石彙目分編》12（1）/76b，《新編》1/28/21314 下。

《石刻題跋索引》155 頁右，《新編》1/30/22493。
《古誌彙目》1/12b，《新編》3/37/28。
《六藝之一錄》62/13a，《新編》4/5/127 上。
《六朝墓誌檢要》（修訂本）186 頁。
《隋代墓誌銘彙考·存目》103 頁。
《北朝隋代墓誌所在總合目錄》編號 1422。

開皇 277
鹿基誕暨妻劉氏墓誌

劉氏開皇十三年（593）卒，十五年（595）合葬。2008 至 2009 年在陝西省咸陽市渭城區北杜鎮、底張鎮和周陵鎮一帶 M301 發掘出土。未見圖版、錄文，形制、規格未詳。

碑目著錄：
《北朝隋代墓誌所在總合目錄》編號 1424。

論文：
劉呆運、徐雍初、蘇慶元：《陝西咸陽渭城底張墓葬及陶窯 2009 年發掘》，《2009 年中國重要考古發現》，第 122—125 頁。

開皇 278
何雄墓誌并蓋

歲次丙辰（開皇十六年，596）二月七日葬於雍州長安縣龍門鄉阿城里。2005 年五月出土於西安市長安縣郭杜鎮楊村，石存西安市長安縣博物館。蓋方形，邊長 29 釐米。誌高 28、寬 28.5 釐米。文 13 行，滿行 15 字，正書。首題：大隋上柱國滕王常侍何君之誌。

著錄：
《隋代墓誌銘彙考》2 冊 209—212 頁。（圖、文、跋）
《長安新出墓誌》20—21 頁。（圖、文）
《北朝隋代墓誌所在總合目錄》編號 1425。（目）
《北京大學圖書館藏歷代墓誌拓片目錄》編號 00802。（目）

論文：
王其禕：《長安縣郭杜鎮新出隋代墓誌銘四種》，《碑林集刊》第 11

輯，2005年。

開皇279

張協墓誌并蓋

開皇十五年（595）十一月一日卒於本第，以十六年（596）二月十九日葬於華源鄉之南郊、張方營之北野。河南洛陽出土，石存香港中文大學文物館。誌拓本高56.6、寬56釐米；蓋拓本高51、寬51.5釐米。文20行，滿行20字，隸書。蓋3行，行3字，篆書。蓋題：大隋處士張君墓誌銘。

著錄：

《隋代墓誌銘彙考》2冊213—216頁。（圖、文、跋）

《北朝隋代墓誌所在總合目錄》編號1426。（目）

《北京大學圖書館藏歷代墓誌拓片目錄》編號00803。（目）

開皇280

韓□叔墓記磚

開皇十六年（596）六月十六日。河北出土，石藏河北正定墨香閣。磚高28、寬14釐米。文正書，2行，行5或8字。

著錄：

《墨香閣藏北朝墓誌》277頁。（圖、文）

《北京大學圖書館藏歷代墓誌拓片目錄》編號00804。（目）

開皇281

海陵公賀若誼碑

開皇十六年（596）二月卒於家，八月廿二日葬。碑在陝西興平。碑拓片通高254、寬95釐米。文正書，28行，滿行67字。額篆書，額題：大隋使持節柱國靈州總管海陵郡賀若使君之碑。

圖版著錄：

《北京圖書館藏中國歷代石刻拓本匯編》9冊113頁。

《中國西北地區歷代石刻匯編》1冊114頁。

錄文著錄：

《金石萃編》39/18b–23a，《新編》1/1/671下—674上。

《八瓊室金石補正》25/39a–41b，《新編》1/6/4405上—4406上。

《吉金貞石錄》1/3a-4b,《新編》1/12/9310 上—下。

《宜祿堂收藏金石記》卷16,《新編》2/5/3499 下—3500 上。

(乾隆)《興平縣志》8/1b-3a,《新編》3/31/559 上—560 上。

《全隋文》30/3b-6b,《全文》4 冊 4198 上—4199 下。

《魯迅輯校石刻手稿·碑銘》下冊 284—292 頁。

碑目題跋著錄:

《金石萃編》39/24a-25a,《新編》1/1/674 下—675 上。

《八瓊室金石補正》25/41b-42b,《新編》1/6/4406 上—下。

《集古求真》3/17b,《新編》1/11/8510 上。

《吉金貞石錄》1/4b-5b,《新編》1/12/9310 下—9311 上。

《陝西金石志》7/5a,《新編》1/22/16447 上。

《雍州金石記》1/11b,《新編》1/23/17131 上。

《石墨鐫華》1/16a,《新編》1/25/18600 下。

《潛研堂金石文跋尾》3/23b,《新編》1/25/18774 上。

《潛研堂金石文字目錄》1/14b,《新編》1/25/19013 下。

《平津讀碑記續記》3a-b,《新編》1/26/19450 上。

《藝風堂金石文字目》2/44a,《新編》1/26/19555 下。

《寰宇訪碑錄》2/31a,《新編》1/26/19876 上。

《寰宇訪碑錄校勘記》3/6b,《新編》1/27/20118 下。

《金石彙目分編》12（1）/81b,《新編》1/28/21317 上。

《石刻題跋索引》38 頁左,《新編》1/30/22376。

《天下金石志》6/9,《新編》2/2/835 上。

《宜祿堂收藏金石記》卷16,《新編》2/5/3500 上。

《宜祿堂金石記》2/15b,《新編》2/6/4225 上。

《崇雅堂碑錄》2/3b,《新編》2/6/4501 上。

《香南精舍金石契》,《新編》2/6/4990 下。

《關中金石文字存逸考》6/18b、11/26a,《新編》2/14/10505 下、10632 下。

《關中金石記》1/10,《新編》2/14/10666 上。

《語石》4/2b、6/2a,《新編》2/16/11918 下、11963 下。

《平安館藏碑目》，《新編》2/18/13425 上。

《定庵題跋》93a–93b，《新編》2/19/14332 上。

《竹崦盦金石目錄》28a，《新編》2/20/14560 下。

《寰宇貞石圖目錄》卷上/8b、卷下/5b，《新編》2/20/14675 上、14679 下。

《古林金石表》15a，《新編》2/20/14901 上。

《蒿里遺文目錄》1 上/4b，《新編》2/20/14939 上。

《佩文齋書畫譜·金石》62/18a 下，《新編》3/2/60 上。

(乾隆)《西安府志·金石志》73/2b，《新編》3/31/482 上。

(乾隆)《興平縣志》8/3a–b，《新編》3/31/560 上。

《石目》，《新編》3/36/47 上。

《話雨樓碑帖目錄》1/16a，《新編》3/36/557。

《西安碑目·興平縣》，《新編》3/37/265 上。

《竹崦盦金石目錄》1/34a，《新編》3/37/356 下。

《漢魏六朝墓銘纂例》4/16b–17a，《新編》3/40/466 下—467 上。

《金石備攷·西安府》，《新編》4/1/30 下。

《激素飛清閣平碑記》卷2，《新編》4/1/205 下。

《六藝之一錄》62/11a，《新編》4/5/126 上。

《雪堂所藏金石文字簿錄》93a–b，《新編》4/7/416 上。

《增補校碑隨筆》(修訂本) 283 頁。

《碑帖鑒定》215 頁。

《善本碑帖錄》2/90。

《碑帖敘錄》195 頁。

淑德大學《中國石刻拓本目錄》"碑碣等刻石" 編號 554。

備考：賀若誼，《北史》卷六八、《隋書》卷三九有傳。

開皇 282

羅達墓誌并蓋

薨於京第，開皇十六年 (596) 八月廿九日葬於大興縣滻川鄉長樂里白鹿原。1982 年 6 月 28 日出土於西安市東郊郭家灘西北國棉五廠，石存西安碑林博物館。誌并蓋均高51、寬50釐米。蓋3行，行3字，篆書。誌文25行，滿行25字，正書。蓋題：大隋巴渠公之墓誌銘；首題：大隋使持節行軍總管齊州刺史巴渠伯羅府君墓誌銘。

著錄：

《西安碑林博物館新藏墓誌彙編》上冊40—43頁。（圖、文）

《隋代墓誌銘彙考》2冊217—221頁。（圖、文、跋）

《全隋文補遺》3/161上—162上。（文）

《新出魏晉南北朝墓誌疏證》（修訂本）424—426頁。（文、跋）

《北朝隋代墓誌所在總合目錄》編號1427。（目）

論文：

李域錚、關雙喜《隋羅達墓清理簡報》，《考古與文物》1984年第5期。

黃利平：《隋羅達墓誌考釋》，《考古與文物》1986年第5期。

開皇283

元伏和墓誌

開皇十四年（594）卒於里舍，十六年（596）十一月十一日與夫人穆氏合葬邙山之陽。1949年前河南洛陽出土，石歸河南省孟津縣平樂鄉郭建邦。誌高60、寬60、厚12釐米。文28行，滿行28字，正書。

著錄：

《新中國出土墓誌·河南〔貳〕》上冊268頁（圖）、下冊288—289頁（文）。

《隋代墓誌銘彙考》2冊222—224頁。（圖、文、跋）

《新出魏晉南北朝墓誌疏證》（修訂本）427—430頁。（文、跋）

《北朝隋代墓誌所在總合目錄》編號1428。（目）

開皇284

車騎將軍盧瞻墓誌

又作：盧瞻墓誌。開皇十六年（596）十一月。陝西咸陽縣出土。

碑目題跋著錄：

《金石錄》3/6a，《新編》1/12/8814下。

《通志·金石略》卷中/3b，《新編》1/24/18039上。

《寶刻叢編》8/42b,《新編》1/24/18238 下。

《金石彙目分編》12（1）/76b,《新編》1/28/21314 下。

《石刻題跋索引》155 頁右,《新編》1/30/22493。

《佩文齋書畫譜・金石》62/15b 下,《新編》3/2/58 下。

《古誌彙目》1/12b,《新編》3/37/28。

《六藝之一錄》62/13a,《新編》4/5/127 上。

《六朝墓誌檢要》（修訂本）186 頁。

《隋代墓誌銘彙考・存目》104 頁。

《北朝隋代墓誌所在總合目錄》編號 1429。

開皇 285

鄭平墓誌

北齊武成帝河清四年（565）卒，開皇十六年（596）與妻于氏合葬。1956 年出土於河南省安陽縣琪村。首題：魏故鎮遠將軍成武縣開國伯鄭君墓記。

著錄：

《隋代墓誌銘彙考》2 冊 225 頁。（文、跋）

《北朝隋代墓誌所在總合目錄》編號 1430。（目）

論文：

《河南安陽琪村發現隋墓》,《考古通訊》1956 年第 6 期。

中國社會科學院考古研究所安陽工作隊：《安陽隋墓發掘報告》,《考古學報》1981 年第 3 期。

開皇 286

內將軍臨汾縣令梁軌碑

開皇十六年（596）。舊在絳州鼓堆村。

碑目題跋著錄：

（光緒）《山西通志・金石記二》90/32a,《新編》3/30/347 下。

開皇 287

張神保塼銘

開皇十七年（597）一月二十一日。石原歸山東無棣吳氏，今佚。

正書。

　　碑目著錄：

《石刻名彙》12/208a，《新編》2/2/1132 上。

《古誌彙目》1/12b，《新編》3/37/28。

《隋代墓誌銘彙考・存目》6 冊 105 頁。

《北朝隋代墓誌所在總合目錄》編號 1431。

開皇 288

安喜公李使君墓碑

　　開皇十六年（596）八月十六日卒於京第，以十七年（597）二月廿五日葬於□西縣交川鄉。碑在陝西乾縣。拓片高 178、寬 74 釐米。文隸書，22 行，滿行 52 字。額篆書，3 行，行 3 字。額題：大隋安喜公李使君碑。

　　圖版著錄：

《北京圖書館藏中國歷代石刻拓本匯編》9 冊 115 頁。

《中國西北地區歷代石刻匯編》1 冊 115 頁。

　　錄文著錄：

《金石萃編》39/25a－28a，《新編》1/1/675 上—676 下。

《八瓊室金石補正》26/1a－2b，《新編》1/6/4407 上—下。

《雪堂所藏金石文字簿錄》93b－95b，《新編》4/7/416 上—417 上。

《全隋文》30/6b－8a，《全文》4 冊 4199 下—4200 下。

《魯迅輯校石刻手稿・碑銘》下冊 298—303 頁。

　　碑目題跋著錄：

《金石萃編》39/30b－32a，《新編》1/1/677 下—678 下。

《八瓊室金石補正》26/3a－b，《新編》1/6/4408 上。

《金石存》11/16a－17b，《新編》1/9/6702 下—6703 上。

《集古求真》10/8a，《新編》1/11/8576 下。

《金石文字記》2/23a，《新編》1/12/9222 上。

《陝西金石志》7/5b，《新編》1/22/16447 上。

《雍州金石記餘》7a－b，《新編》1/23/17184 上。

《石墨鐫華》1/15b–16a,《新編》1/25/18600 上—下。

《潛研堂金石文跋尾》3/22b–23b,《新編》1/25/18773 下—18774 上。

《潛研堂金石文字目錄》1/14a,《新編》1/25/19013 下。

《平津讀碑記續記》1b–2a,《新編》1/26/19449 上—下。

《藝風堂金石文字目》2/44a,《新編》1/26/19555 下。

《寰宇訪碑錄》2/30b,《新編》1/26/19875 下。

《金石彙目分編》12（2）/31a,《新編》1/28/21351 上。

《石刻題跋索引》38 頁左—右,《新編》1/30/22376。

《天下金石志》6/15,《新編》2/2/838 上。

《摹廬金石記》10b,《新編》2/6/4287 下。

《崇雅堂碑錄》2/3b,《新編》2/6/4501 上。

《來齋金石刻考略》卷上/40a,《新編》2/8/5984 下。

《關中金石文字存逸考》6/18b–19b、11/26a,《新編》2/14/10505 下—10506 上、10632 下。

《關中金石記》1/9,《新編》2/14/10666 上。

《語石》1/8a–b,《新編》2/16/11862 下。

《金石萃編校字記》15a–16a,《新編》2/17/12332 上—下。

《竹崦盦金石目錄》27a,《新編》2/20/14560 上。

《古林金石表》13b,《新編》2/20/14900 上。

《蒿里遺文目錄》1 上/4b,《新編》2/20/14939 上。

《佩文齋書畫譜·金石》62/15b 下,《新編》3/2/58 下。

（乾隆）《西安府志·金石志》73/2b,《新編》3/31/482 上。

（光緒）《乾州志稿》10/3b–4a,《新編》3/32/123 上—下。

《金石文考略》5/17b,《新編》3/34/307 上。

《石目》,《新編》3/36/47 上。

《含經堂碑目》,《新編》3/37/254 上。

《西安碑目·乾州》,《新編》3/37/268 上。

《竹崦盦金石目錄》1/32b,《新編》3/37/355 下。

《漢魏六朝墓銘纂例》4/16a。《新編》3/40/466 下。

《金石備攷・西安府》,《新編》4/1/34 上。

《六藝之一錄》62/11b,《新編》4/5/126 上。

《全隋文》30/8a,《全文》4 冊 4200 下。

《碑帖鑒定》215—216 頁。

《碑帖敘錄》65 頁。

開皇 289

張通妻陶貴墓誌

開皇十七年（597）三月廿一日卒，以其月廿六日葬於長安縣之龍首鄉。清乾隆年間陝西西安咸寧縣出土，揚州程青岳、安徽南徐徐積餘舊藏，久佚，有重刻本數種。誌高 36.6、廣 36.2 釐米。文 19 行，滿行 19 字，正書。首題：大將軍昌樂公府司士行參軍張通妻陶墓誌。

圖版著錄：

《古石抱守錄》,《新編》3/1/259。

《漢魏南北朝墓誌集釋》圖版三九四,《新編》3/4/82。

《北京圖書館藏中國歷代石刻拓本匯編》9 冊 116 頁。

《隋唐五代墓誌匯編・北京卷附遼寧卷》1 冊 8 頁。

《中國金石集萃》9 函 1 輯編號 2。

《中國西北地區歷代石刻匯編》1 冊 116 頁。

《西安碑林全集》68/1208 – 1213。

《隋代墓誌銘彙考》2 冊 226 頁。

錄文著錄：

《八瓊室金石補正》26/3b – 4b,《新編》1/6/4408 上—下。

《關中石刻文字新編》3/2b – 3a,《新編》1/22/17008 – 17009。

《古誌石華續編》1/5a – b,《新編》2/2/1421 上。

《誌石文錄續編》12a – b,《新編》2/19/13782 下。

（民國）《江都縣續志・金石攷》15/13a – 14a,《新編》3/6/339 上—下。

《中國金石學講義・正編》20b – 21a,《新編》3/39/158 – 159。

《魯迅輯校石刻手稿・墓誌》下冊 204—205 頁。

《全隋文補遺》3/162 上—下。

《隋代墓誌銘彙考》2 冊 227—228 頁。

碑目題跋著錄：

《八瓊室金石補正》26/4b–5b，《新編》1/6/4408 下—4409 上。

《集古求真》1/19b，《新編》1/11/8487 上。

《陝西金石志》7/6a，《新編》1/22/16447 下。

《藝風堂金石文字目》18/3b，《新編》1/26/19815 上。

《補寰宇訪碑錄》2/21b，《新編》1/27/20216 上。

《補寰宇訪碑錄校勘記》1/10b–11a，《新編》1/27/20290 下—20291 上。

《金石彙目分編》12（1）/2a，《新編》1/28/21277 下。

《石刻題跋索引》155 頁右，《新編》1/30/22493。

《石刻名彙》3/24a，《新編》2/2/1037 上。

《香南精舍金石契》，《新編》2/6/4990 上。

《關中金石文字存逸考》3/13b–14a、11/12a，《新編》2/14/10426 上—下、10625 下。

《語石》4/3a、10/23a，《新編》2/16/11919 上、12031 上。

《寰宇貞石圖目錄》卷下/5b，《新編》2/20/14679 下。

《蒿里遺文目錄》2（1）/6b，《新編》2/20/14946 下。

《漢魏南北朝墓誌集釋》8/86b–87a，《新編》3/3/206。附《奇觚庼文集》中。

（民國）《江都縣續志·金石攷》15/14a–b，《新編》3/6/339 下。

（民國）《咸寧長安兩縣續志·金石考下》13/8a，《新編》3/31/543 下。

《石目》，《新編》3/36/73 下。

《國立北平圖書館藏碑目》15a，《新編》3/36/256 上。

《古誌彙目》1/12b，《新編》3/37/28。

《碑帖跋》69 頁，《新編》3/38/217、4/7/432 上。

《雪堂所藏金石文字簿錄》93b，《新編》4/7/416 上。

《墓誌徵存目錄》卷1，《羅振玉學術論著集》第五集，585 頁。

《貞松老人外集》,《羅振玉學術論著集》第十集下，830 頁。
《北山集古錄》卷二,《北山金石錄》上冊 392—393 頁。
《歷代墓誌銘拓片目錄》40 頁。
《增補校碑隨筆》（修訂本）285—286 頁。
《六朝墓誌檢要》（修訂本）188 頁。
《善本碑帖錄》2/91。
《碑帖鑒定》217 頁。
《碑帖敘錄》170 頁。
《隋代墓誌銘彙考》2 冊 233—236。
淑德大學《中國石刻拓本目錄》"墓誌"編號 285。
《北朝隋代墓誌所在總合目錄》編號 1432。
《北京大學圖書館藏歷代墓誌拓片目錄》編號 00805。

開皇 290

趙長述磚誌

開皇十七年（597）四月十九日。1955 年西安市西郊土門权楊村出土，今存西安碑林博物館。磚長 34.5、寬 17.3 釐米。文 3 行，行 8 至 12 字不等，正書。

著錄：
《西安碑林全集》68/1214 – 1215。（圖）
《隋代墓誌銘彙考》2 冊 237—238 頁。（圖、文、跋）
《全隋文補遺》3/163 上。（文）
《新出魏晉南北朝墓誌疏證》（修訂本）431 頁。（文、跋）
《新中國出土墓誌·陝西〔貳〕》補遺三，上冊 434 頁（目）、下冊 388 頁（文）。
武伯綸：《古城集》262—263、108 頁。（文、跋）
《北朝隋代墓誌所在總合目錄》編號 1433。（目）

開皇 291

賀若嵩墓誌并蓋

開皇十七年（597）四月薨於第，以其年其月廿四日權葬於長安縣龍首鄉。陝西西安市出土，石存西安市文物考古研究所。拓片誌高、寬均28釐米，蓋高、寬均23釐米。文16行，滿行16字，正書。蓋3行，行3字，篆書。蓋題：大隋上儀同賀若君銘；首題：大隋上儀同車騎將軍北陸渾公墓誌。

著錄：

《隋唐五代墓誌匯編·陝西卷》3冊5頁。（圖）

《中國西北地區歷代石刻匯編》1冊117頁。（圖）

《隋代墓誌銘彙考》2冊239—242頁。（圖、文、跋）

《新出魏晉南北朝墓誌疏證》（修訂本）432—433頁。（文、跋）

《北朝隋代墓誌所在總合目錄》編號1434。（目）

開皇 292

牛譙州墓磚

開皇十七年（597）閏五月十日。2006年2月28日出土於陝西西安摯信櫻花園住宅小區工地。磚高35、寬17、厚7.5釐米。文正書，2行，行8字。

著錄：

《長安高陽原新出土隋唐墓誌》36—37頁。（圖、文）

開皇 293

孫觀墓誌并蓋

開皇十三年（593）十二月廿九日卒於邛州異壤，夫人王氏先亡，改葬於高陽；開皇十七年（597）八月十六日同遷葬萬年之宅兆。2005年陝西西安長安區郭杜鎮出土，石存西安市長安縣博物館。誌高33、寬34釐米；蓋高、寬均35釐米。誌文18行，滿行18字，正書。蓋3行，行7字，正書。蓋題：大隋開皇十七年歲次丁巳八月甲寅朔十六日庚子。首題：大隋梁武陵王記室參軍之墓誌。

著錄：

《長安新出墓誌》22—23頁。（圖、文）

《隋代墓誌銘彙考》2冊243—246頁。（圖、文、跋）

《北朝隋代墓誌所在總合目錄》編號1435。（目）

《北京大學圖書館藏歷代墓誌拓片目錄》編號00806。（目）

論文：

王其禕：《長安縣郭杜鎮新出土隋代墓誌銘四種》，《碑林集刊》第11輯，2005年。

開皇294

斛律澈墓誌并蓋

開皇十五年（595）十一月廿日薨於京師，開皇十七年（597）八月十七日葬於并城之北十里。1980年山西省太原市西南郊沙溝村斛律徹墓出土，石存山西省考古研究所。誌高57、寬56釐米；蓋高59、寬58釐米。文24行，滿行25字，隸書。蓋3行，行2字，篆書。蓋題：故崇國公墓誌。

著錄：

《隋唐五代墓誌匯編·山西卷》3頁。（圖）

《隋代墓誌銘彙考》2冊247—250頁。（圖、文、跋）

《全隋文補遺》3/164上—下。（文）

《新出魏晉南北朝墓誌疏證》（修訂本）434—436頁。（文、跋）

《北朝隋代墓誌所在總合目錄》編號1436。（目）

論文：

山西省考古研究所等：《太原隋斛律徹墓清理簡報》，《文物》1992年第10期。

開皇295

劉紹墓誌

開皇三年（583）十月一日卒於私宅，夫人郭氏開皇十七年（597）八月廿五日卒，以其月廿五日合葬於大興縣高陽原。西安市長安縣豆引鄉出土，石藏西安碑林博物館。誌高44.5、寬43.5釐米。文20行，滿行20字，正書。首題：大隋威烈將軍右員外侍郎劉府君墓誌。

著錄：

《西安碑林博物館新藏墓誌彙編》上冊44—45頁。（圖、文）

《隋代墓誌銘彙考》2冊251—256頁。（圖、文、跋）

《全隋文補遺》3/165 上—下。（文）
《北朝隋代墓誌所在総合目錄》編號 1437。（目）
論文：
周曉薇：《兩方新出土隋代墓誌銘解讀》，《碑林集刊》第 9 輯，2003 年。

開皇 296

董美人墓誌

開皇十七年（597）七月十四日卒於仁壽宮山第，以其年十月十二日葬於龍首原。蜀王楊秀撰。清嘉慶道光間陝西西安出土，曾歸上海陸劍庵、徐渭仁，咸豐三年（1853）毀於兵燹，有重刻本。誌高、寬均 52 釐米。文 21 行，滿行 23 字，正書。首題：美人董氏墓誌銘。

圖版著錄：

《古石抱守錄》，《新編》3/1/261。

《漢魏南北朝墓誌集釋》圖版五二八，《新編》3/4/283。

《北京圖書館藏中國歷代石刻拓本匯編》9 冊 119 頁。

《隋唐五代墓誌匯編·北京大學卷》1 冊 12 頁。

《中國西北地區歷代石刻匯編》1 冊 119 頁。

《隋代墓誌銘彙考》2 冊 257 頁。

錄文著錄：

《八瓊室金石補正》26/5b–7a，《新編》1/6/4409 上—4410 上。

《十二硯齋金石過眼錄》8/10b–11b，《新編》1/10/7862 下—7863 上。

《古誌石華》4/6a–7a，《新編》2/2/1181 下—1182 上。

《宜祿堂收藏金石記》卷 16，《新編》2/5/3497 下—3498 上。

《全隋文補遺》1/47 上—下。

《隋代墓誌銘彙考》2 冊 258—259 頁。

碑目題跋：

《八瓊室金石補正》26/9b，《新編》1/6/4411 上。

《十二硯齋金石過眼錄》8/11b–12b，《新編》1/10/7863 上—下。

《集古求真》1/20a，《新編》1/11/8487 下。

《陝西金石志》7/5b，《新編》1/22/16447 上。

《藝風堂金石文字目》18/3b，《新編》1/26/19815 上。

《補寰宇訪碑錄》2/21b，《新編》1/27/20216 上。

《補寰宇訪碑錄校勘記》1/11a，《新編》1/27/20291 上。

《金石彙目分編》12（補遺）/1b，《新編》1/28/21365 上。

《石刻題跋索引》155 頁右，《新編》1/30/22493。

《石刻名彙》3/23b，《新編》2/2/1036 下。

《古誌石華》4/7a，《新編》2/2/1182 上。

《古泉山館金石文編殘稿》1/18b－20a，《新編》2/3/1633 下—1634 下。

《宜祿堂收藏金石記》卷 16，《新編》2/5/3498 上。

《宜祿堂金石記》2/15a，《新編》2/6/4225 上。

《崇雅堂碑錄》2/3b，《新編》2/6/4501 上。

《關中金石文字存逸考》1/7b－8a、11/1b，《新編》2/14/10359 上—下、10620 上。

《平安館藏碑目》，《新編》2/18/13424 上。

《清儀閣題跋》78a－b，《新編》2/19/13917 下。

《寰宇貞石圖目錄》卷下/5b，《新編》2/20/14679 下。

《漢魏南北朝墓誌集釋》10/109a，《新編》3/3/251。

（民國）《咸寧長安兩縣續志·金石考上》12/7a，《新編》3/31/518 上。

《石目》，《新編》3/36/73 下。

《國立北平圖書館藏碑目》15a，《新編》3/36/256 上。

《古誌彙目》1/12b，《新編》3/37/28。

《金石萃編補目》1/7b，《新編》3/37/487 上。

《碑帖跋》68 頁，《新編》3/38/216、4/7/431 下。

《雪堂金石文字跋尾》3/21a，《新編》3/38/314 上。

《清儀閣金石題識》2/36b－37b，《新編》4/7/59 下—60 上。

《丁戊金石跋》1a－3b，《新編》4/7/287 上—288 上。

《鄰蘇老人手書題跋》，《新編》4/7/313 上—316 上。

《雪堂所藏金石文字簿錄》95b，《新編》4/7/417 上。

《讀碑小箋》，《羅振玉學術論著集》第三集，43頁。
《墓誌徵存目錄》卷1，《羅振玉學術論著集》第五集，585頁。
《歷代墓誌銘拓片目錄》40頁。
《善本碑帖錄》2/90-91。
《碑帖敘錄》122頁。
《碑帖鑒定》216—217頁。
《增補校碑隨筆》（修訂本）283—285頁。
《六朝墓誌檢要》（修訂本）186—187頁。
《隋代墓誌銘彙考》2冊268頁。
淑德大學《中國石刻拓本目錄》"墓誌"編號286。
《北朝隋代墓誌所在總合目錄》編號1438。
《北京大學圖書館藏歷代墓誌拓片目錄》編號00807。

論文：

黨晴梵：《隋董美人墓誌》，《碑林集刊》第5輯，1999年。

沈浩：《隋〈美人董氏墓誌銘〉及所見墨拓述略》，《上海博物館集刊》第8輯，2000年。

［日］伊藤滋撰，賈梅譯：《隋代〈董美人墓誌銘〉原拓本介紹》，《碑林集刊》第11輯，2005年。

備考：《集古求真》卷一云："有人疑為偽作。"但諸家皆以為真，故附此。

開皇297

廣平王國太妃蘭勝蠻墓誌

開皇十七年（597）十月十八日卒，以其年十一月十一日葬於涇陽縣龍棲鄉。據云誌出土於陝西省西安市。誌高、寬均57.5釐米。文36行，滿行35字，正書。首題：隋上柱國司空公廣平王國太妃蘭氏墓誌銘并序。

圖版著錄：

《秦晉豫新出墓誌蒐佚續編》1冊178頁。

開皇298

陽城縣令梁寂墓誌

開皇十六年（596）八月卅日卒於陽城縣之府，十七年（597）

十一月十二日葬於洛州河南縣之純風鄉節婦里。2001年河南孟津縣朝陽鎮出土，石藏河南新安縣千唐誌齋博物館。誌高58.5、寬62.5釐米。文25行，滿行26字，正書。首題：隋陽城縣令梁府君墓誌銘。

著錄：

《新中國出土墓誌·河南〔叁〕》（千唐誌齋·壹）上冊6頁（圖）、下冊4—5頁（文）。

《隋代墓誌銘彙考》2冊269—271頁。（圖、文、跋）

《全唐文補遺·千唐誌齋新藏專輯》451—452頁。（文）

《北朝隋代墓誌所在總合目錄》編號1439。（目）

《北京大學圖書館藏歷代墓誌拓片目錄》編號00808。（目）

開皇299

平梁公妻王氏墓誌

開皇十七年（597）十一月十五日卒，其年十一月廿九日葬於小陵原。陝西西安出土。誌高、寬均39.5釐米。文26行，滿行26字，正書。首題：大隋大將軍平梁公夫人墓誌。

著錄：

《秦晉豫新出墓誌蒐佚續編》1冊179頁。（圖）

《北京大學圖書館藏歷代墓誌拓片目錄》編號00809。（目）

論文：

王其禕：《長安新出隋〈平梁公夫人王氏墓誌〉疏證》，《乾陵文化研究》（十一），2017年。

開皇300

縣人為河東桑泉人□令述德殘碑

開皇十七年（597）卒。此碑曾在河北磁縣南響堂山，今存不詳。是碑斷裂，僅存上半20行，行存16至26、27字不等，每行之首一二字多不可見，正書。

碑目題跋著錄：

《集古求真續編》2/11b-12b，《新編》1/11/8726上—下。（節文）

《石刻題跋索引》38 頁左,《新編》1/30/22376。

《綴學堂河朔碑刻跋尾》5b-6a,《新編》2/20/14484 下—14485 上。

《北山集古錄》卷二,《北山金石錄》上冊 392 頁。(節文)

《增補校碑隨筆》(修訂本) 286 頁。

《善本碑帖錄》2/90。

開皇 301

聖衆寺真應禪師碑

開皇十七年 (597) 立。額題:聖衆寺真應禪師妙德碑。

碑目題跋著錄:

《集古錄目》4/6b-7a,《新編》1/24/17963 下—17964 上。

《寶刻叢編》20/30a,《新編》1/24/18387 下。

《石刻題跋索引》38 頁右,《新編》1/30/22376。

《六藝之一錄》62/36a,《新編》4/5/138 下。

開皇 302

張延敬墓記磚

開皇十八年 (598) 正月十二日卒。河北藁城、正定一帶出土,磚歸河北正定劉秀峰墨香閣。磚高 27、寬 13、厚 5.7 釐米。文 2 行,行 8 或 12 字,正書。

著錄:

《隋代墓誌銘彙考》2 冊 275—276 頁。(圖、文、跋)

《中國古代磚刻銘文集》上、下冊編號 1115。(圖、文)

《墨香閣藏北朝墓誌》278 頁。(圖、文)

《北朝隋代墓誌所在總合目錄》編號 1440。(目)

《北京大學圖書館藏歷代墓誌拓片目錄》編號 00810。(目)

論文:

趙生泉:《新近出土磚拓十種》,《中國書畫》2004 年第 8 期。

趙生泉、史瑞英:《河北北朝墓誌札記(七則)》,《文物春秋》2006 年第 2 期。

開皇 303

段韶妻元渠姨墓誌

開皇十七年（597）丁巳終於長安，以開皇十八年（598）正月十八日歸葬於舊塋。河南洛陽出土，石藏河北省正定縣墨香閣。誌高、寬均 44 釐米。文 20 行，滿行 20 字，隸書。首題：齊故左丞相平原王元妃墓誌銘。

著錄：

《隋代墓誌銘彙考》2 冊 277—279 頁。（圖、文、跋）

《墨香閣藏北朝墓誌》218—219 頁。（圖、文）

《北朝隋代墓誌所在總合目錄》編號 1441。（目）

《北京大學圖書館藏歷代墓誌拓片目錄》編號 00811。（目）

論文：

王其禕：《新發現〈隋元妃渠姨墓誌〉跋》，《碑林集刊》第 10 輯，2004 年。

開皇 304

劉安墓誌

開皇十八年（598）正月廿四日葬於京師洪固鄉胄貴里。20 世紀 80 年代末於西安市長安縣洪固鄉出土，石存陝西省考古研究所。誌拓片高 35.5、寬 33 釐米。文 18 行，滿行 18 字，正書。

著錄：

《隋代墓誌銘彙考》2 冊 280—282 頁。（圖、文、跋）

《北朝隋代墓誌所在總合目錄》編號 1442。（目）

開皇 305

成肆虎神銘記

開皇十八年（598）二月十九日葬。2005 年河南省洛陽市出土，旋歸唐氏，後歸洛陽孫氏。誌高 47、寬 23 釐米。文 3 行，滿行 11 字，正書。

著錄：

《河洛墓刻拾零》上冊 52 頁。（圖）

《北朝隋代墓誌所在總合目錄》編號 1443。（目）

論文：

王其禕、王慶衛：《〈隋代墓誌銘彙考〉補》，《碑林集刊》第 13 輯，2008 年。

開皇 306

淮南縣令劉明暨妻梁氏墓誌

又名：劉世榮墓誌。夫人梁氏開皇十八年（598）終，五月二日合葬。河南洛陽出土，端方、于右任舊藏，今存西安碑林博物館。誌高 40.2、寬 39.1 釐米。文 18 行，滿行 18 字，正書。首題：奉車都尉振威將軍淮南縣令劉世榮墓誌銘。

圖版著錄：

《漢魏南北朝墓誌集釋》圖版三九五，《新編》3/4/83。

《北京圖書館藏中國歷代石刻拓本匯編》9 冊 121 頁。

《隋唐五代墓誌匯編·洛陽卷》1 冊 22 頁。

《鴛鴦七誌齋藏石》圖 181。

《西安碑林全集》68/1216–1223。

《隋代墓誌銘彙考》2 冊 283 頁。

錄文著錄：

《匋齋藏石記》15/17b–18b，《新編》1/11/8127 上—下。

《魯迅輯校石刻手稿·墓誌》下冊 206—207 頁。

《全隋文補遺》3/166 上—下。

《隋代墓誌銘彙考》2 冊 284—285 頁。

碑目題跋著錄：

《匋齋藏石記》15/18b–19b，《新編》1/11/8127 下—8128 上。

《續補寰宇訪碑錄》8/6b，《新編》1/27/20347 下。

《石刻題跋索引》156 頁左，《新編》1/30/22494。

《石刻名彙》3/23b，《新編》2/2/1036 下。

《崇雅堂碑錄補》1/13a，《新編》2/6/4557 上。

《古誌新目初編》1/15b，《新編》2/18/13699 上。

《寰宇貞石圖目錄》卷下/6a，《新編》2/20/14680 上。

《蒿里遺文目錄》2（1）/6b，《新編》2/20/14946下。

《漢魏南北朝墓誌集釋》8/87a，《新編》3/3/207。

《國立北平圖書館藏碑目》15a，《新編》3/36/256上。

《古誌彙目》1/12b，《新編》3/37/28。

《墓誌徵存目錄》卷1，《羅振玉學術論著集》第五集，585頁。

《洛陽出土石刻時地記》隋代開皇021、022，52頁。

《歷代墓誌銘拓片目錄》41頁。

《增補校碑隨筆》（修訂本）283頁。

《六朝墓誌檢要》（修訂本）187頁。

《碑帖鑒定》217頁。

《隋代墓誌銘彙考》2冊286頁。

淑德大學《中國石刻拓本目錄》"墓誌"編號287。

《北朝隋代墓誌所在總合目錄》編號1444。

《北京大學圖書館藏歷代墓誌拓片目錄》編號00812。

備考：《洛陽出土石刻時地記》隋代開皇021著錄一方《劉世榮墓誌》，首題與《劉明暨妻梁氏墓誌》相同，且劉明字世榮，故為同一方墓誌。《墓誌徵存目錄》誤為"劉生榮墓誌"。

開皇307

萬寶墓誌

天統三年（567）六月廿一日卒於司州□都郡臨漳，夫人王氏以開皇十八年（598）正月廿五日卒於安陽淳風鄉敦禮里之別舍，以其年五月十二日合葬於相州城西十里零泉縣萬善鄉平原里孫平村東北一百步。據云誌出土於河南省安陽市。高、寬均46.5釐米。文24行，滿行25字，隸書。首題：故齊前軍將軍南襄州刺史萬君墓誌銘。

圖版著錄：

《秦晉豫新出墓誌蒐佚續編》1冊180頁。

論文：

王其禕：《讀新出隋〈萬寶暨妻王氏墓誌〉札記》，《碑林集刊》第22輯，2016年。

開皇 308

王社惠妻張氏墓銘磚

開皇十八年（598）五月十四日。陝西西安出土。尺寸不詳。文正書，3 行，行 3、9、12 字不等。

著錄：

《中國古代磚刻銘文集》上、下冊編號 1116。（圖、文）

《北朝隋代墓誌所在總合目錄》編號 1445。（目）

開皇 309

宋叔彥墓誌

開皇十七年（597）卒，開皇十八年（598）七月廿一日與夫人可朱渾氏合葬於長安縣昆明鄉。2009 年入藏大唐西市博物館。誌高 51、寬 51、厚 7 釐米。文 23 行，滿行 23 字，正書。首題：大隋光州長史宋府君墓誌銘并序。

著錄：

《大唐西市博物館藏墓誌》上冊 42—43 頁。（圖、文）

《北朝隋代墓誌所在總合目錄》編號 1446。（目）

開皇 310

板授經州安定縣令宋睦墓誌

開皇十八年（598）十月十二日葬於五龍城西南六里。河北蔚縣出土，一說山西平遙出土，姚貴昉舊藏。誌高 24、寬 52.8 釐米，厚 11 釐米。文 18 行，滿行 12 字，側一行 10 字，均正書。

圖版著錄：

《漢魏南北朝墓誌集釋》圖版三九七，《新編》3/4/86。

《北京圖書館藏中國歷代石刻拓本匯編》9 冊 125 頁。

《隋唐五代墓誌匯編·北京卷附遼寧卷》1 冊 9 頁。

《隋代墓誌銘彙考》2 冊 292 頁。

錄文著錄：

《京畿冢墓遺文》卷上/14b－15a，《新編》1/18/13615 下—13616 上。

《魯迅輯校石刻手稿・墓誌》下冊 211—212 頁。

《全隋文補遺》3/167 下—168 上。

《隋代墓誌銘彙考》2 冊 293 頁。

碑目題跋：

《石刻題跋索引》156 頁左，《新編》1/30/22494。

《古誌新目初編》1/15b，《新編》2/18/13699 上。

《蒿里遺文目錄》2（1）/6b，《新編》2/20/14946 下。

《漢魏南北朝墓誌集釋》8/87b，《新編》3/3/208。

《墓誌徵存目錄》卷 1，《羅振玉學術論著集》第五集，585 頁。

《洛陽出土石刻時地記》隋代開皇 023，52 頁。

《歷代墓誌銘拓片目錄》41 頁。

《六朝墓誌檢要》（修訂本）187—188 頁。

《隋代墓誌銘彙考》2 冊 294 頁。

《北朝隋代墓誌所在總合目錄》編號 1447。

《北京大學圖書館藏歷代墓誌拓片目錄》編號 00813。

開皇 311

束周縣令李盛墓誌并蓋

開皇十四年（594）卒於里舍，十八年（598）十月十二日與夫人劉氏合葬於魯城縣西南四里。河北滄州出土。誌高、寬均 42.5 釐米。蓋盝頂高、寬均 31 釐米。文 21 行，滿行 22 字，正書。首題：齊故束周縣令李明府墓誌銘。蓋無字。

圖版著錄：

《漢魏南北朝墓誌集釋》圖版三九六，《新編》3/4/84–85。

《北京圖書館藏中國歷代石刻拓本匯編》9 冊 122 頁。

《隋唐五代墓誌匯編・北京大學卷》1 冊 13 頁。

《隋代墓誌銘彙考》2 冊 287—288 頁。

錄文著錄：

《京畿冢墓遺文》卷上/14a–b，《新編》1/18/13615 下。

《全隋文補遺》3/167 上—下。

《隋代墓誌銘彙考》2 冊 289—290 頁。

碑目題跋著錄：

《石刻題跋索引》156 頁左，《新編》1/30/22494。

《石刻名彙》3/23b，《新編》2/2/1036 下。

《蒿里遺文目錄》2（1）/6b，《新編》2/20/14946 下。

《漢魏南北朝墓誌集釋》8/87a-b，《新編》3/3/207-208。

《國立北平圖書館藏碑目》15a，《新編》3/36/256 上。

《墓誌徵存目錄》卷 1，《羅振玉學術論著集》第五集，585 頁。

《歷代墓誌銘拓片目錄》41 頁。

《六朝墓誌檢要》（修訂本）187 頁。

《隋代墓誌銘彙考》2 冊 291 頁。

淑德大學《中國石刻拓本目錄》"墓誌"編號 288。

《北朝隋代墓誌所在總合目錄》編號 1448。

《北京大學圖書館藏歷代墓誌拓片目錄》編號 00814。

開皇 312

王賢墓誌并蓋

卒於家親南陽白水，開皇十八年（598）十月廿日合葬於建昌鄉甘泉里。2005 年在甘肅省武威市涼州區宋家園村出土，石藏武威市文物考古研究所。盝頂蓋，誌、蓋均高、寬 50 釐米。蓋 3 行，行 2 字，正書。誌石圖版模糊，文 17 行，滿行 17 字。蓋題：王府君之墓誌。

碑目著錄：

《北朝隋代墓誌所在總合目錄》編號 1449。

論文：

黎樹科：《甘肅武威出土隋王府君墓誌銘考釋》，《高臺魏晉墓與河西歷史文化研究》，第 278—282 頁。（圖、文）

朱安：《武威近年來出土四合隋唐墓誌》，《隴右文博》2017 年第 3 期。（圖、文）

開皇 313

宋盛墓誌

開皇十八年（598）十月。天津姚氏舊藏。正書。

碑目題跋著錄：

《石刻名彙》3/23b，《新編》2/2/1036 下。

《崇雅堂碑錄補》1/13a，《新編》2/6/4557 上。

開皇 314

韓恒貴墓誌

開皇十八年（598）五月廿三日卒，即以其年十一月三日葬于大興縣之小陵原。2011 年出土於西安市南郊少陵原，無蓋，2012 年底入藏西安碑林博物館。誌高 42.5、寬 45、厚 8.2 釐米。文正書，26 行，滿行 26 字。首題：大隋大都督三水公墓誌銘并序。

著錄：

《西安碑林博物館新藏墓誌續編》上冊 27—29 頁。（圖、文）

論文：

王其禕、周曉薇：《長安新出隋開皇十八年〈韓恒貴墓誌〉疏證》，《文博》2013 年第 4 期。

開皇 315

馬君妻王善墓誌

開皇十八年（598）十一月五日葬。河南洛陽出土。拓片高、寬均 43.5 釐米。文隸書，19 行，滿行 19 字。首題：大隋板授士州刺史故馬公王夫人墓誌銘。

碑目著錄：

《北京大學圖書館藏歷代墓誌拓片目錄》編號 00815。

開皇 316

韋壽墓誌

開皇十二年（592）十一月二十九日卒於京第，十八年（598）十一月十一日歸葬洪固鄉祖塋。1989 年陝西省西安市長安縣少陵原上出土。誌方形，邊長 56.5、厚 11 釐米。蓋篆書，4 行，行 4 字。文 29 行，滿行 29 字，末 3 行行 47 字，側 1 行殘存 10 字，正書。蓋題：大隋上開府毛州刺史滑國定公墓誌銘。

著錄：

《隋代墓誌銘彙考》2 冊 295—296 頁。（局部圖、節文、跋）

《北朝隋代墓誌所在總合目錄》編號 1450。（目）

論文：

戴應新：《隋韋諶墓和韋壽夫婦合葬墓的出土文物》，《故宮文物月刊》第 18 卷第 4 期，2000 年。

備考：韋壽，《隋書》卷四七、《北史》卷六四有傳。

開皇 317

韋協墓誌并蓋

開皇十八年（598）三月二日卒於州，以其年十一月十七日遷厝於雍州大興縣界杜陵源洪固鄉壽貴里。2010 年西安市文物保護考古研究院於西安市長安區神禾大道以北、何家營村以西發掘出土。蓋方形，盝頂，蓋邊長 75 釐米，頂面邊長 62、斜剎寬 7.5、厚 13.5 釐米；蓋 4 行，行 4 字，篆書。誌方形，邊長 73、厚 12.6 釐米。文正書，28 行，滿行 30 字。蓋題：大隋使持節柱國泰州刺史韋定公墓誌。首題：隋故使持節柱國泰州諸軍事泰州刺史韋公墓誌。

論文：

西安市文物保護考古研究院：《隋韋協墓發掘簡報》，《文博》2015 年第 3 期。（圖、文）

趙晶：《隋代泰州刺史〈韋協墓誌〉考釋》，《文博》2015 年第 3 期。

備考：韋協，《隋書》卷四七、《北史》卷六四附《韋洸傳》。

開皇 318

韋諶墓誌

開皇九年（589）卒，開皇十八年（598）十一月十八日葬於大興縣洪固鄉。1989 年陝西省西安市長安縣少陵原上出土。誌方形，邊長 53 釐米。文 28 行，滿行 28 字，正書。蓋篆書，4 行，行 4 字。蓋題：大隋儀同陵普蓬三州刺史平桑公墓誌。

著錄：

《隋代墓誌銘彙考·存目》6 冊 208 頁。

《北朝隋代墓誌所在總合目錄》編號 1451、1927。（目）

論文：

戴應新：《隋韋諶墓和韋壽夫婦合葬墓的出土文物》，《故宮文物月刊》第 18 卷第 4 期，2000 年。（節文、跋）

備考：《隋代墓誌銘彙考·存目》所著錄的"平桑公□君誌蓋"，從出土地點和誌蓋標題來看，其為韋諶墓誌蓋。

開皇 319
□澈墓誌

終於土里，開皇十八年（598）十一月十八日改葬大墓。出土於山西省黎城縣停河鋪鄉霞莊村，出土時間不詳，石存山西省黎城縣博物館。誌高 41、寬 42 釐米。文 15 行，滿行 15 字，正書。

著錄：

《北京圖書館藏中國歷代石刻拓本匯編》9 冊 123 頁。（圖）

《隋唐五代墓誌匯編·山西卷》4 頁。（圖）

《隋代墓誌銘彙考》2 冊 297—298 頁。（圖、文、跋）

《全隋文補遺》3/168 上一下。（文）

《新出魏晉南北朝墓誌疏證》（修訂本）437 頁。（文、跋）

《北朝隋代墓誌所在總合目錄》編號 1452。（目）

論文：

朱振宏：《隋〈□徹墓誌〉箋證考釋》，《碑林集刊》第 18 輯，2012 年。

張乃翥：《洛陽出土隋突厥徹墓誌讀跋—以中古漢籍紀事為中心》，載《佛教石窟與絲綢之路》，第 225—235 頁。

開皇 320
虞弘妻魏氏墓誌

開皇十七年（597）卒，□（十）八年（598）十一月□七日葬，右臨懸甕，左帶汾川。1999 年出土於山西省太原市晉源區王郭村，石存山西省博物館。誌石殘存五塊，高約 61 釐米，寬不詳，厚 8 釐米；蓋高、寬均 61 釐米，厚 7.5 釐米。誌文行數不詳，滿行 20 字，正書。

著錄：

《隋代墓誌銘彙考》2 冊 272—274 頁。（圖、文、跋）
《太原隋虞弘墓》92—94 頁。（圖、文、跋）
《北朝隋代墓誌所在總合目錄》編號 1453。（目）
論文：
山西省考古研究所等：《太原隋代虞弘墓清理簡報》，《文物》2001 年第 1 期。

開皇 321

梁州刺史陳茂碑

開皇十四年（594）卒，開皇十八年（598）十一月刻。碑在山西臨晉縣小嶷山出土。拓片通高 198、寬 73 釐米。文正書，漫漶，約 30 餘行，滿行 76 字。額篆書，3 行，行 4 字。額題：大隋上開府梁州使君陳公碑。

圖版著錄：
《北京圖書館藏中國歷代石刻拓本匯編》9 冊 124 頁。
錄文著錄：
《金石萃編》39/7b–10b，《新編》1/1/666 上—667 下。
《八瓊室金石補正》26/11b–13a，《新編》1/6/4412 上—4413 上。
《山右石刻叢編》3/11a–13b，《新編》1/20/14987 上—14988 上。
《全隋文》30/1b–3b，《全文》4 冊 4197 上—4198 上。
碑目題跋著錄：
《金石萃編》39/11b–13b，《新編》1/1/668 上—669 上。
《集古求真續編》2/9a–10b，《新編》1/11/8725 上—下。
《金石錄》3/6a，《新編》1/12/8814 下。
《山右石刻叢編》3/13b–16b，《新編》1/20/14988 上—14989 下。
《集古錄跋尾》5/3b–4a，《新編》1/24/17875 上—下。
《通志·金石略》卷中/1a，《新編》1/24/18038 上。
《平津讀碑記》3/19a–b，《新編》1/26/19383 上。
《寰宇訪碑錄》2/30b，《新編》1/26/19875 下。
《寰宇訪碑錄刊謬》5a，《新編》1/26/20087 上。
《金石彙目分編》11/36b，《新編》1/28/21245 下。

《石刻題跋索引》38 頁右,《新編》1/30/22376。

《平津館金石萃編》6/16b,《新編》2/4/2494 下。

《墨華通考》卷 10,《新編》2/6/4414 下。

《山右金石錄》"目錄" 1b、"跋尾" 2a、"校語" 1a、"跋尾" 2a - b,《新編》2/12/9029 上、9032 下、9038 上、9046 下。

《石墨考異》卷上,《新編》2/16/11639 下。

《語石》2/11a、6/2a,《新編》2/16/11881 上、11963 下。

《古今碑帖考》13b,《新編》2/18/13169 上。

《竹崦盦金石目錄》27a,《新編》2/20/14560 上。

《蒿里遺文目錄》1 上/4b,《新編》2/20/14939 上。

《佩文齋書畫譜・金石》62/16a 上,《新編》3/2/59 上。

《兩浙金石別錄》卷上/12a,《新編》3/10/459 上。

(光緒)《山西通志・金石記二》90/29b - 30a,《新編》3/30/346 上—下。

《山右訪碑記》3a,《新編》3/30/567 上。

(民國)《臨晉縣志・金石記》13/6a - 9a,《新編》3/31/387 下—389 上。

《竹崦盦金石目錄》1/32b,《新編》3/37/355 下。

《漢魏六朝墓銘纂例》4/15a,《新編》3/40/466 上。

《金石備攷》附錄,《新編》4/1/87 下。

《六藝之一錄》62/5a,《新編》4/5/123 上。

《石交錄》3/30a,《新編》4/6/477 下。

《墨池篇》6/8b《新編》4/9/670 下。

《善本碑帖錄》2/89 - 90。

《碑帖敘錄》147 頁。

淑德大學《中國石刻拓本目錄》"碑碣等刻石" 編號 555。

備考:陳茂,《隋書》卷六四、《北史》卷七五有傳。

開皇 322

李君妻王沙彌誌并蓋

開皇十四年(594)四月十九日卒於迴車城,以開皇十八年(598)

十二月十三日祔於舊塋。2002 年河北贊皇出土，石藏河北正定墨香閣。誌高、寬均 52 釐米。文 22 行，滿行 21 字，正書。蓋題：齊故儀容三司東豫州刺史李公妻王夫人墓誌銘。

著錄：

《隋代墓誌銘彙考》2 冊 299—302 頁。（圖、文、跋）

《墨香閣藏北朝墓誌》220—221 頁。（圖、文）

《北朝隋代墓誌所在總合目錄》編號 1454。（目）

《北京大學圖書館藏歷代墓誌拓片目錄》編號 00816。（目）

論文：

許萬順：《新出土隋沙彌墓誌》，《中國書法》2004 年第 1 期。

開皇 323

□君墓誌

又名：隋殘字。開皇十八年（598）葬，曾歸鄭氏、高祁民，今存不詳。高、廣約五寸。文 6 行，正書。

著錄：

《海陵金石略》，《新編》2/9/6795 上（文、跋）。

《隋代墓誌銘彙考·存目》6 冊 106 頁。（目）

《北朝隋代墓誌所在總合目錄》編號 1455。（目）

開皇 324

封孝琰妻崔婁訶墓誌并蓋

開皇十九年（599）六月廿八日薨於冠蓋里舍，以其年十一月十二日附葬於舊塋。1948 年五月出土於河北衡水地區景縣城東南封氏墓群，1964 年十月調查徵集，石存河北省文物研究所。誌高 40.2、寬 42.5、厚 9 釐米；蓋高 44、寬 43、厚 11 釐米。文 20 行，滿行 20 字，正書。蓋 3 行，行 3 字，篆書。蓋題：封使君夫人崔氏墓誌；首題：儀同三司廣州刺史封公夫人崔氏墓誌銘。

著錄：

《隋唐五代墓誌匯編·河北卷》9 頁。（圖）

《河北金石輯錄》257—258 頁。（圖、文、跋）

《隋代墓誌銘彙考》2 冊 303—306 頁。（圖、文、跋）

《衡水出土墓誌》34—35 頁。（圖、文）

《全隋文補遺》3/169 上—下。（文）

《新出魏晉南北朝墓誌疏證》（修訂本）438—439 頁。（文、跋）

《北朝隋代墓誌所在總合目錄》編號1456。（目）

論文：

裴淑蘭：《封孝琰及其妻崔氏墓誌》，《文物春秋》1990 年第 4 期。

趙超：《中國國家博物館藏北朝封氏諸墓誌匯考》，《中國歷史文物》2007 年第 2 期。

開皇 325

處士劉睦墓誌

開皇十九年（599）三月卒於里舍，其年十一月廿三日葬。1949 年後滄州市出土，具體地點不詳，石存滄州市文物保管所。誌高 38、寬 38 釐米。文 14 行，滿行 18 字，正書。首題：隋故處士劉君墓誌銘。

著錄：

《隋唐五代墓誌匯編·河北卷》10 頁。（圖）

《新中國出土墓誌·河北〔壹〕》上冊 42 頁（圖）、下冊 32 頁（文）。

《滄州出土墓誌》24—25 頁。（圖、文）

《隋代墓誌銘彙考》2 冊 307—309 頁。（圖、文、跋）

《全隋文補遺》3/170 上。（文）

《新出魏晉南北朝墓誌疏證》（修訂本）440 頁。（文、跋）

《北朝隋代墓誌所在總合目錄》編號1457。（目）

開皇 326

菀德讚妻杜法生磚誌

開皇十九年（599）十二月廿三日亡於里內東王左村，廿九日殯於村西二里北。河北臨漳出土，端方舊藏，又歸南皮張仁蠡，後歸北京大學文科研究所，1952 年後藏故宮博物院。磚高 29.5、寬 14、厚 4 釐米。兩面刻，正面 1 行 4 字；背面 5 行，行 12 至 15 字不等，正書。首題：菀氏妻杜。

圖版著錄：

《中國磚銘》下冊 1249 頁。（節圖）

《中國古代磚刻銘文集》上冊編號 1117。

錄文著錄：

《匋齋藏石記》15/19b – 20a，《新編》1/11/8128 上—下。

《雪堂專錄·專誌徵存》12a，《羅雪堂先生全集》五編 3 冊 1287 頁。

《全隋文補遺》3/170 下。

《隋代墓誌銘彙考》2 冊 310 頁。

《中國古代磚刻銘文集》下冊編號 1117。

碑目題跋著錄：

《匋齋藏石記》15/20a – b，《新編》1/11/8128 下。

《石刻題跋索引》685 頁右，《新編》1/30/23023。

《石刻名彙》12/208a，《新編》2/2/1132 上。

《河朔金石目》2/5b，《新編》2/12/8962 上。

《蒿里遺文目錄》3 上/5b，《新編》2/20/14983 上。

《古誌彙目》1/12b，《新編》3/37/28。

《北京大學圖書館藏歷代墓誌拓片目錄》編號 00817。

《隋代墓誌銘彙考》2 冊 311 頁、《隋代墓誌銘彙考·存目》6 冊 107 頁。

《北朝隋代墓誌所在總合目錄》編號 1458、1459。

開皇 327

曇詢禪師碑

開皇十九年（599）卒。在衛輝府輝縣。首題：隋栢尖山寺曇詢禪師碑銘。

碑目題跋著錄：

《集古求真續編》3/1b – 2a，《新編》1/11/8728 上—下。

《金石錄補》9/5b – 6a，《新編》1/12/9032 上—下。（節文）

《金石彙目分編》9（2）/24b，《新編》1/28/20965 下。

《石刻題跋索引》38頁右，《新編》1/30/22376。

《河朔金石目》5/8b，《新編》2/12/8983下。

《漢魏六朝墓銘纂例》4/16a，《新編》3/40/466下。

《全隋文補遺》2/71上。（節文）

《碑帖敘錄》242頁。

備考：《集古求真續編》、《金石彙目分編》、《河朔金石目》著錄為唐武德五年十二月，今暫附開皇十九年。

開皇328

□君磚誌

開皇十□年（591—599）葬。磚側高一尺一寸，寬二寸。正書，存3字。

碑目題跋著錄：

《匋齋藏石記》15/20b，《新編》1/11/8128下。

《石刻題跋索引》685頁右，《新編》1/30/23023。

《隋代墓誌銘彙考·存目》6冊108頁。

開皇329

宇文穆墓誌

開皇九年（589）十一月十二日卒於長安，夫人乙弗善貞以開皇十九年（599）二月十二日卒，以廿年（600）二月一日合葬於咸陽縣城國鄉之山。2011年出土於陝西省咸陽市。拓本高48.5、寬49釐米。文29行，滿行28字，正書。首題：大隋大都督宇文府君之墓誌銘。

圖版著錄：

《秦晉豫新出墓誌蒐佚續編》1冊181頁。

論文：

王其禕、周曉薇：《長安地區新出隋代墓誌銘十種集釋》，《碑林集刊》第19輯，2013年。

開皇330

獨孤羅墓誌并蓋

開皇十九年（599）二月六日薨於位，以開皇廿年（600）二月十四日葬於雍州涇陽縣洪瀆原奉賢鄉靜民里。1953 年陝西省咸陽市東北底張灣原上出土，石存中國國家博物館。誌高、寬均 106 釐米，蓋高、寬均 100 釐米。文 28 行，滿行 30 字，正書。蓋 4 行，行 4 字，篆書。首題：大隋故使持節大將軍涼州總管諸軍事涼州刺史趙國獨孤德公墓誌銘；蓋題：隋使持節大將軍趙國德公獨孤君墓誌。

著錄：

《北京圖書館藏中國歷代石刻拓本匯編》9 冊 126 頁。（圖）

《隋唐五代墓誌匯編‧北京卷附遼寧卷》1 冊 10 頁。（圖）

《中國西北地區歷代石刻匯編》1 冊 120 頁。（圖）

《隋代墓誌銘彙考》2 冊 312—316 頁。（圖、文、跋）

《全隋文補遺》3/171 上—172 上。（文）

《新出魏晉南北朝墓誌疏證》（修訂本）441—443 頁。（文、跋）

《碑帖鑒定》217 頁。（跋）

《北朝隋代墓誌所在總合目錄》編號 1460。（目）

論文：

［日］岡崎敬：《隋趙國公獨孤羅の墓誌銘の考證—陝西省咸陽‧底張灣の北周‧隋唐墓—》，《史淵》83，1960 年 12 月；又收錄在著作《中國の考古學—隋唐篇—》，同朋舍出版，1987 年。

［日］山下將司：《隋‧唐初期の獨孤氏と八柱國問題再考——開皇二十年〈獨孤羅墓誌〉を手がかりとして—》，《早稻田大學教育學部學術研究——地理學‧歷史學‧社會科學編—》51，2003 年。

趙強、姜寶蓮、郭明卿：《隋獨孤羅墓的發現和研究》，《華夏考古》2017 年第 2 期。

備考：獨孤羅，《隋書》卷七九、《北史》卷六一有傳。

開皇 331

楊欽墓誌并蓋

開皇十九年（599）三月廿九日薨於長安縣醴成鄉仁訓里宅，以廿年（600）二月十四日葬於華州華陰縣潼關鄉通靈里之塋。1977 年陝西省華陰縣東塬出土，張江濤舊藏，今石藏西安碑林博物館。誌并蓋高、寬均

69 釐米。蓋 4 行，行 4 字，篆書。文 33 行，滿行 33 字，正書。蓋題：大隋使持節大將軍清水敬公楊君墓誌；首題：大隋使持節上開府兆燕恒三州諸軍事太子左右宗衛率雲朔二州道行軍總管清水縣開國公楊君之墓誌。

著錄：

《西安碑林博物館新藏墓誌彙編》上冊 46—49 頁。（圖、文）

《華山碑石》23 頁（圖）、247—248 頁（文）。

《隋代墓誌銘彙考》2 冊 317—321 頁。（圖、文、跋）

《全隋文補遺》3/172 下—173 下。（文）

《新出魏晉南北朝墓誌疏證》（修訂本）444—446 頁。（文、跋）

《北朝隋代墓誌所在總合目錄》編號 1461。（目）

《北京大學圖書館藏歷代墓誌拓片目錄》編號 00818。（目）

開皇 332

楊文愿墓誌

開皇廿年（600）二月二日薨於仁壽宮宅，以其月廿五日權葬於雍州大興縣弘固鄉。2002 年西安市長安縣洪固鄉出土，石歸西安范華。誌長 24.8、寬 17.5 釐米。文 7 行，滿行 11 字，正書。

著錄：

《隋代墓誌銘彙考》2 冊 322—324 頁。（圖、文、跋）

《北朝隋代墓誌所在總合目錄》編號 1462。（目）

開皇 333

五原國太夫人鄭氏墓誌

開皇二十年（600）二月葬。

碑目題跋著錄：

《金石錄》3/6a，《新編》1/12/8814 下。

《通志·金石略》卷中/4a，《新編》1/24/18039 下。

《寶刻叢編》20/30b，《新編》1/24/18387 下。

《石刻題跋索引》156 頁左，《新編》1/30/22494。

《佩文齋書畫譜·金石》62/16a 上，《新編》3/2/59 上。

《古誌彙目》1/12b，《新編》3/37/28。

《六藝之一錄》62/13a，《新編》4/5/127 上。

《六朝墓誌檢要》（修訂本）188 頁。

《隋代墓誌銘彙考·存目》6 冊 109 頁。

《北朝隋代墓誌所在總合目錄》編號 1463。

開皇 334

王幹墓誌

開皇十七年（597）正月二日卒於家，以廿年（600）三月十三日遷葬於亳州城北小黃縣純宜鄉渦水之陽二里。沈君宜撰。1973 年安徽亳縣機製磚瓦窯廠出土，石存亳州博物館。誌及蓋均高 50.5、寬 51 釐米。誌分刻於誌石和誌蓋背面上，誌蓋背面文 19 行，滿行 19 字；誌石文 18 行，滿行 18 字，正書。蓋題：王君之墓。

著錄：

《隋代墓誌銘彙考》2 冊 325—328 頁。（圖、文、跋）

《全隋文補遺》3/174 上—下。（文）

《新出魏晉南北朝墓誌疏證》（修訂本）447—449 頁。（文、跋）

《碑帖鑒定》218 頁。（跋）

《北朝隋代墓誌所在總合目錄》編號 1464。（目）

《北京大學圖書館藏歷代墓誌拓片目錄》編號 00819。（目）

論文：

亳縣博物館：《安徽亳縣隋墓》，《考古》1977 年第 1 期。

馬艷茹：《亳州博物館館藏歷代碑刻》，《文物世界》2012 年第 5 期。

開皇 335

謝成墓誌

天統三年（567）五月薨於第，隋開皇廿年（600）四月三日與夫人李氏合葬於壺關城北卌五里大王嶺右草陽山左。山西壺關縣出土，石存西安碑林博物館。誌高 54、寬 52 釐米。文 19 行，滿行 19 字，正書。

著錄：

《西安碑林博物館新藏墓誌彙編》上冊 50—51 頁。（圖、文）

《隋代墓誌銘彙考》2 冊 329—331 頁。（圖、文、跋）
《北朝隋代墓誌所在總合目錄》編號 1465。（目）

開皇 336

司馬興墓誌

開皇二十年（600）五月一日葬。河南孟縣出土，端方舊藏。誌高、寬均 26 釐米。13 文行，滿行 13 字，正書。《河朔金石目》載為"咸亨元年十月"，暫置隋代。

碑目題跋著錄：

《河朔金石目》10/1b，《新編》2/12/9008 上。

《六朝墓誌檢要》（修訂本）246 頁。

《隋代墓誌銘彙考·存目》6 冊 110 頁。

《北朝隋代墓誌所在總合目錄》編號 1466。

開皇 337

閻顯墓誌

開皇三年（583）四月廿一日卒，廿年（600）五月廿一日葬咸陽鄉具厅里費巔山南烏尼川內。2003 年徵集於固原縣南郊鄉，石藏寧夏固原博物館。誌方形，邊長 45 釐米，厚 5.5 釐米。文正書，15 行，滿行 15 字。首題：大隋平高縣令閻府君墓誌銘并序。

著錄：

《寧夏歷代碑刻集》15 頁。（圖、文）

《固原歷代碑刻選編》84—85 頁。（圖、文）

《北朝隋代墓誌所在總合目錄》編號 1467。（目）

開皇 338

席淵墓誌

周建德四年（575）正月薨於王壁，以隋開皇廿年（600）八月廿七日葬於大興城南神和之原。西安市長安縣神禾原出土，石存長安縣民間。誌石長、寬均 32 釐米，誌蓋盝頂長 25.5、寬 26 釐米。文 20 行，滿行 20 字，正書。蓋 3 行，行 3 字，篆書。蓋題：大隋故儀同席君墓誌。首題：大隋故儀同席君墓誌。

著錄：

《隋代墓誌銘彙考》2 冊 332—335 頁。（圖、文、跋）

《北朝隋代墓誌所在總合目錄》編號 1468。（目）

開皇 339

劉多墓誌并蓋

開皇廿年（600）七月五日遘疾終於河南縣儒林鄉崇訓里，以其年十月十七日葬於閑居鄉舊塋之際。1928 年洛陽城東北廿里大馬村西北嶺，左寨溝村東地出土，曾歸三原于右任，今存西安碑林博物館。誌高、寬 52 釐米；蓋高 41 釐米，寬 42 釐米。誌文 22 行，滿行 22 字，隸書。蓋 3 行，行 3 字，篆書。蓋題：大隋處仕劉君墓誌銘。

圖版著錄：

《漢魏南北朝墓誌集釋》圖版三九八，《新編》3/4/87–88。

《北京圖書館藏中國歷代石刻拓本匯編》9 冊 129 頁。

《隋唐五代墓誌匯編·洛陽卷》1 冊 23 頁。

《鴛鴦七誌齋藏石》圖 182。

《西安碑林全集》68/1224–1232。

《隋代墓誌銘彙考》2 冊 336—337 頁。

錄文著錄：

《全隋文補遺》3/175 下—176 上。

《隋代墓誌銘彙考》2 冊 338—339 頁。

碑目題跋著錄：

《石刻題跋索引》156 頁左，《新編》1/30/22494。

《崇雅堂碑錄》2/3b，《新編》2/6/4501 上。

《古誌新目初編》1/15b，《新編》2/18/13699 上。

《漢魏南北朝墓誌集釋》8/87b，《新編》3/3/208。

《國立北平圖書館藏碑目》15a，《新編》3/36/256 上。

《蒿里遺文目錄續編·墓誌徵存》3b，《新編》3/37/538 上。

《墓誌徵存目錄》卷 1，《羅振玉學術論著集》第五集，585 頁。

《六朝墓誌檢要》（修訂本）188—189 頁。

《洛陽出土石刻時地記》隋代開皇024,52頁。

《碑帖鑒定》218頁。

《隋代墓誌銘彙考》2冊339—340頁。

《北朝隋代墓誌所在總合目錄》編號1469。

開皇340

孟顯達墓碑

魏後二年五月十一日卒,隋開皇廿年(600)十月廿八日葬於雍州大興縣滻川鄉長樂里之原。宣統二年陝西西安咸寧縣縣南鄉李王村出土,現存西安碑林博物館。碑身首高194釐米、寬67釐米。文正書,26行,滿行49字,前缺一行半,後缺半行,中間完好。額4行,行5字,篆書。額題:魏故假節龍驤將軍中散大夫涇州刺史孟君之碑。

圖版著錄:

《北京圖書館藏中國歷代石刻拓本匯編》9冊130頁。

《中國西北地區歷代石刻匯編》1冊121頁。

《西安碑林全集》3/261-287。

錄文著錄:

《陝西金石志》7/6a-8a,《新編》1/22/16447下—16448下。

《魯迅輯校石刻手稿・碑銘》下冊305—310頁。

《全隋文補遺》2/71下—73上。

碑目題跋著錄:

《集古求真》3/18a,《新編》1/11/8510下。

《陝西金石志》7/8a,《新編》1/22/16448下。

《崇雅堂碑錄》1/20a,《新編》2/6/4493下。

《蒿里遺文目錄》1上/4b,《新編》2/20/14939上。

(民國)《咸寧長安兩縣續志・金石考上》12/7a-b,《新編》3/31/518上。

《增補校碑隨筆》(修訂本)286—287頁。

《碑帖鑒定》218頁。

《碑帖敘錄》106頁。

淑德大學《中國石刻拓本目錄》"碑碣等刻石"編號556。

開皇341
吳通墓誌并蓋

開皇十七年（597）九月卒於家第，開皇二十年（600）十月廿九日葬於洛城西南十里。2008年秋河南洛陽出土，存民間。蓋高、寬均48釐米；誌高、寬均56.5釐米。誌文14行，滿行15字，隸書。蓋3行，行3字，篆書。蓋題：大隋故吳明府墓誌銘。首題：大隋洺州廣年縣令故吳明府墓誌銘。

著錄：

《秦晉豫新出墓誌蒐佚》1冊92—93頁。（圖）

《北朝隋代墓誌所在總合目錄》編號1471。（目）

《北京大學圖書館藏歷代墓誌拓片目錄》編號00820。（目）

論文：

王連龍：《隋吳通墓誌道教文化內涵考論》，《世界宗教研究》2011年第4期。（文）

開皇342
張蔭及妻羊氏墓誌

天和二年（567）十月九日構疾，卒於家寢，開皇廿年（600）十月廿九日合葬於禾平鄉什善里。甘肅張掖出土。誌高、卷均42釐米；蓋四剎寬42.5、蓋面寬27釐米。文18行，滿行15字，正書，其中3行銘文刻在墓誌蓋的背面。

著錄：

張婷、張寧：《新見一方隋代墓誌》，《中國文物報》2008年9月24日。（圖、文、跋）

《北朝隋代墓誌所在總合目錄》編號1470。（目）

開皇343
賈善暨妻董氏墓誌

賈善齊大寧年，率旅討胡，力戰而卒；夫人董氏，武平年終，開皇廿年（600）十一月十一日合遷葬龍山西狼河左。1997年遼寧朝陽市新華路一段雙塔區文管所出土，石存朝陽市雙塔區文管所。誌、蓋邊長均 50、厚 13 釐米。誌文 18 行，滿行 18 字，正書；誌蓋右側刻字一行，正書。蓋 4 行，行 4 字，正書。蓋題：營州故鎮遠將軍司兵參軍賈君墓誌銘。

著錄：

《隋代墓誌銘彙考》2 冊 346—347 頁。（文、跋）

《北朝隋代墓誌所在總合目錄》編號 1473。（目）

開皇 344

馬穉暨妻張氏墓誌并蓋

馬穉終於平樂鄉廣世里，殯於正寢。夫人張氏開皇二十年（600）十一月與馬氏合葬於洛陽三市之西南八里。河南洛陽出土，曾歸三原于右任，今存西安碑林博物館。誌高 52、寬 51 釐米；蓋盝頂高 42、寬 40 釐米。誌文 25 行，滿行 25 字，側一行 20 字，四邊尚有天干地支八卦等字，均隸書。蓋 3 行，行 3 字，篆書。蓋題：故蕩邊將軍馬君墓誌。首題：大隋故蕩邊將軍信州典籤馬君墓誌銘。

圖版著錄：

《漢魏南北朝墓誌集釋》圖版四〇〇，《新編》3/4/90 – 91。

《北京圖書館藏中國歷代石刻拓本匯編》9 冊 131 頁。

《隋唐五代墓誌匯編·洛陽卷》1 冊 24 頁。

《鴛鴦七誌齋藏石》圖 183。

《西安碑林全集》68/1233 – 1241。

《隋代墓誌銘彙考》2 冊 341—342 頁。

錄文著錄：

《全隋文補遺》3/176 下—177 上。

《隋代墓誌銘彙考》2 冊 343—344 頁。

碑目題跋著錄：

《石刻題跋索引》156 頁右，《新編》1/30/22494。

《漢魏南北朝墓誌集釋》8/88a，《新編》3/3/209。

《國立北平圖書館藏碑目》15a，《新編》3/36/256 上。

《六朝墓誌檢要》（修訂本）189 頁。

《隋代墓誌銘彙考》2 冊 345 頁。

《北朝隋代墓誌所在總合目錄》編號 1472。

論文：

陳忠凱：《隋〈馬穉墓誌銘〉側的"告地策"》，《文博》1989 年第 4 期。

田中華：《隋馬穉墓誌銘釋讀》，《碑林集刊》第 3 輯，1995 年。

開皇 345

龍山公臧質墓誌

開皇歲在戊午（十八年，598）七月廿日卒於家，開皇廿年（600）十二月四日啓葬豆蒼之陽。清咸豐九年（1859）重慶奉節縣城西出土，四川夔縣小學舊藏，今石存奉節縣白帝城文管所。誌通高 96 釐米，寬 48 釐米。文 13 行，行 18 至 30 字不等，正書。首題：大隋開府儀同三司龍山公墓誌。

圖版著錄：

《漢魏南北朝墓誌集釋》圖版三九九，《新編》3/4/89。

《北京圖書館藏中國歷代石刻拓本匯編》9 冊 132 頁。

《隋唐五代墓誌匯編·北京大學卷》1 冊 14 頁。

《四川歷代碑刻》95 頁。

《新中國出土墓誌·重慶》1 頁。

《隋代墓誌銘彙考》2 冊 348 頁。

《中國西南地區歷代石刻匯編》（四川重慶卷）1 冊 3 頁。

錄文著錄：

《八瓊室金石補正》26/14a–15a，《新編》1/6/4413 下—4414 上。

《十二硯齋金石過眼錄》8/13a–b，《新編》1/10/7864 上。

《誌石文錄續編》14a–b，《新編》2/19/13783 下。

《魯迅輯校石刻手稿·墓誌》下冊 213—214 頁。

《四川歷代碑刻》96 頁。

《全隋文補遺》3/177 下—178 上。

《新中國出土墓誌·重慶》1 頁。

《隋代墓誌銘彙考》2冊349—350頁。

碑目題跋著錄：

《八瓊室金石補正》26/15a–17a，《新編》1/6/4414上—4415上。附羅升梧跋。

《十二硯齋金石過眼錄》8/13b–14b，《新編》1/10/7864上—下。

《集古求真》3/19a，《新編》1/11/8511上。

《藝風堂金石文字目》18/3b，《新編》1/26/19815上。

《補寰宇訪碑錄》2/22a，《新編》1/27/20216下。

《補寰宇訪碑錄校勘記》1/11a，《新編》1/27/20291上。

《金石彙目分編》16（補遺）/27a，《新編》1/28/21530上。

《石刻題跋索引》156頁左，《新編》1/30/22494。

《石刻名彙》3/24a，《新編》2/2/1037上。

《崇雅堂碑錄》2/4a，《新編》2/6/4501下。

《寰宇貞石圖目錄》卷上/8b，《新編》2/20/14675上。

《蒿里遺文目錄》2（1）/6b，《新編》2/20/14946下。

《漢魏南北朝墓誌集釋》8/87b–88a，《新編》3/3/208–209。

（光緒）《奉節縣志·金石》35/9b，《新編》3/15/413上。

《石目》，《新編》3/36/73下。

《國立北平圖書館藏碑目》15a，《新編》3/36/256上。

《古誌彙目》1/12b，《新編》3/37/28。

《雪堂金石文字跋尾》3/21a，《新編》3/38/314上。

《激素飛清閣平碑記》卷2，《新編》4/1/205下。

《讀碑小箋》，《羅振玉學術論著集》第三集，43—44頁。

《墓誌徵存目錄》卷1，《羅振玉學術論著集》第五集，585頁。

《魯迅輯校石刻手稿·墓誌》下冊215—218頁。附張尚（浴敬）跋、吳羹梅識等。

《歷代墓誌銘拓片目錄》41頁。

《增補校碑隨筆》（修訂本）287頁。

《六朝墓誌檢要》（修訂本）189頁。

《善本碑帖錄》2/91。

《新中國出土墓誌·重慶》1頁。

《隋代墓誌銘彙考》2冊354頁。

《碑帖敘錄》235頁。

《碑帖鑒定》218頁。

淑德大學《中國石刻拓本目錄》"墓誌"編號289。

《北朝隋代墓誌所在總合目錄》編號1474。

《北京大學圖書館藏歷代墓誌拓片目錄》編號00821。

備考：《墓誌徵存目錄》"臧質"誤作"臧賢"。

開皇346

陳詡墓誌并陰

開皇廿年（600）九月廿四日卒於檀溪里，以其年十二月十八日歸葬高陽鄉之舊山。周彪撰，丁道護書。誌石兩面刻字，行字數不詳。正書。首題：前陳伏波將軍驃騎府諮議參軍陳府君墓誌序。

錄文著錄：

《古刻叢鈔》21a–23a，《新編》1/10/7602上—7603上。

（民國）《湖北通志·金石志》3/29b–31b，《新編》1/16/11988上—11989上。

《古誌石華》4/7a–9a，《新編》2/2/1182上—1183上。

《全隋文》28/6a–b，《全文》4冊4185下。（誌陽）

《隋代墓誌銘彙考》2冊355—357頁。

碑目題跋著錄：

《金石錄補》9/6a–b，《新編》1/12/9032下。

《寶刻叢編》3/9a，《新編》1/24/18118上。

《金石彙目分編》14/19b，《新編》1/28/21392上。

《石刻題跋索引》156頁左，《新編》1/30/22494。

《石刻名彙》3/24a，《新編》2/2/1037上。

《崇雅堂碑錄補》1/13a，《新編》2/6/4557上。

《古誌彙目》1/12b，《新編》3/37/28。

《漢魏六朝志墓金石例》2/21b–22a，《新編》3/40/414上—下。

《漢魏六朝墓銘纂例》4/16a-b，《新編》3/40/466下。
《六朝墓誌檢要》（修訂本）189頁。
《隋代墓誌銘彙考》2冊358頁。
《北朝隋代墓誌所在總合目錄》編號1475。

開皇347

青州默曹殘碑并陰、側

開皇年間（581—600）刻。山東益都出土，登州張氏、段赤亭舊藏。拓片高60、寬52釐米。正書兼篆隸，碑陽存11行，有2行無字，餘行各12字；碑陰存6列，列15行；一側正書，存6列，列5行。

圖版著錄：
《北京圖書館藏中國歷代石刻拓本匯編》9冊135頁。（碑陽）
錄文著錄：
《山左金石志》10/37b-39a，《新編》1/19/14491上—14492上。
《益都金石記》1/27a-28b，《新編》1/20/14825上—下。
《平津館金石萃編》6/17b-19a，《新編》2/4/2495上—2496上。
（宣統）《山東通志·藝文志》卷151，《新編》2/12/9297上—下。
（光緒）《益都縣圖志·金石志上》26/38a-b，《新編》3/27/430上。（碑陽）

碑目題跋著錄：
《山左金石志》10/39a-40a，《新編》1/19/14492上—下。
《益都金石記》1/28b-29b，《新編》1/20/14825下—14826上。
《平津讀碑記》3/22a，《新編》1/26/19384下。
《藝風堂金石文字目》2/45b，《新編》1/26/19556上。
《寰宇訪碑錄》2/32a，《新編》1/26/19876下。
《寰宇訪碑錄校勘記》3/7b，《新編》1/27/20119上。
《金石彙目分編》10（3）/24a-b，《新編》1/28/21190下。
《石刻題跋索引》39頁右，《新編》1/30/22377。
（宣統）《山東通志·藝文志》卷151，《新編》2/12/9297下。
《平安館藏碑目》，《新編》2/18/13427下。

《山左碑目》4/2b，《新編》2/20/14864 下。

《山左南北朝石刻存目》8b，《新編》2/20/14888 下。

《求恕齋碑錄》，《新編》3/2/527 上—下。

《金石萃編補目》1/8a，《新編》3/37/487 下。

《增補校碑隨筆》（修訂本）303 頁。

開皇 348

應知德政碑

隋開皇中（581—600）。在深州。

碑目著錄：

《金石彙目分編》3（2）/43b，《新編》1/27/20714 上。

開皇 349

魏州刺史楊文恩德政碑

開皇年間（581—600）。在魏州。

碑目題跋著錄：

（民國）《大名縣志·金石》21/9a 引《明一統志》，《新編》3/24/624 上。

開皇 350

開皇朝瓦官寺智者大師碑

隋開皇年間（581—600）。顧言撰。

碑目題跋著錄：

（同治）《上江兩縣志·藝文下》12 下/5a 引《客座贅語》，《新編》3/5/113 上。

開皇 351

張君磚誌

開皇□年（581—600）八月十四日。陝西省鳳翔市南郊墓地出土。磚高35.2、寬16.8、厚4.8釐米。文4行，行4至10字不等，正書。

碑目著錄：

《北朝隋代墓誌所在總合目錄》編號1476。

論文：

陝西省考古研究院等編：《陝西鳳翔隋唐墓：1983—1990年田野考古發掘報告》，圖167，圖版102（1），第244頁。（圖、文）

仁　壽

仁壽 001

比丘道寂灰身塔記磚銘并陰

仁壽元年（601）正月廿日卒。磚在河南安陽寶山。拓片陽高、寬均19釐米；陰高19、寬16釐米。塔記并陰均3行，滿行4字，正書。

圖版著錄：

《漢魏南北朝墓誌集釋》圖版六〇二，《新編》3/4/363-364。

《北京圖書館藏中國歷代石刻拓本匯編》9冊136頁。

《隋唐五代墓誌匯編·北京卷附遼寧卷》1冊11—12頁。

《中國磚銘》圖版下冊1220頁。（碑陽）

碑目題跋著錄：

《金石彙目分編》9（2）/2a，《新編》1/28/20954下。

《石刻題跋索引》156頁右，《新編》1/30/22494。

《石刻名彙》3/24a，《新編》2/2/1037上。

《崇雅堂碑錄補》1/13b，《新編》2/6/4557上。

《河朔訪古新錄》2/8a，《新編》2/12/8897下。

《河朔金石目》2/5b，《新編》2/12/8962上。

《蒿里遺文目錄》5/1b，《新編》2/20/14991上。

《漢魏南北朝墓誌集釋》11/117a，《新編》3/3/267。

《河朔新碑目》中卷/8a，《新編》3/35/574下。

《古誌彙目》1/13a，《新編》3/37/29。

《墓誌徵存目錄》卷1，《羅振玉學術論著集》第五集，585頁。

《增補校碑隨筆》（修訂本）242頁。

《六朝墓誌檢要》（修訂本）190頁。

《北朝隋代墓誌所在總合目錄》編號1477。

仁壽 002

楊士貴磚誌

仁壽元年（601）正月廿六日記。1955 年西安西郊土門权楊村出土，1962 年入藏西安碑林博物館。磚高 32、寬 17 釐米。文 3 行，行 8 至 12 字不等，正書。

著錄：

《西安碑林全集》68/1251－1252。（圖）

《隋代墓誌銘彙考》2 冊 359—360 頁。（圖、文、跋）

《全隋文補遺》3/178 下。（文）

《新出魏晉南北朝墓誌疏證》（修訂本）450 頁。（文、跋）

《新中國出土墓誌・陝西〔貳〕》補遺四，下冊 388 頁（文）、上冊 434 頁中（目）。

武伯綸：《古城集》262、108 頁。（文、跋）

《北朝隋代墓誌所在總合目錄》編號 1478。（目）

仁壽 003

賈使君墓誌

仁壽元年（601）正月（一說二月或七月）。

碑目題跋著錄：

《金石錄》3/6a，《新編》1/12/8814 下。

《通志・金石略》卷中/4a，《新編》1/24/18039 下。

《石刻名彙》3/24a，《新編》2/2/1037 上。

《佩文齋書畫譜・金石》62/16a 下，《新編》3/2/59 上。

《古誌彙目》1/13a，《新編》3/37/29。

《六藝之一錄》62/13a，《新編》4/5/127 上。

《隋代墓誌銘彙考・存目》6 冊 113 頁。

《北朝隋代墓誌所在總合目錄》編號 1488。

仁壽 004

開府儀同三司賈義墓誌

開皇十八年（598）卒，仁壽元年（601）二月十八日葬於咸陽縣。

陝西咸陽縣出土。

碑目題跋著錄：

《寶刻叢編》8/42b，《新編》1/24/18238 下。

《金石彙目分編》12（1）/76b，《新編》1/28/21314 下。

《石刻題跋索引》156 頁右，《新編》1/30/22494。

《古誌彙目》1/13a，《新編》3/37/29。

《六藝之一錄》62/13b，《新編》4/5/127 上。

《六朝墓誌檢要》（修訂本）191 頁。

《隋代墓誌銘彙考·存目》6 冊 111 頁。

《北朝隋代墓誌所在總合目錄》編號 1483。

仁壽 005

處士伊璣墓誌

開皇十九年（599）二月十九日卒於家，仁壽元年（601）二月十八日刻石。河北安縣出土。碑石藏於知縣張溥家。正書。

碑目題跋著錄：

《石刻名彙》3/24a，《新編》2/2/1037 上。

《崇雅堂碑錄補》1/13b，《新編》2/6/4557 上。

（光緒）《畿輔通志·金石五》142/38a–b，《新編》2/11/8322 下。（節文）

（道光）《保定府志·藝文錄》46/5a–b，《新編》3/23/243 上。

《隋代墓誌銘彙考·存目》6 冊 112 頁。

《北朝隋代墓誌所在總合目錄》編號 1487。

仁壽 006

張法暨妻馬氏墓誌

大象元年（579）十二月廿五日終於第，夫人馬氏以仁壽元年（601）二月十八日合葬於相州安陽城西北七里。河南安陽出土，石歸河北省正定縣墨香閣。誌高、寬均 35 釐米。文 13 行，滿行 13 字，隸書，偶雜篆書。首題：齊故張君墓誌銘。

著錄：

《隋代墓誌銘彙考》2 冊 361—362 頁。（圖、文、跋）

《文化安豐》376 頁。（圖）

《墨香閣藏北朝墓誌》222—223 頁。（圖、文）

《新中國出土墓誌》（陝西貳）上冊 434 頁。（文）

《北朝隋代墓誌所在總合目錄》編號 1481。（目）

《北京大學圖書館藏歷代墓誌拓片目錄》編號 00823。（目）

仁壽 007

紇干廣墓誌

開皇十八年（598）卒於館舍，以仁壽元年（601）二月十八日葬於孫村西北三里。河南泌陽縣出土，石藏河北正定墨香閣。誌高、寬均 56 釐米。文 31 行，滿行 31 字，隸書。首題：隋驃騎大將軍直盪正都督城陽縣開國公紇干公墓銘。

著錄：

《墨香閣藏北朝墓誌》224—225 頁。（圖、文）

《北京大學圖書館藏歷代墓誌拓片目錄》編號 00824。（目）

仁壽 008

高虯墓誌并蓋

開皇廿年（600）十月十三日卒，仁壽元年（601）二月十八日葬於洛陽城之西北河南縣清風鄉。1931 年八月六日洛陽城東北大馬村西出土，曾歸三原于右任，今存西安碑林博物館。誌并蓋均高 57、寬 57.6 釐米。誌文 23 行，滿行 23 字，隸書。蓋 4 行，行 4 字，篆書。蓋題：隋故儀同太府卿將作大匠高公墓誌銘。

圖版著錄：

《漢魏南北朝墓誌集釋》圖版六〇三，《新編》3/4/365 – 366。

《北京圖書館藏中國歷代石刻拓本匯編》9 冊 137 頁。

《隋唐五代墓誌匯編·洛陽卷》1 冊 25 頁。

《鴛鴦七誌齋藏石》圖 184。

《西安碑林全集》68/1242 – 1250。

《隋代墓誌銘彙考》2 冊 363—364 頁。

錄文著錄：

《全隋文補遺》3/181 上—下。

《隋代墓誌銘彙考》2 冊 365—366 頁。

碑目題跋：

《石刻題跋索引》156 頁右，《新編》1/30/22494。

《古誌新目初編》1/15b，《新編》2/18/13699 上。

《漢魏南北朝墓誌集釋》11/117a–b，《新編》3/3/267-268。

《國立北平圖書館藏碑目》15a，《新編》3/36/256 上。

《墓誌徵存目錄》卷 1，《羅振玉學術論著集》第五集，585 頁。

《洛陽出土石刻時地記》隋代仁壽 001，52 頁。

《六朝墓誌檢要》（修訂本）190 頁。

《碑帖鑒定》218—219 頁。

《隋代墓誌銘彙考》2 冊 367 頁。

《北朝隋代墓誌所在總合目錄》編號 1479。

仁壽 009

郝偉暨妻王氏墓誌

又名"郝元尚墓誌"，天保八年（557）二月六日卒於上黨，夫人王氏開皇廿年（600）八月七日卒於寢室，仁壽元年（601）二月十八日與夫人合葬於上黨城西南廿二里弘善鄉刊寺里。山西上黨縣出土，石存河南洛陽。誌高 47.5、寬 48 釐米。文 20 行，滿行 20 字，隸書。尾題：大隋仁壽元年二月十八日郝元尚誌銘。

著錄：

《隋代墓誌銘彙考》2 冊 368—370 頁。（圖、文、跋）

《洛陽新獲七朝墓誌》51 頁。（圖）

《秦晉豫新出墓誌蒐佚續編》1 冊 182 頁。（圖）

《北朝隋代墓誌所在總合目錄》編號 1482。（目）

仁壽 010

盧文機墓誌并蓋

周建德七年（578）四月十九日終於鄴，仁壽元年（601）二月十九日返葬於涿縣西北廿五里住公山之陽。河北涿縣出土，三原于右任舊藏，今石存西安碑林博物館。誌并蓋均高44、寬45釐米。誌文18行，滿行18字，正書。蓋2行，行2字，篆書。首題：隋故盧君墓誌銘；蓋題：盧君墓誌。

  圖版著錄：

《漢魏南北朝墓誌集釋》圖版四〇四，《新編》3/4/96–97。

《北京圖書館藏中國歷代石刻拓本匯編》9冊139頁。

《隋唐五代墓誌匯編·北京卷附遼寧卷》1冊14頁。

《鴛鴦七誌齋藏石》圖185。

《西安碑林全集》68/1253–1259。

《隋代墓誌銘彙考》2冊371—372頁。

  錄文著錄：

《京畿冢墓遺文》卷上/15a–b，《新編》1/18/13616上。

《魯迅輯校石刻手稿·墓誌》下冊219—220頁。

《全隋文補遺》3/180上—下。

《隋代墓誌銘彙考》2冊373—374頁。

  碑目題跋著錄：

《石刻題跋索引》156頁右，《新編》1/30/22494。

《石刻名彙》3/24a，《新編》2/2/1037上。

《古誌新目初編》1/15b，《新編》2/18/13699上。

《蒿里遺文目錄》2（1）/6b，《新編》2/20/14946下。

《漢魏南北朝墓誌集釋》8/89b，《新編》3/3/212。

《國立北平圖書館藏碑目》15a，《新編》3/36/256上。

《墓誌徵存目錄》卷1，《羅振玉學術論著集》第五集，585頁。

《歷代墓誌銘拓片目錄》41頁。

《六朝墓誌檢要》（修訂本）191頁。

《碑帖鑒定》218頁。

《隋代墓誌銘彙考》2冊375頁。

《北朝隋代墓誌所在總合目錄》編號1485。

《北京大學圖書館藏歷代墓誌拓片目錄》編號00826。

仁壽 011

盧文構墓誌

開皇十八年（598）十二月十五日終於曹州冤句縣廨，仁壽元年（601）二月十九日葬於本郡西北廿五里住公山之陽。1929 年河北涿州西鄉出土，石存中國國家圖書館。誌高、寬均 67.5 釐米。文 27 行，滿行 27 字，正書。首題：隋故長陵縣令盧君墓誌銘。

圖版著錄：

《漢魏南北朝墓誌集釋》圖版四〇三，《新編》3/4/95。

《北京圖書館藏中國歷代石刻拓本匯編》9 冊 138 頁。

《隋唐五代墓誌匯編·北京卷附遼寧卷》1 冊 13 頁。

《隋代墓誌銘彙考》2 冊 376 頁。

錄文著錄：

《全隋文補遺》3/179 上—180 上。

《隋代墓誌銘彙考》2 冊 377—378 頁。

碑目題跋著錄：

《石刻題跋索引》156 頁右，《新編》1/30/22494。

《漢魏南北朝墓誌集釋》8/89a–b，《新編》3/3/211–212。

《國立北平圖書館藏碑目》15a，《新編》3/36/256 上。

《墓誌徵存目錄》卷 1，《羅振玉學術論著集》第五集，585 頁。

《歷代墓誌銘拓片目錄》41 頁。

《六朝墓誌檢要》（修訂本）190 頁。

《隋代墓誌銘彙考》2 冊 380 頁。

《北朝隋代墓誌所在總合目錄》編號 1486。

《北京大學圖書館藏歷代墓誌拓片目錄》編號 00825。

仁壽 012

□州刺史墓誌

武平六年（575）十二月八日卒，仁壽元年（601）三月十九日與夫人合葬於涿郡西北□五里住公山。20 世紀 60 年代末出土於北京市房山區岳各莊鄉（今屬韓村河鎮）二龍崗村北農田中。誌方形，邊長 67 釐米，厚14釐米。文26行，滿行27字，正書。

著錄：

《房山墓誌》4頁。（圖、文）

《北朝隋代墓誌所在総合目錄》編號1489。

仁壽013

成公蒙暨妻李世暉墓誌并蓋

開皇四年（584）三月五日卒，夫人李世暉，開皇廿年（600）十二月廿四日薨，以仁壽元年（601）三月廿六日合葬於姑臧縣顯美鄉之藥水里。1988年12月甘肅省武威市北郊金羊鄉宋家園村徵集，石存武威市博物館。誌高50、寬50、厚6釐米；蓋長51、寬51、厚6釐米。誌文20行，滿行21字，正書。蓋題：成公府君墓誌；首題：隋故成公府君墓誌銘序。

著錄：

《隋代墓誌銘彙考》2冊381—384頁。（圖、文、跋）

《全隋文補遺》3/182下—183上。（文）

《新出魏晉南北朝墓誌疏證》（修訂本）451—453頁。（文、跋）

《北朝隋代墓誌所在総合目錄》編號1490。（目）

論文：

黎大祥：《甘肅武威發現隋唐墓誌》，《文物》1993年第10期。

黎李：《甘肅武威發現的〈驪靬縣令成公府君墓誌銘〉》，《隴右文博》2008年第1期。

仁壽014

陳暉暨妻劉氏墓誌并蓋

開皇十年（590）七月十三日卒於第，夫人劉氏仁壽元年（601）二月五日卒，其年三月廿六日合葬於洛城之右。2000年河南洛陽出土，誌石存大唐西市博物館，蓋不詳。誌高43、寬43.5、厚9釐米。蓋盝頂長31、寬34釐米。誌文18行，行18字，正書。蓋3行，行3字，正書。蓋題：齊殿內將軍陳君墓誌。

著錄：

《邙洛碑誌三百種》45—46 頁。（圖）
《隋代墓誌銘彙考》2 冊 385—388 頁。（圖、文、跋）
《大唐西市博物館藏墓誌》上冊 44—45 頁。（誌圖、文）
《北朝隋代墓誌所在總合目錄》編號 1491。（目）

仁壽 015
毛護墓誌

開皇廿年（600）八月十日卒於任所，以仁壽元年（601）三月廿九日葬於雍州大興縣寧安鄉清福里之高陽原。新近出土於西安市南郊長安區。拓本高、寬均 51.5 釐米。文 28 行，滿行 28 字，正書。首題：大隋韓州司功參軍事龍溪縣開國伯故毛府君墓誌文。

論文：

王其禕、周曉薇：《長安新出隋仁壽元年〈毛護墓誌〉小考》，《碑林集刊》第 21 輯，2015 年。（圖、文）

仁壽 016
楊忠祥墓誌

仁壽元年（601）六月二十四日。正書。

碑目著錄：

《歷代墓誌銘拓片目錄》41 頁。
《隋代墓誌銘彙考·存目》114 頁。
《北朝隋代墓誌所在總合目錄》編號 1492。（目）

仁壽 017
洛州默曹參軍趙韶墓誌

又名：□韶墓誌銘。天保五年（554）卒，仁壽元年（601）大梁月（七月）十八日葬於京上村南。河南安陽出土，一說河北定縣趙村出土，天津姚貴昉舊藏，今存北京故宮博物院。誌高 46、寬 47 釐米。文 19 行，滿行 19 字，正書。

圖版著錄：

《漢魏南北朝墓誌集釋》圖版四〇二，《新編》3/4/94。
《北京圖書館藏中國歷代石刻拓本匯編》9 冊 141 頁。

《隋唐五代墓誌匯編·河南卷》9頁。
《隋代墓誌銘彙考》2冊389頁。
《故宮博物院藏歷代墓誌彙編》1冊91頁。
錄文著錄：
《京畿冢墓遺文》卷上/16a-b，《新編》1/18/13616下。
《誌石文錄續編》14b-15a，《新編》2/19/13783下—13784上。
（民國）《定縣志·志餘》18/25a-26a，《新編》3/24/279上—下。
《魯迅輯校石刻手稿·墓誌》下冊221—222頁。
《全隋文補遺》3/182上—下。
《隋代墓誌銘彙考》2冊390—391頁。
《故宮博物院藏歷代墓誌彙編》1冊90頁。
碑目題跋著錄：
《續補寰宇訪碑錄》8/6b，《新編》1/27/20347下。
《石刻題跋索引》156頁右，《新編》1/30/22494。
《石刻名彙》3/24a，《新編》2/2/1037上。
《崇雅堂碑錄補》1/13b，《新編》2/6/4557上。
《古誌新目初編》1/15b，《新編》2/18/13699上。
《蒿里遺文目錄》2（1）/6b，《新編》2/20/14946下。
《漢魏南北朝墓誌集釋》8/88a-89a，《新編》3/3/209-211。
（民國）《定縣志·志餘》18/26a，《新編》3/24/279下。
《墓誌徵存目錄》卷1，《羅振玉學術論著集》第五集，585頁。
《洛陽出土石刻時地記》隋代仁壽002，52—53頁。
《歷代墓誌銘拓片目錄》41頁。
《六朝墓誌檢要》（修訂本）191、193頁。
《隋代墓誌銘彙考》2冊394頁、6冊119頁。
淑德大學《中國石刻拓本目錄》"墓誌"編號290。
《故宮博物院藏歷代墓誌彙編》1冊90頁。
《北朝隋代墓誌所在總合目錄》編號1480。
《北京大學圖書館藏歷代墓誌拓片目錄》編號00822。
備考：《隋代墓誌銘彙考·存目》6冊119頁有"洛州默曹參軍趙超

墓誌"，其依據是《六朝墓誌檢要》和《洛陽出土石刻時地記》，而《六朝墓誌檢要》是依據《洛陽出土石刻時地記》提供的線索。然據《洛陽出土石刻時地記》，并無"趙超墓誌"，可能誤著，將"趙韶"誤為"趙超"？暫附此。

仁壽018

禽昌伯妻宇文氏（周武帝義陽郡長公主）墓誌

仁壽元年（601）七月廿八日權葬。1956年西安東郊洪慶村出土，石存西安碑林博物館。誌高、寬均33釐米。文7行，滿行8字，正書。

著錄：

《西安碑林全集》68/1260－1261。（圖）

《隋代墓誌銘彙考》2冊395—396頁。（圖、文、跋）

《全隋文補遺》3/183下。（文）

《北朝隋代墓誌所在総合目錄》編號1493。（目）

仁壽019

柳機墓誌

開皇十四年（594）五月廿六日卒於京第，其年七月殯於雍州長安縣高陽原，仁壽元年（601）七月廿八日遷厝於雍州大興縣洪原鄉延信里。近年出土於西安南郊長安區郭杜鎮古高陽原之地。誌拓本高49.5、寬49釐米。蓋拓本盝頂高42、寬43釐米。誌文24行，滿行26字，正書。蓋4行，行4字，正書。蓋題：大隋大將軍青州刺史建安簡公之墓誌。首題：大隋使持節大將軍青州刺史建安簡公柳使君墓誌。

論文：

王其禕、周曉薇：《新見隋仁壽元年〈柳機墓誌〉考釋——兼為梳理西眷柳氏主支世系及其初入關中躋身"郡姓"之情形》，《唐史論叢》第19輯，2014年。（圖、文）

備考：柳機，《周書》卷二二、《北史》卷六四、《隋書》卷四七有傳。

仁壽 020

張光墓誌

周保定二年（562）卒，夫人姚氏隋開皇十三年（593）卒，仁壽元年（601）八月十一日合葬於雍州大興縣。陝西長安縣出土。

碑目題跋著錄：

《金石錄》3/6a，《新編》1/12/8814 下。

《通志·金石略》卷中/4a，《新編》1/24/18039 下。

《寶刻叢編》8/1b，《新編》1/24/18218 上。

《金石彙目分編》12（1）/23b，《新編》1/28/21288 上。

《石刻題跋索引》156 頁右，《新編》1/30/22494。

《佩文齋書畫譜·金石》62/16a 下，《新編》3/2/59 上。

《古誌彙目》1/13a，《新編》3/37/29。

《六藝之一錄》62/13a，《新編》4/5/127 上。

《六朝墓誌檢要》（修訂本）191 頁。

《隋代墓誌銘彙考·存目》115 頁。

《北朝隋代墓誌所在總合目錄》編號 1494。

仁壽 021

張振墓誌

仁壽元年（601）八月廿一日權葬於大興縣洪源鄉洪濟里。2012 年初出土於西安市南郊長安區，誌石今存不詳。拓片高 18.5、寬 20.5 釐米。文 6 行，滿行 7 字，正書。

論文：

王其禕、周曉薇：《長安地區新出隋代墓誌銘十種集釋》，《碑林集刊》第 19 輯，2013 年。（圖、文）

仁壽 022

張振妻韋氏墓誌

仁壽元年（601）八月廿一日權葬於雍州大興縣洪源鄉洪濟里。2012 年初出土於西安市南郊長安區，誌石今存不詳。拓片高 23.8、寬 25 釐米。文 7 行，滿行 8 字，正書。

論文：

王其禕、周曉薇：《長安地區新出隋代墓誌銘十種集釋》，《碑林集刊》第 19 輯，2013 年。（圖、文）

仁壽 023

裴相墓誌并蓋

開皇廿年（600）六月十八日終於任，仁壽元年（601）八月廿二日葬於河南華原鄉所。2001 年洛陽龍門南出土，誌藏河南新安縣千唐誌齋博物館。誌長 59、寬 60 釐米。蓋拓片盝頂長 46.5、寬 45.5 釐米。誌文 23 行，滿行 23 字，正書。蓋 3 行，行 3 字，篆書。蓋題：隋復州司馬裴君墓誌；尾題：復州裴司馬誌。

著錄：

《隋代墓誌銘彙考》2 冊 397—400 頁。（圖、文、跋）

《新中國出土墓誌·河南〔叁〕》（千唐誌齋·壹）上冊 7 頁（誌圖）、下冊 5 頁（文）。

《洛陽新獲七朝墓誌》52 頁。（圖）

《龍門區系石刻文萃》436 頁。（誌圖）

《全唐文補遺·千唐誌齋新藏專輯》452—453 頁。（文）

《洛陽新出土墓誌釋錄》327 頁。（目）

《北朝隋代墓誌所在總合目錄》編號 1495。（目）

仁壽 024

王基暨妻劉氏墓誌并蓋

又名：王鴻業墓誌。王基武平七年（576）卒於家館，妻劉氏隋開皇四年（584）卒於家，仁壽元年（601）十月十日合葬於義方鄉文簡里。1966 年至 1976 年間於河北滄州地區獻縣城關鎮磚瓦窯村出土，1986 年調查徵集，石存獻縣文物保管所。誌、蓋均長 47、寬 47、厚 10 釐米。蓋文 2 行，滿行 2 字，篆書。誌文 13 行，滿行 13 字，正書。蓋題：王君墓誌。

著錄：

《隋唐五代墓誌匯編·河北卷》12 頁。（圖）

《新中國出土墓誌·河北〔壹〕》上冊 43 頁（圖）、下冊 33 頁（文）。

《隋代墓誌銘彙考》2 冊 401—404 頁。（圖、文、跋）

《滄州出土墓誌》26—27 頁。（圖、文）

《全隋文補遺》3/186 上—下。（文）

《新出魏晉南北朝墓誌疏證》（修訂本）454—455 頁。（文、跋）

《北朝隋代墓誌所在總合目錄》編號 1497。（目）

仁壽 025

王季墓誌并蓋

開皇十九年（599）十二月十八日卒，仁壽元年（601）十月十日安厝於冀州城西廿里扶柳鄉。1949 年後河北衡水地區景縣出土，石存景縣文化館。盝頂蓋。誌高 37、寬 37、厚 8 釐米。蓋高 37、寬 37、厚 9 釐米。蓋 3 行，行 2 字，篆書。誌文 13 行，滿行 14 字，正書。蓋題：王府君之墓銘。

著錄：

《隋唐五代墓誌匯編·河北卷》11 頁。（圖）

《新中國出土墓誌·河北〔壹〕》上冊 44 頁（圖）、下冊 33 頁（文）。

《隋代墓誌銘彙考》2 冊 405—408 頁。（圖、文、跋）

《衡水出土墓誌》36—37 頁。（圖、文）

《全隋文補遺》3/186 下—187 上。（文）

《新出魏晉南北朝墓誌疏證》（修訂本）456 頁。（文、跋）

《北朝隋代墓誌所在總合目錄》編號 1498。（目）

仁壽 026

雍長暨妻栗氏墓誌并蓋

終於家庭，夫人栗氏早卒，以仁壽元年（601）十月十日合葬於襄垣城西萬壽鄉之西阜。山西襄垣出土，曾歸黃氏。誌高 43.7、寬 49 釐米。蓋拓片高 51.5、寬 48.5 釐米。誌文 22 行，滿行 19 字，正書。蓋 3 行，行 3 字，篆書。蓋題：東海郡守雍君墓誌。

著錄：

《漢魏南北朝墓誌集釋》圖版四〇五，《新編》3/4/98－99。（圖）

《隋代墓誌銘彙考》2 冊 409—413 頁。（圖、文、跋）

《全隋文補遺》3/185 下—186 上。（文）

《漢魏南北朝墓誌集釋》8/89b－90a，《新編》3/3/212－213。（跋）

《石刻題跋索引》156 頁右，《新編》1/30/22494。（目）

《歷代墓誌銘拓片目錄》41 頁。（目）

《六朝墓誌檢要》（修訂本）192 頁。（目）

《北朝隋代墓誌所在總合目錄》編號 1496。（目）

《北京大學圖書館藏歷代墓誌拓片目錄》編號 00828。（目）

仁壽 027

元威妻于宜容墓誌

以仁壽元年（601）五月十九日氣疾而終，即以其年十月廿二日合葬於咸陽洪瀆川。2010 年 1 月在陝西省咸陽市底張鎮布里村發掘出土。盝頂蓋，邊長 24.5—26、厚 6 釐米，剎面寬 4 釐米，頂邊長 17.5—19 釐米。誌邊長 23—25、厚 4 釐米。文 17 行，滿行 17 字，正書。首題：大隋潞縣公夫人于氏墓誌銘。

碑目著錄：

《北朝隋代墓誌所在總合目錄》編號 1499。

論文：

陝西省考古研究院等：《隋元威夫婦墓發掘簡報》，《考古與文物》2012 年第 1 期。（圖、文）

王靜：《咸陽出土隋元威夫婦墓誌考說》，《碑林集刊》第 19 輯，2013 年。

仁壽 028

楊异暨妻穆氏墓誌并蓋

開皇廿年（600）九月廿七日薨於州鎮，以仁壽元年（601）十月廿三日歸葬於華陰東原之塋，夫人穆氏合葬。陝西華陰縣出土，旋歸洛陽張氏。誌長、寬均 56.5 釐米，蓋盝頂長、寬均 49 釐米。文 25 行，滿行

28字，正書。蓋5行，行5字，篆書。首題：大隋使持節上開府儀同三司工部尚書吳州總管昌樂縣開國公楊使君墓誌銘并序；蓋題：大隋使持節上開府工部尚書吳州總管昌樂公楊使君之墓誌。

著錄：

《隋代墓誌銘彙考》3冊8—11頁。（圖、文、跋）

《秦晉豫新出墓誌蒐佚》1冊97—98頁。（圖）

《北朝隋代墓誌所在総合目錄》編號1502。（目）

論文：

趙君平：《隋〈楊异墓誌〉小識》，《中國書法》2009年第11期。

備考：楊异，《北史》卷四一有傳。

仁壽029

楊宏墓誌并蓋

開皇十九年（599）五月終於軍幕，以仁壽元年（601）十月廿三日葬於華陰東原之舊塋。陝西省華陰縣出土，石存河南省新安縣千唐誌齋博物館。誌拓本長、寬均39.5釐米；蓋拓本長、寬均40釐米。誌文20行，滿行20字，正書。蓋3行，行3字，篆書。首題：大隋宗衛帥都督楊君墓誌；蓋題：大隋帥都督楊君墓誌。

著錄：

《隋代墓誌銘彙考》3冊1—4頁。（圖、文、跋）

《新出魏晉南北朝墓誌疏證》（修訂本）460—461頁。（文、跋）

《全唐文補遺·千唐誌齋新藏專輯》453頁。（文）

《北京大學圖書館藏歷代墓誌拓片目錄》編號00830。（目）

《北朝隋代墓誌所在総合目錄》編號1501。（目）

論文：

李獻奇、周錚：《北周隋五方楊氏家族墓誌綜考》，《碑林集刊》第7輯，2001年。

仁壽030

尉遲運妻賀拔毗沙墓誌

開皇十九年（599）七月一日薨於第，以仁壽元年（601）十月廿三日合葬於雍州涇陽縣奉賢鄉靜民里。1988年陝西咸陽市底張灣機場工地發掘出土，石存陝西省考古研究所。誌高、寬均50釐米。文25行，滿行27字，正書。首題：隋故上柱國盧國公夫人賀拔氏墓誌。

著錄：

《中國北周珍貴文物》107—109頁。（圖、文、跋）

《隋代墓誌銘彙考》3冊5—7頁。（圖、文、跋）

《新出魏晉南北朝墓誌疏證》（修訂本）457—459頁。（文、跋）

《全隋文補遺》3/184上—185上。（文）

《北朝隋代墓誌所在總合目錄》編號1500。（目）

仁壽031

元叡妻張摩子墓誌并蓋

開皇十九年（599）十一月廿四日卒於京第，仁壽元年（601）十月廿三日合葬於洛陽之北邙山。2006年冬河南省洛陽市孟津縣出土，旋歸洛陽古玩城程氏。蓋高52.5、寬53.5釐米；誌高61.5、寬60.5釐米。誌文23行，滿行23，正書。蓋4行，行3字，篆書。蓋題：隋故齊安元府君張夫人墓誌。

著錄：

《秦晉豫新出墓誌蒐佚》1冊95—96頁。（圖）

《北朝隋代墓誌所在總合目錄》編號1503。（目）

《北京大學圖書館藏歷代墓誌拓片目錄》編號00831。（目）

仁壽032

張寂墓誌

仁壽元年（601）七月卒，以其年十月廿三日葬於京師之東南杜陵之地。約2014年出土於西安市南郊長安區杜陵鄉。拓本高40、寬41釐米。文18行，滿行18字，正書。首題：大隋儀同三司內侍故張君之墓誌銘。

論文：

周曉薇、王其禕：《長安新出隋〈張寂墓誌〉與隋代宦官史事輯略》，《考古與文物》2017年第5期。（圖、文）

仁壽 033

楊素妻鄭祁耶墓誌

開皇十八年（598）五月廿三日薨，仁壽元年（601）十月廿□日葬於華陰東原之舊塋。1967 年陝西潼關縣吳村鄉出土，石存潼關縣文物管理委員會。殘石高 59、寬 56 釐米。文殘存 22 行，行存字不等，正書。首題：大隋越國夫人鄭氏墓誌。

著錄：

《隋唐五代墓誌匯編》陝西卷 3 冊 6 頁。（圖）

《新中國出土墓誌·陝西（壹）》上冊 23 頁（圖）、下冊 19—20 頁（文）。

《潼關碑石》6 頁（圖）、101 頁（文）。

《隋代墓誌銘彙考》3 冊 12—14 頁。（圖、文、跋）

《全隋文補遺》3/187 上—下。（文）

《新出魏晉南北朝墓誌疏證》（修訂本）462—463 頁。（文、跋）

《北朝隋代墓誌所在綜合目錄》編號 1504（目）

《北京大學圖書館藏歷代墓誌拓片目錄》編號 00829。（目）

論文：

王京陽：《隋〈楊素妻越國夫人鄭氏墓誌銘〉考釋》，《碑林集刊》第 10 輯，2004 年。

備考：楊素妻鄭祁耶，其事見《北史》卷四一《楊素傳》、卷六一《獨孤陀傳》。

仁壽 034

大將軍梁恭墓誌

仁壽元年（601）十月。在陝西咸陽縣。

碑目題跋著錄：

《金石錄》3/6b，《新編》1/12/8814 下。

《通志·金石略》卷中/4a，《新編》1/24/18039 下。

《寶刻叢編》8/43a，《新編》1/24/18239 上。

《金石彙目分編》12（1）/76b，《新編》1/28/21314 下。

《石刻題跋索引》156頁右，《新編》1/30/22494。
《佩文齋書畫譜·金石》62/16a下，《新編》3/2/59上。
《古誌彙目》1/13a，《新編》3/37/29。
《六藝之一錄》62/13a，《新編》4/5/127上。
《六朝墓誌檢要》（修訂本）191—192頁。
《隋代墓誌銘彙考·存目》116頁。
《北朝隋代墓誌所在總合目錄》編號1505。
備考：《魏書》卷八四《梁越傳》有梁恭，梁越之孫，是否誌主，待考。

仁壽035
楊君墓誌

仁壽元年（601）十月。河南洛陽出土。正書。

碑目題跋著錄：

《石刻名彙》3/24a，《新編》2/2/1037上。
《隋代墓誌銘彙考·存目》6冊117頁。
《北朝隋代墓誌所在總合目錄》編號1506。

仁壽036
魯阿鼻磚誌

開皇十二年（592）三月廿日薨於家，仁壽元年（601）十一月二日遷葬小□之原洪固鄉疇貴里。20世紀80年代末於西安市長安縣洪固鄉少陵原出土，石存陝西省考古研究所。磚拓片長32.5、寬32釐米。文5行，行字數不等，正書。

著錄：

《隋代墓誌銘彙考》3冊15—16頁。（圖、文、跋）
《北朝隋代墓誌所在總合目錄》編號1507。（目）

仁壽037
魯鍾馗墓誌并蓋

仁壽元年（601）八月十六日薨於岐州岐山縣之第，以其年十一月二日歸葬於雍州大興縣洪固鄉疇貴里之原。20世紀80年代末於西安市長安縣洪固鄉少陵原出土，石存陝西省考古研究所。誌并蓋拓片均長36.5、寬 36 釐米。文 23 行，滿行 24 字，正書。蓋 3 行，行 3 字，篆書。蓋題：大隋長樂夫人魯墓誌；首題：周右正宮治尚宮平昌長樂郡國夫人魯氏墓誌銘。

著錄：

《隋代墓誌銘彙考》3 冊 17—20 頁。（圖、文、跋）

《北朝隋代墓誌所在総合目録》編號 1508。（目）

仁壽 038

申穆墓誌

又名：姜穆墓誌。大寧二年（562）卒，隋仁壽元年（601）十一月四日與夫人李氏合葬於壺關城北三十里三垂山之東麓。清嘉慶年間山西潞城縣出土，光緒《潞城縣志》載此墓誌為明嘉靖年間山西壺關縣出土，山東泰安趙次珊舊藏，今存不詳。誌石長 46、寬 48 釐米。文 20 行，滿行 20 字，隸書。

圖版著錄：

《漢魏南北朝墓誌集釋》圖版四〇六，《新編》3/4/100。

《北京圖書館藏中國歷代石刻拓本匯編》9 冊 145 頁。

《隋唐五代墓誌匯編·山西卷》5 頁。

《隋代墓誌銘彙考》3 冊 21 頁。

錄文著錄：

《山右石刻叢編》3/16b–17a，《新編》1/20/14989 下—14990 上。

《山右冢墓遺文補遺》3a–4a，《新編》1/21/15919 上—下。

（光緒）《潞城縣志·金石記》3/2b–3b，《新編》3/31/153 下—154 上。

《全隋文補遺》3/188 上—下。

《隋代墓誌銘彙考》3 冊 22—23 頁。

碑目題跋著錄：

《山右石刻叢編》3/17a–b，《新編》1/20/14990 上。

《續補寰宇訪碑錄》8/6b，《新編》1/27/20347 下。

《石刻題跋索引》156 頁右，《新編》1/30/22494。

《石刻名彙》3/24a、b，《新編》2/2/1037 上。

《崇雅堂碑錄補》1/13b，《新編》2/6/4557 上。

《蒿里遺文目錄》2（1）/6b，《新編》2/20/14946 下。

《漢魏南北朝墓誌集釋》8/90a，《新編》3/3/213。

（光緒）《山西通志·金石記二》90/30b，《新編》3/30/347 下。

《古誌彙目》1/13a，《新編》3/37/29。

《墓誌徵存目錄》卷 1，《羅振玉學術論著集》第五集，585 頁。

《增補校碑隨筆》（修訂本）287—288 頁。

《六朝墓誌檢要》（修訂本）192 頁。

《碑帖鑒定》219 頁。

《隋代墓誌銘彙考》3 冊 25 頁。

《北朝隋代墓誌所在總合目錄》編號 1509。

《北京大學圖書館藏歷代墓誌拓片目錄》編號 00832。

備考：《增補校碑隨筆》考證：所謂《姜穆墓誌》乃《申穆暨夫人李氏墓誌》，方若將"申穆"誤作"姜穆"。《古誌彙目》也同樣誤作"姜穆"。

仁壽 039

房吉暨妻朱商墓誌

齊武平二年（571）十一月十六日喪於家，隋仁壽元年（601）十一月四日葬於淄水□南郊山陽。出土於山東省淄博市，出土時間不詳。一石二誌，朱商墓誌附於其夫房吉墓誌後面。拓片長 79、寬 78 釐米。誌文 20 行，滿行 28 字，正書。房吉墓誌首題：房主簿墓銘。朱商墓誌首題：房主簿妻墓銘。

著錄：

《北京圖書館藏中國歷代石刻拓本匯編》9 冊 146 頁。（圖）

《隋唐五代墓誌匯編·江蘇山東卷》6 頁。（圖）

《隋代墓誌銘彙考》3 冊 26—28 頁、6 冊 196 頁"存目"。（圖、文、跋、目）

《全隋文補遺》3/189 下—190 上、5/375 下。（文）

《新出魏晉南北朝墓誌疏證》（修訂本）464—465 頁。（文、跋）

《齊魯碑刻墓誌研究·附表》368 頁。（目）

《北朝隋代墓誌所在總合目錄》編號 1510、1907。（目）

仁壽 040
良鄉縣司功韓輔墓誌并蓋

仁壽元年（601）四月十八日卒於昌樂鄉臨治里之第，其年十一月四日葬於秆邑鄉。1992 年 7 月北京市房山區韓村河鎮出土，石存北京市房山區文物管理所。盝頂蓋，方形，邊長 55、厚 12 釐米；誌方形，邊長 53、厚 7.5 釐米。蓋 2 行，滿行 2 字，正書。誌文 23 行，滿行 23 字，正書。蓋題：韓君墓誌；首題：隋國良鄉縣司功韓君墓誌。

著錄：

《新中國出土墓誌·北京〔壹〕》上冊 2 頁（圖）、下冊 1—2 頁（文）。

《房山墓誌》5—7 頁。（圖、文）

《隋代墓誌銘彙考》3 冊 29—32 頁。（圖、文、跋）

《北朝隋代墓誌所在總合目錄》編號 1511。（目）

仁壽 041
梁道弘墓誌

開皇十四年（594）六月廿一日卒於私館，以仁壽元年（601）十一月四日葬於雍州咸陽縣武安鄉賢人里石安之原。據誌出土於陝西省咸陽市。誌高、寬均 47 釐米。文 17 行，滿行 18 字，正書。首題：大隋千牛備身梁君墓誌。

圖版著錄：

《秦晉豫新出墓誌蒐佚續編》1 冊 183 頁。

仁壽 042
張通墓誌

仁壽元年（601）八月十一日終於河南縣歸德鄉英秀里，以其年十一月十日葬在張方橋北五里。河南洛陽出土。尺寸不詳。文 21 行，滿行 21 字，正書。

著錄：

《隋代墓誌銘彙考》3 冊 33—35 頁。（圖、文、跋）

《北朝隋代墓誌所在總合目錄》編號 1512。（目）

仁壽 043

卞茂墓誌并蓋

又名：□茂墓誌。開皇十七年（597）正月卒於州館，其年六月喪還洛陽。妻張氏，仁壽元年（601）十一月廿三日卒，其月廿九日與卞茂合葬於金鏞城西邙山之陽。2009 年河南省孟津縣送莊鄉後溝村南出土，存民間。誌石高、寬均 35 釐米。文 19 行，滿行 19 字，正書。蓋 3 行，行 3 字，篆書。蓋題：大隋濟陰故卞君墓銘。

著錄：

《秦晉豫新出墓誌蒐佚》1 冊 94 頁。（誌圖）

《北朝隋代墓誌所在總合目錄》編號 1515。（目）

《北京大學圖書館藏歷代墓誌拓片目錄》編號 00833。（目）

備考：《秦晉豫新出墓誌蒐佚》著錄為"□茂墓誌"；《北京大學圖書館藏歷代墓誌拓片目錄》著錄一方"卞茂墓誌"，卒、葬時間和出土地與"□茂墓誌"相同，當為同一方墓誌，故合併著錄。

仁壽 044

陽瑾墓誌

仁壽元年（601）十一月廿九日遷葬。河北涿縣（一云大興縣）出土，曾歸長白端方、福山王氏，今佚。誌高 42、寬 44.3 釐米。文 19 行，行 18 至 19 字不等，隸書。首題：范陽郡正故陽君墓誌銘。

圖版著錄：

《漢魏南北朝墓誌集釋》圖版四〇七，《新編》3/4/101。

《隋代墓誌銘彙考》3 冊 36 頁。

錄文著錄：

《京畿冢墓遺文》卷上/16b–17a，《新編》1/18/13616 下—13617 上。

《全隋文補遺》3/188 下—189 上。

《隋代墓誌銘彙考》3 冊 37—38 頁。

碑目題跋著錄：

《補寰宇訪碑錄》2/23a，《新編》1/27/20217 上。

《金石彙目分編》3（2）/34b，《新編》1/27/20709 下。

《石刻題跋索引》156 頁右，《新編》1/30/22494。

《石刻名彙》3/24a，《新編》2/2/1037 上。

《崇雅堂碑錄》2/4a，《新編》2/6/4501 下。

（光緒）《畿輔通志·金石三》140/46a，《新編》2/11/8267 下。

（光緒）《順天府志·金石志二》128/8b，《新編》2/12/8817 下。

《平安館藏碑目》，《新編》2/18/13426 上。

《畿輔碑目》卷上/5a，《新編》2/20/14781 上。

《蒿里遺文目錄》2（1）/6b，《新編》2/20/14946 下。

《漢魏南北朝墓誌集釋》8/90a，《新編》3/3/213。

《古誌彙目》1/13a，《新編》3/37/29。

《壬癸金石跋》37a–38a，《新編》4/7/276 下—277 上。

《墓誌徵存目錄》卷1，《羅振玉學術論著集》第五集，585 頁。

《六朝墓誌檢要》（修訂本）192 頁。

《隋代墓誌銘彙考》3 冊 39 頁。

《北朝隋代墓誌所在總合目錄》編號 1513。

仁壽 045

司馬融墓誌

開皇五年（585）五月廿五日卒，仁壽元年（601）十一月廿九日遷葬於河陽縣北原廿里之上樂鄉。2008 年 5 月在孟州市西北石莊鄉雷河村附近起土時發現，出土後運往西虢鎮，後被賣往外地，遂不知所終。拓片高、寬均 42.5 釐米。文 16 行，滿行 16 字，正書。首題：大隋使持節儀同三司洋州刺史鯛陽公墓誌。

碑目著錄：

《北朝隋代墓誌所在總合目錄》編號 1514。

論文：

羅火金、劉剛州：《隋代司馬融墓誌考》，《中原文物》2009 年第 3

期。(圖、文)

仁壽 046
田保洛墓誌并蓋

開皇八年（588）十二月十日終于私第，妻王氏開皇十五年（595）十月廿五日亡，仁壽元年（601）十二月十一日合葬於雍州長安縣福陽鄉。2005年5月初於西安市長安區郭杜鎮楊村出土，石存西安市長安區博物館。誌高36.5、寬37釐米。蓋高、寬均38釐米。誌文23行，滿行23字，正書。蓋3行，行3字，篆書。蓋題：大隋故田君之墓誌銘；首題：大隋田君墓誌銘。

著錄：

《隋代墓誌銘彙考》3冊40—44頁。（圖、文、跋）

《長安新出墓誌》24—25頁。（圖、文）

《北朝隋代墓誌所在總合目錄》編號1516。（目）

《北京大學圖書館藏歷代墓誌拓片目錄》編號00834。（目）

論文：

王其禕：《長安縣郭杜鎮新出土隋代墓誌銘四種》，《碑林集刊》第11輯，2005年。

仁壽 047
赫連山妃墓誌

仁壽元年（601）卒。2005年五月西安市西郊陝西省印刷科學技術研究所工地出土，石存陝西省考古研究所。形制、尺寸不詳。首題：大隋東宮故內司食赫連山妃墓誌銘。

碑目著錄：

《隋代墓誌銘彙考·存目》6冊118頁。

《北朝隋代墓誌所在總合目錄》編號1518。

仁壽 048
涂釋山磚誌

仁壽元年（601）。1980年浙江省衢州市橫路公社汪村出土。磚長32、寬16、厚5釐米。磚兩塊，一磚1行6字，一磚1行13字，正書。

著錄：

《隋代墓誌銘彙考》3 冊 45—46 頁。（圖、文、跋）

《北朝隋代墓誌所在總合目錄》編號 1517。（目）

論文：

衢州市文物館：《浙江衢州市隋唐墓清理簡報》，《考古》1985 年第 5 期。

仁壽 049

齊記事參軍涂建墓誌并蓋

仁壽二年（602）三月十五日終於淳風鄉智力里之第，以其年三月廿二日葬於相州安陽城壕北三里驛道東。1993 年出土於安陽市安陽橋村北洹北社區（安陽烈士陵園西墻外）。誌高 39.5、寬 39.5、厚 7.5 釐米。誌文 16 行，滿行 13 字，隸書。蓋 2 行，行 2 字，篆書。首題：隋故齊記室參軍徐君墓志銘；蓋題：徐君墓銘。

著錄：

《安陽墓誌選編》15 頁（圖）、171 頁（文）。

仁壽 050

處士郭休墓誌并蓋

仁壽二年（602）七月廿九日終於禮教鄉，即以其年八月四日葬於黃門橋之西南。洛陽城東北十八里三里橋出土，舊藏北京大學，今存北京故宮博物院。誌高、寬均 38 釐米；蓋高 38、寬 37.5 釐米。誌文 16 行，滿行 16 字，隸書。蓋 3 行，行 3 字，篆書。蓋題：大隋處仕郭君墓誌銘。

圖版著錄：

《漢魏南北朝墓誌集釋》圖版四〇八，《新編》3/4/102–103。

《北京圖書館藏中國歷代石刻拓本匯編》9 冊 157 頁。

《隋唐五代墓誌匯編·洛陽卷》1 冊 26 頁。

《隋代墓誌銘彙考》3 冊 47—48 頁。

《故宮博物院藏歷代墓誌彙編》1 冊 92—93 頁。

錄文著錄：

《全隋文補遺》3/190 下—191 上。

《隋代墓誌銘彙考》3冊49頁。
《故宫博物院藏歷代墓誌彙編》1冊92頁。

碑目題跋著錄：

《石刻題跋索引》156頁右，《新編》1/30/22494。

《石刻名彙》3/24b，《新編》2/2/1037上。

《古誌新目初編》1/15b，《新編》2/18/13699上。

《蒿里遺文目錄》2（1）/7a，《新編》2/20/14947上。

《漢魏南北朝墓誌集釋》8/90a-b，《新編》3/3/213-214。

《國立北平圖書館藏碑目》15b，《新編》3/36/256上。

《墓誌徵存目錄》卷1，《羅振玉學術論著集》第五集，586頁。

《洛陽出土石刻時地記》隋代仁壽003，53頁。

《歷代墓誌銘拓片目錄》41頁。

《六朝墓誌檢要》（修訂本）193頁。

《隋代墓誌銘彙考》3冊50頁。

《北朝隋代墓誌所在總合目錄》編號1519。

《故宫博物院藏歷代墓誌彙編》1冊92頁。

《北京大學圖書館藏歷代墓誌拓片目錄》編號00835。

仁壽051

陳君墓銘并蓋

仁壽二年（602）七月七日卒於相州安陽縣淳風鄉之第，以其年十月廿九日埋於萬金鄉。誌高30、寬40、厚7釐米。文18行，行12字，隸書。蓋2行，行2字，篆書。首題：□陳君墓銘；蓋題：陳君墓銘。

著錄：

《安陽墓誌選編》16頁（圖）、171頁（文）。

仁壽052

裴顗墓誌并蓋

仁壽二年（602）九月廿五日卒，其年十一月十一日葬於洛陽通儒里。2005年河南省洛陽市孟津縣北邙山出土，旋歸洛陽豫深文博城李氏，又歸孫氏。誌拓片長61、寬61.5釐米。蓋拓片長62.5、寬63.5釐米，盝頂長49、寬49.5釐米。文24行，滿行24字，正書；蓋4行，行4字，篆書。蓋題：隋故廣德將軍洛州鎧曹參軍裴君墓銘。

著錄：

《隋代墓誌銘彙考》3冊51—54頁。（圖、文、跋）

《河洛墓刻拾零》上冊53—54頁。（圖）

《龍門區系石刻文萃》437頁。（圖）

《北朝隋代墓誌所在總合目錄》編號1520。（目）

仁壽053

大都督領本鄉兵□□墓誌

仁壽二年（602）十二月後。

著錄：

《全隋文補遺》引《文館詞林》，3/191上—下。（文）

《隋代墓誌銘彙考》，6冊10—11頁。（文、跋）

論文：

熊清元：《〈文館詞林〉卷455闕題殘篇碑銘碑主考》，《黃岡師範學院學報》2006年第5期。

備考：熊清元考證，碑主為安興貴，碑刻於唐代，暫置隋。

仁壽054

長孫公妻薛氏墓誌

仁壽二年（602）九月廿日卒於京師之第，仁壽三年（603）一月十二日葬於大興縣永壽縣小陵原。2008至2009年陝西省西安市長安區韋曲街道辦事處東部的臺原地（古稱鳳棲原）出土。形制未詳，未見圖版。文8行，行10字，正書。

碑目著錄：

《北朝隋代墓誌所在總合目錄》編號1523。

論文：

張全民、郭永淇：《西安長安鳳棲原墓葬發掘》，《2009年中國重要考古發現》，第136—139頁。（文）

仁壽 055

蕭紹墓誌并蓋

開皇十七年（597）九月廿一日終於長安縣雅政里宅，以仁壽三年（603）二月十二日歸葬雍州涇陽縣奉賢鄉靖民里之舊山。2000 年西安咸陽機場二期擴建工程工地出土，石存咸陽市文物考古研究所。誌并蓋均長 30.5、寬 28.5 釐米，誌厚 7.5、蓋厚 6.3 釐米。誌文 19 行，滿行 19 字，正書。蓋 3 行，行 3 字，篆書。首題：隋故司法蕭府君墓誌；蓋題：隋漢王司法蕭君墓誌。

著錄：

《隋代墓誌銘彙考》3 冊 55—58 頁。（圖、文、跋）

《北朝隋代墓誌所在總合目錄》編號 1521。（目）

論文：

咸陽市文物考古研究所：《咸陽隋代蕭紹墓》，《文物》2006 年第 9 期。

謝高文、劉衛鵬：《隋蕭紹墓誌考》，《碑林集刊》第 11 輯，2005 年。

備考：蕭紹，事見《南齊書》卷一、《梁書》卷一。

仁壽 056

朱寶墓誌并蓋

開皇廿年（600）終於梁州白馬鎮，仁壽三年（603）二月十二日葬於城西華原鄉張方橋東北七里。2005 年初河南省洛陽市孟津縣平樂鎮出土，石歸洛陽王彥秋。誌高 52.5、寬 53 釐米。誌蓋盝頂高 44.5、寬 45 釐米。誌文 22 行，滿行 22 字，隸書。蓋 3 行，行 3 字，篆書。蓋題：隋兩鎮長史朱君墓誌。

著錄：

《隋代墓誌銘彙考》3 冊 59—62 頁。（圖、文、跋）

《秦晉豫新出墓誌蒐佚》1 冊 99 頁。（誌圖）

《北朝隋代墓誌所在總合目錄》編號 1522。（目）

仁壽 057

洪州總管蘇慈墓誌

別稱：蘇孝慈墓誌。仁壽年間薨於州治，仁壽三年（603）三月七日歸葬於同州蓮芍縣崇德鄉樂邑里之山。1888 年（清光緒十四年）陝西蒲城縣蘇坊鄉崇德村出土，陝西長安某氏舊藏，今石存蒲城縣博物館。誌高、寬均 82 釐米。文 37 行，滿行 37 字，正書。首題：大隋使持節大將軍工兵二部尚書司農太府卿太子左右衛率右庶子洪吉江虔饒袁撫七州諸軍事洪州總管安平安公故蘇使君之墓誌銘。

圖版著錄：

《漢魏南北朝墓誌集釋》圖版四〇九，《新編》3/4/104。

《北京圖書館藏中國歷代石刻拓本匯編》9 冊 159 頁。

《隋唐五代墓誌匯編・陝西卷》3 冊 7 頁。

《中國金石集萃》9 函 1 輯編號 3。

《中國西北地區歷代石刻匯編》1 冊 125 頁。

《新中國出土墓誌・陝西（壹）》上冊 24 頁。

《隋代墓誌銘彙考》3 冊 63 頁。

錄文著錄：

《陝西金石志》7/9a – 11a，《新編》1/22/16449 上—16450 上。

《關中石刻文字新編》3/3a – 4b，《新編》1/22/17009 – 17012。

《古誌石華續編》1/6a – 9a，《新編》2/2/1421 下—1423 上。

《誌石文錄續編》15a – 16b，《新編》2/19/13784 上—下。

《魯迅輯校石刻手稿・墓誌》下冊 223—228 頁。

《新中國出土墓誌・陝西（壹）》下冊 20—21 頁。

《全隋文補遺》3/193 上—194 下。

《隋代墓誌銘彙考》3 冊 64—66 頁。

碑目題跋著錄：

《集古求真》1/21b – 22a，《新編》1/11/8488 上—下。（偽刻）

《藝風堂金石文字目》18/3b，《新編》1/26/19815 上。

《再續寰宇訪碑錄校勘記》8a，《新編》1/27/20463 下。

《石刻題跋索引》156 頁右,《新編》1/30/22494。

《石刻名彙》3/24b,《新編》2/2/1037 上。

《崇雅堂碑錄》2/4a,《新編》2/6/4501 下。

《關中金石文字存逸考》9/36b–41a、12/14b,《新編》2/14/10577 下—10580 上、10643 下。

《語石》4/3a–b、9/11b、10/5a,《新編》2/16/11919 上、12016 上、12022 上。

《定庵題跋》67a–68a,《新編》2/19/14319 上—下。

《寶鴨齋題跋》卷中/17b–18b,《新編》2/19/14355 上—下。

《寰宇貞石圖目錄》卷下/6a,《新編》2/20/14680 上。

《蒿里遺文目錄》2(1)/7a,《新編》2/20/14947 上。

《夢碧簃石言》6/3b,《新編》3/2/226 上。

《求恕齋碑錄》,《新編》3/2/527 上。

《漢魏南北朝墓誌集釋》8/90b,《新編》3/3/214。

(光緒)《新續渭南縣志·金石》11/3a,《新編》3/31/634 上。

《國立北平圖書館藏碑目》15b,《新編》3/36/256 上。

《古誌彙目》1/13a,《新編》3/37/29。

《碑帖跋》43 頁,《新編》3/38/191、4/7/425 下。

《雪堂金石文字跋尾》3/21b–22a,《新編》3/38/314 上—下。

《雪堂所藏金石文字簿錄》96a,《新編》4/7/417 下。

《再續寰宇訪碑錄》卷上,《羅振玉學術論著集》第五集,445 頁。

《墓誌徵存目錄》卷1,《羅振玉學術論著集》第五集,586 頁。

《魯迅輯校石刻手稿·墓誌》下冊 228—229 頁。附張榮升題記。

《歷代墓誌銘拓片目錄》42 頁。

《新中國出土墓誌·陝西(壹)》下冊 21 頁。

《增補校碑隨筆》(修訂本)290—291 頁。

《六朝墓誌檢要》(修訂本)193 頁。

《善本碑帖錄》2/92。

《碑帖鑒定》219—220 頁。

《隋代墓誌銘彙考》3 冊 73—74 頁。

《碑帖敘錄》257 頁。

淑德大學《中國石刻拓本目錄》"墓誌"編號 291。

《北朝隋代墓誌所在總合目錄》編號 1524。

《北京大學圖書館藏歷代墓誌拓片目錄》00836。

備考：蘇慈，字孝慈，《北史》卷七五、《隋書》卷四六有傳。《集古求真》認為此墓誌偽作，王仁堪謂是李文田偽託；《語石》認為此墓誌"真偽，紛如聚訟"。王壯弘《增補校碑隨筆》認為，非偽作。因該誌真偽未定，故附此。

仁壽 058

姜君磚誌

仁壽三年（603）三月七日。1966 年至 1975 年間河南安陽梅園莊北地出土。磚長 38.2、寬 19.7、厚 6.5 釐米。蓋長 39、寬 19、厚 7.5 釐米。誌文 3 行，約 21 字，墨書。

著錄：

《隋代墓誌銘彙考》3 冊 75 頁。（文、跋）

《北朝隋代墓誌所在總合目錄》編號 1525。（目）

論文：

中國社會科學院考古研究所安陽工作隊：《安陽隋墓發掘報告》，《考古學報》1981 年第 3 期。

仁壽 059

處士卜仁墓誌

仁壽三年（603）三月十六日卒於家，其月廿四日權葬於相州相縣西北十里定延鄉棘榛之東，卻背洹水。1929 年河南安陽殷墟小屯村北出土，石存台灣。誌高 37.8、寬 38.7 釐米。文 20 行，滿行 19 字，隸書。首題：故處士卜君墓誌銘。

圖版、錄文著錄：

《漢魏南北朝墓誌集釋》圖版四一〇，《新編》3/4/105。（圖）

《隋代墓誌銘彙考》3 冊 76—78 頁。（圖、文）

《全隋文補遺》3/192 下—193 上。（文）

碑目題跋著錄：

《石刻題跋索引》157 頁左，《新編》1/30/22495。

《漢魏南北朝墓誌集釋》8/91a，《新編》3/3/215。

《六朝墓誌檢要》（修訂本）194 頁。

《隋代墓誌銘彙考》3 冊 78 頁。

《碑帖敍錄》4 頁。

《北朝隋代墓誌所在總合目錄》編號 1526。

論文：

宋伯胤：《卜仁墓中的隋代青瓷器》，《文物參考資料》1958 年第 8 期。

河南省博物館等：《河南安陽隋代瓷窯址的試掘》，《文物》1977 年第 2 期。

仁壽 060

比丘慈明塔記

開皇十四年（594）十月五日終，仁壽三年（603）四月五日建塔。摩崖刻，石在河南安陽萬佛溝。拓本拓兩紙，均高 20、寬 22 釐米。記夾佛龕左右，各 4 行，滿行 5 字，正書。

圖版著錄：

《北京圖書館藏中國歷代石刻拓本匯編》9 冊 151—152 頁。

《隋唐五代墓誌匯編·北京卷附遼寧卷》1 冊 15—16 頁。

錄文著錄：

《安陽縣金石錄》2/20a，《新編》1/18/13838 下。

（嘉慶）《安陽縣志·金石錄》2/11b，《新編》3/28/477 上。

碑目題跋著錄：

《金石彙目分編》9（2）/2a，《新編》1/28/20954 下。

《石刻題跋索引》38 頁右，《新編》1/30/22376。

《石刻名彙》3/24b，《新編》2/2/1037 上。

《崇雅堂碑錄補》1/13b，《新編》2/6/4557 上。

《河朔訪古新錄》2/8a，《新編》2/12/8897 下。

《河朔金石目》2/5b，《新編》2/12/8962 上。

《中州金石目錄》2/22a,《新編》2/20/14702 下。
《蒿里遺文目錄》5/1b,《新編》2/20/14991 上。
《河朔新碑目》中卷/8a,《新編》3/35/574 下。
《古誌彙目》1/12a、13a,《新編》3/37/27、29。
《墓誌徵存目錄》卷 1,《羅振玉學術論著集》第五集,585 頁。
《六朝墓誌檢要》(修訂本) 192 頁。
《北朝隋代墓誌所在總合目錄》編號 1527。

仁壽 061

劉君磚誌

仁壽三年(603)四月,1966 年至 1975 年間河南安陽梅園莊北地出土。磚長 32.2、寬 16.5、厚 5.7 釐米。文 3 行,約 21 字,墨書。

著錄:

《隋代墓誌銘彙考》3 冊 79 頁。(文、跋)
《北朝隋代墓誌所在總合目錄》編號 1528。(目)

論文:

中國社會科學院考古研究所安陽工作隊:《安陽隋墓發掘報告》,《考古學報》1981 年第 3 期。

仁壽 062

支提塔記□□殘石

仁壽三年(603)四月。在河南安陽寶山。文正書,4 行,行 5 字。

碑目著錄:

《石刻名彙》3/24b,《新編》2/2/1037 上。
《河朔金石待訪目》3a,《新編》2/12/9014 上。
《河朔新碑目》中卷/8a,《新編》3/35/574 下。
《增補校碑隨筆》(修訂本) 242 頁。

仁壽 063

張儉暨妻胡氏墓誌并蓋

開皇五年(585)薨於河南縣,夫人胡氏仁壽二年(602)七月終於河南縣通德鄉,仁壽三年(603)八月十五日合葬於河陰界內。1926 年洛陽城北鳳皇臺村北半里處出土，曾歸三原于右任，今存西安碑林博物館。誌并蓋高、寬均76釐米。誌文28行，滿行28字，隸書。蓋5行，行5字，篆書。首題：大隋仁壽三年驃騎大將軍散騎常侍淮陽郡守張府君胡夫人等墓誌；蓋題：齊故冠軍將軍員外散騎常侍周淮陽郡守張府君胡夫等墓誌。

圖版著錄：

《漢魏南北朝墓誌集釋》圖版四一一，《新編》3/4/106－107。

《北京圖書館藏中國歷代石刻拓本匯編》9冊160頁。

《隋唐五代墓誌匯編・洛陽卷》1冊27頁。

《鴛鴦七誌齋藏石》圖186。

《西安碑林全集》68/1262－1270。

《隋代墓誌銘彙考》3冊80—81頁。

錄文著錄：

《全隋文補遺》3/195上—196上。

《隋代墓誌銘彙考》3冊82—84頁。

碑目題跋著錄：

《石刻題跋索引》157頁左，《新編》1/30/22495。

《古誌新目初編》1/15b，《新編》2/18/13699上。

《漢魏南北朝墓誌集釋》8/91a，《新編》3/3/215。

《國立北平圖書館藏碑目》15b，《新編》3/36/256上。

《蒿里遺文目錄續編・墓誌徵存》3b，《新編》3/37/538上。

《墓誌徵存目錄》卷1，《羅振玉學術論著集》第五集，586頁。

《洛陽出土石刻時地記》隋代仁壽004，53頁。

《六朝墓誌檢要》（修訂本）194頁。

《碑帖敘錄》173頁。

《碑帖鑒定》220頁。

《隋代墓誌銘彙考》3冊84頁。

淑德大學《中國石刻拓本目錄》"墓誌"編號292—293。

《北朝隋代墓誌所在總合目錄》編號1529。

仁壽 064

尉瓊仁墓誌并蓋

仁壽三年（603）五月廿三日卒於京第，其年十月十六日祔葬於大興縣洪原鄉之小陵原。大唐西市博物館藏誌。誌高37、寬36.5、厚8釐米。蓋高35.5、寬35.5、厚7釐米。蓋無字。誌文23行，滿行24字，隸書兼正書。首題：隋故司馬君夫人尉氏墓誌銘并序。

著錄：

《大唐西市博物館藏墓誌》上冊46—47頁。（圖、文）

《北朝隋代墓誌所在總合目錄》編號1530。（目）

仁壽 065

楊君妻高氏墓誌并蓋

仁壽三年（603）十一月喪於洛陽，以其月廿二日同葬舊塋。河南洛陽出土，石存洛陽古代藝術館。誌高、寬均46釐米。誌文20行，滿行20字，隸書。蓋3行，行3字，篆書。首題：大隋故處士弘農華陰楊君高夫人墓誌銘；蓋題：隋處士楊君高夫墓誌。

著錄：

《隋唐五代墓誌匯編·洛陽卷》1冊29頁。（誌圖）

《洛陽出土歷代墓誌輯繩》58頁。（圖）

《隋代墓誌銘彙考》3冊85—88頁。（圖、文、跋）

《全隋文補遺》3/197下—198上。（文）

《新出魏晉南北朝墓誌疏證》（修訂本）466—467頁。（文、跋）

《北朝隋代墓誌所在總合目錄》編號1531。（目）

仁壽 066

史崇基墓誌

仁壽二年（602）終於淮海，以三年（603）十二月廿八日歸葬長安縣龍兒里之山。陝西西安出土。誌高51、寬51、厚10釐米。文29行，滿行29字，正書。首題：大隋陽城公世子都督史君之墓誌。

圖版著錄：

《秦晉豫新出墓誌蒐佚續編》1冊185頁。

碑目著錄：

《北京大學圖書館藏歷代墓誌拓片目錄》編號00837。

仁壽067

侍郎□君磚誌

仁壽三年（603）葬。原歸山東無棣吳氏，今佚。正書。

碑目著錄：

《石刻名彙》12/208a，《新編》2/2/1132上。

《隋代墓誌銘彙考·存目》6冊120頁。

《北朝隋代墓誌所在總合目錄》編號1532。

仁壽068

仁壽三年□君磚誌

仁壽三年（603）葬。廣五寸，厚一寸五分。正書。

碑目題跋著錄：

《八瓊室金石補正》26/27a，《新編》1/6/4420上。

《石刻題跋索引》685頁，《新編》1/30/23023。

《隋代墓誌銘彙考·存目》6冊121頁。

仁壽069

中書求明磚誌

仁壽三年（603）。浙江臨海陳氏舊藏。正書。

碑目著錄：

《石刻名彙》12/208a，《新編》2/2/1132上。

仁壽070

解盛墓誌

仁壽二年（602）卒於宅，四年（604）正月廿四日遷葬於縣城之東北一里高原之上。1990年河北省廊坊市大城縣城關鎮東關村出土，石存大城縣文物保管所。誌高46、寬44、厚11釐米。文19行，滿行22字，正書。

著錄：

《隋代墓誌銘彙考》3冊89—91頁。（圖、文、跋）

《全隋文補遺》2/101 上—下。（文）

《新出魏晉南北朝墓誌疏證》（修訂本）468—469 頁。（文、跋）

《北朝隋代墓誌所在總合目錄》編號 1534。（目）

論文：

劉化成：《河北廊坊市大城縣出土四方隋唐墓誌》，《考古》2000 年第 10 期。

呂冬梅、田燕萍：《廊坊近年出土的隋唐墓誌》，《文物春秋》2002 年第 3 期。

宋慧傑：《由解盛夫妻合葬墓誌看隋朝歷史沿革》，《才智》2010 年第 29 期。

仁壽 071

馬少敏墓誌并蓋

仁壽四年（604）正月七日終於家第，以其月廿四日權葬於安陽河北一里萬金鄉神邑里。1925 年河南安陽出土（一說洛陽城東楊灣村出土），曾歸三原于右任，今存西安碑林博物館。誌并蓋高、寬均 46 釐米。文 17 行，滿行 17 字，隸書。蓋 2 行，行 2 字，篆書。首題：齊故員外郎馬君誌銘；蓋題：馬君誌銘。

圖版著錄：

《漢魏南北朝墓誌集釋》圖版四一二，《新編》3/4/108 – 109。

《北京圖書館藏中國歷代石刻拓本匯編》9 冊 163 頁。

《隋唐五代墓誌匯編·河南卷》10 頁。

《鴛鴦七誌齋藏石》圖 187。

《西安碑林全集》68/1271 – 1277。

《隋代墓誌銘彙考》3 冊 92—93 頁。

錄文著錄：

《全隋文補遺》3/198 上—下。

《隋代墓誌銘彙考》3 冊 94—95 頁。

碑目題跋著錄：

《石刻題跋索引》157 頁左，《新編》1/30/22495。

《漢魏南北朝墓誌集釋》8/91a-b,《新編》3/3/215-216。

《國立北平圖書館藏碑目》15b,《新編》3/36/256上。

《墓誌徵存目錄》卷1,《羅振玉學術論著集》第五集,586頁。

《洛陽出土石刻時地記》隋代仁壽005,53頁。

《歷代墓誌銘拓片目錄》42頁。

《六朝墓誌檢要》(修訂本)194頁。

《碑帖鑒定》220頁。

《隋代墓誌銘彙考》3冊95頁。

《北朝隋代墓誌所在總合目錄》編號1533。

《北京大學圖書館藏歷代墓誌拓片目錄》編號00838。

仁壽072

王德墓誌并蓋

又名：王可如墓誌。卒於本宅，仁壽四年（604）二月十八日葬於村東北。山西出土，石藏河北正定墨香閣。誌高、寬均34釐米。文11行，滿行11字，正書。蓋2行，行2字，正書。蓋題：王可如銘。

著錄：

《西安新獲墓誌集萃》26—27頁。（圖、文）

《墨香閣藏北朝墓誌》226—227頁。（圖、文）

《北京大學圖書館藏歷代墓誌拓片目錄》編號00839。（目）

仁壽073

楊紀墓誌

仁壽三年（603）五月廿二日薨於州館，以四年（604）三月廿四日遷葬於華州華陰縣留名鄉歸政里之東原。陝西省華陰縣出土，石存河南省新安縣千唐誌齋博物館。誌拓片高、寬均57.5釐米。文正書，31行，滿行31字。首題：大隋使持節上開府儀同三司荊州總管上明恭公楊使君之墓誌。

著錄：

《隋代墓誌銘彙考》3冊106—109頁。（圖、文、跋）

《北京大學圖書館新藏金石拓本菁華1996—2012》129頁。（圖）

《全唐文補遺・千唐誌齋新藏專輯》453—454 頁。（文）

《北朝隋代墓誌所在總合目錄》編號 1539。（目）

《北京大學圖書館藏歷代墓誌拓片目錄》編號 00840。（目）

論文：

王慶衛、王煊：《隋代弘農楊氏續考——以墓誌銘為中心》，《碑林集刊》第 12 輯，2006 年。

備考：楊紀，《周書》卷二二附《楊寬傳》、《北史》卷四一、《隋書》卷四八有傳。史傳云"字溫範"，而墓誌云"字文憲"。

仁壽 074

楊孝諶墓誌并蓋

仁壽三年（603）五月十八日卒於京師太平坊宅，以四年（604）三月廿四日葬於華州華陰縣東原留名鄉歸政里。陝西華陰縣出土，石存河南省新安縣千唐誌齋博物館。誌拓片長、寬均 43.5 釐米；蓋拓片長、寬均 44 釐米。誌文正書，26 行，滿行 27 字。蓋篆書，4 行，行 4 字。首題：大隋屯騎尉秘書郎上明國世子楊府君墓誌；蓋題：隋屯騎尉秘書郎上明國世子楊君墓誌。

著錄：

《隋代墓誌銘彙考》3 冊 101—105 頁。（圖、文、跋）

《北京大學圖書館新藏金石拓本菁華 1996—2012》130 頁。（圖）

《全唐文補遺・千唐誌齋新藏專輯》455 頁。（文）

《北朝隋代墓誌所在總合目錄》編號 1538。（目）

《北京大學圖書館藏歷代墓誌拓片目錄》編號 00841。（目）

仁壽 075

楊文瑟墓誌并蓋

開皇九年（589）四月廿二日遘疾卒於京師太平坊舍，仁壽四年（604）三月廿四日歸葬於華州華陰縣東原舊塋。陝西華陰縣出土，石存河南新安縣千唐誌齋博物館。誌拓片長 49.5、寬 49 釐米。蓋拓片長 51.5、寬 52 釐米。誌文正書，30 行，滿行 30 字。蓋篆書，5 行，行 5 字。首題：大隋大都督内史通事舍人普安縣開國男故楊府君墓誌銘；蓋題：大隋大都督内史通事舍人普安縣開國男故楊府君之墓誌銘。

著錄：

《隋代墓誌銘彙考》3 册 96—100 頁。（圖、文、跋）

《北京大學圖書館新藏金石拓本菁華 1996—2012》131 頁。（圖）

《全唐文補遺·千唐誌齋新藏專輯》456—457 頁。（文）

《北朝隋代墓誌所在總合目錄》編號 1537。（目）

《北京大學圖書館藏歷代墓誌拓片目錄》編號 00842。（目）

論文：

王慶衛、王煊：《隋代弘農楊氏續考——以墓誌銘為中心》，《碑林集刊》第 12 輯，2006 年。

［日］會田大輔：《北周宗室の婚姻動向—〈楊文愻墓誌〉を手がかりとして》，《駿台史學》第 144 號，2012 年。

仁壽 076

石暎墓誌

又名：中郎將石府君墓誌。甲子年（仁壽四年，604）四月葬于長安龍首原。朱仲武撰并書。陝西長安出土，久佚。石長、方一尺二寸。首題：故左武衛中郎將石府君墓誌銘并序。

著錄：

《隋唐五代墓誌匯編·北京卷附遼寧卷》3 册 175 頁。（圖）

《隋代墓誌銘彙考·存疑》6 册 67—69 頁。（圖、文、跋）

《金石萃編補略》1/26a–27b，《新編》1/5/3568 下—3569 上。（文、跋）

《金石論叢》"金石證史·石暎"，51—52 頁。（跋）

《石刻題跋索引》157 頁左，《新編》1/30/22495。（目）

《六朝墓誌檢要》（修訂本）196 頁。（目）

《北朝隋代墓誌所在總合目錄》編號 1540。（目）

備考：《六朝墓誌檢要》著錄為"石府軍墓誌"，"君"誤作"軍"。

仁壽 077

殷州別駕李靜墓誌并蓋

天保四年（553）卒於家，仁壽四年（604）五月一日合葬於陰灌里舊村西南七百卌步砂溝之陽。1949年後出土，1976年4月文物普查時河北省石家莊地區高邑縣里村徵集，石存河北省正定縣文物保管所。盝頂蓋。誌、蓋均高44、寬44、厚7.4釐米。蓋2行，行2字，篆書。誌文16行，滿行16字，正書。首題：魏故殷州別駕李君墓誌銘；蓋題：李君墓誌。

著錄：

《隋唐五代墓誌匯編·河北卷》13頁。（圖）

《新中國出土墓誌·河北〔壹〕》上冊45頁（圖）、下冊33—34頁（文）。

《隋代墓誌銘彙考》3冊110—113頁。（圖、文、跋）

《全隋文補遺》3/199上。（文）

《新出魏晉南北朝墓誌疏證》（修訂本）470—471頁。（文、跋）

《北朝隋代墓誌所在總合目錄》編號1541。（目）

仁壽078

王榮暨妻劉氏墓誌并蓋

周大成元年（579）薨於鄴城東北王直長村；夫人劉氏，終於洛神鄉第，以仁壽四年（604）十月十七日葬於馮村之北，平樂園西，却帶邙山，前瞻洛水。1926年河南洛陽出土，曾歸三原于右任，今存西安碑林博物館。誌并蓋均高56.7、寬57.2釐米。文24行，滿行24字，隸書。蓋4行，行4字，篆書。蓋題：魏寧朔將軍左箱直長王君劉夫等墓誌。

圖版著錄：

《漢魏南北朝墓誌集釋》圖版四一八，《新編》3/4/117–118。

《北京圖書館藏中國歷代石刻拓本匯編》9冊162頁。

《隋唐五代墓誌匯編·洛陽卷》1冊28頁。

《鴛鴦七誌齋藏石》圖188。

《隋代墓誌銘彙考》3冊114—115頁。

錄文著錄：

《全隋文補遺》3/196上—197上。

《隋代墓誌銘彙考》3冊116—117頁。

碑目題跋著錄：

《石刻題跋索引》157頁左，《新編》1/30/22495。

《漢魏南北朝墓誌集釋》8/92a，《新編》3/3/217。

《國立北平圖書館藏碑目》15b，《新編》3/36/256上。

《洛陽出土石刻時地記》隋代仁壽009，53—54頁。

《歷代墓誌銘拓片目錄》50頁。

《六朝墓誌檢要》（修訂本）196頁。

《隋代墓誌銘彙考》3冊118頁。

《碑帖鑒定》220頁。

淑德大學《中國石刻拓本目錄》"墓誌"編號294。

《北朝隋代墓誌所在總合目錄》編號1542。

《北京大學圖書館藏歷代墓誌拓片目錄》編號00843。

仁壽079

劉寶暨妻王氏墓誌

劉寶終於河洛，夫人王氏仁壽二年（602）十一月一日遘疾平樂鄉，以仁壽四年（604）十月廿一日葬於閑居鄉黃門橋西二里。1928年洛陽城東北十八里三里橋出土，曾歸三原于右任，今存西安碑林博物館。誌高50.7、寬52釐米。文18行，滿行18字，隸書。

圖版著錄：

《漢魏南北朝墓誌集釋》圖版四一三，《新編》3/4/110。

《北京圖書館藏中國歷代石刻拓本匯編》9冊168頁。

《隋唐五代墓誌匯編·洛陽卷》1冊31頁。

《隋唐五代墓誌匯編·河南卷》11頁。

《鴛鴦七誌齋藏石》圖189。

《西安碑林全集》68/1278–1285。

《隋代墓誌銘彙考》3冊119頁。

《秦晉豫新出墓誌蒐佚續編》1冊184頁。

錄文著錄：

《全隋文補遺》3/199下—200上。

《隋代墓誌銘彙考》3 冊 120—121 頁。

碑目題跋著錄：

《石刻題跋索引》157 頁左，《新編》1/30/22495。

《古誌新目初編》1/15b，《新編》2/18/13699 上。

《漢魏南北朝墓誌集釋》8/91b，《新編》3/3/216。

《國立北平圖書館藏碑目》15b，《新編》3/36/256 上。

《墓誌徵存目錄》卷 1，《羅振玉學術論著集》第五集，586 頁。

《洛陽出土石刻時地記》隋代仁壽 006，53 頁。

《歷代墓誌銘拓片目錄》41 頁。

《六朝墓誌檢要》（修訂本）194—195 頁。

《碑帖鑒定》220 頁。

《隋代墓誌銘彙考》3 冊 121 頁。

《北朝隋代墓誌所在総合目錄》編號 1543。

仁壽 080

符盛暨妻胡氏墓誌并蓋

建德二年（573）終於相鄴，夫人胡氏仁壽四年（604）七月七日卒於歸義鄉第，以其年十月廿一日遷合大葬於閑居鄉黃門橋之西北一百餘步。1928 年洛陽城東北十八里三里橋廟後百步處出土，誌于右任鴛鴦七誌齋舊藏，今石存西安碑林博物館；蓋佚。誌高 47、寬 48 釐米。文 20 行，滿行 20 字，隸書。蓋 3 行，行 3 字，篆書。蓋題：隋故符君胡夫等墓誌。

圖版著錄：

《漢魏南北朝墓誌集釋》圖版四一四，《新編》3/4/111 – 112。

《北京圖書館藏中國歷代石刻拓本匯編》9 冊 167 頁。

《隋唐五代墓誌匯編·洛陽卷》1 冊 30 頁。

《鴛鴦七誌齋藏石》圖 190。（誌）

《西安碑林全集》68/1286 – 1293。（誌）

《隋代墓誌銘彙考》3 冊 122 頁。（誌）

錄文著錄：

《全隋文補遺》3/200下—201上。

《隋代墓誌銘彙考》3冊123—124頁。

碑目題跋著錄：

《石刻題跋索引》157頁左，《新編》1/30/22495。

《崇雅堂碑錄》2/4a，《新編》2/6/4501下。

《古誌新目初編》1/15b，《新編》2/18/13699上。

《漢魏南北朝墓誌集釋》8/91b，《新編》3/3/216。

《國立北平圖書館藏碑目》15b，《新編》3/36/256上。

《墓誌徵存目錄》卷1，《羅振玉學術論著集》第五集，586頁。

《洛陽出土石刻時地記》隋代仁壽007，53頁。

《歷代墓誌銘拓片目錄》42頁。

《六朝墓誌檢要》（修訂本）195頁。

《隋代墓誌銘彙考》3冊125頁。

《北朝隋代墓誌所在總合目錄》編號1544。

仁壽081

馮君妻李玉猗墓誌

武平三年（572）十二月八日薨於鄴城之徵海里第，仁壽四年（604）十一月四日與夫合葬於共城東北十五里栢尖山之東。河南輝縣出土。誌高67.5、寬67釐米。文22行，滿行22字，隸書。首題：前齊故儀同三司寧都公馮君夫人荊山郡君李氏墓誌銘。

圖版著錄：

《漢魏南北朝墓誌集釋》圖版四一六，《新編》3/4/114。

《北京圖書館藏中國歷代石刻拓本匯編》9冊169頁。

《隋唐五代墓誌匯編·河南卷》12頁。

《隋代墓誌銘彙考》3冊126頁。

錄文著錄：

《誌石文錄》卷上/55a–56a，《新編》2/19/13769上—下。

《中州冢墓遺文》9b–10b，《新編》3/30/273上—下。

《魯迅輯校石刻手稿·墓誌》下冊233—235頁。

《全隋文補遺》3/203 上—下。
《隋代墓誌銘彙考》3 冊 127—128 頁。
碑目題跋著錄：
《石刻題跋索引》157 頁左，《新編》1/30/22495。
《石刻名彙》3/24b，《新編》2/2/1037 上。
《崇雅堂碑錄補》1/13b，《新編》2/6/4557 上。
《河朔訪古新錄》7/8a，《新編》2/12/8919 下。
《河朔金石目》5/8a，《新編》2/12/8983 下。
《古誌新目初編》1/16a，《新編》2/18/13699 下。
《蒿里遺文目錄》2（1）/7a，《新編》2/20/14947 上。
《漢魏南北朝墓誌集釋》8/91b-92a，《新編》3/3/216-217。
《河朔新碑目》上卷/5a、下卷/4b，《新編》3/35/558 上、582 下。
《國立北平圖書館藏碑目》15b，《新編》3/36/256 上。
《墓誌徵存目錄》卷 1，《羅振玉學術論著集》第五集，586 頁。
《六朝墓誌檢要》（修訂本）195 頁。
《隋代墓誌銘彙考》3 冊 129 頁。
《北朝隋代墓誌所在總合目錄》編號 1546。
《北京大學圖書館藏歷代墓誌拓片目錄》編號 00845。
備考：《石刻名彙》與《崇雅堂碑錄補》載墓主名"玉琦"，按圖版，當以"璹"為是。

仁壽 082

馮君妻盧旋芷墓誌

又稱"盧璇芷墓誌"。開皇六年（586）正月四日卒於鳳州，仁壽四年（604）十一月四日與馮君合葬於共城東北十五里栢尖之東。河南輝縣出土。誌高 67、寬 66 釐米。文 21 行，滿行 22 字，隸書。首題：齊故儀同三司寧都公馮君盧大人墓誌銘。

圖版著錄：
《漢魏南北朝墓誌集釋》圖版四一五，《新編》3/4/113。
《北京圖書館藏中國歷代石刻拓本匯編》9 冊 170 頁。

《隋唐五代墓誌匯編・河南卷》13頁。
《隋代墓誌銘彙考》3冊130頁。

錄文著錄：

《誌石文錄》卷上/56a–b，《新編》2/19/13769下。
《中州冢墓遺文》8b–9b，《新編》3/30/272下—273上。
《魯迅輯校石刻手稿・墓誌》下冊230—232頁。
《全隋文補遺》3/202上—下。
《隋代墓誌銘彙考》3冊131—132頁。

碑目題跋著錄：

《石刻題跋索引》157頁左，《新編》1/30/22495。
《石刻名彙》3/24b，《新編》2/2/1037上。
《崇雅堂碑錄補》1/13b，《新編》2/6/4557上。
《河朔訪古新錄》7/8a，《新編》2/12/8919下。
《河朔金石目》5/8a，《新編》2/12/8983下。
《古誌新目初編》1/16a，《新編》2/18/13699下。
《蒿里遺文目錄》2（1）/7a，《新編》2/20/14947上。
《漢魏南北朝墓誌集釋》8/91b，《新編》3/3/216。
《河朔新碑目》上卷/5a、下卷/4b，《新編》3/35/558上、582下。
《國立北平圖書館藏碑目》15b，《新編》3/36/256上。
《墓誌徵存目錄》卷1，《羅振玉學術論著集》第五集，586頁。
《歷代墓誌銘拓片目錄》42頁。
《六朝墓誌檢要》（修訂本）195頁。
《隋代墓誌銘彙考》3冊133頁。
《北朝隋代墓誌所在總合目錄》編號1545。
《北京大學圖書館藏歷代墓誌拓片目錄》編號00846。

仁壽083

睦希遠墓誌

仁壽二年（602）正月七日卒於故里，仁壽四年（604）十一月十日葬於內丘縣東二里。2012年內丘縣城東關出土，藏內丘縣文物保管所。

蓋方形，邊長 39 釐米，厚 11 釐米。誌高 39、寬 38.2、厚 7.2 釐米。文 13 行，滿行 14 字，正書。首題：隋故鄉望大都督眭希遠之墓誌銘。

論文：

賈城會、巨建強：《內丘出土隋代墓誌》，《文物春秋》2014 年第 4 期。（圖、文）

仁壽 084

王夏墓誌并蓋

仁壽四年（604）七月廿八日奉使邁疾鄴州，今月四日靈歸本第，以其年十一月十七日葬於清風鄉張方橋馮村之北一里。2005 年河南省洛陽市孟津縣張方橋馮村之北一里出土。誌高 41、寬 40 釐米。文隸書，18 行，滿行 18 字。蓋篆書，3 行，行 3 字。蓋題：大隋故處仕王君墓誌。

著錄：

《河洛墓刻拾零》上冊 55 頁。（誌圖）

《洛陽新獲七朝墓誌》53 頁。（圖）

《隋代墓誌銘彙考》3 冊 138—142 頁。（圖、文、跋）

《北朝隋代墓誌所在總合目錄》編號 1548。（目）

《北京大學圖書館藏歷代墓誌拓片目錄》編號 00848。（目）

仁壽 085

劉相暨妻鄒氏墓誌并蓋

仁壽四年（604）正月十九日卒於舊里，其年十一月十九日改葬於村營之南。河北新樂出土。誌高 56.5、寬 54.5 釐米。蓋高 61、寬 60 釐米。文 21 行，滿行 20 字；蓋 4 行，行 5 至 6 字不等，均正書。蓋題：大隋仁壽四年歲次甲子伏波將軍典衛令劉相之墓誌。

圖版著錄：

《漢魏南北朝墓誌集釋》圖版四一七，《新編》3/4/115 - 116。

《北京圖書館藏中國歷代石刻拓本匯編》9 冊 171 頁。

《隋代墓誌銘彙考》3 冊 134—135 頁。

錄文著錄：

《全隋文補遺》3/204 上—下。

《隋代墓誌銘彙考》3 冊 136—137 頁。

碑目題跋著錄：

《石刻題跋索引》157 頁左，《新編》1/30/22495。

《古誌新目初編》1/15b、16a，《新編》2/18/13699 上、下。

《漢魏南北朝墓誌集釋》8/92a，《新編》3/3/217。

《國立北平圖書館藏碑目》15b，《新編》3/36/256 上。

《六朝墓誌檢要》（修訂本）195—196 頁。

《隋代墓誌銘彙考》3 冊 137 頁。

《北朝隋代墓誌所在總合目錄》編號 1547。

《北京大學圖書館藏歷代墓誌拓片目錄》編號 00847。

仁壽 086

馬穉繼室張姜墓誌并蓋

仁壽三年（603）終於本第，以仁壽四年（604）十一月廿八日附葬馬穉墓之側。河南洛陽出土，曾歸三原于右任，今存西安碑林博物館。誌高、寬均 44 釐米。誌文 16 行，滿行 16 字，隸書。蓋 2 行，行 2 字，篆書。蓋題：張夫墓誌。

圖版著錄：

《漢魏南北朝墓誌集釋》圖版四○一，《新編》3/4/92–93。

《北京圖書館藏中國歷代石刻拓本匯編》9 冊 172 頁。（誌）

《隋唐五代墓誌匯編·洛陽卷》1 冊 32 頁。

《鴛鴦七誌齋藏石》圖 191。

《西安碑林全集》68/1294–1302。

《隋代墓誌銘彙考》3 冊 142—143 頁。

錄文著錄：

《全隋文補遺》3/201 上—下。

《隋代墓誌銘彙考》3 冊 144—145 頁。

碑目題跋：

《石刻題跋索引》157 頁左，《新編》1/30/22495。

《漢魏南北朝墓誌集釋》8/88a，《新編》3/3/209。

《國立北平圖書館藏碑目》15b,《新編》3/36/256 上。

《墓誌徵存目錄》卷1,《羅振玉學術論著集》第五集,586 頁。

《洛陽出土石刻時地記》隋代仁壽008,53 頁。

《六朝墓誌檢要》(修訂本) 196 頁。

《隋代墓誌銘彙考》3 冊 145 頁。

《北朝隋代墓誌所在總合目錄》編號1549。

《北京大學圖書館藏歷代墓誌拓片目錄》編號00849。

仁壽 087

孟慶暨妻張氏墓誌

齊天保五年(554)二月廿五日卒於相鄴,夫人張氏仁壽三年(603)二月廿八日卒於相州鄴縣神光里,仁壽四年(604)十一月廿八日合葬鄴城之西卅里,漳水之南二里。1998 年出土於河南安陽安豐鄉張家洼村北、漁洋五孔橋西 300 米處。石藏河北省正定縣墨香閣。誌高 41、寬 40 釐米。文 21 行,滿行 21 字,隸書偶雜篆書。首題:故魏直寢將軍孟公墓誌銘。

著錄:

《文化安豐》144—145 頁。(圖、文)

《墨香閣藏北朝墓誌》228—229 頁。(圖、文)

《北朝隋代墓誌所在總合目錄》編號1550。(目)

仁壽 088

李公勳墓誌

仁壽元年(601)十月廿五日遘疾終於縣館。以五年(605)正月廿八日窆於長安縣福民鄉之高陽原。2006 年 11 月 10 日出土於陝西西安昊瑞花苑住宅小區工地。誌并蓋高、寬均 46 釐米,蓋厚 8 釐米,誌厚 6 釐米。文正書,23 行,滿行 26 字。首題:大隋宣惠尉漢川郡難江縣令李府君墓誌銘。

著錄:

《長安高陽原新出土隋唐墓誌》42—43 頁。(圖、文)